纪念曹禺百周年国际学术研讨会论文集

伟大的
人文主义
戏剧家

曹禺

中国传媒大学出版社

目 录 >>>CONTENTS

综论篇

剧论篇

剧场篇

追思篇

怀念篇

综论篇

伟大的人文主义戏剧家——曹禺 **田本相** 曹禺的人生和创作道路 **胡耀恒** 试论曹禺戏剧创作心态的演变——纪念曹禺诞辰一百年 **刘家鸣** 论曹禺的"局限" **杨景辉** 从现实主义到新写实主义——论曹禺的经典意义和当下意义 **丁罗男** 论现代四维时空观和曹禺戏剧的审美共鸣 **刘珏** 神圣的殿堂:论曹禺的戏剧创作与城市空间的"场域" **胡志毅** 残酷:曹禺戏剧的现代性解析 **宋宝珍** 论曹禺戏剧的文化矛盾 **施旭升** 文化立场与曹禺的创作转向 **李扬** 走向潜沉——曹禺艺术个性在四十年代的变化 **廖全京** 论曹禺对契诃夫戏剧的接受和创造性转化 **邓齐平** 剧作家,首先应是一个诗人——为曹禺诞辰一百周年而作 **刘平** 河北女师时期的曹禺 **刘绍本** 戏剧大师曹禺何以出自南开 **崔国良** "检讨"与文学转型——曹禺1949年后的另类文字与人生 **商昌宝** 曹禺在江安轶事 **张毅**

伟大的人文主义戏剧家——曹禺

——为纪念曹禺百年诞辰而作

田本相

在中国近百年的文学艺术历史上，像曹禺这样始终对于人、人类的命运给予深切的关怀；对于人性给予如此执著的探索和深究；对于人性的美有着独到的发现的作家，是罕见的。随着历史的演进，曹禺剧作中的深刻的人文内涵，不断被发现，被凸现出来，并因此发射着耀眼的人文主义光辉，而这些，在当下的世界愈发展现出它的现代意义。

一

我曾经模仿"说不完的莎士比亚"的说法，也曾经以"说不完的曹禺"为题写过文章。事实证明，曹禺果然是说不完的。

当我惊讶地发现他的作品中人文主义的丰富而深刻的内涵时，似乎又发现了曹禺的"新大陆"。在我面前展开的是一个艺术的哲学的境界，是一个伟大的艺术的哲学家。这个哲学家所展现的哲学，不是那种充满理性的逻辑的思考的哲学，而是在他展开的艺术世界中所蕴含的所感知的人文主义哲学。

在《曹禺剧作论》中，我隐隐感到曹禺对于宇宙和世界有他自己的哲学，但是，我只是作为曹禺创作个性来研究的：却还没有认识到，曹禺自己的哲学不但是一个他观察世界的视界，而且也是他对于这个世界的隐秘的一个伟大的窥视和发现。

> 《雷雨》对我是一个诱惑，与《雷雨》俱来的情绪，蕴成我对宇宙间许多神秘的事物一种不可言喻的憧憬。《雷雨》可以说是我的"蛮性的遗留"。我如原始的祖先们，对于那些不可理解的现象，睁大了惊奇的眼。我不能断定《雷雨》的推动是由于神鬼，起于命运或源于哪种显明的力量。情感上，《雷雨》所象征的，对我是一种神秘的吸引，一种抓牢我心灵的魔。《雷雨》所显示的，并不是因果，并不是报应，而是我所觉得的天地间的"残忍"。（这种自然的"冷酷"，可以用四凤与周萍的遭遇和他们的死亡来解释，因为他们自己并无过咎。）如若读者肯细心体会这番心意，这篇戏虽然有时为几段较紧张的场面或一两个性格吸引了注意，但连绵不断地，若有若无地闪示这一点隐秘，——这种宇宙里斗争的"残忍"和"冷酷"。①

这段话，将一个诗人的哲学以及这个的哲学的特点说得很清楚。诗人的哲学不但具有神

① 《雷雨·序》，《曹禺全集》第1卷，花山文艺出版社1996年版，第2页。

秘性、情感性和朦胧性，甚至还带有原始性。在他看来，宇宙间充满的是“残忍”和“冷酷”，这个感知，或者说论断，起码在中国的现代的哲学家和文学家中，还是独具的——这就是曹禺的宇宙观和世界观。

在曹禺这样的一个世界观中，蕴涵他对现实世界的哲学沉思，尤其是对于现代资本世界的沉思，使之具有现代性；同时，也蕴涵着中国哲人以及世界文学大师的人文思想的元素。

曹禺作品所写的世界就是一个残酷的世界，尤其是他的前期剧作，他所演绎的是一系列的残酷。

首先是命运残酷，在《雷雨》中命运的巧合恰恰体现着命运的残酷。四凤在重蹈着侍萍三十年前的覆辙，无论是对于年青的四凤，还是对于侍萍来说，她们的命运是太残酷了。在《日出》中，陈白露、翠喜、小东西、黄省三，他们的命运同样是残酷的。

人物的性格内核——他们的精神和灵魂也是残酷的，他说蘩漪“她的生命交织着最残酷的爱和最不忍的恨。”而仇虎的精神和灵魂，始终处于精神的炼狱之中；而陈白露从一个纯洁的少女，演变成为一个交际花的过程，就是一个在精神上被侮辱被虐杀的残酷历程。

总之，在曹禺的戏剧中，充满的是命运的残酷、性格的残酷、生的残酷、死的残酷、爱的残酷、恨的残酷、场面的残酷、情节的残酷，正是在这样的一系列的残酷中而蕴蓄它的诗意，它的哲学，它的审美的现代性。

在上个世纪三十年代初，法国戏剧家安托南·阿尔托就提出“残酷戏剧”的理论，应当说，它仅仅是一种戏剧观念；而曹禺的对世界和宇宙的残酷性的感悟，却是一种宇宙观、世界观。这是一种超越戏剧的大胸襟、大视野、大境界。

基于此，他把人类看成是可怜的动物，由此而产生曹禺的大悲悯。

> 我念起人类是怎样可怜的动物，带着踌躇满志的心情，仿佛自己来主宰自己的命运，而时常不能自己来主宰着。受着自己——情感的或者理智的——捉弄，一种不可知的力量的，——机遇的，或者环境的——捉弄。生活在狭的笼里而洋洋地骄傲着，以为徜徉在自由的天地里。称为万物之灵的人物，不是作者最愚蠢的事么？我用一种悲悯的心情，来写人物的争执。我诚恳地祈望着看戏的人们，也以一种悲悯的眼光来俯视这群地上的人们。①

最初，东京的留学生演出《雷雨》时，编导将序幕和尾声删去，曹禺不但为之辩解，甚至有些愤怒了。他声言，他写的是一首诗，而不是一出社会问题剧。的确，一旦删去序幕和尾声，就把一部有着深刻人文主义的哲学内涵的戏剧，变成一部对中国的家庭和社会进行抨击的社会剧了。直到今天，人们对《雷雨》的诠释还大半停留在社会剧的层面上。

在序幕和尾声中，在原来的周公馆改造成的医院里，蘩漪疯了，侍萍痴呆了；鲁大海不知去向，只剩下周朴园，在承受着这大悲剧，显然，在曹禺看来，周朴园也是可怜的。在某种意义上说，命运对他也是残酷的。

在中国现代的作家中，鲁迅在他的作品中，不仅揭示人的“生存”的问题，更深刻地揭示人

---

① 《雷雨·序》，《曹禺全集》第1卷，花山文艺出版社1996年版，第2页。

的“存在”问题，这几乎是现当代伟大作家的一个共同的特质。“五四”之后，承继鲁迅这一伟大传统的首推曹禺。他是中国现代第一个也几乎是少数几个把探索人类的“存在”作为艺术追求的剧作家。热烈激荡的情思同形而上的哲思的交融，构成曹禺剧作的深广厚重的思想特色。

在曹禺的作品中，所渗透的哲学，是他的那种独到的对世界和宇宙的感觉，尤其是那种神秘的感觉。他曾说：“那种莫名其妙的神秘，终于使一个无辜的少女做了牺牲，这种原始的心理有时不也有些激动一个文明人的心魂吗？使他觉得自然内更深更不可测的神秘么？”①这里，说的是四凤，在第三幕，那个雷雨的夜晚，真是鬼使神差，魅影重重，曹禺把他的神秘感融入其中，可谓惊心动魄。

究其根源，这种神秘感来自对于人的生命、人的命运的紧张的探索和感知。在曹禺中学时代所写的长诗《不久长》中，就有着对于人生无常的感伤叹息，对于生和死的探知。而这种生命无常无定的感觉，又是同他的宇宙感联系在一起的，“宇宙正像一口残酷的井，落在里面，怎样呼号也难逃这黑暗的坑”②，“觉得宇宙似乎缩成一团，压得我喘不出一口气”③。

直到晚年，萦绕于心的还是这样一种难以逃脱的命运感和宇宙感，他很想写一出孙悟空的悲剧，孙猴子取经归来，无论怎样地变，怎样地跑，都逃不出如来佛的手心。

一个敢于直面生死，执著扣问人生的作家，就有了一种超越世俗，超越存在的大境界。这就是曹禺的剧作具有伟大生命力的原因。

二

曹禺作为一个伟大的人文主义作家，最令人敬佩的是，他的戏剧成为探索人性秘密的试验室，他是人性复杂性的揭秘者和考察者，也是人性的深度和广度的探测者。

我反复思量中国现代文学和现代戏剧的作家，几乎没有人像曹禺这样执著于人性的追索，迷恋于对人的灵魂的窥测。犹如他对宇宙的秘密的探视，似乎他把人的人性、人的灵魂作为一个小宇宙，把它内藏的隐秘揭示出来。

可以说，凡是伟大的作家，必然是一个伟大的人文主义者，他们把写人放到首位，把塑造人的形象、典型作为他们创作的重心。在莎士比亚戏剧里是一个丰富多彩的人的世界；在奥尼尔的笔下也是一个人的灵魂的缤纷世界。曹禺生长在中国的大地上，在人性的开掘上和人的灵魂的揭示上都有着他的杰出之处。

他熟谙戏剧的奥秘，善于把人置于复杂而多变的人物关系、人物矛盾中，聚焦于人物的灵魂深处，从多方来透视人性的秘密。蘩漪、陈白露、愫方，这些形象都被置放在聚焦点上。

陈白露只有在方达生的面前，才展现出她有过的少女的纯真的心灵，也才会有她那种充满痛苦的辩解，自然也揭示了深陷牢笼而不能自拔的悲哀；张乔治的出现，让人看到她实际上

① 曹禺：《雷雨的写作》，《曹禺全集》第5卷，花山文艺出版社1996年版，第10页。

② 《雷雨·序》，《曹禺全集》第1卷，花山文艺出版社1996年版，第4页。

③ 《日出·跋》，《曹禺全集》第5卷，花山文艺出版社1996年版，第28页。

被人玩弄的地位;更不用说潘月亭了。但是,潘月亭更折射出她既不愿出卖自己又不得不出卖的痛苦和无奈;小东西最能照出她未曾泯灭的清醒的抗争的灵魂。即使翠喜未曾与陈白露有过直面的交往,却再清楚不过地展现出她们貌似不同,而实际上处于同样的被侮辱被损害的地位上。为作家精心安排的人物关系,也最深刻地看出作家是在怎样地设法打入人物的灵魂深处,又怎样从多个孔道管测人物的人性隐秘。陈白露的复杂的人性,被曹禺天才地揭示出来。我敢说,就对其人性的揭示来说,它较之小仲马笔下的茶花女,甚至较之托尔斯泰的玛斯洛娃也有着曹禺的独到之处。

曹禺对于人性的复杂性有着十分深刻的把握,他以为人性的复杂性甚至是难以破解的。

而人性的丰富性,也是他所重视的;因此,在他的剧中所展现出来的人物,他们的人性的复杂性和丰富性,在中国剧作家中是首屈一指的。像周朴园、蘩漪、陈白露、仇虎、金子、愫方、曾皓、文清等,这样的中国人性的画廊,是曹禺所发现所创造的,是我们前所未见的。

在仇虎几乎不可理喻的复仇的心理和行动中,潜藏在他精神的底层,犹如在黑暗的深渊中,积淀着为古老的集体无意识“父仇子报”的幽魂。曹禺,并不只是写仇虎的报复行动,而是深入到他每一次企图报复行为背后的精神磨难,那种煎熬,那种挣扎,那种疯狂,仇虎人性的疯癫性狂躁性被他天才地刻画出来。如果说,奥尼尔的《琼斯皇》中琼斯逃入黑森林在于展示他以及他的前辈所遭受的不公;而仇虎进入大森林,展示的是他在杀害大星后的觉醒,正如曹禺所说,此刻的仇虎才是一个“真人”,一个恢复了他的本性的人,一个摆脱鬼魂缠绕的人。人性在这里得到升华。在幽暗中,在挣扎中,揭示出人性的光芒。①

人性是秘密的。人性的悖论性是曹禺对于人性秘密的发现。陈白露的悲剧,一直被人们解释为社会悲剧,似乎由潘月亭的破产而导致她的自杀。而在陈白露的灵魂深处有着一个不可解脱的矛盾,她深深厌恶着大饭店的生活,她对那里一切人都厌恶;可是她却摆脱不开它,陷于一种两难的境地——一个习惯的桎梏。恩格斯曾说,卖淫制度“使妇女中间不幸成为受害者的人堕落”②。卖淫的生活不但使她们受到迫害,同时也受到毒害,正如鸦片烟一样。就陈白露的本真来说,她是喜欢太阳,欢迎太阳出来的,但是,明明知道太阳升起来了,她却要睡了。这是多么深刻的悖论!这样的悲剧,是精神的悲剧,而正是在这里,曹禺发现了美,人性在行将毁灭之时,却升起美的光华。

人们常常惊异,曹禺为什么在二十三岁就写出如此深刻的作品,写出如此复杂而深刻的人性?这的确是一个值得探究的创作秘密。我在历久的思索中,得出一个结论,这个秘密只有在作家自己身上才能找到。

有人说,剧作家笔下的人物,几乎都有自己的身影。这里说的只是通常的创作经验。而

① 参看《原野》:“在黑的原野里,我们寻不出他一丝的‘丑’,反之,逐渐发现他是美的,值得人的高贵的同情的。他代表一种被重重压迫的真人,在林中重演他遭受的不公。在序幕中那种狡恶、机诈的性质逐渐消失,正如花氏在这半夜的折磨里由对仇虎肉体的爱恋而升华为灵性的。”《曹禺全集》第 1 卷第 533 页。
这一段话,在我看来对于理解《原野》的主题,以及仇虎和金子的性格内涵是极为重要的,但却为一些导演和研究者所忽略。

② 恩格斯:《马克思恩格斯选集》第 4 卷,人民出版社 1964 年版,第 71 页。

在曹禺那里，也可以说在一切伟大的剧作家那里，在他们的剧作中展现了他们的全部精神和灵魂的矛盾性、复杂性和丰富性。我们是否可以这样说，在曹禺的作品中，他几乎没有隐藏任何的精神的秘密。正是基于这样一个推论，他才成功地、特异地发现人性的秘密。他首先发现了自己，然后才发现了他人。

在他的人物的苦闷中，宣泄着他自己的苦闷；在他的人物的精神困境中，熔铸着自己的精神困境。曹禺的天才之处，在于他在自己的人物的命运中讲述着自己的命运，在人物心灵的焦灼、苦闷和搏斗中，可以听到曹禺发自灵魂深处的颤音。

在蘩漪的苦苦挣扎中，在陈白露的复杂的心灵中，在仇虎的精神搏斗中，都有着曹禺的深深的心灵印记。或可能是由于发现了自己的心灵秘密而发现了人物的心底秘密，而从他人的心灵秘密中发现了自己。

曹禺的作品就是这样给我们打开了一个新的灵魂的世界，他令人进入一个具有精神深度的世界里。这在中国现代戏剧中是罕见的。

三

任何伟大的作家，都是美的发现者，美的创造者。曹禺的杰出之处，在于在污秽中发现美的心灵。

对于艺术家来说，首先在于美的发现，我十分惊异于曹禺对于美的发现。它属于王尔德所说的那种“看见”美的作家。

王尔德就说：“事物存在是因为我们看见它们，我们看见什么，我们如何看见它，这是依影响我们的艺术而决定的。看一样东西和看见一样东西是非常不同的。人们在看见一事物的美以前是看不见事物的。然后，自己只有在这时候，这事物方始存在。”①

问题是，社会摆在我们面前的丑恶是太多太多了；在曹禺生活的年代，一方面是几千年封建社会的遗留，一方面是西方的全面入侵带来的民族灾难；尤其是畸形崛起的现代都市，如曹禺说的在那个“光怪陆离”的社会，到处是“可怖的人事”。美，在曹禺那里就是在这样的污浊、罪恶、血污中被发现的。

于是我们看到，一个令世人厌恶甚至讨伐的乱伦的女人，却深深地打动曹禺的同情，发现她有着一颗“美丽的灵魂”；这就是蘩漪的形象。至于陈白露，尽管这类交际花，在三十年代的大饭店里还是为人追逐的对象，但是其卖淫的地位，仍为人所不齿；而曹禺却从她屈辱的灵魂里，发现一个不屈于耻辱命运的心灵，即使看到太阳即将升起，也不苟活于那个黑暗的世界。最让我们惊骇的是，曹禺竟然在那个三等妓院里，发现了翠喜，发现她有“一颗金子般的心”。单是这点就足以展现曹禺的眼睛，是那么具有独特的穿透力，又是具有那么深刻的洞察力；拨开一切的世俗偏见，扫除一切掩盖在她们身上的污秽，把美展现在人们面前。

在恐怖中发现美，在残酷中发现美，在罪恶中发现美。这点，颇像法国诗人，也是伟大的美学家波特莱尔。他说：

---

① 王尔德：《谎言的衰朽》，赵澧、许可安主编：《唯美主义》，中国人民大学出版社 1998 年版，第 133 页。

什么叫诗？

什么是诗的目的？就是把善跟美区别开来，发掘恶中之美。

我觉得，从恶中提出美，对我乃是愉快的事情，而且工作越困难，越是愉快。[①]

如《美的颂歌》中所写那样："你的源泉是天国呢，抑或地狱，美啊？你的目光可怕而又神圣，散播罪恶与荣耀，忧伤与福祉，因此人们可以将你比做那醇醪。"连"恐怖"都"熠熠生辉"。曹禺确如波特莱尔所说，一个伟大的诗人，就要"深入渊底，地狱天堂又有何妨，到未知世界的底层发现新奇。"[②]就是这样一个冒着危险而深入地狱的作家，他终于在人间最污浊的地方，发现新奇，发现美。

如果我们要追索其中的秘密，正如他在告诫他的女儿万方时所反复叮咛的：

万不能失去"童心"。童心是一切好奇，创作的根源。童心使你能经受磨炼，一切空虚、寂寞、孤单、精神的饥饿、身体的折磨与魔鬼的诱惑，只有"童心"这个喷不尽的火山口，把它们吞噬干净。你会向真纯，庄严，崇高的人生大道一直向前闯，不惧一切。[③]

童心，意味着真诚，意味着良心，意味着纯洁，意味着仁爱；这是一个崇高的道德境界，一个美的心灵世界。曹禺把崇高的道德追求同对美的发现和创造紧密联系起来。他说："不断看见，觉察出来，那些崇高的灵魂在文字间怎样闪光的，你必须有一个高尚的灵魂！卑污的灵魂是写不出真正的人会称赞的东西的。"[④]

这就是曹禺发现美创造美的秘密。

曹禺作为一个伟大的人文主义作家，他给我们留下的精神遗产是极为宝贵的丰富的。尤其在晚年，不断地提示人们，要关心人，研究人；不断地发出肺腑之言，抒发对于人，对于人类命运的关怀；他在他的母校南开中学对着那些中学生说："我一生都有这样的感觉，人这个东西是非常复杂的，人又是非常宝贵的。人啊，还是极应该搞清楚的。无论做学问，做什么事情，如果把人搞不清楚，也看不明白，这终究是一个很大的遗憾。"他以高度人文主义情怀对当今中国剧作家提出的殷切期望，可以说是他生前最重要的嘱托。

让我们承继着曹禺的伟大的人文主义精神，将我们的创作引向更高的境界！

［作者简介：田本相，中国艺术研究院教授］

① 《恶之花》正版序言，转引自《〈恶之花·巴黎的忧郁〉译本序》，人民文学出版社 1994 年版，第 8 页。
② 《1846 年的沙龙·译本序》，广西师范大学出版社 2002 年版。
③ 《灵魂的石头》，《倾听雷雨——曹禺纪念集》，上海文艺出版社 2000 年版，第 24 页。
④ 同上，第 23 页。

曹禺的人生和创作道路

胡耀恒

趁着这个纪念曹禺百年冥诞、学者专家共聚一堂的机会，我想以一个敬仰者的身份，简略探讨他的人生历程和创作道路。我的重点是曹禺是中国二十世纪最伟大的话剧家，可惜他的创作生涯在 32 岁时突然改弦易辙，以致未能到达登峰造极的成就，但他在“文革”结束后的论述，却为中国未来的戏剧指出了一条康庄大道，可以完成他未尽的理想。

曹禺有次说道：“我觉得很长一段时间里，我们的文学艺术太讲究‘用’了”。这句话语气平淡，但却是切中要害，对我们的话剧尤其鞭辟入里。话剧被引进到中国，主要是为了救亡图存的目的，辛亥革命前春柳剧社的演出如此，“五四”运动鼓吹的戏剧改良也不例外。此后随着留学生的不断归国，引进的戏剧和理论越来越多，但是他们为了自己认同的实用目的，在引进时往往以偏概全，而且各是其是，各非其非，其中最重要的两个更严格框范住后来的中国戏剧，其一是只提倡易卜生中期的社会问题剧而忽略他的前期和晚期，其二是只认定斯坦尼斯拉夫斯基表演体系，忽视了这个体系一直在发展变化。

类似的问题西方在 19 世纪晚期也曾出现，不过在 20 世纪早期就已经自然化解，因为大家都认识到剧场表演是约定俗成的结果，导演或表演者都可以各行其是或各取所需，这就是所谓剧场常规(conventions in theatre)与制宜主义(eclecticism)。中国的情形不然，因为我们太讲究实用了，而且习惯用压抑和斗争的手段打击异己，以致“五四”时代的文学革命迅即变成革命文学。随着苏联革命影响的深化，我国在 1930 年代开始出现了普罗戏剧(proletariat drama)的风潮，强调艺术服从政治，是政治的武器。这种基本立场，在 1942 年的延安文艺座谈会，以及 1950 年第一次全国文艺代表大会中获得最高当局的坚决肯定，从此成为全国性的政策。

在代表大会中曹禺开宗明义说道：“我们是在毛泽东思想领导与新民主主义旗帜之下团结起来的。这是我们的原则。”此后他遵从有“文艺沙皇”之称的周扬的意见，全面否定了自己以前的作品，并且对它们进行修改。另一方面，他自认对马克思、列宁的意识形态了解不够，一直不再创作，唯有在多方的敦促下才写了几个配合任务的作品。对曹禺的这些行为和作品已有很多深入的讨论，有的说它们是“曹禺妥协于社会的‘媚俗’行为”，当然更多了解公权力的无坚不摧，同情他危行言逊的无奈，甚至钦佩他韬光养晦的智慧。即使如此，曹禺在“文革”时仍然遭受残忍的批斗，在“四人帮”垮台时接近精神崩溃的边缘。

难能可贵的是，长年的打击和苦难丝毫没有动摇曹禺对戏剧的执著和对中国戏剧的期盼。他一再声称要创作新剧，固然始终未能如愿以偿，因此更寄望于后进，写了不少文章和接受访问。这些论述始终只有一个重点：剧作家们要尽量多读书充实自己。杜甫说："别裁伪体亲风雅，转益多师是汝师。"不过曹禺提到的范围涵盖古今中外，譬如有次他赞美莎士比亚的戏剧博大精深就说道："宇宙有多么神奇，它就有多么神奇。"我们知道杜甫和莎士比亚都博览群书，印证了一句老生常谈：一个伟大的作家，必定先是伟大的读者，曹禺讲的正是这个意思。

同样重要的是曹禺所没有讲的。胡星亮在他的《二十世纪中国戏剧思潮》中，第四篇标题为"新的探索与发展（1977—1989）"，对这个时期中国戏剧的思想与潮流作了系统的介绍与分析。在长约 80 页的篇幅中，有关曹禺的零星言论加起来不过一、两页，其中没有任何美学体系或政治教条，诸如戏剧的风格或形式、戏剧创作的题材和观众对象、作家应该采取的意识形态，以及中国戏剧应该具备的特色等等，在曹禺的论述中都付阙如。他在这些方面的缄默是必然的结果，他遍读了古今中外的戏剧，到过世界上所有重要的剧场，观看到它们的演出，体会到世界剧坛真的是百花齐放，万紫千红。大海不择细流，故能成其大，曹禺没有越俎代庖，为中国的剧作家们设定任何框架。他只是热望他的后进们依据个人的学养和才情创作，为中国戏剧创造新的巅峰。

曹禺的立场和理想，和李岚清的先后辉映。根据《解放日报》报道，今年七月，这位原中共中央政治局常委、国务院副总理应邀在上海世博会作专题演讲。世博会开幕式上演奏的是《蓝色多瑙河》。有人提出，为什么不演中国作品呢？他说"我认为，选这个作品是极好的创意，这正是海派文化了不起的创举"，展现出海派文化"继承、创新、开放、包容"的动人魅力。八十高龄的李岚清接着唱了中国第一首合唱歌曲《春游》："长亭外，古道边，芳草碧连天……"歌罢全场掌声雷动，李岚清笑说，"这支歌可是美国人奥德威作的曲，你们听出美国味儿了吗？我听不出，这支歌里是最优美最纯正的中国情怀。了不起啊。"

一个国家接受另一个国家的戏剧，一般都需要经过一个到两个世纪的学习模仿，才能产生杰出的剧作家，在世界舞台上头角峥嵘。现在戏剧发达的国家，包括英、法、俄、美在内莫不如此。我国的话剧，如果从春柳剧社的引进演出开始计算，到曹禺的处女作《雷雨》，为时不过四十年。那时他才 23 岁，如此年轻而有如此成就，在世界剧坛绝无仅有。接着他写了《日出》、《原野》、《蜕变》、《北京人》、《家》，以及《正在想》(1946)，将中国话剧带到空前的高原，也奠定了他在中国剧坛的不朽地位。

像世界上伟大的剧作家一样，曹禺一直在探索剧本呈现的形式和内容，不断追求超越自己。在《日出》出版时，他就写道，他以为《雷雨》"太像戏了"，"渐渐生出一种对于《雷雨》的厌倦"；他还说他"很讨厌它的结构"，"我很想平铺直述地写点东西"。在这样的追求中，他心仪的作家从易卜生、欧尼尔转移到了契诃夫，结果是他在三十而立之年完成的《北京人》。像契诃夫的《三姊妹》或《樱桃园》一样，它没有"太像戏了"的高潮、悬念，和矛盾冲突，只是透过平淡的日常生活，呈现一个中国传统家庭中老一代的衰落，以及年轻一代的新生。他回忆说道："写《北京人》，我有一种想法，就是把人物的灵魂深挖一下，把人物性格里的复杂性挖一下。如果说《北京人》和以前几个剧有什么不同，我以为不同之处就在这里。"他的挖掘非常成功，因为剧中的主要人物都是他父、兄、姐妹和情人的折射和投影，配角也是他熟悉的真人。为了增强剧本的意义，他还大量运用了棺材、耗子、鸽子、猿人等等意象和和喇叭的音响效果。《北京人》是曹禺自己最满意的一部作品，也获得海内外的一致赞美。

《北京人》之后的《家》遵循着同样的方向，具有相互颉颃的成绩，但国内目前对它的评价似乎甚多保留，主要由于它是巴金小说的改编，而且背离了原作的意旨。其实，西方从希腊悲剧开始，历经莎士比亚到近代的许多优秀作品大多是改编的结晶，而且在改编时对原型赋予了新的诠释。曹禺早已深知此道，现在加以运用，可说进入了戏剧创作的坦途。但不幸的是因为时局和政治因素的影响，他未能继续自由前行，这是他个人的不幸，也是中国剧坛的损失。

曹禺开始编剧时，中国还是胡适所谓的贫病愚私的社会；在他搁笔时，中国仍然是个一穷二白的国家。那时讲究文学艺术的实用性，显然有不得已的苦衷和目的。改革开放30年以来，中国百分之九十以上的民众都受过九年以上的教育，经济增长的总量超过以前一千年的总和。世界上国力雄厚的时代往往都是戏剧的黄金时代，因为这时的执政者、剧作家和观众都有开阔的胸襟、深远的眼光，以及无用之用的雅兴，来深挖个人灵魂的复杂，或者宇宙万物的神奇。在这个万方如有待的时空里，愿我们在曹禺已经指出的道路上继续前行，超越他，完成他的殷切期待。

［作者简介：胡耀恒，台湾大学戏剧系教授］

试论曹禺戏剧创作心态的演变

——纪念曹禺诞辰一百年

刘家鸣

曹禺，中国戏剧史上一座不朽的伟大丰碑。源流久远、剧种和流派繁多的中国戏剧，发展到二十世纪初叶，在中外文化碰撞与交流中催生了现代话剧。曹禺的剧作，则是中国现代话剧艺术成熟的标志，开创了中国现代戏剧的新天地。

作为中国现代话剧艺术的大师，曹禺的剧作，在二十世纪的不同历史时期有着不同的艺术表现，却是令人深思的。我认为，曹禺在四十岁以前与以后，他的剧作在题材选择、人物塑造、思想文化内涵方面，发生了差异和变化。人们对他在全国解放前后的作品，有着相当歧异的认识与评价。

本文试图从曹禺的戏剧创作心态的视角，进行探讨和论析，就正于方家学者。

愤怒出诗人

在二十世纪三十年代，曹禺青春焕发，才华横溢，接连创作了《雷雨》(1933)、《日出》(1936)、《原野》(1936)、《北京人》(1940)四部多幕话剧。这是中国话剧的经典杰作，奠定了他在中国话剧艺术宫殿的光辉地位。

这四部剧作的发表和演出，先后震惊了中国文坛，获得作家和观众的盛赞。巴金读着《雷雨》原稿，"感动地一口气读完它，而且为它掉了泪"。① 李健吾说："《雷雨》现在可以说是甚嚣尘上"，是"一部具有伟大性质的长剧"。② 曹聚仁评论："这也是中国戏剧史上的新的一页"，"应该说是进入《雷雨》的时代"。③《日出》更是引发了热烈的讨论，《大公报》以整版篇幅刊登作家的评论。巴金评说它"是一本杰作"，"它和《阿Q正传》、《子夜》一样是中国新文学运动中最好的收获"。④ 杨刚说：《日出》的作者"是在替中国戏剧开劈启示录里的新天地"⑤。美籍教授谢迪克称誉《日出》，在"现代中国戏剧中是最有力的一部，它可以毫无羞惭地与易卜生和高尔斯华绥的社会剧的杰作并肩而立"。⑥ 鲁迅曾对斯诺评说："新出现的左翼戏剧家曹禺"，是

① 田本相：《曹禺传》，北京十月文艺出版社1988年版，第158页。
② 同上，第167页。
③ 曹聚仁：《文坛五十年》，东方出版中心1997年版，第292页。
④ 田本相：《曹禺传》，北京十月文艺出版社1988年版，第201页。
⑤ 杨刚：《现实的侦探》，《大公报·文艺》，1936.12.27.
⑥ 田本相：《曹禺传》，北京十月文艺出版社1988年版，第189页。

中国“最好的戏剧家”。[①]

当年享誉剧坛的曹禺，还是二十多岁的年青作家，成了中国文坛上冉冉升起的闪耀光华的明星。那么，他是在什么样的心态下进行创作的呢？

曹禺生长于没落官僚的家庭，从小就诵读儒家经典，孔孟学说中仁爱思想渗入脑中。他小时就是戏迷，京剧和地方戏曲里褒善罚恶、爱憎分明、恩仇必报的理念融进心灵里。他上南开中学时，积极参与演剧，阅读欧美戏剧作品，人道主义思想，自由、平等、博爱的观念渗透了他的意识，并且启示他用以观察和思索社会人生。

“五四”新文化运动中，陈独秀等倡导“科学与民主”的思潮风靡全国，鼓吹个性解放、人格独立，宣扬人的自觉、自主、自尊的思想震撼着青年人的心。鲁迅、郭沫若、胡适等人体现反封建反礼教、催唤启蒙的作品，深深地震动了年青的曹禺。他很自然地赞同、接受和信仰“五四”时代的反封建精神。

年青的曹禺，心地善良纯厚，感情真诚丰沛，富有正义感和同情心。他眼看自己家庭的沉闷阴郁，社会高端人物的残暴贪婪，底层劳苦民众的啼饥号寒的惨状，悲愤已极，胸腔里凝聚着涌动着憎恨黑暗社会的愤激深情。他说，写《雷雨》时“仿佛有一种情感的汹涌的流来推动我，我在发泄着被抑压的愤懑，毁谤着中国的家庭和社会”[②]。又说，写剧本时“心中满腔愤恨，怒火中烧，写作时真好像火山要喷发了似的”[③]。曹禺在《〈日出〉跋》写道：这些年“我看见多少梦魇一般的可怖的人事”，“一件一件不公平的血腥的事实，利刃似的刺了我的心，逼成我按捺不下的愤怒”，“怀着一腔愤懑，我还是把它写出来”，期望“平地轰起一声巨雷，把这群盘踞在地面上的魑魅魍魉击个糜烂”。

《原野》的创作，表明曹禺关注现实的眼光从城市转向农村，要表现“农民处在一种万分黑暗痛苦、想反抗而又找不到出路的状况中”[④]。他要写出农村里你死我活的斗争，“《原野》中，我觉得非反抗不可，宁死也要反抗到底”[⑤]。这是作家用戏剧向民众发出抗争的呐喊。创作《北京人》时，曹禺三十岁。他说：“写《北京人》时，我的诅咒比较明确些了，那种封建主义资产阶级是早晚要进棺材的！他们在争抢着寿木。而这人世，需要更新的血液和生命。”[⑥]显然，曹禺这时的创作心态增添了乐观自信，超越了写作《雷雨》、《日出》时的朦胧与空泛，比起写《原野》时呐喊复仇和“反抗到底”，在愤激情绪里添加了理性，认知更为深刻，看清了社会发展的方向，呼吁人们走出黑暗，奔向光明前程。

曹禺回忆年青时，非常愤恨社会的残酷污浊，“觉得这个社会是一个残酷的井，黑暗的坑”，“人们无法摆脱悲剧的命运”。[⑦] 他心里“有忧国忧民的思想，想探索一下人生道路”。[⑧]

---

① 田本相：《曹禺传》，北京十月文艺出版社 1988 年版，第 189 页。
② 曹禺：《〈雷雨〉序》，《曹禺论创作》，上海文艺出版社 1986 年版，第 8 页。
③ 田本相、刘一军编著：《苦闷的灵魂——曹禺访谈录》，江苏教育出版社 2001 年版，第 46 页。
④ 张葆莘：《曹禺同志谈创作》，《曹禺论创作》，上海文艺出版社 1986 年版，第 143 页。
⑤ 田本相、刘一军编著：《苦闷的灵魂——曹禺访谈录》，江苏教育出版社 2001 年版，第 86 页。
⑥ 曹禺：《〈曹禺选集〉后记》，《曹禺论创作》，上海文艺出版社 1986 年版，第 66 页。
⑦ 田本相、刘一军编著：《苦闷的灵魂——曹禺访谈录》，江苏教育出版社 2001 年版，第 52 页。
⑧ 曹禺：《和剧作家们谈读书和写作》，《曹禺全集》第 5 卷，花山文艺出版社 1996 年版，第 373 页。

他要通过写剧本，表达自己探索人生的感悟，借助舞台演出启发人们去思考现实社会人生。

曹禺探索人生的眼光富有穿透力。他着重地探究人的心性，透视着社会上各种人物的内心世界，剖露人物灵魂的隐秘。他无情地揭发和抨击周朴园、曾皓之流专横暴虐、残忍卑污的心性，批判地剖析周萍、潘石清、思懿等人正负黑白混杂的畸形品性。但他更重视发掘和赞美被压迫者倔强不屈的心灵之光。他称赞蘩漪"有火炽的热情，一颗强悍的心，她敢于冲破一切的桎梏，做一次困兽的斗"①。他赞扬"翠喜可令人尊敬，她有颗金子般的心"②。他欢呼瑞贞和愫方终于醒悟，勇敢地走出曾家黑屋。茅盾评说《北京人》："就像一个槌子，将打击观众的心灵，使他们战栗，当然亦将促起他们猛省，用更深刻一点的眼光看看他们周围的社会和人生。"③

曹禺通过剧作对人性的探索必然会归结到对整个社会制度的追究和诘问，"症结还归在整个制度的窳败"。他期望人们看戏后，能够"愤然地疑问一下：为什么有许多人还要过这种'鬼'似的生活呢？难道这世界必须这样维持下去么？什么原因造成这不公平的禽兽世界？是不是这局面应该改造或者根本推翻呢"④？他要通过剧中人物性格的刻画与矛盾冲突的展开，说明如此黑暗污浊的旧社会再也不能继续存在下去，人再也不能过这样非人的生活，"对那个社会非起来造反、非把它推倒不可，一切都要重新重来"⑤。他祈愿会有明媚的春天和升起的太阳。

曹禺说：现实社会里"在上的横暴荒淫，在下的受尽压榨，许多残酷的事实使我思索，使我愤怒"，"终于是凭一些激动的情绪去写"剧本。⑥ 所以他的剧作总是饱含着浓烈的愤激的诗情。他说，创作《雷雨》，"我写的是一首诗，一首叙事诗"。⑦ 叶圣陶评说《日出》："它的体裁是戏剧，而其实也是诗"。⑧ 曹禺说："《原野》是讲人与人的极爱和极恨的感情，它是抒发一个青年作者情感的一首诗。"⑨《北京人》剧中，鸽哨、唢呐、更锣声，交错融入剧情，衬托人物的心理，建构成浓郁的抒情诗的意境，令人激起感情的共鸣。

曹禺确实是一位激情洋溢、热忱真挚的戏剧诗人。他的剧本里流淌着诗的激情和韵味。这正是继承和发扬了中国文艺的优秀传统。司马迁说："诗三百篇，大抵贤圣发愤之所为作也"，"此人皆意有所郁结"，即诗人愤激情感的结晶。李贽补充道："由此观之，古之贤圣不愤则不作矣"。所以，钱锺书说："中国文艺传统里一个流行的意见：苦痛比快乐更能产生诗歌，好诗主要是不愉快、烦恼或'穷愁'的表现和发泄。"⑩中国悠久的抒情诗传统，自然会分流和渗

① 曹禺：《〈雷雨〉序》，《曹禺论创作》，上海文艺出版社 1986 年版，第 11 页。
② 田本相、刘一军编著：《苦闷的灵魂——曹禺访谈录》，江苏教育出版社 2001 年版，第 189 页。
③ 茅盾：《读〈北京人〉》，《曹禺研究专集》下册，海峡文艺出版社 1985 年版，第 212 页。
④ 曹禺：《〈日出〉跋·附注》，《曹禺论创作》，上海文艺出版社 1986 年版，第 48 页。
⑤ 曹禺：《我的生活和创作道路》，《曹禺论创作》，上海文艺出版社 1986 年版，第 137 页。
⑥ 曹禺：《〈日出〉（电影文学剧本）后记》、《〈曹禺选集〉自序》，《曹禺论创作》，上海文艺出版社 1986 年版，第 60、63 页。
⑦ 田本相：《曹禺传》，北京十月文艺出版社 1988 年版，第 161 页。
⑧ 同上书，第 200 页。
⑨ 同上书，第 363 页。
⑩ 钱锺书：《诗可以怨》，《七缀集》，上海古籍出版社 1985 年版，第 102、111 页。

透到戏曲中去。李渔在《闲情偶寄》里自白:“予生忧患之中,处落魄之境,自幼及长,自长至老,总无一刻舒眉。惟于制曲填词之顷,非但郁藉以舒,愠为之解”。可见李渔写戏的创作心态是舒愤懑,那么,这跟三百多年后的曹禺的创作心态不正是相似相通的吗?

古罗马诗人尤维纳利斯说:“愤怒出诗人”。恩格斯在《反杜林论》里征引这句话之后,写道:“愤怒在描写这些弊病或者在抨击那些替统治阶级否认或美化这些弊病的和谐派的时候,是完全恰当的。”曹禺的剧作,正是以愤怒的激情写着悲愤与讽刺、抗争与赞扬的错综叠加的抒情长诗。所以,田本相把曹禺的剧作精辟地概括为:诗化现实主义。

奉命写剧本

新中国建立,曹禺正值“四十而不惑”之年,心情振奋,决心为新中国的戏剧事业奉献全力。早在解放前夕,他就对李玉茹说:共产党来了,是会尊重艺术家的。① 他在第一次文代会上说:“我感到是一个新的开端”,“我还没有经历过像共产党这样重视和关心文艺工作,给文艺工作者以如此崇高的地位和荣誉。”②他热情地积极参与建国初期的文艺工作,精神振奋。

于是,曹禺努力学习革命理论,学习和理解党的文艺为工农兵方向和各项方针政策,加以贯彻践行。他同许多作家一起下厂下乡深入生活,为新的剧作做准备。同时,他被选进文艺社团的领导岗位,被任命为中央戏剧学院副院长,以后又当上北京人民艺术剧院院长。他说,自己“几乎天天都沉浸在幸福欢乐之中,真觉得扬眉吐气啊”③!在这期间,曹禺认真地反思以往的剧作,决意把“自己的作品在工农兵方向的X光线中照一照”,要挖去“创作思想上的疮脓”④。他严肃地进行自我批判,并以愧疚的心态动手修改从前的剧作,删改情节结构,变更人物性格,为的是加强作品的“阶级观点”和思想性。他说:“建国初期,周扬的话,我佩服得不得了”;“我基本上是按照周扬写的那篇文章改的”《雷雨》和《日出》,⑤希望剧作能适合革命时代的要求。其实,曹禺主动删改剧作,是同建国初期文坛上的主导思潮:贯彻文艺为工农兵的方向,批判所谓错误作品的风气相关联的。那几年,阿垅、萧也牧、路翎等人的作品,先后分别地遭到“左倾”的苛刻而粗暴的批判。在这样形势下,曹禺怎么敢不主动删改、自我否定呢?

从1951年起,毛泽东批示和发起了对电影《武训传》的批判,文艺界开展整风与思想改造运动。此后,毛泽东连续地发动对俞平伯《红楼梦研究》的批判,对胡适思想的批判,无中生有地开展对所谓“胡风反革命集团”的斗争,反对“资产阶级右派”的斗争,直到“史无前例”的、灭绝人性的“文化大革命”,指导思想更加极“左”,运动越来越凶残。作家互相揭发告密,抓住片言只语无限上纲,横遭打骂,肆意囚禁,劳改流放,家破人亡,实行着“无产阶级对文化领域的全面专政”,惨无人道。

在这种“以阶级斗争为纲”的极“左”年月里,文化统制越来越严酷。曹禺说,解放后总是

① 《曹禺自述》,京华出版社2005年版,第183页。
② 田本相:《曹禺传》,北京十月文艺出版社1998年版,第363页。
③ 田本相:《曹禺评传》,重庆出版社1993年版,第219页。
④ 曹禺:《我对今后创作的初步认识》,《曹禺研究专集》上册,海峡文艺出版社1985年版,第62页。
⑤ 田本相、刘一军编著:《苦闷的灵魂——曹禺访谈录》,江苏教育出版社2001年版,第37页。

搞运动，“虽然我没当上右派，但也是把我的心弄得都不敢跳动了”。[①] 于是，他的创作心态，就由解放初的热情振奋，演变为敬畏和惶恐。他不能不崇敬和迷信党的领袖，不能不屈服于文艺方针政策，不能不担忧写出的作品被挑出错讹，从而危及身家性命，株连亲属友朋。他在戏剧创作中，变得唯命是从，小心谨慎，顾虑重重，唯恐出错，不敢不写，却不能放手写。

建国后三十年间，曹禺只写了三部话剧：《明朗的天》(1954)、《胆剑篇》(1960)、《王昭君》(1978)。他说：“我写戏都是领导上交给我的任务。”[②]这完全是遵从党的领导人的意见和建议而奉命创作，“硬着头皮去写的”。写《明朗的天》，事先明确“一个总的意图”：“知识分子必须在党的教育下进行思想改造”，并以这个主题来结构情节和塑造人物。[③]

《胆剑篇》写于上世纪六十年代初经济生活困难岁月，党号召全国人民团结同心，自力更生，奋发图强，因此要写卧薪尝胆的历史故事教育民众。曹禺用心领会领导的意图，依据“历史是人民创造的”理念，刻意塑造了苦成这个劳动者形象。周恩来看戏后说：“《胆剑篇》有它的好处”，“但我没有那样受感动”。还说曹禺“现在好像拘束多了。生怕这个错，那个错，没有主见，没有把握。这样就写不出好东西来”。[④] 曹禺反思：“我的确变得胆小了，谨慎了”。他只是怀着惶恐忐忑的心态进行创作。

“文革”前，周恩来点名要曹禺写《王昭君》。他研究史料、参访“青冢”，写出部分场景，却被“文革”打断了。粉碎“四人帮”，曹禺重新创作。他说：“我领会周总理的意思，是用这个题材歌颂我国各民族的团结和民族间的文化交流。”“我要擦掉王昭君脸上的泪水，让她焕发出她的真正的光彩。”[⑤]他精心塑造了体现领导意图的前所未有的王昭君形象。

曹禺在政治运动持续不断的岁月里，奉命写剧本，创作时谨慎小心、如履薄冰，总是处于敬畏和惶恐的心态中。他说：“虽然说组织上入了党，但是，‘资产阶级知识分子’这个帽子，实际上也是背着的，实在叫人抬不起头来，透不过气来。这个帽子压得人怎么能畅所欲言地为社会主义而创作呢？……生怕弄不好，就成为‘反党反社会主义的毒草’”。[⑥] 所以，他只能在领导授意、组织干预、逐层审查的统制下，沿着“左倾”政治化的文艺窄道行走。

曹禺晚年反思，对访者说：“我觉得很长一段时间里，我们的文学艺术太讲究‘用’了”。“我们总是写那些‘合槽’的东西，‘合’一定政治概念之‘槽’，‘合’一定哲学概念之‘槽’，一个萝卜一个坑，这样是写不出好东西的。”“对于文学艺术来说，实用主义是害死人的”。[⑦] 确实，极“左”思潮统制着文坛，严令作家的创作必须服从无产阶级政治的需要，图解宣传党的方针政策，结果只能桎梏了作家的艺术创造活力，把文艺逼入衰败的绝境。

画家黄永玉写信给曹禺，直率地说：“我不喜欢你解放后的戏，一个也不喜欢。你心不在戏里，你失去伟大的通灵宝玉，你为势位所误！从一个海洋萎缩为一条小溪流，你泥溷在不情

---

① 《曹禺自述》，京华出版社 2005 年版，第 191 页。

② 同上。

③ 田本相：《曹禺传》，北京十月文艺出版社 1998 年版，第 378 页。

④ 周恩来：《对在京的话剧、歌剧、儿童剧作家的讲话》，《周恩来论文艺》，人民文学出版社 1979 年版，第 107 页。

⑤ 田本相：《曹禺传》，北京十月文艺出版社 1998 年版，第 438 页。

⑥ 同上书，第 411 页。

⑦ 田本相、刘一军编著：《苦闷的灵魂——曹禺访谈录》，江苏教育出版社 2001 年版，第 32 页。

愿的艺术创作中，像晚上喝了浓茶清醒于混沌之中。”[①]曹禺当年毕竟无法摆脱极“左”指导思想和文艺路线的严酷的束缚，在潜意识里会被文艺创作的各项禁令制约着，使他被迫违心地陷入遵旨写作搞宣传的泥潭而难以自拔。

曹禺晚年反思，并不满意上述三部剧作。田本相写道：“我几次希望他能够谈谈这三部戏，但是每提到这三部戏时，他就摇头，同我摆手，似乎是不值得一谈的样子”。曹禺说：“至于我解放后写的这三部戏，就不必谈了”，“实在没有什么可说的”。[②] 这样决然地自我否定三部剧作的话语，是痛苦的、沉重的，也是足以启迪人们去深长地沉思的。

天才的命运注定是悲剧

曹禺年青时写的杂文说：“文学的天才绚烂地造出他们的武具，以诗、剧、说部向一切因袭的心营攻击。他们组成突进不止的冲突与反抗，形成日后一切的辉煌。”[③]曹禺就是这样的戏剧天才。他在二、三十岁间，几乎每隔三四年就创作了《雷雨》、《日出》等经典剧作，抨击“一切因袭”的旧思想旧制度，启示被压迫者的觉醒和抗争，造就了他的，同时也是中国话剧的辉煌。然而，这位戏剧天才在四十岁以后，却没有登上更加辉煌的巅峰。

想当年，曹禺在戏剧创作上充满自信，要求自己的剧作不断创新。他说：“一个戏要和一个戏不一样，人物、背景、氛围都不能重复过去的东西”，“总得要搞出些新鲜意思，新鲜招数来。”[④]应当说，不断超越自己，另辟蹊径和锐意出新，正是曹禺剧作的艺术特色之一。然而，当他跨进心中期盼的新中国，想多写新的剧作，社会政治历史的发展并不使他如愿。

要创作真正优秀的作品，作家要有丰富深厚的生活积累和艺术修养，健康自由的创作心态更是非常关键的。曹禺的创作心态，从年青时胸怀愤懑，激情洋溢，到建国后变得谨小慎微，充满敬畏和惶恐，遵循领导意旨奉命写作。这像是怒涛汹涌、浪潮奔腾的大江，萎缩成水波不兴、徐缓流淌的小溪。为什么会如此演变呢？

曹禺戏剧创作心态的变化，是由社会政治环境和作家的思想与个性、多种主客观因素相互影响彼此促动的结果。

“太阳升起来了”，建国初期，曹禺欢欣鼓舞，心态开朗。党的领导重视他在戏剧界的声誉和影响，安排了许多职位。他说：“我几乎每天都沉沦在种种会议、会见，以及必须去看戏的浑沌之中”，“我推不开，摆不脱，我不好意思，我怕叫人误会，我还担心得罪朋友”。[⑤] 频繁的社会活动，妨碍和损伤了他的创作才华。李玉茹说：“曹禺自认今生的一大憾事就是：时间被写作以外的事占去太多。”[⑥]他是多么渴望能有充裕的时间和精力进行创作啊！

曹禺说：“我这个人胆小谨慎，忧郁，爱挑剔，不能理解自己。我缺乏希腊人的智慧——

---

① 转引自《曹禺传》，北京十月文艺出版社 1998 年版，第 472 页。

② 田本相、刘一军编著：《苦闷的灵魂——曹禺访谈录》，江苏教育出版社 2001 年版，第 33 页。

③ 转引自《曹禺传》，北京十月文艺出版社 1998 年版，第 57 页。

④ 同上，第 207 页。

⑤ 田本相、刘一军编著：《苦闷的灵魂——曹禺访谈录》，江苏教育出版社 2001 年版，第 48 页。

⑥ 吴祖光：《太多“桂冠”害了他》，《曹禺评说七十年》，文化艺术出版社 2007 年版，第 90 页。

'自知之明',心中只是乱云般的焦躁与一种不可摆脱的迫切的思绪。"[1]他心性善良纯厚,爱憎分明,富有正义感,憧憬着未来的美好。然而,他却又胆小懦弱,谦逊自卑,有时甚至自我否定。但在戏剧创作上,他是极富艺术创造活力的。建国初期,他心情舒畅,以为可以在明朗的阳光下自由地创作,会有施展艺术想象和表现能力的自由。但是,持续的政治运动风暴,越来越极"左"的文艺禁令戒律,行政干预和逐层审查,成了艺术创作难以畅通的关隘。曹禺怎么可能自由地施展艺术才华和挥洒生花妙笔呢?他只有在政治与艺术、创作自由与遵命写作之间作痛苦的徒然的挣扎。

还要看到,曹禺的内心底层还暗藏着传统思想文化的潜在约束。中国历史上的士大夫或是文化人,都存有对最高统治者的依附和臣服的传统心理,那种对领袖的敬仰和迷信、听从和屈服,潜意识地制约着自己的思维定势。吴祖光回忆曹禺说过,自己"太听领导的话,有时甚至要'揣摩'领导的意图"。[2] 他那胆小懦弱的自卑心性在发挥作用。曹禺说:"不在于人家限制你,而是自己限制自己。这也是有来源的,中国几千年的封建束缚和几十年的极左压力,使得许多人谨小慎微,不能畅所欲'写'"。[3] 正如他的老友黄永玉尖锐指出的:"你为势位所误!"真是入木三分、一针见血的评析。

在改革开放新时代,曹禺迈入古稀之年,但他还想有所创作。巴金写信鼓励他:"希望你丢开那些杂事,多写几个戏","多写自己想要写的东西","多给后人留一点东西,把你心灵的宝贝全交出来,贡献给我们社会主义祖国"。[4] 曹禺下决心,"从今再不事杂琐,拼将残勇赋春风"![5] 他说:"我依然想写。善良的正直的勇敢的人,我是欢喜,我想写。卑鄙的凶恶的猥琐的人,我深恶痛绝,我要写。我唯愿我的笔能这样地写下去。"[6]

据万方回忆,曹禺晚年规划着,写《黑店》、《外面下着雨》、《岳父》、《张好好》等戏,有的还拟了提纲,写了人物小传,但终于没有写成。万方说:"我知道他开过若干个头,但据他说总是写着写着就写不下去了。我问过他为什么?怎么就写不下去呢?他说也不是害怕,就是觉得不对头,觉得可能出错。"[7]他还是心有余悸,积淀在他心底的"左"的禁锢还没有完全消除,虽然奋力写作,却又徘徊难前。

曹禺长期遭受政治风暴的折腾,特别是"文革"中备受磨难,到晚年身体衰弱多病。他觉得重新执笔就像"拿起举重铁杠一样"沉重,"写了几十个字,已经感到疲乏,从前那种行笔如流的精神早已消逝了。"[8]心有余而力不足,志虽高而身衰弱。千古文章未尽才,曹禺终于怀揣心中的宝贝远离人间,赍志以逝。

歌德说:"天才的命运注定是悲剧。"作为天才的戏剧大师,曹禺为中国话剧奉献了一生,

---

① 曹禺:《〈雷雨〉日译本序》,《曹禺论创作》,上海文艺出版社 1986 年版,第 19 页。
② 吴祖光:《太多"桂冠"害了他》,《曹禺评说七十年》,文化艺术出版社 2007 年版,第 90 页。
③ 曹禺:《戏剧创作漫谈》,《曹禺全集》第 5 卷,花山文艺出版社 1990 年版,第 298 页。
④ 《曹禺评说七十年》,文化艺术出版社 2007 年版,第 116 页。
⑤ 曹禺:《致巴金》,《曹禺全集》第 6 卷,花山文艺出版社 1990 年版,第 465 页。
⑥ 曹禺:《〈曹禺论创作〉序》,《曹禺论创作》,上海文艺出版社 1986 年版,第 6 页。
⑦ 万方:《灵魂的石头》,《曹禺评说七十年》,文化艺术出版社 2007 年版,第 101 页。
⑧ 曹禺:《致巴金》,《曹禺全集》第 6 卷,花山文艺出版社 1990 年版,第 465 页。

铸就了中国戏剧艺术的辉煌。但他却两次否定了自己的剧作:建国初期自我否定了以往的剧作;改革开放年代又否定了解放后写的三部戏。当然,这两次自我否定的缘由和性质并不相同。但是,从这里可见他依然保持和承袭着中国文化人“三省吾身”的优秀传统,不断进行着自我反思和剖析。这又体现出他继承了鲁迅那样“解剖自己并不比解剖别人留情面”的崇高品格。曹禺是极富戏剧创造活力的天才大师,但他的人生经历和戏剧创作道路,却是一部真正的悲剧。这既是个人的悲剧,也是时代的悲剧。

但是,曹禺创造的《雷雨》、《日出》、《原野》、《北京人》等经典杰作,已经成为中国人民最可珍贵的精神财富,像绽开不谢的奇葩在舞台上长远地传播芬芳。

[作者简介:刘家鸣,南开大学文学院教授]

论曹禺的“局限”

杨景辉

局限，是事物的一种客观存在。

任何人都有局限。作家也不例外。

每一位作家，都是在局限里生，在局限里长，在局限里发展，在局限里创造，在局限里辉煌。

只是，不同的作家有不同的局限；因而，产生各自不同的题材、不同的人物、不同艺术特点的作品，表现出不同的创作个性和风格。

田汉是如此。

老舍是如此。

郭沫若也是如此。

曹禺更是如此。

曹禺出生于天津一个没落的封建官僚家庭。这个家庭里的以及与这个家庭有密切关系的人和事，深深地“扎根”在他的脑海里。他的爱和恨，他的思和想，在这里萌生，在这里发展，在这里飞跃。就在这里，也决定了他戏剧创作的走向。

曹禺说：“我对自己作品里所写到的人和事，是非常熟悉的。我出生在一个官僚家庭里，看到过许多高级恶棍、高级流氓；《雷雨》、《日出》、《北京人》里出现的那些人物，我看得太多了，有一段时期甚至可以说是和他们朝夕相处。”①因此，在《北京人》中，曾皓这个人物，就有他父亲的影子②；他的哥哥就是“一个活的曾文清的影子”；愫方是根据他的爱人方瑞的个性写的，他“确实是想着她而写‘愫方’的”③。

曹禺一生致力于对“人”的观察、体验、探索、研究，创造典型的人物形象。他说：“我喜欢写人，我爱人，我写出我认为英雄的可喜的人物；我也恨人，我写过卑微、琐碎的小人。我感到人是多么需要理解，又是多么难于理解。没有一个文学家敢讲这句话：‘我把人说清楚了’。”④

他又说：“可是在我的这些作品里，却没有一个无产阶级的人物，甚至连象征光明的人都没有在舞台上露过面（只是在《日出》中，作为一种暗示，安排了幕后工人唱的《打夯歌》）。观众（读者）看到的只有残暴的、丑恶的、虚伪的金八、潘四、周朴园、曾皓……和腐朽的、寄生的

① 《曹禺论创作》，上海文艺出版社 1986 年版，第 85 页。
② 同上，第 101 页。
③ 同上，第 428 页。
④ 同上，第 5 页。

周萍、曾文清、陈白露……之类的人物。对另一些人像方达生、愫方、瑞贞等我是寄予了同情，我总希望他们能逃出快要压上盖子的棺材。但是，路在哪里？我非常渺茫。也许在写《北京人》的时候，我朦胧地知道革命在什么地方了，但严格地说，那时我仍还根本不懂得革命。”①

这就是曹禺的局限。这“局限”，就是他所处的环境和他所熟悉的人和事所决定的。

然而，他正是在这一局限中，创造了戏剧的辉煌。他的《雷雨》、《日出》、《原野》、《北京人》、《家》，堪称世界戏剧的经典。他因此而以“中国的莎士比亚”著称。

也正是在这一局限中，他创造的蘩漪、周朴园、陈白露、金子、仇虎、愫方、曾皓、曾文清、瑞珏等一系列艺术典型，在中国现代戏剧史、文学史上，闪耀着异样的光彩。

这就是戏剧创作，乃至整个文艺创作的规律。

可是，从40年代末、50年代初开始，曹禺的戏剧创作命运，同其他许多作家一样，遭受了历史性的不幸。他从创作《家》以后，不再辉煌，一直走下坡路，甚至一落千丈！

80年代初，他的朋友黄永玉在写给他的信中，有这样一段话：“……我不喜欢你解放后的戏。一个也不喜欢。你心不在戏里，你失去伟大的灵通宝玉，你为世位所误！从一个海洋萎缩为一条小溪流，你泥溷在不情愿的艺术创作中，像晚上喝了浓茶清醒于混沌之中。命题不巩固，不缜密，演绎、分析得也不透彻。过去数不尽的精妙的休止符、节拍、冷热、快慢的安排，那一箩一筐的隽语都消失了。”②

这真是石破天惊之语！也真是一言中的！曹禺将它作为箴言，深深地珍藏在自己的心中。

这里，值得探讨的是：曹禺为什么会“从一个海洋萎缩为一条小溪流”？为什么会“失去伟大的灵通宝玉”？为什么“清醒于混沌之中”，又陷于混沌之中而不能自拔？

其原因有二：

一是外部的导向和压力。

从50年代以来，“左”的文艺政策和文艺思潮以锐不可当之势，冲击着、“改造”着曹禺们。它违背了文艺创作的规律。对曹禺们的“局限”不但不尊重，不鼓励他们发挥他们各自的优势，为新时代创造新的经典，反而将他们的“局限”，加以否定，视为异端；统统把他们纳入为政治运动服务、为阶级斗争服务的轨道。使他们失去了创作的自由。

大势所趋。郭沫若、老舍、田汉等现代作家，都被卷入了这一文艺政治化的潮流。曹禺也不例外。

戏剧同其他文学形式一样，成了政治斗争的工具，被赶进了公式化、概念化的“死胡同”。

二是曹禺自身的问题。

曹禺度过了漫长的黑暗岁月，好不容易见到了明朗的天。他热爱新社会，紧跟共产党。因此，他自觉（或不自觉）地顺从了文艺政治化的潮流。

他否定了他过去的创作道路，否定了在他自己的“局限”中所创造的辉煌。他认为，以往

---

① 《曹禺论创作》，上海文艺出版社1986年版，第67页。

② 田本相：《曹禺传》，北京十月文艺出版社1988年版，第472页。

走的是“长长的弯路”，“在四十年之后，看见了正路，为着这条正路，我还能改正自己。”[①]

于是，他首先拿《雷雨》开刀。他说：“我把一些离奇的亲子关系纠缠一道，串上我从书本得来的命运观念，于是悲天悯人的思想歪曲了真实，使一个可能有些社会意义的戏变了质，成为一个有落后倾向的剧本。”[②]

于是，他力图突破自己的“局限”，决心“改正自己”，艰难地走“正路”。他先后“遵命”创作了《明朗的天》、《胆剑篇》、《王昭君》三部剧作。

然而，这三部剧作，在《胆剑篇》和《王昭君》中，偶尔还能见到“曹禺”的影子，《明朗的天》却把“曹禺”抛到九霄云外去了。

实践证明，对曹禺的创作思想、创作方法的“改造”，收效甚微。

曹禺陷入了深深的矛盾和痛苦之中。

曹禺说：“挖疮割肉是痛苦的。一个作家对于自己的产物时常免不了珍惜爱护，就怕开刀。”[③]

他往往在痛苦中矛盾，在矛盾中痛苦；在混沌中清醒，在清醒中混沌。

他在1956年说过：“在我们的作品中，还存在着一些严重的缺点。我们还不由自主地有时犯着公式化概念化的毛病。……公式化概念化的写作倾向会使我们懒惰，使我们渐渐忘记独创的精神，使我们忘记了一个作家应该是有了真正的感受才写出东西的，而不应该是死盯着一个政策或一个运动的过程，絮絮叨叨地说着千篇一律的故事。”[④]

他在1980年也说：“一个作家进行创作，主要是运用形象思维；他的世界观、人生观就渗透在里边。作家反映真实的生活，也就反映了他的政治观点和艺术观点；不是先有某种预定的观念，也不管自己懂不懂，消化没消化，就按照这种观念去塑造形象，让那些形象同政治观念去‘合槽’。这样的作品写出来是不会真实的，甚至是假的。”[⑤]

应该说，这是他一贯的现实主义的戏剧观。不幸的是，在他后期的创作中，恰恰背离了他的这一观念，“忘记”了自己的独创精神，不同程度地“用那些形象同政治观念去‘合槽’”。

在后期的创作中，昔日那种“情感的汹涌的流”的强烈冲击，那种“情感的迫切需要”，不见了；那种“如痴如醉地陷在煎灼的火坑里”的情境消失了。1936年，在他回忆《雷雨》出世后的心情时说：“我喜爱《雷雨》，就好像在冰雪消融的春天，满怀喜悦地望着阳光下活泼乱跳的孩子一般。这种喜悦之情如同在粼粼闪光的池塘旁，冷不防传来一声蛙叫时一样，从这种小生命，我获得了各种灵感和兴奋。”[⑥]这样的“喜悦”，这样的“灵感”，这样的“兴奋”，也无影无踪了。

随着岁月的流逝，曹禺在矛盾中的痛苦愈来愈深了。

---

① 《曹禺论创作》，上海文艺出版社1986年版，第310页。
② 同上，第307页。
③ 同上，第309页。
④ 同上，第331页。
⑤ 同上，第390页。
⑥ 同上，第19页。

1985年9月3日，他说过这样一句话：“当写不出或无法去写时我是多么的痛苦。”①这句话蕴含了他多少血和泪呀！为什么“写不出”？为什么“无法去写”？值得我们深思！

虽已过古稀之年，但他依然想写。他说：“善良的正直的勇敢的人，使我喜欢，我想写。鄙卑的凶恶的，猥琐的人，我深恶痛绝，我要写。我唯愿我的笔能这样地写下去。”②他“终不认输”。1985年2月25日，在给他的女儿的信中还说：“我不得不写作，即便写成一堆废纸，我也是得写，不然便不是活人。”③

的确，他在不停地写。即使是躺在病床上，也在日日夜夜地冥思苦想。他曾想完成40年代未完成的作品——《桥》；他构思并写出过一个又一个提纲，如《黑店》、《外面下着雨》、《岳父》……④

然而，他心灵中的宝贝，再也交不出来了！

曹禺也终于明白了。1986年10月18日在同田本相的谈话中说：“让人明白是很难很难的啊！明白了，你却残废了，这也是悲剧，很不是滋味的悲剧。我们付出的代价是太多太多了。”⑤

这是曹禺的悲剧。

也许，有人会问，为什么当曹禺和许多现代作家在走下坡路的时候，田汉却以他的《关汉卿》、老舍却以他的《茶馆》，将他们各自的创作，推向了自己的高峰？

是的，这两部剧作，是50年代出现的经典，它们不止是田汉和老舍的创作高峰，也代表了新中国话剧创作的高峰。这两部剧作之所以能在如此险恶的环境中降生，一是由于他们都能毫不犹豫地把握住各自的“天赐的良机”；二是由于他们在创作这两部剧作时，能保持自己独立的品格。这两部剧作，正是由于他们坚持自己多少年来所形成的戏剧观和创作方法，坚持在各自的“局限”里自由创造，所取得的辉煌成果。

当然，他们也顺应了文艺政治化的潮流，也或多或少地写出了同政治观念“合槽”的剧作。在当时的历史环境里，不“合槽”是很难过关的。

这又是时代的悲剧！

［作者简介：杨景辉，原中国戏剧出版社编审］

① 《曹禺论创作·序》，上海文艺出版社1986年版，第6页。
② 同上。
③ 李玉茹、钱亦蕉编：《倾听雷雨》，上海文艺出版社2000年版，第19页。
④ 同上，第19—21页。
⑤ 田本相：《曹禺传》，北京十月文艺出版社1988年版，第474页。

从现实主义到新写实主义

——论曹禺的经典意义和当下意义

丁罗男

百年曹禺，百年话剧。作为“五四”新文化造就的戏剧大师，曹禺的一生与中国话剧同行。

他诞生于上世纪初早期话剧兴起的年代，成长于文明戏向现代话剧过渡的二十年代。到三十年代中期，当青年曹禺连续以《雷雨》、《日出》、《原野》等优秀作品震撼海内外剧坛之时，中国现代话剧也脱离了青春期的稚嫩而走向成熟。他的中年与话剧一起度过战乱，一起颠沛流离，也一起奉献和分享创作繁荣带来的欢欣。这时期创作的《北京人》和《家》再一次成为中国话剧的不朽经典。建国后曹禺的创作状态，几乎也可说是中国话剧的一个缩影。有《明朗的天》的激情昂扬，有《胆剑篇》、《王昭君》的借古喻今。但更多的时候是踯躅、困惑和无所适从。他终究没有写出自己想写的作品，或者说想写的东西已经写不出来。经历“文革”折腾，步入晚年的曹禺开始陷入深深的反思和自诘之中。他在庆幸八十年代话剧复苏与新生的同时，焦灼于自己的力不从心，也流露出对话剧现状的些许遗憾和担忧……

这就是一生与中国话剧同呼吸共命运的曹禺。曾经陪伴他度过生命中最后十七年的夫人李玉茹曾说过一句话：“我总觉得他是为戏生下来的，什么事情他都不计较，只有戏才使他走心。”①

当中国话剧将要走进新世纪的前夕，曹禺先生溘然离我们而去。人们常说，一代大师的远行，意味着一个时代的终结。那么，曹禺是否只能成为“历史”，他创造的经典是否只是给我们留下一份遥远的记忆？纵观目前的戏剧状况，重温曹禺的创作精神与经典价值，我们发现曹禺并没有“过时”，他的经典作品以及对话剧问题的思考与论述，非常值得今天的话剧人深长思之。我想，这也许就是今天纪念曹禺百年诞辰的现实意义。

一

在中国现代话剧的发展中，三十年代崛起的第二代剧作家是创造经典的一代，是建立中国现实主义话剧模式的一代。曹禺就是第二代中的佼佼者。

“五四”时期及二十年代诞生的第一代剧作家，确立了欧洲近代现实主义(当时称作写实主义)戏剧作为中国话剧的学习榜样。他们认为，易卜生、萧伯纳等人写实的社会问题剧，无情地揭露现实、批判社会，是最符合“科学”、“民主”精神的，虽然写实主义在当时的西方已经

---

① 田本相、刘一军编著:《苦闷的灵魂——曹禺访谈录·访李玉茹》，江苏教育出版社2001年版，第291页。

过了顶峰期，形形色色现代派戏剧正在盛行，但写实型戏剧既适应中国社会的“现代性”追求，又是区别于传统戏曲的全新形式。为此，他们进行了种种尝试和探索。然而，改造社会的急迫动机使得大多数戏剧家过于急功近利。“五四”社会问题剧形成了“提出问题——回答问题”的模式，把妇女解放、婚恋自由、社会黑暗、道德腐败等一系列问题提到舞台上，戏剧冲突都围绕着这些问题展开，结果活生生的人物形象被淹没了，话剧作为艺术的本体也迷失了。有意思的是，二十年代剧作家中最有成就和影响的是田汉、郭沫若，他们的作品却大都具有浓厚的浪漫主义色彩。可见处于探索时期的第一代剧作家，尚未完全理解和掌握写实主义的创作方法，而更多地把它看做一种“直面人生”的创作精神与态度。1924年，洪深在上海导演的《少奶奶的扇子》获得成功，意味着现实主义话剧的演剧体制在中国舞台上基本确立，但其文本却是一个外国剧本的改译，人们在期待中国作家创作的成熟的话剧作品，十年之后才盼来了曹禺。

曹禺的多部作品至今仍被认为是写实话剧的典范，这绝不是偶然的。因为在他之前可以说还没有哪一位中国剧作家如此全面、准确地把握现实主义的创作原则与方法，在思想和艺术上达到如此高的水平。话剧史上习惯地将三十年代中期，第二代剧作家曹禺的《雷雨》、《日出》，夏衍的《上海屋檐下》等作品的问世，视为中国现代话剧走向成熟的重要标志之一，原因就在于它们能以作家自己的话语，成功地运用易卜生、契诃夫等人写实戏剧的叙述方法和结构模式，其情节和人物的创造具有个性和时代性相统一的风格。

现实主义的第一要义就是作家必须从真实的生活，而不是从现成的概念出发进行创作。这一点曹禺做到了。他的作品没有预设“问题”或主题然后去编故事。他是凭着强烈的切身体验投入创作的，“提笔的光景……我并没有意识着要匡正、讽刺或攻击什么”，“隐隐仿佛有一种情感的汹涌的流来推动我……”[①]，关于《雷雨》创作的这番话是人们非常熟悉的。曹禺直到晚年仍然坚持这一点，他在八十年代初给青年剧作家的一次讲课中还深切地谈到：“写东西如果先有主题，然后搜集材料再写下去，在我来说是很费劲的。我已经试过几次，结果都失败了。我想写作要有对生活的真实感受，逼得你非写不可，不吐不快，然后写出来的东西才是浑然一体的。”[②]

为了达到易卜生所要求的“无情的真实”，西方写实戏剧在叙述方法上也区别于浪漫主义戏剧（包括中国戏曲），即必须严格遵守“潜在”的叙事原则。剧中没有“叙述者”（确切地说是隐藏了叙述者），作者不能借人物之口直抒胸臆，情节一定要由典型环境中的典型人物自己演绎出来，主题倾向一定要在酷似生活的场面与细节中“自然而然地流露出来”（恩格斯语）。“潜在”的叙事，意在造成客观、真实的舞台幻觉效果。所以，看曹禺的戏我们听不到“问题”和“教训”，似乎就在看丰富复杂的生活本身。这种客观、多义的艺术呈现往往使“形象大于思想”，曹禺作品的主题、风格（如《雷雨》、《原野》、《北京人》）因此而引起不少争议。曹禺对于批

① 曹禺：《〈雷雨〉序》，《曹禺文集》（第一卷），中国戏剧出版社1988年版，第211页。

② 曹禺：《和剧作家们谈读书和写作》，《戏剧艺术讲座》，中国戏剧家协会安徽分会编印（内部资料，1983年），第21页。

评家给出的许多解释，也常说“当时没有想到”，并引用《孟子》里的话：“他人有心，予忖度之”，表示认同。这不是“圆滑”，而是实情。

除了忠实于生活，现实主义戏剧还在叙事结构与叙事语言方面形成了一整套规范的方式与技巧。如《雷雨》、《原野》采用集中凝聚的“点式”（即“锁闭式”）结构，围绕高潮写戏，以复杂的“前史”回溯推进当前的动作，以激烈的冲突揭示人物性格。《日出》、《北京人》则采用貌似散漫的“面式”（即“社会横断面式”）结构，通过大量平凡而真实的事件与细节铺叙，将冲突引向人物心理，更加不动声色地展现了生活内在的诗意。在叙事语言方面，曹禺剧作也遵循着写实型戏剧的“代言体”格式，采用非符号化的舞台语言系统，以及“转喻性”（以局部和个别反映整体和一般）的修辞方法。可以说，正是曹禺的这些经典作品，为中国现实主义话剧创作提供了具体可演、可学的范本，对以后话剧的发展产生了极其深远的影响。

当然，曹禺剧作的经典意义并不仅仅在于叙事文体方面。更重要的是，他能够在广泛借鉴西方戏剧的基础上，从既有的情节原型中抉发出深刻的主题内涵，创造出属于自己的独特的人物形象，如脍炙人口的女性形象蘩漪、陈白露、愫方，以及封建大家庭中的三代人物系列。关于曹禺剧作的哲理意蕴与人物塑造的精湛造诣，已经有许多学者做了卓有成效的研究，我个人也在先生逝世后发表过一篇文章，专门就曹禺剧作中的“母题”做过辨析[①]，这里就不再赘述。总之，我们不能同意有些人提出的观点，即认为曹禺剧作只是种种外国戏剧作品的“翻版”，这是一种片面和浅薄的说法。

二

那么，仅就创作方法而言，曹禺剧作是否就是对西方传统现实主义戏剧的简单模仿呢？情况也非如此。实际上，从《雷雨》开始，作家在写实戏剧的基本框架中不断地融入了神秘主义、象征主义、表现主义等各种西方现代派创作技巧。四十年代以后，则更多地吸取了民族戏曲的浪漫主义诗化手法。因此，曹禺剧作的现实主义并非完全照搬西方的传统模式，而是一种吸纳、融汇了多种非现实主义因素的开放的现实主义。与传统的写实剧相比，我们不难发现曹禺的现实主义剧作有两点明显的不同。

其一，传统的现实主义非常重视人物与其所处环境的关系，要求作家严格地遵守“真实地再现典型环境中的典型性格”的原则。曹禺剧作的人物当然是真实和典型的，但他笔下的环境却往往比较“虚”，许多剧本甚至都不注明故事发生的年代和地点。他在谈到茅盾的小说《子夜》时曾说：“茅盾对时代背景写得太逼真了，连是什么牌号的汽车在那个时代最时髦都写得很真实。我很佩服。我也被认为是现实主义者，但是，我却不愿意把时代背景写得这样‘真实’。有人说我的作品时代背景比较模糊。我是故意让它模糊一些”。[②]

这一真实观无疑具有现代主义的特征。在现代主义者看来，一切外部的真实都不重要，

---

① 参见丁罗男：《冲破“家”的樊笼——论曹禺剧作的母题》，《二十世纪中国戏剧整体观》，上海百家出版社 2009 年再版，第 179 页。

② 田本相、刘一军编著：《苦闷的灵魂——曹禺访谈录》，江苏教育出版社 2001 年版，第 93 页。

重要的是"内在真实",他们常常把人物从具体环境中抽离出来(比如著名的荒诞剧《等待戈多》),虚化背景是为了拓展主题意蕴(比如"人生的荒诞")的涵盖面,使之更具哲理性和普世性。为什么曹禺一再强调《原野》的主题不是"复仇"?因为他不想写一部反映阶级斗争的戏,他要表达的是"原始的生命力"的强悍、受挫与毁灭的悲剧,所以完全用传统的现实主义标尺来衡量《原野》,难免会得出"这是一部失败的作品"之类的结论。但自八十年代以来,《原野》恰恰是演出最多的,这说明人们重新认识了这部作品的人性价值和艺术魅力,这是一般写实戏剧难以达到的。

其二,传统现实主义描写的人,主要是社会的人、外在的人,通过真实再现人的意志与行为,让人们认识"社会",即使刻画人物的心理,其关注点最终仍指向社会及其文化。而现代主义要求揭示本体意义上的人、内在的人,因此大量表现人的内心世界,让人们认识"人性"、看到人作为个体的本质。

曹禺剧作则将两者很好地结合起来了。他的剧本描写的都是现实的人、现实的故事,外部冲突也体现了一定的社会本质,然而,曹禺显然更关注人物的精神领域,用主要的笔墨展现主人公的内心矛盾——人格的分裂、灵魂的痛苦,以及深陷命运罗网之中的无奈与抗争。从物质生活上说,蘩漪是养尊处优的太太,什么都不缺,唯独精神上如同樊笼中的困兽,所以几近疯狂;陈白露的自杀也不是出于金钱的原因(潘月亭的破产),她是不甘心继续灵肉分离的生活,但梦醒之后又找不到出路;而温柔善良的愫方在曾家没有跟谁发生过正面冲突,外在的压迫她似乎能够忍受,最让她感到痛苦与艰难的还是同心灵深处那个"自我"的诀别……同样,曹禺剧作中的"多余人"系列——自称"活厌了"的周萍、睡梦里还大呼"好黑啊"的焦大星、像鸽子似的无力远飞的曾文清、只会打躬作揖的"长房长孙"高觉新,一个个也都在扭曲畸形的精神生活里备受煎熬,所不同的是,人格的撕裂和生命力的枯萎,使得他们不想,也没有能力去同命运搏杀。其实,道貌岸然却又寂寞孤独的周朴园,狠毒阴损又极度恐惧的焦母何尝不是处在精神分裂的痛苦与挣扎之中?在这里,曹禺主要不是以"社会"的人、"阶级"的人去塑造他的人物,而是从人性的角度,写出了作为人的全部的丰富性与复杂性。

从"五四"到整个二十年代,中国戏剧界虽然明确了新型话剧要以写实主义为楷模,但西方各种现代主义(当时称作新浪漫主义)流派,如唯美主义、象征主义、表现主义、未来主义等,也都在"解放思想"、"吸纳新潮"的风气之下被大量地介绍进来。受此影响,二十年代话剧创作的探索期里形成了一股小小的现代派潮流。第一代剧作家对于现代主义的借鉴、模仿基本上有两种情况:一种是局部借用某些手法技巧,如洪深在《赵阎王》中运用了表现主义方法,郭沫若的《月光》,田汉的《梵峨琳与蔷薇》、《湖上的悲剧》,白薇的《革命神受难》等作品,明显地加入了唯美的、象征的因素,但其中的幼稚和不协调同样很明显;另一种是比较全面理解和把握了现代主义性质和特征,完全脱离写实模式而从总体上体现"内在现实"的作品,如向培良的《暗嫩》、陶晶孙的《黑衣人》、陈楚淮的《骷髅的迷恋者》、徐志摩与陆小曼的《卞昆冈》等,只是这些现代派作品从思想到形式少有独创性,难免被人看成模仿之作。更何况它们远离现实生活、抽象晦涩的形式,在现实主义大潮之中显得格格不入,终于走向了衰微。

曹禺是在三十年代中国的现代主义落潮之际,重新将现代主义因素融合进写实戏剧模式的最成功的作家。诚如许多学者所指出的，他的剧作运用了不少象征和表现的手法，《雷雨》中的“雷雨”、《日出》中的“打夯歌”、《北京人》中的“棺材”、“耗子”、“鸽子”、“北京猿人”等等，无不具有象征意味。而《原野》第三幕黑树林的一场戏，表现主义的色彩尤为浓厚。曹禺的成功在于，他能将现代主义的精神真正“化”到作品里，无痕地缝合进他的现实主义整体风格之中，而不是表面地运用现代派手法，更不是生硬地贴上某些标签。

比如，西方表现主义戏剧在思想上的核心是“返璞归真”，在形式上的特征是“内心外化”。一般评论比较注意《原野》第三幕里对人物心理扭曲与恐惧的描写，即“内心外化”手法。然而，曹禺剧作中一个非常重要的思想——对“原始生命力”的张扬与礼赞，其实正是表现主义精神的集中体现。我们看到，不仅是《原野》，在《雷雨》、《日出》、《家》，尤其《北京人》中，都饱含着作家对人的生命激情的呼唤，对生命力失却的悲叹！所不同的是，在斯特林堡、奥尼尔和德国表现主义戏剧中，批判的矛头指向资本主义“现代文明”对人性的异化，因此宁可返回到野性十足的“毛猿”时代，而到了曹禺那里，被非常巧妙地转换为对封建文化扼杀人性的控诉。同样是“返璞归真”，曹禺剧作将“五四”时期提倡的“启蒙的现代性”即人的主体意识与地位的确立，同现代派艺术追求的“反思的现代性”即对人性异化及传统理性的批判，自然地衔接起来了。

茅盾在“五四”时期曾经认为，新浪漫主义可以“补救”写实主义“丰肉弱灵”的弊端。① 这种不把两者对立起来而看做后者对前者的发展和补充的观念是正确的。作为创作方法，现实主义和现代主义都有各自的长处与弱点，相互的吸收和融合并非一件坏事。从三十年代起，中国的“左翼”文艺界却在苏联的影响下开始贬低、批判现代派文艺，到建国以后干脆对现代主义全盘否定了。幸而三十年代曹禺的创作避开了政治风暴的裹挟，他选择了现实主义的道路，却又自觉不自觉地吸收了现代主义的精华和民族美学的营养，以“补救”传统写实戏剧的不足。从“人”的发现，到对“灵”的关注，这是对“五四”启蒙文化的继承和深化。曹禺剧作为正在走向成熟的中国话剧提供了一种开放的、包容的现实主义创作模式。但可惜的是，这一经典模式不久后就被“淡出”，甚至被改写了。

三

历史常常会不期然地重演某一现象。事隔半个多世纪，经过一番曲折和教训之后，中国话剧在八十年代末开始出现了被称为“新写实主义”的潮流，而且发展至今。不难看到，这种新写实戏剧“暗合”着曹禺经典剧作的内在精神，同时在艺术上又对现实主义创作方法作出了新的发展。

在改革开放背景下，新时期中国戏剧革新面临着一个与“五四”时期相类似的局面，对历史与现实的反思和批判一时成为时代的主调。八十年代初也出现了不少“写实的社会问题剧”，颇受观众欢迎。但当时刚复出的曹禺对此有自己的看法：“看到大家都拼命这样写，都以为那些就是好戏了，我总觉得有些悲哀……看见什么问题就写什么问题，看见一种什么人物

① 参见沈雁冰：《我们现在可以提倡表象主义的文学么》，《小说月刊》第 11 卷第 2 号。

就写什么人物，而不是把自己的精神世界中真正深思熟虑过，真正感动过，真正是自己感情充沛的东西拿来写"，"我们总是写出那些'合槽'的东西，'合'一定政治概念的'槽'，一个萝卜一个坑，这是出不来好作品的"。① 作为一个过来人，老戏剧家的批评可谓语重心长，因为他自身的创作有过经验，也有过教训。后来的事实证明了他的判断是正确的。中国话剧长期在"政治工具论"、"庸俗社会学"的困扰下越来越僵化，过去许多"紧跟形势"的作品始终摆脱不了公式化、概念化的毛病，逐渐背离了三四十年代的现实主义传统，甚至走向了它的反面。这些社会问题剧虽然热情可嘉，揭批"四人帮"及各种社会弊端也很有力，但在创作思维上仍未摆脱原有的模式，像曹禺所说的，"走上了一条狭窄的路"，终于也失去了观众。

在批判"工具论"，重新确立戏剧艺术的审美主体性之后，一部分艺术家提出了"回归真正的现实主义"的口号，随之涌现出《小井胡同》、《红白喜事》、《天下第一楼》等一批思想和艺术堪称优秀的作品。久违了的写实话剧传统在这些作品中又焕发了青春，让人们看到了从曹禺到老舍的经典剧作的影子，体味到"正宗"的现实主义话剧的魅力。

但八十年代更多的戏剧家却对西方现代主义戏剧表现出浓厚的兴趣，"探索剧"热潮就是在这种背景下迅速兴起的。人们反思五十年代以来形成的僵化的戏剧形态，希望打破写实主义的一统模式与表现方法，借助各种现代主义戏剧为中国话剧探索一条新路。八十年代引进与借鉴现代主义的势头比"五四"时期更猛，对创作的影响也更大。除了二十年代介绍过的各种现代主义流派外，阿尔托的残酷戏剧、布莱希特的叙事体戏剧，以及二战后产生的存在主义戏剧、荒诞派戏剧、贫困戏剧等也都涌进了中国话剧人的视野。这中间有的并非真正意义上的现代主义，但只要是标新立异的、非写实的戏剧，一概受到青睐。

"探索剧"本身也是一个较为宽泛的概念，有《野人》、《WM我们》、《屋里的猫头鹰》这类总体结构上的先锋实验剧，但大量还是在表现形式上局部借用现代主义的非写实或反写实的方法，如《屋外有热流》、《绝对信号》、《一个生者对死者的访问》、《红房间、白房间、黑房间》等剧中所采取的象征、荒诞、间离、内心外化、意识流等等。而在佐临的"写意戏剧观"影响下，许多"探索剧"的编导还有意借鉴中国传统戏曲的虚拟化、抒情化、写意化的表现手段。可以说，八十年代中国话剧介绍、学习现代派戏剧的规模之大、热情之高，并能自觉地将西方现代戏剧与东方传统艺术的精神融会贯通，是史无前例的。

但是"探索剧"也有局限性，因此到八十年代中期以后逐渐退潮了。如同"五四"时期对某些现代派的模仿一样，新时期的革新者们在未来得及吃透消化的情况下搬用一些现代主义的手法技巧，难免产生内容和形式、写实与非写实的不协调。某些过于"先锋"的作品在中国戏剧不断"滑坡"之际也显得不合时宜。从深层次原因来看，"探索剧"的消歇和现代派艺术的绝对精英性质，及其审美表现上的缺陷有关，同时也和中国社会仍不具备现代主义艺术的生态环境有关。尽管现代主义思潮于二十年代、八十年代的中国剧坛两度风起云涌，但始终未能得到充分的发展。与具有广阔深厚基础的现实主义相比，现代派艺术总是短命的，这一次，中国话剧又重新选择了现实主义。

---

① 田本相、刘一军编著：《苦闷的灵魂——曹禺访谈录》，江苏教育出版社2001年版，第31—33页。

评论家们普遍认为,九十年代中国的文学和戏剧都出现了现实主义回潮。这不是说回到传统形式的写实主义,而是指涌现了一股"新写实主义"的潮流。所谓"新",就是在基本写实的架构中注入多种现代主义、后现代主义因素。当然,新写实戏剧与文学上的新写实主义小说还有一些区别,在创作观念与方法上也不能完全等同。

新写实戏剧最早的代表作是八十年代后期的《狗儿爷涅槃》、《桑树坪纪事》等深受好评的剧目。有人说它们是"探索剧"趋于成熟的结晶,又有人说它们是现实主义回归的一个信号。这正好说明其"新写实"的特征。《桑树坪纪事》的导演徐晓钟在创作总结中的一段话,也许是新写实戏剧很好的注释:"继承现实主义戏剧美学传统,在更高的层次上学习我国传统艺术的美学原则,有分析地吸收现代戏剧(包括现代派戏剧)的一切有价值的成果,辩证地兼收并蓄,以我为主,孜孜以求戏剧艺术的不断革新。"① 也就是说,"新写实主义"仍然以"写实"作为基础,即注重人与环境的真实和典型的描写,同时在叙述与表现手段上,有机地融合中外戏剧某些非写实的方法。即以《桑》剧为例,剧中描写了李金斗这个兼家长、族长、生产队长于一身的农村干部的典型性格。在真实的情节展开过程中,舞台上一次次出现"围猎"的象征性形象,以及歌舞、造型的场面,极大地提升了全剧的哲理性主题。同样,《狗儿爷涅槃》讲述了主人公狗儿爷一生与土地的悲欢离合故事,其中,意识流式的时空跳跃和表现主义式的"鬼魂"运用,把人物内心的分裂与痛苦淋漓尽致地刻画了出来。

历史非常有趣地重演了现代派戏剧为现实主义主潮所吸纳的一幕。这又使我们想起了曹禺。经典性与当代性在新的历史条件下遇合,充分说明了开放的、包容的现实主义创作模式永远不会过时。

四

进入九十年代以来,新写实戏剧在后现代思潮的影响下又有了一些新的变化。与此同时,汹涌而至的大众文化潮流对戏剧创作也产生了很大的冲击,现实主义又面临着一次新的挑战。在这样的文化语境中重读曹禺的经典,会有什么启示意义?我个人感到,至少有以下三点值得我们思考与借鉴。

1. 写实与非写实

无论曹禺的经典现实主义作品,还是新写实戏剧,"写实"是它们共同的基础和主要方法。在背景的逼真性方面,曹禺当年就有所突破。而在情节的真实性方面,新写实戏剧已经不像传统写实剧那么严格,有时会进行一些喜剧化的夸张或荒诞化的处理。但归根到底,人物的真实性和典型性是不可缺失的。如果没有扎根于现实的性格丰满的人物塑造,还谈什么写实主义?前面提到,曹禺最大的成就,莫过于对人的全部真实性(包括内部和外部)的描写。在他的作品中,哪怕是次要人物、反面人物,都很少有扁平化、类型化的。比如,鲁贵和王福生的身份地位、为人处世看似相近,作家却通过语言、细节刻画出他们不同的个性。再如曾思懿这

① 徐晓钟:《在兼容与结合中嬗变》,《向"表现美学"拓宽的导演艺术》,中国戏剧出版社 1996 年版,第 271 页。

个人物，既可厌，又可笑，甚至还有可怜的一面，剧中表现了她的“贤惠”、能干，但心地狠毒。曾文清对思懿恨之入骨，却又在出走前使她怀了孕。这似乎不可思议。曹禺说，“世上的事就是这么复杂”，“人生是错综复杂的，人物也不大简单，我常觉得自己需要比较深入一点地认识生活。”①对照曹禺剧作，不难发现当下许多作品在人物刻画上仍不够丰富和深刻，这说明我们观察生活和“写实”的基本功还不很到位。

在写实的基调中揉进某些非写实的因素，目的在于更好地表现内在真实。如《原野》中仇虎的“内心外化”场面、《家》中瑞珏与觉新新婚之夜的内心独白、《狗儿爷涅槃》中狗儿爷的“意识流”等，都起到了刻画人物复杂心理的作用。然而，我们有些作品的非写实成分，某些象征、表现手法的运用不是为人物塑造服务的，而是符号化地直接表达抽象的思想，甚至喧宾夺主地压过了性格描写，影响了故事情节的顺畅展开，这样的做法是值得商榷的。一般说来，中国观众愿意看到舞台上真实的故事、真实的人物，为主人公的命运和情感所打动。脱离了写实性的叙事是难以抓住观众的。曹禺剧作的成功也在于此。新时期以来，我们看到许多导演对曹禺的作品做了新的阐释和“现代派”的舞台处理。这原本是很正常的，也说明曹禺剧作本身蕴含着现代主义的因素可以发掘和表现。但是，一些演出将原作“解构”得面目全非，把一出基本写实的戏弄成非写实手法的大杂烩，从而完全扭曲了人物，改写了主题，这样的“创新”恐怕不应提倡。对经典的重新解释和处理是可以的，莎士比亚戏剧也被不断地翻新排演，但这里毕竟有个“度”的问题。导演应该在充分尊重、理解原著的基础上进行创新，否则将误导观众。

2. 大叙事与小叙事

西方后现代主义叙事观念的重要特征之一，就是解构“宏大叙事”。在他们看来，一切结构的消解必然导致“深度模式”的消失，没有了历史感和距离感的叙事只能是平面化、零散化的“小叙事”，无需也无法涉及宏大的历史背景、追求深刻的现实意义，只要将丧失了所指的能指(生活的“碎片”)拼贴起来就行。这种“小叙事”观念对我国九十年代以来的“新写实小说”产生了不小的影响。一些作品成了极其私人化的书写，充斥着大量日常细节、日常景观和日常经验的描写，只有语言的玩味，缺乏思想的震撼。相比之下，新写实戏剧还没有走到如此琐碎和自然主义的地步。李龙云、杨利明、姚远的新写实剧依然保持着“大叙事”的建构，但还有一些作家创作的视角转换和题材的奇观化倾向还是比较明显的。如过士行的“闲人三部曲”，赵耀民的《午夜心情》、《良辰美景》等，无论题材或主题都不像传统话剧那么“宏大”，几乎都是写凡人小事，甚至边缘人物的奇闻轶事；铺叙的生活场景也缺乏明确的历史或现实的意义指向。不过，它们还不是真正后现代式的“小叙事”，因为在作品貌似平常的生活表象背后，仍透出一股淡淡的黑色幽默的味道，隐藏着剧作家对人生的喟叹和对文化的反讽。

其实，撇开后现代哲学意义上的“小叙事”来说，文学和戏剧中的“大叙事”与“小叙事”并非绝对地对立。上述过士行、赵耀民的剧作从“小叙事”通向了“大叙事”，就是一个例证。曹

① 曹禺：《我的生活和创作道路——和田本相同志的谈话》，见田本相：《曹禺剧作论》，中国戏剧出版社 1981 年版，第 384 页。

禺的经典剧作自然属于"大叙事"，但具有讽刺意味的是，他当年那些描写大家庭题材的作品，却曾被指责为无关宏旨的"小叙事"——没有反映轰轰烈烈的抗战现实！许多批评者没能理解，像《北京人》这样的戏，看似描写了一堆大家庭里琐碎的日常事象，与"时代的主旋律"无关，然而它通向的是更大的人文思考，是关于人、关于民族历史与未来的深长思考。

当下戏剧创作中的平面化叙事还是处处可见。比如"白领戏剧"，描写白领的职场与个人生活，诸如工作压力、婚恋烦恼等等，情节大致雷同，人物趋于类型，格调以轻喜剧为主。它们既不刻意追求日常化的"小叙事"，也不表达什么深刻的思想，只是一个个快餐式的甜饼（而且在话剧、电影、电视剧之间来回翻制），供青年观众"消费"。对于尝试市场化运作的"白领戏剧"，我们不必去苛求，但从提高制作质量来说，如何摆脱肤浅化、模式化倾向，应当是引起编导们足够重视的问题。

3. 思想性与娱乐性

这些年来随着大众文化与消费文化的迅速崛起，消费时代的到来，审美的物质化趋势在我国已经越来越明显。也就是说，审美开始从偏重于精神性诉求的艺术领域，扩展到偏重于物质性满足的日常生活层面。这种"物化美学"反过来又影响到艺术领域。传统艺术追求思想内涵与艺术韵味，而当下的流行艺术却以"娱乐"为唯一目的，只给大众以身体的刺激快适和欲望的虚幻满足。诚然，大众文化也有积极的一面，它打破了意识形态和精英文化的话语霸权，促进了文化向世俗与平民的回归，从而成就了个体的社会认同与个性。但是，大众文化的商业性所造成的消极影响也是决不容低估的。在商业利益的驱动下，在"娱乐第一"的追求中，人的物化可能愈加严重，人文精神也随之稀薄乃至流失。实际上，当下各类大众媒体以及荧屏、舞台上流行的低俗化、庸俗化现象，已经招致社会广泛的质疑和批评。

我们主张艺术创作的思想性与娱乐性的统一，而不是把两者非此即彼地对立起来。因为审美终究是人类特有的高级精神活动机制之一，只有将物与人融贯在一起，既有形而下的物质、感官的享受，又有形而上的情操、思想的陶冶，这才是人类美感存在的合理性。所以不应当把娱乐性仅仅理解为"身体快感"，它是一种综合性的"审美愉悦"。我们赞赏曹禺经典剧作深邃的思想、精湛的艺术，这中间就没有娱乐性？要知道，三四十年代著名的职业话剧团——中国旅行剧团，就是把曹禺的戏作为他们商业演出的重点保留剧目的！当年"中旅"一旦团里经济发生困难，便演《雷雨》、《日出》，据说是屡试不爽的"票房法宝"。这些戏为什么能抓住观众？它们的故事和人物的通俗性、传奇性、娱乐性在哪里？今天的话剧编导们是不是进行过深入的研究，以便从中借鉴些什么经验？

再说，娱乐性也是一个多层次的概念。看话剧和看商业大片、音乐剧、歌舞表演的愉悦应该是不一样的，和唱卡拉OK、玩电脑游戏的快感更不可相提并论。我个人始终认为，话剧由于演出的不可复制性、传播范围的局限性和对观众文化层次的要求，是注定不能成为大众文化的核心部分的。我们支持话剧演出走向市场，争取更多的观众，但即使商业戏剧，其"卖点"也和其他通俗类演艺形式有所区别。以真人当众表演故事为特色的戏剧，它的独特性在于一种观演交融的仪式感，一种心灵震撼与情感释放的特殊场合。什么是戏剧的娱乐性？那应当是活生生的人物性格、意志与感情的撞击，因此也是对观众心灵的撞击，而不是外在的吸引眼球的花里胡哨、毫无意义的噱头搞笑。现在确实有不少的演出，大把大把地花钱，布景服装搞得富丽堂皇，歌舞、激光、多媒体一拥而上，但掩盖不了人物的苍白、情节的破碎、语言的贫乏。演这种蹦蹦跳跳、打打闹闹的戏，演员们的演技实在也得不到多少训练和发挥。看这类戏时常常令人怀念曹禺一辈剧作家的经典作品，集中、凝练、朴实，以性格化的冲突和优美的台词取胜。八十年代有人提出“话剧”的名字取得不好，束缚了其他表现手段，可如今舞台上像曹禺剧作中那么精彩的“话”何其少啊！像近些年来上演的外国剧目《社会形象》、《洋麻将》、《哥本哈根》这样的戏，我们怎么写不出来？那是怎样一种独特的审美愉悦！台上，人物语言掷地有声；台下，观众屏息静听，这才是话剧的真正魅力所在！

在结束本文的时候，我想引用 1982 年，72 岁的曹禺先生对青年剧作家们发表的一段感想：

> 有人说，现在电影、电视把话剧压倒了，我不相信。我认为舞台艺术是不可能被代替的。舞台上的戏与观众有直接的交流。电影、电视不是真人的艺术。它与观众还是机器与人的关系。虽然我们看的时候也哭，也笑，但大家总觉得隔一层，终究以为这不是和我们一样的有血有肉的人。因此电影、电视是代替不了戏剧的。今后是否使舞台和观众亲近些，更亲近些，使我们听见他们的气息，看见舞台演员的眉目、神情，感触到他们内心的颤抖。一个有血肉、有灵魂的人在我们身边经受痛苦、悲哀和欢乐……①

这番话凝聚着老戏剧家一生对戏剧的热爱，寄托着他对中国话剧艺术的深情厚望。在纪念这位“中国的莎士比亚”百年诞辰的时候，我们除了向大师表示由衷的敬意之外，是否还想过：今天我们能为话剧做些什么？

［作者简介：丁罗男，上海戏剧学院戏剧文学系教授］

① 曹禺：《和剧作家们谈读书和写作》，《戏剧艺术讲座》，中国戏剧家协会安徽分会编印（内部资料，1983 年），第 14 页。

论现代四维时空观和曹禺戏剧的审美共鸣

刘珏

现代戏剧大师曹禺以他戏剧特有的审美方式表达了其与众不同的人生感受和深刻的人生哲理。探讨和研究曹禺戏剧艺术的审美价值一直是曹禺戏剧研究领域的一个有趣且重要的课题。将现代四维时空的艺术理论和艺术实践作为一个新的切口，来进一步揭示和展现曹禺戏剧的艺术特征和审美魅力是本文的出发点。

研究曹禺戏剧，西方戏剧对曹禺的影响是一个不可回避的课题。曹禺青少年时，正值"五四"思想文化开放时期。曹禺有机会有条件接触和阅读了各种外国文学名著和外国戏剧作品。曹禺本人也坦承他的戏剧创作接受了西方文学戏剧的熏陶和影响。已有许多学术论文阐述和探索曹禺戏剧和易卜生、契诃夫、奥尼尔等西方剧作家直接和间接的影响关联。本人也曾经探讨过这种影响和被影响关系对曹禺艺术风格形成和发展的作用和意义。然而，今天将曹禺戏剧与现代四维时空的艺术理论和艺术实践来共同考察共同研究时，吸引本人注意和感兴趣的并非是两者之间是否存在着一种直接或间接的影响和被影响关系；恰恰相反，本文试图通过曹禺戏剧与现代四维时空艺术理论和艺术实践的平行沟通，和这种貌似毫无关联但又有着共同艺术追求和审美共性的平行对应，进一步揭示和展现曹禺戏剧的艺术特质和审美魅力。

四维时空的审美思想诞生于现代物理的新发现。现代物理学家艾伯特·爱因斯坦建立的狭义相对论(1905)和广义相对论(1915)是四维时空观的理论基础。四维时空的理论核心即时空的流动性和多维性："时间和空间成了一体，以至现在的空间不再以客观的物理维度为标准。"①现代物理科学打破了传统的三维时空观，这一崭新的时空观念给现代西方艺术理论和艺术实践带来巨大冲击。

现代四维时空的理论是支撑二十世纪初西方艺术理论和艺术实践的重要思想支柱，并直接影响了现代著名艺术流派的形成。评论家品特在他《立体主义》一书中写到，二十世纪初，时间和空间最流行的解释是四维时空观。立体主义或未来主义的艺术家最早以他们的艺术实践将四维时空观运用于他们的艺术创造中，在平面的画板上表现静物或人物的一个连续有序、多维的时空运动过程。因此，"今天的学者已不再把自己局限在三维时空中，四维时空观被他们作为评估(艺术)的一个新的衡量尺度。"②

① Gerd－Helge Vogel. *Mobility：The Fourth Dimension in the Fine Arts and Architecture*，http://www. contem-paesthetics. org/newvolume/pages/article. php? articleID＝327

② Apollinaire，*Les Peintres Cubistes*，1912，p. 15. Cited in Henderson.

许多西方学者着力于"时空的延续和多维运动"与现代文学艺术影响的研究。爱得文·费尔(Edward F. Fry)将传统的三维时空称为"一点式视角",他指出,作为传统三维时空观的反叛,现代著名画家保罗·毕加索(Pablo Picasso)"将多重视角融汇于一种单一的艺术形式中"①。凡哥在他的论文《流动性:艺术和建筑的四维时空》中说:"意大利的未来主义者证明了,在他们的作品中,一切都在流动。在时空中没有什么是不可流动的。"②四维时空观之所以引起西方现代文学家,艺术家和评论家的关注和共鸣,其根本源于他们表达现代生活本质的需要。现代文学艺术家把表现"无限宇宙作为艺术理想"③"运用四维时空的目的是为了使他们的艺术方式更理想更完美",以表现存在的真实。④ 正如伯奈德和卡特指出的,"毕加索呈现的是一个更接近客体自身且同时表现其多重存在的真实"⑤。

四维时空观给艺术家思考人生,尤其哲理性地表现人生提供了崭新的审美观念和审美视角。而这种富有时代气息的现代艺术观直接影响和制约了现代文学艺术的审美风貌。以绘画艺术为例,如何在单一的画板上表现出客体在不同时空中的流动性和变幻性;如何在平面的画布上展现出客体在不同时间和空间中的物理特征和精神特质,便成为众多现代艺术家所奋斗和追求的艺术目标。

为了能更具体有效地展开曹禺戏剧与四维时空观之间的平行研究,本文将以现代艺术家保罗·毕加索的著名作品《曼陀铃少女》⑥作为平行比较的具体参照物。

作为四维时空审美思想最早实践者之一,毕加索的作品《曼陀铃少女》(*Girl with a Mandolin*)被誉为立体主义画派的代表作之一。评论家哥丁认为,"《曼陀铃少女》不

---

① Mark Bernard and James Bucky Carter,"Alan Moore and the Graphic Novel:Confronting the Fourth Dimension", *Imagetext*,Vol. 1No. 2.

② Gerd—Helge Vogel:"Mobility:The Fourth Dimension in the Fine Arts and Architecture",http://www.contempaesthetics.org/newvolume/pages/article.php? articleID=327

③ Apollinaire,Les Peintres,*The Fourth Dimension and Non—Euclidean Geometry in Modern Art*,1983,p. 75.

④ 同上。

⑤ Mark Bernard and James Bucky Carter,"Alan Moore and the Graphic Novel:Confronting the Fourth Dimension", *Imagetext*,Vol. 1No. 2.

⑥ Girl with a Mandolin (Fanny Tellier),Paris,spring 1910,Oil on canvas,39 1/2 x 29 in.(100.3 x 73.6 cm.) The Museum of Modern Art,New York.

仅是立体主义画派中最美丽、最抒情、最能被接受的一幅作品，而且也是此时期很有价值的文献。”[①]这是毕加索自己认为尚未完成的一幅作品。哥丁之所以对《曼陀铃少女》给予如此高度的评价，是因为这幅“有价值的文献”的作品能让我们清晰地看到四维时空观给立体主义画派带来的崭新的审美意识和艺术特征。

首先，在《曼陀铃少女》中毕加索显示了他借助多重视角以追寻“多重存在的真实”的巨大热情和艺术探索。

乍一看来，《曼陀铃少女》要描述的是一个弹奏“曼陀铃”的少女。在画中，你能隐约地感到少女的现实存在。但只要仔细注视这幅画面，你会发现作品的内容远远超越了一个弹曼陀铃少女的某一特定时空的物理写实。毕加索用卡通式的拼贴，有意识地将人物从某一具体生命中抽象出来。卡通式的拼贴，弥漫在人物的背景，人物的面部、头颈和人物的整个身材的描述中。人物显然已不是具体简单地再现一个弹琴的少女，而是毕加索对女人，乃至于整个人类生存状态的抽象命题的艺术表现。毕加索利用卡通拼贴的艺术表达形式，有意识地将人物从具体物理时空中间离出来，由缺乏生命气息的卡通线条，表达和寓示缺乏生命自由的人类生存现状。显然，《曼陀铃少女》作为“有价值的文献”的作品，它寓示毕加索和他的同龄人从三维时空的物理真实到“更接近客体自身且同时表现其多重存在”的艺术抽象化哲理化的审美趋向。

思索和探求如何揭示和表现现实生活深层的哲理意义使曹禺戏剧与西方现代四维时空观有了不期而然的可比性。1934年曹禺的处女作《雷雨》问世。《雷雨》被公认为是中国现代话剧真正成熟的标志，曹禺也因此被界定为中国现实主义戏剧的奠基人。确实，曹禺的《雷雨》已奠定其戏剧基本的审美品格和审美境界。曹禺在他的戏剧中究竟想要表现什么，什么是曹禺戏剧特有的审美特质？当静心思考这个问题时，我们发现，无独有偶，在对人的生命意义和生存价值的哲理探寻和表现方面，曹禺和现代四维时空观的艺术思维方式有着不约而同的相近和相似。

《雷雨》从问世开始，无论是批评还是颂扬，此剧都被评论界当做一部“社会问题剧”予以衡量评判。人们更关注的是曹禺戏剧的社会和政治的内容。近年来，研究者们开始注意到曹禺戏剧对生命意义的探求。事实上，探索生命意义和探讨社会现实生活两者是互为相关、彼此补充的。作为一个独特的剧作家，基于对中国特定历史和特定的现实社会生活的深切敏感和领悟，才能使曹禺有其对人类生存现状的独特思考；而曹禺戏剧对人物的生命意义。乃至对人物命运的痛苦追寻，使曹禺戏剧具备丰富深沉的多重审美价值和超时代的艺术魅力。

与毕加索的《曼陀铃少女》相似，曹禺戏剧着重于对人的生命意义和生存价值的近乎抽象化的哲理探索。

众所周知，曹禺戏剧中的人物，像蘩漪、陈白露、仇虎和金子是很难在中国其他现代作家的作品中找到相似的伙伴。这些人物在追求个人自由和爱情的过程中，都有其可爱、可悲、可恶、可恨的复杂性。这些人物由追求光明美好开始，以乱伦、自杀或杀人的极端行为告终。曹

① John Golding, *Cubism: A History and an Analysis*, 1907—1944, Faber and Faber Limited in London, 1959.

禺这样概括这类人物性格，“她的生命交织着最残酷的爱和最不忍的恨，她拥有行为上许多的矛盾，但没有不是极端的。”①

曹禺为什么倾心于这些“矛盾”“极端”的戏剧人物？其实，在这些“矛盾”“极端”戏剧人物背后，包含了曹禺自己对社会人生的哲理思考：人物主体与人物的客体生存环境之间的彼此制约和互为影响。

曹禺在《雷雨·序》中指出，“宇宙正像一口残酷的井，落在里面怎样呼号也难逃这黑暗的坑”②。这口“残酷的井”是《雷雨》，以及曹禺所有戏剧人物的现实生存环境和人物命运的归宿。

宇宙的残酷性源自于曹禺对他所生活的那个时代的理性反思。“宇宙的残酷”具有多重审美意义。“宇宙的残酷”不仅深刻概括了戏剧人物的客观生存环境，同时包含了人物主体的扭曲变态。宇宙的残酷性更揭示了人物与其生存时空的悲剧关系。以蘩漪为例，蘩漪唯一的渴望是能得到一点爱人的关心关爱。可她的心无时无刻不被寂寞无奈和冷酷所折磨所痛苦。三十年幽闭周公馆的生活消融了她的青春。对于蘩漪来说，她是没有选择，没有退路的。命运注定了她必须像死尸一样和冷漠无情的周朴园生活在一起；倘若她不甘愿，或者说，她想像正常女人一样活一场，她唯一可能和可行的选择只能是和周萍一起在屋子里“闹鬼”。当“闹鬼”这么一点可怜的温暖和慰藉也遭到无情的剥夺时，她只能豁出一切，如雷雨般爆发和毁灭。蘩漪是《雷雨》中的炸雷，她的存在打破了周公馆的死寂；蘩漪又是《雷雨》中的暴雨，她的挣扎和抗衡毁灭了周公馆乃至与周公馆相关的所有人物的生存。一切人物都“流著血，不是恨便是爱，不是爱便是恨；一切都走向极端，要如电如雷地轰轰地烧一场，中间不容易有一条折衷的路”③。

蘩漪，以及曹禺其他戏剧人物的审美价值，不在人物伦理意义上的“善”和“恶”，而在于曹禺由人物寓寄了他对现代人类生存和命运的哲理反省。一方面，人不得不与他不可选择的残酷命运殊死抗衡；另一方面，“宇宙的残酷”融化在人物的主观性格中；外在时空已不是简单地作为主观人物存在的现实环境。人物自身不再是被动地受制于客观时空的操纵和摆布，或者单纯地与其生存时空相抗衡。人在与命运抗衡过程中所导致的自身性格畸形和人格变态，转化为制约人物命运的不可抗拒的力量，并成为人物悲剧命运的主导因素之一。因此，在宇宙这“残酷的井”中，任何人物，无论是社会的强者、主宰者还是弱者、被主宰者，都被打上了生存痛苦的烙印，都无可逃避地面临他们残酷的生存环境，乃至因其生存环境而产生的无可奈何的选择和扭曲。在这口“残酷的井”中，正如曹禺所言，“他们怎样盲目地争执著，泥鳅似地在情感的火坑里打著昏迷的滚，用尽心力来拯救自己，而不知千万仞的深渊在眼前张著巨大的口。他们正如一匹跌在沼泽里的羸马，愈挣扎，愈深沉地陷落在死亡的泥沼里”④。显然，在对艺术的抽象化、哲理化的审美热情方面，曹禺和毕加索不约而同地走到了一起。作为同时

---

① 《雷雨·序》，《曹禺文集》第1卷，中国戏剧出版社1988年版。
② 同上。
③ 同上。
④ 《曹禺的创作道路》，选自田本相、胡叔和编：《曹禺研究资料》（上），中国戏剧出版社1991年版。

代的艺术家,对人类命运紧张而痛苦的考察,使二者在借助多重审美视角表达“多重存在的真实”方面有着异曲同工的审美魅力。

当艺术的抽象化、哲理化共同吸引了曹禺和毕加索时,如何赋予抽象化的理念以特殊的艺术表达形式,使两者在探索“时空的流动和延续”方面产生了平行的可比性。

在《曼陀铃少女》中,毕加索以作品的命名透露了人物的少女特性。人物修长的头颈,富有雕塑般活力的手臂,和人物苗条的身材,进一步点缀了人物作为少女的特征。然而,展现在我们眼前的已不是一个简单的少女。她那中年人的发式,饱经风霜的眼睛,和变形的乳房,处处流露出岁月沧桑的痕迹。毕加索试图将女人,乃至女人一生中不同时期的生命特征和精神风貌浓缩在一幅画中。画家想让你感觉到的是女人不同人生时期的多维流动和时空运动延续。《曼陀铃少女》的艺术形式是前所未有的。在一个平面的画面上,毕加索将他对人的生命过程的哲理思索显示在不同的时空交叉和时空流动中。

《雷雨》的时空构架与曹禺对人物生存特征和人物命运的反思紧密交融。如果说,曹禺由蘩漪这类人物的多重性格表达了人类生存的痛苦和残酷;曹禺则在时空流动的历史长河中,通过周朴园命运的演变过程,展示了人类生存状态的无奈和悲哀。

为了进一步理解《雷雨》的时空构架,我们有必要重温此剧的初版本。1934 年 7 月,《雷雨》剧本发表于《文学季刊》第一卷第三期时,是有“序幕”和“尾声”的。“序幕”“尾声”和戏剧躯干构成了戏剧的多重时空交叉和时空流动。

首先,戏剧的躯干由记忆时空和现实时空对立相应的双重时空构成。周朴园的生存环境和生存状态在记忆时空和现实时空的不同视角中得到充分表达。记忆中的周朴园意气风发,浪漫多情。自由生活和美好爱情的梦幻和追求,产生了他与侍萍终生难忘的一段感情;现实时空中的周朴园专横霸气、冷漠无情。周朴园是父权、夫权的象征。“他的脸带著多年的世故和劳碌,一种冷峭的目光和偶然在嘴角逼出的冷笑,看出他平日的专横、自私和倔强。”①他说一不二,苛酷地要求将家庭成员中每一个人纳入他所谓的“最圆满、最有秩序”的轨道 。为了维持他的周公馆,现实时空中的周朴园无视了他的妻,冷落了他的子,苛待了他的工人。戏剧躯干部分的双重时空彼此相依相承。作为周公馆的维护者和主宰者,周朴园的存在和他的行为构成了蘩漪、周萍、周冲等一系列人物的生存环境和生存时空。同时,他本人也是周公馆的受害者和牺牲者。周朴园命里注定了他别无选择地成为周公馆的继承人。为了他的周公馆,年青的周朴园抛弃了他的爱人,他的浪漫,和他的梦幻;年青时的周朴园曾试图与他的生活环境抗衡。但现实生存环境的制约远远大于人物个体微小的搏击力量。他所生活的那片土地决定了他的生存价值和生存意义。曹禺没有简单地肯定或者否定周朴园,而是由戏剧的躯干部分生动地刻画了中国特定社会特定时期特定生活环境中周朴园一类人的生存矛盾。

显然,“序幕”和“尾声”中的周朴园与戏剧躯干部分的周朴园是截然不同的。序幕既是故事的引子也是故事的结局。“序幕”和“尾声”的故事前后相承彼此呼应。与戏剧躯干截然不同,在“序幕”和“尾声”,曹禺构造了两个内容氛围完全不同的周朴园的“家”。昔日的周公馆

① 《雷雨·序》,《曹禺文集》第 1 卷,中国戏剧出版社 1988 年版。

变成了教会的医院。曹禺精心设置了教堂、钟声、大弥撒、十字架的宗教氛围。周朴园孤独宁静地活着。伴随他的是寒冷凄凉的冬夜和发了疯的侍萍和蘩漪。暮年的沉静忧郁荡涤了周朴园所曾有过的一切朝气和霸气。时空环境的转换和人物性格前后发生的巨大变化，从一个侧面强化了曹禺对宇宙残酷性的理性反思。

曹禺对“序幕”和“尾声”的删除曾提出了他的意见。设置“序幕”和“尾声”的目的是要“把一件错综复杂的罪恶推到时间上非常辽远的处所”，以便使观众在回家时带着“一种哀静的心情”①。的确，戏剧的核心人物蘩漪、侍萍和周朴园的悲剧冲突和悲剧命运在戏剧躯干部分的双重时空中得到淋漓尽致地发挥。作者也尽兴地“发泄著被压抑的愤懑，毁谤著中国的家庭和社会”。在“序幕”和“尾声”的时空中，曹禺营造的再不是“发泄”，而是追求“哀静”中的沉思。曹禺借助“序幕”和“尾声”与戏剧躯干部分构成的时空转换和延续，多层次地展现人物无奈的生存状态和痛苦的生命历程。“时空的延续和流动”进一步强化了剧作家曹禺对人的命运和生存价值的思考，从而拓展了戏剧的时空张力。

借助人物内心时空的流动来揭示人物变态扭曲的分裂人格是曹禺戏剧与现代四维时空观产生平行可比性的又一重要特征。

扭曲变形是毕加索的《曼陀铃少女》留给人们最深刻的印象。从人物的头部、脸面，到人物的手臂、身体，整个画面被扭曲变形所渗透。人物的脸上没有鼻子和嘴，只有一只变形扩张的眼睛。人物的头被扭曲地安放在人物的手臂上，并与唯一的一只变形的乳房连接。人物的身体支撑着的几乎是一个快要脱落的头颅。一切扭曲变形服务于毕加索展现人物内心世界的时空流动的审美需要。内心世界作为构成“多重存在的真实”的重要内容，在《曼陀铃少女》的扩张扭曲变形里得以充分的呈现和表达。

曹禺戏剧中的人物是其生存环境的悲剧，更是其内心分裂的悲剧。揭示人物的内心分裂、内心矛盾，如何直接影响和制约着人物的命运是一个非常复杂、非常现代的命题。当曹禺将这个敏感深奥的人类生存命题融化在戏剧创造中时《原野》便诞生了。

展示人物扭曲变形的内心时空，使《原野》成为曹禺剧作中遭受非议最多的一出戏剧。显然，在曹禺生存的那个时代，曹禺与现代审美观念的共鸣是很难被当时批评界所接受和理解的。评论者南卓批评，《原野》的“人物不现实”②。“那么玄秘，那么抽象，那么鬼气 ”，“那么远离现实，那么缺乏人间味”③。评论者吕荧认为“《原野》是个纯观念的剧”。戏剧人物“仇虎不是作为一个农民（社会的人）描写出来的，而是作为一个原野（观念的人）描写出来”④。的确，在《原野》中，曹禺超越了对他眼前的这个近距离的社会现实和政治现实的热情。作家执著于探求的是人物内心的多层时空流动的真实。

《原野》描写一个农民仇虎的复仇故事，并由仇虎内心世界的对立流动揭示了一个多层分裂人格的精神特征。故事发生在一个孤独的房子和一片原始黑暗的森林中。曾经无恶不作

---

① 《雷雨·序》，《曹禺文集》第1卷，中国戏剧出版社1988年版。

② 《曹禺的创作道路》，选自田本相、胡叔和编：《曹禺研究资料》（上），中国戏剧出版社1991年版。

③ 同上。

④ 同上。

的统治者焦阎王已经死去。但焦阎王却成了挥之不去的阴影，积淀在复仇者仇虎的深层心理中，乃至造成了人物的心理失常和变态。在第一和第二幕中，曹禺有层次地写出了仇虎复仇意识与善良天性的激烈的内心冲突。首先，仇虎的心被那超强的复仇愿望和根深蒂固的道德伦理观深深地扭曲着。几千年相承的"父债子偿"的理念使仇虎必须报复杀害其父亲的仇人焦阎王。因焦阎王早已死去，他不得不转向仇人的儿子和孙子——对他毫无防范的儿时好友焦大星和毫无抵抗能力的婴儿小黑子。他不得不伤害无辜年幼的小黑子，以解脱来自客观外部的各种谴责和自我内心的不平衡。复仇是仇虎的行为动力，也是人物心理变态的导火索。仇虎的精神失常和扭曲在第三幕前有其清晰的孕育过程。在第三幕中焦阎王幻化为阴曹地府里的阎罗、判官、牛头马面，在精神和潜意识层面控制着仇虎和金子。具有强烈的复仇愿望和复仇力量的仇虎，其逻辑思维和道德伦理观却无法摆脱焦阎王无形的精神影响和控制。他是带着杀害无辜的良心谴责进入黑森林的。一方面，作为外部时空，孤独黑暗的夜间，阴森恐怖的森林，与人物沉重的心灵负载互为作用；另一方面，黑夜黑树林更是人物的内心时空的形象外化。在卫队的追捕之下，他在黑森林里转了一夜，最后发现自己又回到了出发点。在沉重的现实时空和心灵时空的双层重压下，仇虎的结局只能是死于这片"黑树林"。

正如吕荧所言，曹禺借助《原野》要表现的是一种"观念"。它是一种带有强烈现代意识的生存观念和时空观念。人物生活的现实时空是复杂多重的。曹禺将现实生活的环境时空和人物复杂的心理时空有机地融为一体。仇虎所承袭的那种世俗伦理和传统文化观念使他必须要履行为父复仇的责任义务；仇虎杀戮无辜之后深切的负疚和罪恶感，使他必然陷入严厉的心理谴责。仇虎走不出他内心世界的痛苦挣扎。人物的精神扭曲一步步地导致其心灵的崩溃。仇虎没有被他的仇人所杀害，却被自己内心的痛苦活活折磨而死。

美国戏剧家奥尼尔曾如此解释他的戏剧主题："戏剧的唯一题材：人同自己命运的斗争。从前是和神斗，现在是和自己斗，在决定自己位置的追求中和自己的过去斗。"[①]仇虎之死，是曹禺对"和自己斗"，"和自己的过去斗"的现代人的生存状态的形象展现和哲理思考的结晶。它显示出作者将思考的触角伸向了人的内心时空，尤其是人物潜意识的矛盾冲突。一方面，仇虎是个充满生命活力，与"残酷的井"势不两立的青年。他有烈火般不可阻遏的反抗意志，炽烈的生命激情。另一方面，仇虎又是一个背负着沉重"自我扭曲"的人物。在整个复仇过程中，仇虎被剧烈的内心争斗所纠缠，他无力也无法摆脱精神重压。曹禺用仇虎走不出他自幼熟悉至极的树林子来揭示"和自己斗"、"和自己的过去斗"的复杂的现代人类生存状态。人物同自己的命运拼搏的同时，更同自己的内心和性格搏斗。而后者的挣扎和拼斗更痛苦更残酷也更具有深刻强烈的审美力量。仇虎复仇的性质以及仇虎之死的深层内涵，启发人们对现代人的生存时空做更深沉的反省和思考。的确，这也正是《原野》经久不衰的艺术生命力所在。戏剧通过丰富细腻的心理搏斗及其与人物命运的彼此因果关系，生动曲折地表现了中国特定的民族生活和现代人类生存的共同特征。

总之，无论展现人物主观与人物客观生存时空的彼此渗透彼此制约和由此铸构成的人物

---

① 尤金·奥尼尔：《戏剧及其手段》，《美国作家论文学》，三联书店 1984 年版，第 253 页。

自身性格的复杂性和多重性，还是表达“和自己斗”、“和自己的过去斗”的现代人艰难复杂的生存状态和心灵特征，曹禺以戏剧丰厚的审美内涵展示了剧作家对人的生命价值独特的哲理思索。与艺术家毕加索一样，曹禺戏剧的哲理境界是很复杂很现代的。对抽象哲理的兴趣和以探求更有效完美的艺术形式来表达多重“时空延续和流动”的纽带，使曹禺戏剧与现代四维时空观产生了平行的可比性。与西方现代艺术理论、艺术实践不约而同的共鸣，从一个侧面揭示了曹禺戏剧特有的审美价值。

[作者简介：刘珏，(加拿大)自由撰稿人]

神圣的殿堂：论曹禺的戏剧创作与城市空间的“场域”

胡志毅

曹禺是中国现代最伟大的戏剧家，在他诞生一百周年之际，我们来回顾他的创作历程，可以感受到，一个大学和学院，诞生一个让世人瞩目的戏剧精英意味着什么？一个剧团和剧院，能够演出一位长盛不衰的剧作家的作品又象征着什么？从曹禺的戏剧创作来考察，他一生都在为戏剧创造一个神圣的殿堂。

我们借用法国著名社会学家皮埃尔·布尔迪厄(Pierre Bourdieu)的“场域”理论。“场域”这一概念，是布尔迪厄在1960年代提出来的。他从人类学进入社会学，把“场域”定义为：“位置之间客观惯习的网络或图式。这些位置的存在、它们加诸于其占据者、行动者以及机构之上的决定作用都是通过其在各种权力（或者资本）的分布结构中的现在的与潜在的情境客观地界定的，也是通过其与其他位置之间的客观惯习（统治、从属、同一等）而得到界定的”。因此，“场域”可以被视为“围绕特定的资本类型或资本组合而组织的结构化空间”。[①] 布尔迪厄特别提出了“文学场域”(literary field)，我们研究曹禺的戏剧创作就是文学场域的一个有机组成，同时将曹禺戏剧创作与城市空间的“场域”分成两个部分，一个是大学和学院，一个是剧团和剧院，也就是说，曹禺身居两个职位，一个是从大学的学生到大学教授，乃至学院院长；一个是演员、剧作家，到剧院的院长。在布尔迪厄看来，大学的教授和艺术家之间是矛盾的，“只有那些在退出大学场域时实现了智力杰出者所宣布的理想的人，才有可能得到跨越这个矛盾的机会”[②]。也可以说，只有“跨越了这个矛盾”的人，才有可能成为“智力杰出者所宣布的理想的人”，曹禺就是这样一位“理想的人”。

在中国现代文学中，鲁迅、老舍、沈从文等人都可以作如是观。鲁迅曾经在大学任教，最后成为自由撰稿人在上海定居；老舍曾经在大学教授和专业作家之间矛盾过，后来也成功地“跨越”了这个矛盾。沈从文在大学和作家之间徘徊，建国后进入中国历史博物馆研究文物，可以说是被迫结束了这种徘徊。本文试图从曹禺的戏剧创作与城市空间的两个“场域”，即大学和学院、剧团和剧院来阐释其是如何为戏剧创造一个神圣的殿堂的。

---

① 戴维·斯沃茨：《文化与权力——布尔迪厄的社会学》，上海译文出版社2006年版，第136页。

② P.布尔迪厄：《国家精英——名牌大学与群体精神》，商务印书馆2004年版，第88页。这次纪念曹禺一百周年国际学术研讨会在天津南开大学和北京人民艺术剧院举办，就与曹禺戏剧创作和城市空间的两个维度有关。

一、大学和学院:戏剧精英的诞生之地

大学是国家精英诞生之地,尤其是名牌大学。戏剧家,尤其是话剧的专业人才大都是从现代大学培养出来的。曹禺是国家的戏剧精英,也是从大学培养出来的。布尔迪厄说,学校的精英群体就是集体信仰为特殊的命运选定的人物;从模态命运(destinèse modales)的标准来看,或者说,从最普通、最平凡、最正常的命运来看,这个群体的建立所产生的效应就是建构了最杰出的命运,而杰出的命运的征象就是最崇高、最难企及的人生轨迹。[①] 曹禺的人生轨迹,就是一个"杰出的命运的征象最崇高、最难企及的人生轨迹",这种"人生轨迹"具有典范的启示意义。

从曹禺的大学和学院经历看,从天津南开大学,到北京清华大学的学生,再到南京一重庆——江安国立剧专的教授,最后在中央戏剧学院担任副院长及至名誉院长,是通过大学和学院作为培养和拥有"国家精英"的场域来实现的。

曹禺从南开中学到南开大学,这个学校是张伯苓创办的。张伯苓在1916年南开学校《校风》第20期上发表的《舞台·学校·世界》中说:

> 世界者,舞台之大者也。其间之君子、小人,与夫庸愚、英杰,即其剧中之角色也。欲为其优者、良者,须有预备。学校者,其预备场也。

就是在这样的观念倡导下,曹禺最初参加了洪深改译的《少奶奶的扇子》的排演,后来在留美归来的张彭春的指导下,排练了丁西林的《压迫》和田汉的《获虎之夜》。张彭春导演了易卜生的《国民公敌》,曹禺担任女主角,张彭春继而又导演了《玩偶之家》,让曹禺扮演娜拉。进入南开大学之后,他又担任了高尔斯华绥的《争强》的改编。在南开中学和南开大学,曹禺接受的不仅仅是校园戏剧的训练,而是戏剧教育的洗礼。

曹禺转学到清华大学西洋文学系。在这个大学里,有王文显这样用英文写作的戏剧教授,也有外籍的毕莲(A. M. Bille)、吴可汉(A. L. Pellard)、温德(R. Winter)、瞿孟生(P. D. Jamson)、瑞恰慈(I. A. Riehard)等教授。在大学读书,更重要的是自学,曹禺在清华大学图书馆,阅读了博马舍、莫里哀、雨果、大仲马、小仲马、罗曼·罗兰、莱辛、歌德、席勒、王尔德、萧伯纳、高尔斯华绥、斯特林堡、霍普特曼、梅特林克等,阅读了几百部中外剧作,尤其是埃斯库罗斯、莎士比亚、易卜生、契诃夫和奥尼尔等人的剧作,[②]对他的戏剧创作产生了直接的影响。这既可以用比较文学的影响研究的角度来分析,也可以用布尔迪厄的"场域"理论来分析。布尔迪厄转引特里亚诺夫的断言说,"一切文学的东西都只能通过文学体系的先前条件而确定"[③]。

---

① P. 布尔迪厄:《国家的精英——名牌大学与群体精神》,商务印书馆2004年版,第129页。中国话剧的诞生,可以从1907年在东京演出《茶花女》算起,就是由留学生开始的。1914年天津南开新剧团,也可以说是中国话剧的另一个滥觞,也是由学生演剧开始的。曹禺的戏剧活动最初是从天津南开开始的。天津在现代中国是一个开埠较早,得风气之先的一个城市。这个城市出现了一系列的戏剧家,如李叔同、焦菊隐、黄佐临以及著名戏剧理论家田本相。

② 参见田本相:《曹禺传》,北京十月文艺出版社1988年版,第119、122页。

③ P. 布尔迪厄:《实践理性》,三联书店2007年版,第57页。诺斯罗普·弗莱也曾经说过,文学是通过文学史来确定的。

也就是说，他在创作戏剧之前，已经具备了“文学体系的先前条件”。

曹禺创作《雷雨》是从南开中学（一说南开大学）开始孕育的，最后完成是在清华大学。应该说，他的创作起点是非常高的。在这个过程中，他演戏、改编，最后确定写戏都是在中国最重要的两所大学。①

曹禺最初不是立志要成为一个戏剧家，他的父亲希望他学医，他考了协和医院，但是却没有考上，②而对他产生决定性影响的是张彭春这样的导师，最终促使他走上了戏剧的道路。曹禺在《雷雨·序》中说，“我将这本戏献给我的导师张彭春先生”。同时，清华大学西洋文学系这种文学的殿堂，为他创作《雷雨》提供了精神上的契机。

曹禺在清华大学没有进入研究院去做学者，他一再认为自己不是一个做学问的人，而是选择了继续创作。他毕业后去了天津女子师范学院任教，不知是否和女子师范有关，他创作的《日出》就是以一个女性作为主人公。

1935年，国立戏剧学校在南京成立，曹禺应余上沅校长的邀请去国立戏剧学校（1940年改为国立戏剧专科学校）担任教授，他担任了编剧、剧本选读和排演的专任教师。在这个阶段，他创作了《原野》。

抗日战争爆发后，剧校先是迁到长沙，后迁到重庆，校址在上清寺。1938年2月，曹禺到达了重庆，在枣子南垭的一个临时住处住下。

田本相先生在《曹禺传》中指出：

> 剧校迁到重庆，他作为教务主任是有许多工作要做的，但最重要的事是聘请教师。他得知黄佐临、金韵芝（丹尼）夫妇从美国留学归来，便写信请他们到剧校任教。张骏祥也刚刚从美国留学回来，曹禺也把这位校友约来。那时，许多教授、学者都到了重庆，剧校聘请了一大批名人前来执教：陈鲤庭、梁实秋、方令孺、张平群、戈宝权、陈白尘、孙曾爵等都请来了。一时间剧校人才济济，剧校师生把这段时间称之为“黄金时代”。③

在这里，曹禺已经从自己成为戏剧精英转化为聘请戏剧精英来培养精英。但是对于曹禺来说，他还必须完成自己作为戏剧精英所必须完成的经历。

1938年曹禺在“战时戏剧讲座”中讲《编剧术》，后来由重庆中正书局汇集出版。这可以说是曹禺作为国立戏剧专科学校教授的戏剧讲义。

曹禺参加了《黑字二十八》第三幕的写作，1938年12月29日在重庆国泰大剧院演出。1939年，创作《蜕变》，由国立剧专的师生演出，张骏祥导演。1940年4月，剧校迁到了江安城西紧靠城墙的文庙里，曹禺住在张乃赓住的城东垣的乃庐的楼上。就在这里，曹禺创作了《北京人》。

---

① 2009年12月田本相教授、师母和我、宋宝珍等一起应云南艺术学院院长吴卫民教授的邀请去参加云南艺术学院50周年的校庆，另行去参观昆明西南联大的遗址，田本相先生驻足良久，内心非常震动。西南联大是由清华大学、北京大学和南开大学组成的，可见曹禺所受大学教育的重要。

② 如果考上，中国现代文学将在鲁迅、郭沫若之外又有可能多了一个弃医从文的作家。富有意味的是，他没学医，却在《蜕变》中，表现了后方一个小镇的医院，他没有考上协和医学院，却在创作《明朗的天》的时候去协和医学院等医院“体验生活”，这个剧也反映了协和医学院的生活。在这里，也许曹禺有一个医院的情结。

③ 田本相：《曹禺传》，北京十月文艺出版社1988年版，第227页。

如果说,《黑字二十八》、《蜕变》是为抗战而写的应景之作的话,那么,《北京人》则使他完成了自己作为天才所要达到的“炉火纯青”的境界。

1942年初,曹禺辞去了国立戏剧专科学校的教职,离开江安。后去北碚复旦大学教英文和外国戏剧。这一年的夏天,在重庆以东的长江边的唐家沱码头的一艘火轮里,创作了根据巴金同名小说改编的四幕剧《家》,而《家》则是“凝结着他们之间的深厚友情”(田本相语)。

1946年,曹禺和老舍一同应美国国务院的邀请去美国讲学观光,田本相先生说道:

> 洛杉矶、旧金山、新墨西哥州、华盛顿、纽约、芝加哥、科罗拉多州等地,都曾留下他们的足迹,他们曾经在耶鲁大学、哥伦比亚大学、芝加哥大学、华盛顿大学、天主教大学、克伦多大学等有名望的高等学府讲学参观。[①]

从中国的大学求学、教书到赴美国的大学演讲,可以说是中国戏剧家获得的巨大殊荣。

曹禺先从美国回来,在上海,他为文华影业公司编导了电影《艳阳天》,他盼望“艳阳”能够照到上海,照到中国。

建国之后,国立戏剧专科学校并入中央戏剧学院,曹禺在中央戏剧学院担任副院长,院长是欧阳予倩。1950年初,曹禺和中央戏剧学院的师生去北京一家私营工厂去体验生活,(曹禺曾创作了表现钢铁企业的《桥》)去安徽农村参加土改。后来去协和医学院等地方调查,创作了《明朗的天》,之后又创作了历史剧《胆剑篇》、《王昭君》。

1978年,中央戏剧学院恢复,金山为院长,曹禺为名誉院长。在戏剧教育的“场域”曹禺达到了一个辉煌的顶峰。

二、剧团和剧院:城市空间的神圣殿堂

中国话剧与城市空间的关系,十分密切。话剧的诞生就是依赖现代的城市空间,话剧的繁荣也是依赖城市空间,而城市空间是通过剧团和剧院来展示的,曹禺的戏剧创作与城市空间的关系,主要是通过剧团和剧院的关系来表现的。

曹禺的戏剧活动最初是从天津南开新剧团开始的,这个剧团是1914年由南开学校的师生合作,成立的一个业余性质的演剧团体。曹禺在这个剧团的实践,奠定了他在戏剧艺术方面的基础。

曹禺后来去北平、南京、重庆、上海等地,建国之后一直居住在北京,曹禺的剧作和老舍的剧作不一样,老舍的剧作大都是由北京人民艺术剧院演出,而曹禺的剧作则可以由任何一个剧团演出,但是相对而言,有几个剧团对于他的剧作来说,是非常重要的,这就是:中国旅行剧社、中央青年剧社等剧社,而他自己担任院长的北京人民艺术剧院则是他最后的归宿。

布尔迪厄指出,任何社会场域,无论是科学场、艺术场、科层场或者政治场,都旨在使那些进入场域的人同意,他们与我称之为幻觉的场域有关联。在布尔迪厄看来,他们可能想要在场域里颠覆力量关系。[②] 中国旅行剧社在天津、上海演出曹禺的剧作,就出现了这样“颠覆力

① 田本相:《曹禺传》,北京十月文艺出版社1988年版,第338页。

② 布尔迪厄:《实践理性》,三联书店2007年版,第130页。

量的关系”。

曹禺创作的《雷雨》，最初由上虞春晖中学的中学生和留日学生演出，但是真正成功的是由中国旅行剧社演出。这个剧先是去北平，但遭到当局的禁演，后去了天津。唐槐秋和几个主要角色住在惠中饭店，演出就在中国大戏院。

“中旅”在天津演出《雷雨》等剧，“成为天津观众瞩目的中心”。洪忠煌说：

天津这个教堂耸立、舞厅密集的北方大都会，在“中旅”长达十余年的发展史上具有特殊意义。“中旅”是在这里繁荣昌盛起来的。《雷雨》……这个给“中旅”带来巨大声誉的优秀话剧，正是在天津首演从而轰动全国剧坛的。

1936年，中国旅行剧社在上海卡尔登剧院上演《雷雨》，一举获得成功。洪忠煌又说：

中旅选取了《茶花女》、《雷雨》、《梅萝香》这三个建团以来最精粹的剧目作为打炮戏，果然一炮打响，座无虚席。最后三天《雷雨》票紧张到观众连夜排队的程度，甚至有从外地赶来看戏的。这种出乎意料以外的“话剧热”使那位经理相信有利可图，于是主动要求续约三个月，收入分成的“倒三七”重新颠倒过来，并保证以后随时给“中旅”的演出提供剧场。“中旅”的“卡尔登”的成功为它打开了大上海的门户。①

1937年春，中国旅行剧社开始排练演出《日出》，又一次轰动沪上。

其次是曹禺与中央青年剧社的关系。曹禺1941创作了《正在想》，同年5月、6月，中央青年剧社演出，陶金、应云卫导演。在这个阶段曹禺和张骏祥的关系也是非常特殊，他曾是曹禺在清华大学的同学，考取了公费的赴美留学，获得了耶鲁大学戏剧硕士学位，他在抗战时期回来了。他先是在国立剧专，因为迁到太偏僻的江安，他辞去了教职，去中央青年剧社担任副社长，社长是熊佛西，后来他担任了社长。

1941年，中央青年剧社在重庆抗建堂演出了《北京人》，导演就是张骏祥。当时张骏祥导演要回上海，曹禺说他将已经构思好的《北京人》写出来让他导演，因此而留住了张骏祥。这个剧由张瑞芳扮愫方，江村扮文清，耿震扮江泰，沈扬扮曾皓，赵蕴如扮思懿，方琯德扮曾霆。

张骏祥约曹禺翻译莎士比亚的《罗密欧与朱丽叶》，请他扮演贝拉巴拉兹的《安魂曲》中的主角莫扎特。这是曹禺最后一次担任演员。

最后，是曹禺和北京人民艺术剧院的关系，这是曹禺实现建立戏剧的神圣殿堂的绝佳机会。

1951年4月初，曹禺和丁玲等一起去莫斯科参加果戈理逝世一百周年纪念活动，田本相先生说道：

---

① 洪忠煌：《中国旅行剧团史话》，陈樾山主编：《唐槐秋与中国旅行剧团》，中国戏剧出版社2000年版，第274页。夏淳他对北平当局禁演《雷雨》感到非常痛恨，为了看中国旅行剧社在天津演出的《雷雨》，他专程从北京坐火车赶去，从此，他对话剧入了迷。1953年，第二次文代会之后，剧院决定选排一个“五四”以来的优秀剧目，经过讨论决定先排曹禺的《雷雨》，决定要夏淳来担任这个戏的导演。他在中学的时候曾经观看过中国旅行剧社演出的《雷雨》。在那时候的同行中似乎有一个习惯的看法，认为“中旅”演出的《雷雨》是最好、最标准的了，要排这个戏就要以“中旅”的演出为楷模。但是他认为，“现在再演《雷雨》不能停留在三十年代的水平”，然而这个理想或者叫做愿望要实现起来，对他将是一个十分艰巨的考验。（夏淳：《生活为我释疑——〈雷雨〉导演手记》，《〈雷雨〉的舞台艺术》，上海文艺出版社1982年版，第10—11页。）

在莫斯科,他不但参加了纪念大会和果戈理铜像揭幕典礼,而且欣赏了许多戏剧的演出:普希金的歌剧《铲形皇后》、高尔基的话剧《布雷乔夫》、维希涅夫斯基的话剧《列宁在一九一九》、莎士比亚的《无事烦恼》、歇尔顿的《造谣学校》、莫里哀的《伪君子》、博马舍的《费加罗的婚姻》等,特别是看了莫斯科艺术剧院演出的契诃夫的《三姊妹》,他感到演出仿佛把契诃夫的灵魂都召回来了。①

1951年6月12日,北京人民艺术剧院成立了,曹禺担任了院长,这个剧院是由中央戏剧学院的话剧团等组成的,由焦菊隐、欧阳山尊、赵起扬担任副院长。他们从一开始,就是要将北京人艺建设成一个国家的剧院,为戏剧建立一个神圣的殿堂。

北京人艺从一开始就具有了历史的意识,也就是说,他们从开创的时候就知道自己在创造历史,因此,他们充满了一种神圣感。北京人民艺术剧院院长曹禺号召全院,"为一个共同的目标奋斗——就是为建立中国的剧场艺术而努力"。② 被称为"人艺""四巨头"的曹禺、焦菊隐、欧阳山尊、赵起扬整整畅谈了一个星期,每天少则叙谈十三四个小时,多则整整聊上一天。一共谈了四十二个小时,被称为"四十二小时谈话"。在创建莫斯科艺术剧院的时候,斯坦尼斯拉夫斯基和丹钦科谈了十八小时。他们得出了一个结论,莫斯科艺术剧院"是一个有理想、有追求、艺术上有严格要求的剧院,是一个形成了自己独特风格和理论体系的剧院,因而才成为一个艺术水平很高且享誉满世界的剧院。由此归结到一点,就是'要把北京人艺建设成为像莫斯科艺术剧院那样的剧院'"。③

曾像莫斯科艺术剧院一样,北京人民艺术剧院采取了保留剧目的方式,曹禺的《雷雨》、《日出》、《北京人》等都是属于保留剧目,这些剧目和老舍的《龙须沟》、《茶馆》以及郭沫若的《蔡文姬》等剧,成为一种"国家的仪式"。④

但是,曹禺希望创作新的剧目,《明朗的天》、《胆剑篇》、《王昭君》等都是建国后创作的新的剧目,而且都是由北京人民艺术剧院首演。

《明朗的天》酝酿时间很长,从1952年,北京市政府安排曹禺去协和医学院展开调查开始,到1954年4月才开始创作,7月完成,12月18日由北京人民艺术剧院公演。这个剧表现的是对知识分子的改造,曹禺将背景置于燕仁医院。1956年第一届全国话剧会演,《明朗的天》获得了剧本、导演、演出一等奖。

1961年,曹禺创作了历史剧《胆剑篇》,这个剧是曹禺和梅阡、于是之合作的剧本,他们在北京西山脚下的一个僻静的院落里住下,进行创作。同年10月3日,北京人民艺术剧院演出了此剧,由焦菊隐、梅阡导演。

1979年曹禺创作了最后的一个历史剧《王昭君》,7月25日由北京人民艺术剧院首演,导演梅阡、苏民。

如前所述,曹禺在大学、学院和剧团、剧院之间的"矛盾",得以"跨越",也就说在一种培养

---

① 田本相:《曹禺传》,北京十月文艺出版社1988年版,第375页。

② 于是之主编:《论北京人艺演剧学派》,北京出版社1995年版,第13页。

③ 周瑞祥:《理想与追求——"从四巨头畅谈"到"香山会议"》,《秋实春华》,北京出版社1989年版。

④ 参见拙作:《国家的仪式:中国革命戏剧的文化透视》,广西师范大学出版社2008年版。

“国家精英”的大学和学院的“制度化仪式”和在剧团和剧院上演的“国家的仪式”之间的“矛盾”，曹禺也得以“跨越”。

总之，曹禺在“文学场域”中，获得了崇高的地位，这种地位用布尔迪厄的话来说，就是一种文化资本和象征资本。曹禺从新中国成立前的民主主义作家、革命“同路人”，到建国初期的中央戏剧学院副院长、北京人民艺术剧院院长，而在新时期，他担任了中国戏剧家协会主席，继而又担任了中国文联主席。布尔迪厄说：“我们可以描绘最终导致了神化的分离过程，正是在这一过程中学校造就了‘国家的精英’——他们都被授予了（在国家权限所及的范围内）被普遍认同的称号，不仅享有权力位置中的特定等级，而且还有权得到认同与尊敬，正如A. 旺. 热纳普斯所说，这一切就好像是入门仪式，或许应该说制度化的仪式。”[①]在这里，曹禺在戏剧教育的神圣殿堂里“被授予了普遍认同的称号”，并且“得到了认同与尊敬”。应该说，他达到了“文学场域”象征权力的顶峰。

和许多戏剧家和文学家的命运相比，曹禺可以说是“完美的”。其实，一个伟大的剧作家，需要的只是创作的天才是否能够完成，而不是获得象征资本的权力。像易卜生、契诃夫、尤金·奥尼尔到晚年都有一个创作高峰，而曹禺的创作高峰没有如期到来。但曹禺的创作还是为中国话剧创造了一个神圣的殿堂。

［作者简介：胡志毅，浙江大学教授］

① 布尔迪厄：《国家精英——名牌大学与群体精神》，商务印书馆 2004 年版，第 202—203 页。

残酷:曹禺戏剧的现代性解析

宋宝珍

从20世纪初叶中国国民世界意识的觉醒,到"五四"时期文学艺术界对西方现代主义艺术的广泛介绍,可以说一种全新的现代意识,已经在中国古老的文化传统中注入了新质。然而,由于话剧的历史为期尚短,创作方法、技巧、经验都十分有限,而重音乐、歌舞、戏耍、故事的中国观众,在接纳现代主义戏剧时,存在着人生经验和审美心理的隔膜,致使体现了中国式的现代主义意识和风格的戏剧,无论在剧本创作还是在剧场演出中,都显示了寥落、沉寂的结局。直到20世纪30年代,中国现代杰出的剧作家曹禺的横空出世,才改变了现代性的中国戏剧被主体文化漠视的命运,从而显示了现代主义艺术与中国本土文化融合的趋势。

在中国现代戏剧的发展中,最具审美现代性的作家无疑是曹禺。他的戏剧创作和戏剧观念都是现代的,从某种意义上讲,曹禺可以说是具有中国特色的现代主义戏剧家。

一、生命的痛苦与现代的焦虑

曹禺的现代性,不是表现为现代的颓废,而是充满了现代的焦虑,在他的创作意识中,几乎集中了生命的焦虑、人性的焦虑、社会的焦虑、都市的焦虑,乃至人类的焦虑、宇宙的焦虑……甚至可以说他的焦虑是与生俱来的。这正如深谙其精神境界的女儿万方所说:"痛苦是他的天性。"①这样的天性,对于一个普通的社会人来讲也许是不幸的,但对于一个优秀剧作家之超凡的艺术思维来讲,却又是一种值得庆幸的天赋。

焦虑(anxiety)这个词来源于印度语"angh",与"狭窄"、"受束缚"有关,是一种典型的心理学现象,它几乎反映在每一个人身上,只是对象、程度不同而已。"当我们感到一种令人不快的兴奋积累时,我们称之为焦虑。焦虑是兴奋的一种形式,而且是令人不快的兴奋。"②作为艺术思维中的现代性焦虑,虽然也有着上述的表现因素,但是,它主要还不是一种对于自身处境的情绪反应,而是一种带有普泛意义和精神反思性质的存在意识。本文所论及的曹禺戏剧的残酷美学因子,正是基于对其创作心理和戏剧艺术中所呈现的审美现代性的关注。

现代性焦虑的内涵积淀为深刻的苦闷,构成巨大的情绪与意志的冲突,促使剧作家产生一种焦虑性幻想,并且升腾为艺术的想象,凝结成戏剧的意象和戏剧的情境。在现代的剧作家中,几乎找不到哪一个剧作家像曹禺一样,心中燃烧着如此深刻的现代性焦虑,胸膛积淤着

① 万方:《灵魂的石头》,《倾听雷雨》,上海文艺出版社2000年版,第15页。

② 〔瑞士〕维雷娜·卡斯特:《克服焦虑》,陈瑛译,三联书店2003年版,第11页。

如此沉郁的苦闷，意识中飞扬着如此灵动的艺术想象。

曹禺有着一种异乎寻常的压抑感，这种压抑感并非来自物质的困窘与压迫，而往往是他所敏感到的精神上的高压，这使他强烈地感受到置身其中的环境是不能忍受的。

曹禺生命感觉中的内在焦虑表现得十分突出，还在其不谙世事的童年时代，他就有着异常的苦闷，在他明亮的双眸中总是暗含着深广的抑郁，这使际遇坎坷、洞察世情的父亲万德尊都极为惊讶，他问曹禺：“你小小的年纪哪里来的这么多苦闷?!”①

其实，如果我们了解了曹禺身世的特殊性，了解了他幼小的心灵中所经受的精神创伤，那么对他所表现出的抑郁、焦虑、敏锐就不会感到诧异了。曹禺生下三天，生母去世，继母虽是他的姨妈，但是却和性情暴躁的父亲一样，是一个依赖鸦片的瘾君子。他们晨昏颠倒的生活，常令曹禺感到家庭恰如坟墓一样死寂。早年失怙的孤独和痛苦，一直潜藏在曹禺的意识深处。这样的成长经历和人生境遇，对于一个平常人来说，也许不一定会产生如此强烈的精神印记，但是对于曹禺来说，他的感觉是如此细密、敏锐，以至这些不幸、忧伤、沉郁、孤愤，便形成了他生命的底色。

特殊的生命的敏感，生命的焦虑，在童年时代的曹禺的心理中烙印上了种种世事残酷的印象。在他童年的时候，他的保姆段妈向他讲述的悲惨家事，使他感到了人生的艰难和世间的残酷；全家移居宣化后，山上幽暗、蓊郁、苍老、神秘的老神树，使他产生了对自然的敬畏和恐惧；在父亲任职的宣化镇守使衙门里，他亲眼目睹了凶暴的衙役鞭打“犯人”的血淋淋的惨象，这无疑成为令他惊异并深入他骨髓的残酷印记；年轻时曹禺曾有过一次出游经历，当他看到太原街头下等妓女伫立街边不人不鬼的样子的时候，一种发自心底的冥眩不安、悲凉恐惧便油然生起；抗战爆发前夕，在南京教书的曹禺，他的住处离监狱很近，每到夜深人静的时候，监狱中便传出行刑和惨叫的声音，他周围的世界便仿佛一下子变成了鬼哭狼嚎的地狱……

还在中学时代，曹禺就有着对生命的哀叹。在他写的诗歌《不久长，不久长》中，反复咏叹着“我的来日不久长”：

> 啊，爹爹，不久我将冷硬地/睡在衰草哟，/我的灵儿永在/深林间和你歌唱！
>
> 我要寻一室深邃暗洞/作我的墓房。
>
> 我望静默的月儿吻着/不言的鬼，/清澄的光色射在/惨白的面庞。/啊，是这样的境界才使我神往哟，/我的来日不久长。②

诗中固然表现着曹禺青春期莫名的感伤，但更多的是显示了他跳出时间流程，质询生命的存在意义的真诚。

曹禺自己的遭际，父亲的早逝，家庭的败落、姐姐的惨死，这一切对于他都变成了一种人生的挤压、灵魂的悲哀、命运的磨砺。于是，在他的意识中就自然地产生了“人为什么活着？人活着为了什么?”等无名的惆怅、质疑和追思。

现代性焦虑，首先是一个“存在”问题，如何存在以及怎样存在的问题。贝尔说：“现代主

---

① 田本相：《曹禺传·第一章　童年的苦闷》，北京十月文艺出版社 1988 年版。

② 《曹禺全集》第 6 集，花山文艺出版社 1996 年版，第 22 页。

义所关心的，常常是在新的思想或新的世界观背景下如何生存的问题。”①现代主义戏剧在哲学上所追索的就是这样的问题。从克尔凯郭尔到海德格尔，再到萨特和加缪，这些存在主义哲学都在不同程度上把焦虑同存在紧紧地联系起来。也许我们还无法断言曹禺是存在主义者，但是，他的生命焦虑是同对世界与宇宙存在的焦虑紧密相连的。

在他所告白的《雷雨》创作的动因中，我们可以真切地认识他这种现代性焦虑。曹禺说，“我不知道怎样来表白我自己，我素来有些忧郁而暗涩；纵然在人前我有时也显露着欢娱，在孤独时却如许多精神总不甘于凝固的人，自己不断地来苦恼着自己，这些年我不晓得‘宁静’是什么，我不明了我自己，我没有希腊人所宝贵的智慧——‘自知’。除了心里永感着乱云似的匆促，切迫，我从不能在我的生活里找出个头绪。”②从这里的描述可以看出，曹禺仿佛是患上了现代焦虑症。而在《日出·跋》里，这种现代性焦虑就表现得更为突出了：“我应该告罪的是我还年青，我有着一般年青人按捺不住的习性，问题临在头上，恨不得搜索出一个答案；苦思不得的时候便冥眩不安。流着汗，急躁地捶击着自己，如同肚内错投了一付致命的药剂。这些年在这光怪陆离的社会里流荡着，我看见多少梦魇一般的可怖的人事，这些印象我至死也不会忘却；它们化成多少严重的问题，死命地突击着我，这些问题灼热我的情绪，增强我的不平之感。有如一个热病患者，我整日觉得身旁有一个催命的鬼低低地在耳旁催促我，折磨我，使我得不到片刻的宁贴。”③

我们几乎难以想象曹禺的现代性焦虑所达到的紧张程度，他确实像患了一场瘟疫，陷入“无尽的残酷的失望”之中，他深切地感到：“一件件不公平的血腥事实，利刃似地刺激我的心，逼成我按捺不下的愤怒。有时我也想，为哪一个呢？是哪一群人叫我这样呢？这些失眠的夜晚困兽似地在一间笼子大的屋子里踱过来，拖过去，睁着一双布满了红丝的眼睛绝望地愣着神，看着低压在头上黑的屋顶，窗外昏黑的天空，四周漆黑的世界，一切都似乎埋进了坟墓，没有一丝动静。……我绝望地嘶嘎着，那时候我愿意一切都毁灭了吧，……我觉得宇宙似乎缩成昏黑的一团，压得我喘不出一口气，湿漉漉的，粘腻腻的是我紧紧抓着一把泥土的黑手，我划起洋火，我惊愕地看见了血。乌黑的拇指被那瓷像的碎片划成一道沟血，一滴一滴快意的血缓缓地流出来。”④他在追索人生，拷问生命，这种焦虑本身就是“残酷的”，并且绝对是现代的，甚至是在外国现代主义剧作家中也是罕见的。现代性焦虑作用于他的主观意识，仿佛让他透过一面巨大的放大镜来审视世界的苦难，这使他能够感觉出常人习见的世象背后的残酷性，正是从残酷的审美意念中，曹禺导引出了他的戏剧的审美现代性。

构成中国现代剧作家创作意识中的现代性焦虑，其外在动因来自他们对宇宙人生的困惑和对自身存在的被压迫感的认知。旧的社会形态虽然解体，但封建礼教的幽灵依然在中国大地上徘徊，现代社会的曙光似乎已遥遥可见，但现实中却处处显露出政治的颓败、民生的凋敝、内乱的频仍、社会的失序。这一代人注定要遭受梦醒了之后无路可走的命运，因为他们的

---

① 迈克尔·贝尔：《现代主义形而上学》，《现代主义》，辽宁教育出版社 2002 年版，第 13 页。

② 曹禺：《雷雨·序》，文化生活出版社 1936 年版，第 1 页。

③ 曹禺：《日出·跋》，《曹禺全集》第 1 卷，花山文艺出版社 1996 年版，第 380 页。

④ 同上，第 381 页。

灵魂与肉体都与那个自己所痛恨的过去有着千丝万缕的联系。这样的人生际遇，在“五四”时代的知识分子身上是颇有代表性的。

构成中国剧作家现代性焦虑的内在动因，则是来自剧作家挖掘自身灵魂的自觉，来自他们心灵内部的巨大冲突。这些情绪的、感情的和思想的深刻矛盾，构成了他们深刻的感情危机和精神危机。叶维廉曾指出：“事实上，从“五四”反帝反封建开始，中国作家便被放逐于一个文化的空虚里，各自在‘行程’中寻索、犹疑、彷徨、追望、等待一个指向出路的符号而永远等不到，继续求索质疑而时时陷入绝境。鲁迅说：‘然而我不愿彷徨于明暗之间，我不如在黑暗里沉没。然而我终于彷徨于明暗之间……’(《影的告别》)他是第一个流露这种境况的人。他希望在墓碣上找到一个指示，但只见残迹：‘有一游魂，化为长蛇，口有毒牙，不以啮人，自啮其身，终以殒颠’；‘抉心自食，欲知本味，创痛酷烈，本味何能知？……痛定之后，徐徐食之，然其心已陈旧，本味又何由知？’(《墓碣文》)‘彷徨寻索而未得，内啮又不知本味’就是现代中国民族文化原质根性放逐后的创痛。为了同样的原因，闻一多的诗充满着‘死的欲望’，欲求死而得再生：‘索性让烂的更加烂了……烂穿了我的核甲，烂破了我的监牢，我幽闭的灵魂，便穿着豆绿的背心，笑眯眯地要跳出来了。’(《烂果》)” 叶维廉认为，“这就是中国现代主义特有的剧痛，这也许是其它东方国家在现代所经验的剧痛。”①

这种“抉心自食”、“不知本味”却一意食之的意象，典型地反映着中国现代作家创作心态中一种对待自我的残酷态度，这种残酷不是有意自虐，而是抛弃旧我，追求一种凤凰涅槃式的净化与升华。鲁迅特别称赞过俄国现代主义的先驱人物陀思妥耶夫斯基小说中所表现的“伟大的残酷”和“灵魂的深度”，他说：“他竟作为罪孽深重的罪人，同时也是残酷的拷问官而出现了，他把小说中的男男女女，放在万难忍受的境遇里，来试炼他们，不但剥去了表面的洁白，拷问出藏在底下的罪恶，而且还要拷问藏在那罪恶之下的洁白来。而且还不肯爽利地处死，竭力要放他们活的长久。而这陀思妥夫斯基(陀思妥耶夫斯基)，则仿佛就在和他一同苦恼，和拷问官一同高兴着似的。这决不是平常人做得到的事情，总而言之，就因为伟大的缘故”。②鲁迅对陀思妥耶夫斯基小说美学特点的论述，也从一个侧面反映了他自身创作心理的一种倾向。而曹禺，如同鲁迅一样，也是一位具有深刻的自我残酷意识的伟大作家。

曹禺的现代性焦虑，最后都集中表现于对人、人性与人类的关怀上。人类的天性是复杂的，曹禺对于人和人类有着复杂而深刻的体认。他对于人类的存在的认识，处于一种充满矛盾的焦虑中，他爱人，爱人类；但他也恨人。他可怜着他们，希望他们自由，但是他却恨他们偏偏自己捉弄着自己。从一种高蹈的形而上的观念出发，他对宇宙人生满怀悲悯之情，他说：“写《雷雨》是一种情感的迫切的需要。我念起人类是怎样可怜的动物，带着踌躇满志的心情，仿佛是自己来主宰自己的命运，而时常不是自己来主宰着。受着自己——情感的或者理智的——的捉弄，一种不可知的力量的——机遇的，或者环境的——捉弄；生活在狭的笼里，而

① 叶维廉：《解读现代·后现代生活空间与文化空间的思索》，台北东大图书公司 1992 年版，第 14 页。

② 鲁迅：《陀思妥夫斯基的事》，《鲁迅全集》第 6 卷，人民文学出版社 1981 年版，第 411 页。

洋洋地骄傲着,以为是徜徉在自由的天地里,称为万物之灵的人物不是做着最愚蠢的事吗?"①从现实的存在的视角来观察人生,曹禺又对人类的弱点和命运的无奈满怀悲哀。在他看来,人类实在是可怜的动物,人是愚蠢的,是一种不能主宰自己命运却总是盲目奔突的动物,人类自身的存在就是悲剧的所在。在一个违反天道"损不足以奉有余"的社会环境里,他也恨人,他说,"我更恨人群中一些冥顽不灵的自命为'人'的这一类动物。他们偏若充耳无闻,不肯听旷野里那伟大的凄厉的唤声。他们闭着眼,情愿做地穴里的鼹鼠,避开阳光,鸵鸟似地把头插在愚蠢里。"②

曹禺对现实的感触,恰如波德莱尔论及艾伦·坡在诗中所表达的对于美国的感受:"美国对于坡来说不过是一座巨大的监狱,他怀着狂热的骚动在其中奔波,他生来就适于在一个(比煤气灯笼罩下的巨大野兽)更不道德的世界中呼吸,他的内心生活、精神的生活作为诗人或作为酒徒,只不过是为摆脱这种敌对气氛的影响而进行的不间断的努力罢了。"③

但是,关键在于对于宇宙人生,曹禺具有一种大悲悯的胸怀,甚至说一种大悲悯的哲学。他说:"我用一种悲悯的心情来写剧中人物的争执。我诚恳地祁望着看戏的人们也以一种悲悯的眼来俯视这群地上的人们。……来怜悯地俯视着这堆在下面蠕动的生物。他们是怎样盲目地争执着,泥鳅似地在情感的火坑里打着昏迷的滚,用尽心力来拯救自己,而不知千万仞的深渊在眼前张着巨大的口。他们正如一匹跌在泽沼里的羸马,愈挣扎,愈深沉地陷落在死亡的泥沼里。"④

曹禺既有着那种超乎常人的现代性焦虑,同时又有着超越这现代性焦虑的博大胸怀和宽广视阈。在他大悲悯的情怀中,显然有着深刻的人文关怀,这并非是一般的人道主义所能框范的,在曹禺的人生观念中,有着中国传统哲学甚至佛学因素影响的痕迹。

从曹禺的现代性焦虑,我们可以摸索着进入曹禺戏剧美学的秘密世界,从而进一步体悟他的戏剧所呈现的审美现代性。

二、残酷戏剧意象的现代内涵

20世纪30年代,在世界的西方,一个身受东方戏剧影响,并成为后现代主义戏剧奠基人的艺术家——安托南·阿尔托正酝酿、提出他的"残酷戏剧"的美学主张,1932年,他发表了残酷戏剧的第一个宣言。1933年,他又发表了残酷戏剧的第二个宣言,1935年,他创建了残酷剧院。1938年,阿尔托的残酷戏剧理论著作《戏剧及其重影》出版,残酷戏剧的残酷观念,日益受到人们的关注,阿尔托本人也成为后现代主义戏剧的鼻祖。

几乎与阿尔托同时,曹禺走出了一条中国式的残酷戏剧的创作路子。虽然他没有提出过"残酷戏剧"的口号,但是在他的戏剧的一系列序跋中,却已经做出了类似的表述,他已经深切

① 曹禺:《雷雨·序》,文化生活出版社1936年版,第5—6页。
② 曹禺:《日出·跋》,《曹禺全集》第1卷,花山文艺出版社1996年版,第382页。
③ 〔法〕波德莱尔:《埃德加·爱伦·坡的生平及其作品》,《1846年的沙龙》,广西师范大学出版社2002年版,第149页。
④ 曹禺:《雷雨·序》,文化生活出版社1936年版,第6页。

地感受着宇宙和世界的残酷，他的现代性焦虑都集中体现在其残酷的哲学和残酷的美学之中，一种残酷之美熔化、凝结在他的剧作里。然而这一切并非来自安托南·阿尔托，也并非来自西方其他艺术家的影响，而是来自像曹禺这样一个生活在现代都市的中国人，他对于世界和人生的、哲学的、美学的沉思。

在曹禺的意识中，这个世界和宇宙太残酷了，因此他要在他的戏剧里把这种残酷性表现出来，故残酷感成为搅扰其灵魂、驱动其创作的潜能和动因。他说："《雷雨》所显示的，并不是因果，并不是报应，而是我所觉得的天地间的'残忍'（这种自然的'冷酷'，四凤与周冲的遭际最足以代表，他们的死亡，自己并无过咎）。如若读者肯细心体会这番心意，这篇戏虽然有时为几段较紧张的场面或一两个性格吸引了注意，但连绵不断地若有若无地闪示这一点隐秘——这种宇宙里斗争的'残忍'和'冷酷'"。①

曹禺不是哲学家，但是在这里却展示了一种对宇宙的哲学的美学的憧憬，因此他的悲剧感的构成绝非是局部的、个别的因素，也不是单纯的社会学的，而是对于世界、宇宙的"冷酷"、"残忍"的整体的综合的感悟。他还描述了这个宇宙的特点："在《雷雨》里，宇宙正象一口残酷的井，落在里面，怎样呼号也难逃这黑暗的坑。"②天网恢恢，疏而不漏，不论是谁，也不论是在何时何地，都难以逃脱、无法抗拒这注定了的残酷的遭遇、悲惨的结局。在他展示的《雷雨》的世界中，周冲、四凤的死亡自然是宇宙"冷酷"的体现，而周萍、蘩漪、侍萍，也是冷酷的吞噬物。而在《日出》中陈白露、翠喜、小东西、黄省三的命运，更展现着现代的金钱制度、卖淫制度的罪恶，《原野》中的仇虎和金子的世界更是一个难以逃脱的漆黑的世界。

残酷，在曹禺的剧作中成为一种不言自明的美学原则，成为他揭示这世界的美的奥秘和发现美学新大陆的利器。这也许是古希腊悲剧的残酷命运的提示，或者是奥尼尔戏剧灵魂残酷性的影响，但这更主要的是曹禺自己的人生发现。在《雷雨》里，所有的带有戏剧性的巧合，都是残酷的，都成为毁灭性的悲剧。侍萍同周朴园的重逢是多么的巧合，但又是多么的残酷！而30年前侍萍所遭遇的噩运，几乎又在四凤身上重演，这对于四凤来说，自然是残酷的，而对于侍萍来说就更加残酷，她承受着双重的命运打击。安托南·阿尔托说："我所说的残酷是指事物可能对我们施加的、更可怕的、必然的残酷。"他还说："我所说的残酷，是指生的欲望、宇宙的严峻及无法改变的必然性。"③曹禺戏剧的残酷性正是体现了这样的必然性。

现代主义戏剧有许多特点，而在美学上最突出的特点就是它对于深层的、内在的、隐秘的精神世界的发现。残酷是曹禺的发现，由此点燃了他的灵魂，启发了他的感悟，使他发现了世界的隐秘，因此，在他的戏剧中，一种前人未曾发现的残酷之美被展示出来，具有残酷之美的灵魂，残酷之美的人和事，共同构成了曹禺戏剧所特有的悲剧美学内涵。

由于残酷的启示，曹禺发现了蘩漪。在中国，蘩漪的性格是那样的乖戾阴鸷，可以说这种性格本身就具有内在的残酷："她是一柄犀利的刀，她愈爱的，她愈要划着深深地创痕"。的

---

① 曹禺：《雷雨·序》，文化生活出版社1936年版，第5页。
② 同上，第7页。
③ 〔法〕安托南·阿尔托：《残酷戏剧——戏剧及其重影》，中国戏剧出版社1993年版，第76、101页。

确,“她的生命交织着最最残酷的爱和最不忍的恨”。她犹如一个魔鬼紧紧地抓住了周萍不放,这种绝望的爱是残酷的,而为了这个不能得到的爱,她自己也走向疯癫,其结局也是残酷的。米歇尔·福柯曾说:“最后一种疯癫是绝望情欲的疯癫,因爱得过度而失望的爱情,尤其是被死亡愚弄的爱情,决无出路,只有诉诸疯癫。”[①]蘩漪对于四凤也是十分冷酷,甚至把自己的儿子周冲也拉进来,连一个母亲的颜面也不顾了,这些都有着非人的残酷。但是,蘩漪的性格的残酷性还在于她的自我残酷。“情热烧疯了她的心”,她在情感的雷电中不惜焚烧自己。

所谓审美现代性,就其本质来说是反制度化,反传统的。打开中国传统戏剧的人物画廊,还从来没有出现过像蘩漪这样的人物,这样的性格。这是一个疯狂地反叛着伦理、反叛着传统,反叛着制度的女性。正是在这样一个人物的阴鸷乖戾的性格中,曹禺发现了蘩漪有着“美丽的心灵”,“她有一颗强悍的心”,而且“是值得赞美的”。[②]

倘若曹禺仅仅发现了事物外在的残酷,一般性的残酷,我们还不能说他具有现代性。从某种意义上来说,曹禺同鲁迅有着某些相似之处,他们都善于发现特定历史情境中人的精神悲剧,善于从人类灵魂的角度揭示精神所受的压迫。

《日出》写的就是陈白露的精神悲剧。在陈白露的遭际中,处处都展示着这样一个受到“五四”思潮影响的知识女性走上社会而最后无路可走的精神陷落和精神悲剧。她是清醒的,她清醒地意识到自己的堕落,深深地懂得自己陷于泥潭而不能自拔。意识到的痛苦是一种残酷的痛苦。“太阳升起来了,黑暗留在后面,但太阳不是我们的,我们要睡了。”这就是曹禺对于现代性悲剧的发现。那个罪恶的金钱社会在精神上逼迫着陈白露,使她陷入极度的痛苦;同时又在灵魂上腐蚀着她,使她陷入一种不可排解的自我矛盾之中,最终导致她精神崩溃而绝望地自杀。《日出》展现了现代都市文明对人的精神的“吞噬之力”,这是一种可怕的残酷的杀人力量:它禁绝人们的希望,摧残人们的灵魂,腐蚀人们的意志,扭曲人们的心性,以制度化的表面上的公平原则,对处身其中的人实施惨无人道的毁灭。

人生的无奈和存在的悲哀作用于剧作家的创作意识,加深了曹禺精神的内在痛苦,也加深了他对人生残酷的审视,这在《日出》的题记中表现得尤为明显:“时日曷丧,汝及予偕亡”,于表达的绝望、冷酷中,透露了灵魂的热烈、赤诚,恰如鲁迅所引用的匈牙利诗人裴多菲的诗句:“绝望之为虚妄,正与希望相同”。[③]

而最能体现这种精神悲剧之残酷性的是仇虎的悲剧。《原野》所展现的世界,充满着黑暗、仇恨、恐惧和狰狞,让人感到这里“只有人类的仇恨在那里爆炸、沸腾”。千百年来“父仇子报”的因袭的重担,使得已经遭受残酷打击的仇虎的心灵陷入一个黑暗的地狱,这种古老的观念啃啮着他,折磨着他,熬煎着他。那个黑森林是一个象征,是一个永远挣脱不开的残酷的心狱。

在《北京人》里,戏剧人物表面看来是处于平静的日常生活中,这里没有特别激烈的冲突,

---

① 〔美〕福柯:《疯癫与文明》,生活·读书·新知三联书店 1999 年版,第 28 页。
② 曹禺:《雷雨·序》,文化生活出版社 1936 年版,第 10—11 页。
③ 鲁迅:《希望》,《鲁迅全集》第 2 卷,人民文学出版社 1981 年版,第 173 页。

也没有十分火爆的场面，但是，却隐藏着刺向人的灵魂的刀剑，蕴蓄着吞噬和绞杀人的灵魂的机锋，这是一个极端冷酷而黑暗的王国。愫方所承受的灵魂的痛苦是深刻的残酷的，她不但生活在思懿的冷酷的精神逼迫下，又承受来自曾皓那卑污、阴暗灵魂的折磨。曾家的院落像一座冰冻的世界，人和人之间的情感关系也仿佛凝结成冰。心地善良的愫方，她性格方面的极大的耐性和内心的隐痛，正从一个侧面折射着曾家环境的残酷性。孱弱落寞的文清，本来是一个天资聪颖的人，正是这样的生活环境，窒息了他的生命欲求，扼杀了他的才能，让他在慢性中毒中，成为精神上的瘫痪儿，灵魂上的空虚者，曾家的生活把他磨成了一个死活人、活死人，一具生命的空壳。曾家既是一个令人恐惧的所在，也是残酷的杀人不见血的地方，又是一个不露声色地摧毁生命活力和灵魂纯净的魔窟。

在曹禺的戏剧中，他的残酷的哲学构筑的往往是一个残酷的世界，在众多具有象征色彩和美学意味的戏剧意象中，都内蕴残酷的意旨。

残酷戏剧的创造者安托南·阿尔托，在谈到戏剧时说："一切的情节都是残酷的，戏剧必须重建在这种超越一切的极端情节的思想之上"。[①] 在曹禺的剧作中，虽然没有阿尔托说得这样绝对，但是，其情节是残酷的，场面是残酷的，环境也是残酷的，这一切形成了曹禺戏剧触目惊心、震撼灵魂的戏剧意象。

三、表现主义的美学形态

以上的论述，已经揭示了曹禺所特有的现代性焦虑，以及由这种现代性焦虑所凝结的残酷的戏剧美学风格；那么，接下来，我们应当进一步研究曹禺戏剧的审美现代性的表现特征。

德国著名的现代主义研究学者比格尔指出，现代主义的典型形态是象征主义、唯美主义和表现主义，其基本特征体现为对审美自律性的追求。[②] 当人们把曹禺作为一个现实主义的大师给予评价时，自然是着眼于其艺术表现的现实层面及其社会意义的，但是，如果更深入地考察其剧作的美学内涵和深藏在内部的灵魂，我们就会发现，其剧作与一般的现实主义戏剧相比有很大不同，因此，如果把他的一些剧作纳入到表现主义的戏剧范畴，也许更便于理解其美学内涵和情境氛围的整体神韵。就表现形态而言，曹禺的剧作同奥尼尔的一些戏剧有着相似之处，这是符合实际且毋庸置疑的。有的学者把曹禺剧作的风格概括为诗化现实主义，即希望把它的美学形态同一般的现实主义区别开来。所谓"诗化"，在特定意义上说，就是"表现化"、"象征化"。这些理论的概括，蕴含着前人研究的成果，但是任何一种概括，都有着不可避免的局限。从研究中国话剧的审美现代性这样一个命题出发，当我们深入到他的戏剧堂奥之中时，就会发现曹禺戏剧的本质是现代性的，并且是中国式的现代性的。

曹禺说，"现实主义的东西，不可能那么现实"。[③] 曹禺戏剧的审美现代性的特点，可以概括为表现同现实的结合，或者说表现主义同现实主义的融合，而其中的表现主义成分比较突

---

① 转引自克里斯托弗·伊内斯：《戏剧中现代主义》，《现代主义》，辽宁教育出版社 2002 年版，第 193 页。

② 转引自周宪：《现代性的张力》，首都师范大学出版社 2001 年版，第 25 页。

③ 《谈〈北京人〉》，《曹禺全集》第 7 卷，花山文艺出版社 1996 年版，第 76 页。

出。我们之所以说曹禺戏剧风格主要是表现主义的，并非完全基于他的戏剧手法和技巧，而是基于他的戏剧所显现出来的现代的美学意识。曹禺与奥尼尔之间，有着一种美学上的吸引和借鉴，在曹禺的戏剧中，不难发现与奥尼尔的表现主义戏剧美学的融通与关联。

譬如"原始情绪"，或者说现代主义艺术思潮中的"原始主义"，就在曹禺剧作中渗透着、弥漫着。谈到《雷雨》创作的最初动因，曹禺说，"除此有了《雷雨》一个模糊的影像的时候，逗起我的兴趣的，只是一两段情节，几个人物，一种复杂而又原始的情绪。"而且，他有时把这种原始情绪说得带有十分神秘的色彩："与《雷雨》俱来的情绪蕴成我对宇宙间许多神秘的事物一种不可言喻的憧憬。《雷雨》可以说是我的'蛮性的遗留'，我如原始的祖先们对那些不可理解的现象睁大了惊奇的眼。我不能断定《雷雨》的推动是由于神鬼，起于命运或源于哪种显明的力量。情感上《雷雨》所象征的对我是一种神秘的吸引，一种抓牢我心灵的魔。"①《雷雨》中渗透着命运的神秘感，以及作家对于《雷雨》中人事的神秘感，对于大自然闪电雷鸣的恐惧和神秘感应。

神秘、原始、恐惧、梦魇，这些几乎是表现主义戏剧的典型特征。奥尼尔的《琼斯皇》，写戏剧主人公、黑人琼斯被白人虏抢到美国成为奴隶，但是他不能接受强权文明，先后杀死白人乘务员、监狱看守，逃到一个荒岛，在土著人中称帝。在被白人追杀时，逃入森林。在黑森林中，琼斯潜意识中的一段精神历程得以展现——他的种族史的回顾以及他的逃亡，大森林的诡秘，原始的恐怖，被剥夺了人性的残酷。正是在琼斯返归原始的野蛮状态的途中，他恢复了自己人性的本真。在这里，剧作家以对原始主义的推崇构成对所谓现代文明的批判。

在《原野》中，曹禺写一个被吃人的"焦阎王"残害得家破人亡的农民仇虎，他从监狱中逃出来，抱着"父仇子报"的观念，非要杀死他的童年的好友、焦阎王的儿子焦大星。古老的复仇观念如同鬼魅一样缠绕了他的灵魂，他终于把大星杀了。此后他逃入了黑森林，"这里盘踞着生命的恐怖，原始人想象的荒唐"，"到处蹲伏着恐惧"，犹如"巨兽张开血腥的口"，处处是"狰狞恐怖"，"原野的神秘"，鬼气森森，"诡异幽寂"，充满了"原始的残酷"和"生命的恐怖"。在剧中，曹禺对此时仇虎的情态做过这样的描述："恐惧抓牢他的心灵，他忽尔也如他的祖先——那原始的猿人，……希望，追忆，恐怖，愤恨连续不断地袭击他的想象，使他的幻觉突然异乎寻常地活动起来。在黑的原野里，我们寻不出他一丝的'丑'，反之，逐渐发现他是美的，值得人的高贵的同情的。他代表一种被种种压迫的真人。在林中重演他遭受的不公。在序幕中那种狡恶邪诈的性质逐渐消失，正如花氏在这半夜的折磨里由对仇虎肉体的爱恋而升华为灵性的。"②这段文字是为过去的研究者所忽略的，但是，它道出了曹禺的本意：仇虎在从复仇迷狂中惊醒之后，才成为"美"的"真人"，同时也升华为"灵性"的存在。在这里，"原始的猿人"，作为一种机械的、制度的现代性的对立面，表现了人类对物质层面与精神层面日益分离状况的反抗，以及人类想重新找回迷失的自我、还原灵魂的渴望，因此，"原始的猿人"所体现的审美现代性是十分明确的。

---

① 曹禺：《雷雨·序》，文化生活出版社1936年版，第7页。

② 曹禺：《原野》，文化生活出版社1937年版，第251页。

迈克尔·贝尔指出,"作为一种文学传统,原始主义允许文明人通过一个想象中的对立面来审视和满足自身。它常常是文化内部的一个自我批判的主题,如蒙田论述食人生番的文章。但是,在现代主义时期,对于当代文明的彻底怀疑以及对部落人的仔细研究,给了原始主义冲动一种新的优越之处。"[①]在曹禺那里,原始情绪也是对"当代文明的彻底怀疑"的情绪,借助于这种情绪的展示,来表现对处于当下情景中的人以及制约他的制度的怀疑、批判和思考。在《北京人》中也是这样,曹禺借助一个人类学家袁任敢的口,配合着"北京人"的巨大投影,批判文明化的当代人的孱弱、无能和退化。原始主义,对于现代主义来说,不但是一种思想,而且也是艺术表现中惯用的手法。克里斯托弗·伊内斯指出:"原始主义都是戏剧现代主义的典型手法。"[②]

我们不妨看看奥尼尔的剧作如《榆树下的恋情》、《安娜·克里斯蒂》、《进入黑夜的漫长旅程》、《悲悼》、《琼斯皇》等,同样有着这样的原始的情绪,无名的恐惧、不可捉摸的命运和不可预知的憧憬;但是,如果认为曹禺是在因袭奥尼尔的戏剧手法,那就大错特错了,曹禺戏剧的神秘、原始情绪、恐惧等等,来自曹禺天性中的明敏的感觉、飞扬的想象、情感的蒸腾交织,以及古老的中国文化在他的精神深处的积淀,诸如此类的因素,构成了他的戏剧美学的民族化特征。

焦虑是恐惧的基础,恐惧伴随着焦虑,焦虑之中也有着恐惧。曹禺创作《雷雨》时的恐惧感,就是焦虑的产儿,并因此促生了焦虑性幻想,产生想象中的艺术图景。他说:"《雷雨》是一种情感的憧憬,一种无名的恐惧的表征。这种憧憬的吸引恰如童稚时谛听,脸上画着经历的皱纹的父老们,在森森的夜半,津津地述说坟头鬼火,野庙僵尸的故事。皮肤起了恐惧的寒栗,墙角似乎晃着摇摇的鬼影。"[③]我们可以联想到,在曹禺的童年时代,暗夜里他听着段妈述说她的家人的悲惨遭遇,从而引起毛骨悚然的恐惧,瑟瑟地,蒙上头躲在被窝里谛听着。也许是在宣化的后山上,对那巨大的神树的恐怖印象的蒸发,这一切都是不可思议的;而这些又往往成为对于一种不可知的神秘事物的苦苦追索和拷问。为什么会有《雷雨》这样残酷的结局,为什么人们会有那么多冲击性"争执"?于是他苦苦地思索着:"在这个斗争的后面或有一个主宰来使用它的管辖。这个主宰,希伯来的先知们赞他为'上帝',希腊的戏剧家们称他为'命运',近代的人撇弃了这些迷离恍惚的观念,直截了当地叫它为'自然的法则'。而我始终不能给它以适当的命名,也没有能力来形容它的真实相。因为它太大,太复杂。我的情感强要我表现的,只是对宇宙这一方面的憧憬。"[④]

在《雷雨》中,表现的是一系列的恐惧,首先是"乱伦的恐惧",在第一幕就使人陷于这种恐惧的想象中,曹禺充分地运用了这个"恐怖感"。在弗洛伊德的《图腾与禁忌》中,曾把乱伦和谋杀视为"两个图腾禁忌",他认为乱伦使人感到恐怖,甚至有所谓"乱伦恐怖症"。

曹禺戏剧中的象征,已经超越了一般手法的意义,也超越了一般现实主义的范畴而成为

---

① 迈克尔·贝尔:《现代主义形而上学》,《现代主义》,辽宁教育出版社 2002 年版,第 26 页。

② 迈克尔·莱文森:《戏剧中的现代主义》,《现代主义》,辽宁教育出版社 2002 年版,第 189 页。

③ 曹禺:《雷雨·序》,文化生活出版社 1936 年版,第 4—5 页。

④ 同上,第 5—6 页。

他现代主义戏剧美学形态的有机组成部分。现代主义的美学形态之所以超越现实主义，是因为归根结底它体现了一种思想，但是，正如庞德所说："一种'思想'，离开了接纳它的思想形式，便没有多少价值。"①

曹禺的系列剧作，《雷雨》、《日出》、《原野》和《北京人》，表面看来是写实主义的，但是其表现主义的象征运用是具有内在结构性和体系性特点的。在《雷雨》中，"雷雨"具有丰富的象征意蕴：它象征"宇宙间的残酷"，也象征摧毁罪恶人世和罪恶制度的力量；雷雨既是整个戏剧的氛围，又是剧情的节奏；而同时又是人物的性格和命运的象征。雷雨是两种极端的矛盾——不是爱便是恨，不是恨便是爱，一切都走向极端的象征，"这样的性格是蘩漪，是鲁大海，甚至于是周萍。"而"雷雨"给人的是象征的诗意。所以曹禺说，他写《雷雨》是在写一首诗。"《雷雨》对我是个诱惑"，"写《雷雨》是一种情感的迫切需要"，"是一种情感的憧憬，一种无名恐惧的表征"。②《雷雨》是情感的，是诗性的，也是表现的。在《原野》中，繁茂芜杂充满野性力量和象征色彩的荒原，同样烘托着一个具有表现主义美学特色的悠长而恐怖的梦魇。

《日出》看来仿佛是写实的，其实更像是一首诗，它的情境凸显于血迹斑斑却又金光闪闪的现象之中，而现象的背后，却透视着人类的普遍伦理和永恒正义的公理，因此具有了审美的现代性。现代艺术的研究者约翰·加斯纳认为，"现代剧作家试图使现实与诗这两种可能的境界，都能够达到美的极致，或都力图使这两者能够浑然一致或相互叠替。"③曹禺把巨大的热情化为诗魂，熔铸于戏剧的氛围，凝结在性格的血液里，化为人物心灵的音乐。在《日出》中，曹禺所要探索的是一个罪恶的世界，甚至是禁域。无论是陈白露的豪华的客厅，还是翠喜所在的劣等妓院，在曹禺的艺术思维中都成为他精神冒险的地方。他像波德莱尔一样，在污秽中发现了"一颗金子般的心"，发现了"华丽的首饰中，恐怖熠熠生辉"。更富有哲理意味的是，曹禺发现了一个在现代的物的世界里辗转、沦落、沉溺的生命的悲剧，剧中的陈白露反复吟咏着这样的诗句："太阳升起来了，黑暗留在后面，但是太阳不是我们的，我们要睡了。"这是一个生命的悖论，一个存在的悖论，也是一个现代性的悖论。单是这样的一个诗意的发现，就超越了一般意义上的现实主义所能够表现的美学规范。

在曹禺的戏剧中，象征是他的艺术发现，并由这象征而发现世界。象征同被象征的，或者说象征的隐喻，并非是单一的指涉，而是一种丰富的意韵，它呈现出"再现艺术"所不具备的艺术想象力和震撼力。因此，才有说不完的曹禺，才有演不尽的曹禺戏剧，才有曹禺戏剧浩瀚的、深邃的、持久的艺术魅力。

［作者简介：宋宝珍，中国艺术研究院话剧研究所研究员］

---

① Ezra Pound. *The Literary Essays of Ezra Pound*, ed. T. S. Eliot London. Faber, 1954, p. 341.

② 曹禺：《雷雨·序》，文化生活出版社 1936 年版，第 5 页。

③ 《外国现代剧作家论剧作·导论》，中国社会科学出版社 1982 年版。

论曹禺戏剧的文化矛盾

施旭升

一、引言

处在一个新旧文化杂陈的时代，从事着一项前所未有、会通中西的艺术创造，因而免不了要在传统与现代、政治与艺术、社会与个人、理想与现实的纠葛当中艰难前行，曹禺和他同时代的许多作家一样，似乎注定就是一个矛盾的综合体①。本文的要旨即在于结合曹禺的戏剧创作来揭示其艺术与生活中所体现的深刻的文化矛盾。

然而，研究和考察曹禺戏剧创作的文化矛盾，就不能不将其放置于百年中国文化历史变迁的坐标当中，以审视其成败得失的经验与教训。董健教授曾经指出："有三个问题始终制约着、刺激着，也可以说是困扰着中国戏剧现代化的进程"，其一是"如何处理古与今、旧与新、传统与现代的关系问题"，是从纵向的、历时的角度即文化进化（Evolution）的角度来看的，可以叫"E线效应"；其二是"如何处理中与外、主要是中与西即本土文化与外来异质文化的关系问题"，是从横向的、共时的角度亦即从文化传播（Diffusion）的角度来看的，可以称之为"D线效应"；其三是"如何处理'文'与'用'的关系，也就是戏剧与中国社会现实的关系，而在20世纪的中国，最突出的则是戏剧与政治的关系问题"，是从文化功能（Function）的角度来看的，可以称之为"F线效应"。而此三者又往往纠缠在一起，共同作用于中国现代戏剧的创作及其历史的进程，这就是所谓"EDF综合效应"②。董健先生所提出的"EDF综合效应"实际上也就是理解和把握20世纪中国戏剧文化的三个重要维度；它们之间的交汇与叠合明显构成了一个三维立体的坐标系。只是，如果我们对这个立体坐标系模型稍做一些修正的话，那么，可以说，在其纵轴（Y轴）上应该包含着古今与中西的，体现为艺术观念与实践的历史发展演化的进程；其横轴（X轴）是关于艺术功能的呈现，其两端即分别为功利和审美；而作为其第三维的立轴（Z轴）则应该是属于艺术本体的，代表着艺术分析的原点，即在纵横轴的交叉点上形成一

---

① 这里很容易使人联想起与曹禺同时代的作家茅盾。沈雁冰之所以取笔名"茅盾"，就在于他对自身所处的种种矛盾境遇的体认。董健教授也曾写到："我心目中一向有两个曹禺。一个是我在他的作品《雷雨》、《日出》、《原野》、《北京人》、《家》中所感受到的那个曹禺，一个是生活在现实中、应对着种种复杂社会关系的曹禺。两者的重影似乎很难合成一个真实的人。前者是心灵燃烧着的伟大天才，是个性独具的艺术创造者，是大写的作家；后者则似乎是一个谨小慎微的平庸的'求生者'，俗气、世故、滑头而又窝囊。"（参见董健《戏剧与时代·接近曹禺的灵魂》，人民文学出版社2004年版，第282页。）与曹禺的这种"矛盾"的人生境遇相关，本文所探讨的则主要是曹禺戏剧创作中所体现出来的更为深刻的文化矛盾。

② 董健：《中国戏剧现代化的艰难历程——20世纪中国戏剧回顾》，《戏剧与时代》，人民文学出版社2004年版，第1—2页。

种基于艺术自身的形式与意义的考量，体现的是艺术家的艺术表现的深度及艺术创新的高度。

至今，曹禺的创作业已成为20世纪中国戏剧文化的重要经典之一，而且曹禺的生活及艺术的历程几乎贯穿整个20世纪，因而其生命的体验与艺术的变迁也就成为解析20世纪中国戏剧发展变迁的最好的样本。因此，我们如果把作为20世纪中国戏剧重大现象之一的“曹禺现象”置于这样一个坐标系当中来加以审视，就不仅可以使其得到一个比较明确的定位，而且更主要的是，“曹禺现象”所体现出来的诸多文化矛盾及其成因，可以通过多个维度上的立体透视以得到进一步的合理的阐释。

基于这样一种方法论的选择，本文拟从新与旧、政治与艺术、形式与意义等三个方面对于曹禺戏剧的文化矛盾进行总体上的探讨和阐述，特别是对于其文化心理的成因进行进一步的条分缕析。也就是说，通过这个坐标系的纵轴（Y轴），可以考察曹禺戏剧创作观念与实践的历史生成，揭示其中中外古今的文化纠结；参照其横轴（X轴），则可以就曹禺戏剧创作的文化立场的选择及其位移做出一些有效的阐释；而通过在前二者的交叉点（即该坐标系的原点）上所竖立的立轴（Z轴），则可以进一步检视曹禺戏剧文本精神的价值取舍及其所达到的艺术高度。

二、新与旧：曹禺戏剧创作的历史向度

诚然，在中国现代戏剧的历史发展进程中，曹禺的出现无疑具有一种划时代的意义。作为“五四”新文学的代表人物，曹禺站在现代启蒙文化的立场上，以其一系列的创作显示出新文化（特别是新戏剧）的实绩。然而，自从曹禺剧作发表，也就一直裹挟在种种新与旧、激进与保守、创造与模仿等等是非得失的评价当中。或者也可以说，曹禺的戏剧创作从一开始就处于某种文化的纠结当中。虽然曹禺被归于“新文学”、“新文化”的阵营，然而，由于“新”往往是相对于“旧”而言的，昨日之“新”，很有可能就成为今日之“旧”；从而，在20世纪追新逐异的时代风潮之下，在30年代兴起的“左翼”戏剧家与评论者的眼里，特别是相对于1942年之后所形成的“延安传统”而言，曹禺却一再地受到批评与非议，认为曹禺从旧时代走来，难免落后与保守，以至于在50年代中期之后，曹禺与许多“五四”以来的作家、艺术家一样，成为被批判、被改造的对象，曹禺本人也在不断地自我否定，甚至自己动手，一再删改自己的剧作；至于曹禺50年代之后的创作，不仅数量不多，而且艺术成就也几乎不能与其早期剧作相提并论。

这也就是中国现代戏剧史上影响重大、意义非常的“曹禺现象”①。怎样理解“曹禺现象”的产生及其根源，以及对此如何评价，也就成为当今曹禺研究所不可回避的重要话题。

确实，就曹禺戏剧创作所处的时代来看，它属于一个不断的追求蜕旧变新的时代。曹禺的创作历程自20世纪30年代一直延续到70年代末，虽然前后达40余年，但他的主要剧作却

---

① 本文所谓的“曹禺现象”，并非仅仅是指狭义上曹禺“创作前后期在艺术成就上存在的巨大落差”（见刘家思著《苦闷者的理想与期待——曹禺戏剧形态学研究》，中国戏剧出版社2003年版，第78页），而主要还是就曹禺戏剧创作历程及其艺术评价的整体而言的。

都完成于30—40年代的20余年间。1949年之后，随着新的国家意识形态的确立，文化艺术上也开启了一个革故鼎新的时代，特别是在史无前例的“文化大革命”当中，“继续革命”更是甚嚣尘上。故而，在曹禺的创作历程中，占据主导地位的一直是激进的趋新求变的时代之风；而且，更重要的是，从“五四”的“为人生”到延安乃至“文革”时期的“为无产阶级政治服务”，一种十分注重功利价值的艺术观念与思潮贯穿其间。所以，以一种适应“时代进步”的标准特别是以所谓“思想进步性”来要求曹禺们，也就是势所必然的了；而且正是在这样的一个急功近利的尺度之下，同时也是与曹禺自我立场的选择（这一点详后论述）有关，“曹禺现象”的出现也便是在所难免的了。

问题是，以单一的“时代进步”或“思想进步”的尺度来度量，显然不足以揭示“曹禺现象”的全部复杂性，甚至很容易使复杂的问题简单化。而如果将其置于上述显示历史向度的纵轴上来加以考量，也就是将其置于种种复杂的历史关联中来加以考察，特别是从一种所谓“审美现代性”的发生角度来审视，则更能够历史具体地把握作为一个艺术家的曹禺的创作得失。因为，所谓“审美现代性”，就是要在与“传统”的对应中揭示“现代”审美精神的发生及其奥妙；而且，更重要的，“‘现代/传统’的二元对立恰好成为现代性的基本逻辑形式”①。从而，这一历史向度上的考察也就不仅关注曹禺在不同历史阶段的创作数量与质量，而且更注重曹禺戏剧创作的立场选择、精神价值等综合效应。

在这个意义上，我们不妨从以下两个二元对立的维度上来揭示：影响曹禺戏剧创作进程的最为重要的因素究竟有哪些？或者说，衡量曹禺戏剧创作得失的历史向度究竟应该是怎样的？

其一是曹禺的“追新”与“恋旧”。这里所谓“新”与“旧”，实际上也就是一般所谓的“现代”与“传统”。比如，作为两种艺术形式，传统戏曲属于“旧剧”，现代话剧当然是与其相对应的“新戏”。惟其身处于一个不断蜕旧变新的时代，处于社会文化急遽变革旋涡当中，所以，曹禺固然是以新剧名世，却是与旧戏的传统有着深刻的关联。曹禺自20年代参加南开的学生演剧活动，演的就是“新剧”，以至于《雷雨》等名剧的推出，更使其成为“五四”新文学的重要一脉，但是，再往前，曹禺与戏剧的结缘却是与他童年时期在旧戏的氛围里浸泡有关，也就是他所曾经深受的传统旧剧的潜移默化的滋养。曹禺曾说过：“我对戏剧发生兴趣，就是从小时候开始的，我从小就有很多机会看戏，这给我影响很大。”②他看《戏考》，泡戏园子。这里的“戏”，当然就是那些戏园茶楼里的旧戏；所以，曹禺非但不排斥“旧戏”，甚至还表现出对于“旧戏”某种程度上的偏爱；而且，这些旧戏成为曹禺戏剧的最初的“种子”已经深深地埋藏在他的心底。正如田本相教授所指出的，曹禺“是带着深厚的中国文化传统，特别是中国的戏曲传统来接受西方话剧的。他从小就看中国戏曲，他是在中国戏曲的熏陶中成长起来的”。③

确实，在曹禺的成长历程中，他在10岁就曾读完中国古典四大名著，19岁则通读完英文

① 李扬：《抗争宿命之路——“社会主义现实主义”(1942—1976)研究》，时代文艺出版社1993年版，第316页。

② 曹禺：《曹禺自述》，京华出版社2005年版，第6页。

③ 田本相：《苦闷的灵魂·前言》，江苏教育出版社2000年版，第1页。

版的《易卜生全集》，写《雷雨》之前已然成为读过250部世界名剧的嗜书狂；他对戏剧尤为情有独钟，从小就喜欢看戏、演戏，他15岁就参加了南开新剧团，平时不爱说话到了舞台上却如鱼得水，对于舞台非常有悟性，对于传统的戏剧经典，无论是中国的还是西方的，都烂熟于心，细心品味，并且慢慢地揣摸出戏剧与剧场的某种共性，从而深谙个中道理，懂得如何适合观众的胃口，创造出最好的剧场效果，使得他的每一部戏都能够有足够的剧场魅力以吸引观众。

当然，作为曹禺戏剧创作的重要的文化因子的传统因素（"恋旧"），在曹禺的戏剧观念与创作实践当中，毕竟是潜在的，甚至是隐含着的；而决定着曹禺整体创作风貌的显然更主要的还是他的趋新求变（"追新"）的一面，从而使得他的前期剧作几乎一部一副新的模样。只是在不断的"新变"当中仍有其不变的因素在，那就是作为一个戏剧诗人在现代启蒙立场上对于社会人生的感悟及其对人性深度的揭示。

其二是曹禺的"东张"与"西望"。就曹禺所经历的"五四"时代而言，他仿佛是站在一个历史的十字路口，需要他不断地东张西望、左顾右盼。这里，所谓"西望"，是指他所主动接受的西方的影响；所谓"东张"，则是他所不得不面对的东方（中国）的现状。如果说，"五四"新文化运动不仅仅是一场受西方文化影响的"启蒙运动"，而是在西方文化刺激下、直面中国现实困境的文化上的"应激"行为，那么，其深层的动因还是要从中国文化传统乃至现实危机当中去寻求。对于置身其中的曹禺来说，作为一个以舞台为载体来宣泄自身的人生体验、表达自我的社会理想的中国的剧作家，《雷雨》、《日出》、《原野》、《北京人》等作品的创作固然得益于西方戏剧启迪，其根本的创作动因却还是在于其现实的境遇与人生的感悟，在于其人生体验中挥之不去的"家的梦魇"①。

在曹禺研究当中，一般学者考察曹禺戏剧创作的影响源，多关注西方戏剧，都可以追溯到古希腊悲剧、莎士比亚乃至易卜生、契诃夫、奥尼尔等，认为是易卜生的"社会问题"剧把曹禺的戏剧引向对中国的社会现实问题的关注，契诃夫启发他憧憬另一种更为含蓄抒情的戏剧风格，奥尼尔则给了他一种充满现代气息的戏剧美学思想启示。其实，更确切地说，成就曹禺的戏剧创作的，除了上述西方戏剧的明显影响之外，更主要的还是剧作家现实的心灵感悟和触动。在《雷雨·序》中，曹禺就已经反复申说："写《雷雨》是一种情感的迫切需要"，虽然"并没有明显地意识到我是要匡正、讽刺或攻击些什么"，但是免不了"隐隐仿佛有一种情感的汹涌的流来推动我。在我发泄着被压抑的愤懑，毁谤着中国的家庭和社会。"②这种对现实的关注正与曹禺戏剧的现实主义精神相契合，不是出于"西望"，而恰恰是来自"东张"的结果。故而，在中国，即使是"五四"时代，在"新浪漫主义"旗帜下的各种现代主义戏剧都曾经兴盛一时的情况下，以易卜生为代表的现实主义戏剧仍然是占据主流，包括曹禺在内的一大批启蒙文化的受益者，他们高扬人文主义精神的大旗，"睁了眼看世界"，用觉醒的目光重新审视自己身之所处的历史与现实，重新审视他们的家庭与人生、爱情与人性，故而也才有了《雷雨》等一系列现代中国戏剧的经典呈现。

---

① 参见邹红：《"家的梦魇"——曹禺戏剧创作的心理分析》，《文学评论》1991年第3期。

② 曹禺：《曹禺自述》，京华出版社2005年版，第58—68页。

所以，在曹禺的创作历程当中，传统与现代、东方与西方，二者不是相互隔绝，而是相互融通。可以说，他立足于“新”，而得益于“旧”；既浸润于西方戏剧的艺术传统，又是直面于当下的中国现实问题；既遵奉现实主义艺术原则，又融合了中国古典剧场的美学规范。他既“追新”又“恋旧”，既“东张”又“西望”；看似矛盾，实则一体。古今中外纠结在一起，也才足以成就曹禺的戏剧创作。从而，对于曹禺戏剧创作的分析评价，应该看到的是曹禺戏剧创作所承受的古今与东西、传统与现实的共同影响；既要看到其中有着历时态的文化进化的一面，同时又要看到共时态的文化传播的一面。对此，如果仅仅以西方近代写实主义戏剧为准绳来度量，难免得出曹禺戏剧创作属于“拟写实主义”甚至“伪写实主义”的结论①。然而这种结论却是明显有失公允的。而田本相教授将其归结为一种“诗化的现实主义”②或许更切合曹禺戏剧创作的实际。可以说，对一种现代的诗意的探寻，成为曹禺戏剧的鲜明的美学追求；而这种诗意的失落，也正是后期曹禺艺术生命不断地趋于萎缩的直接根源。

三、政治与艺术：曹禺戏剧创作立场的文化选择

在代表艺术功能呈现的横轴（X 轴）上，体现的是曹禺戏剧创作的文化立场与姿态的选择。此轴的两端分别为政治与艺术。由此来检视曹禺，我们将不难看出，曹禺的一生都不可避免地陷入政治与艺术的两难选择当中。

法国社会学家皮埃尔·布迪厄在其有关文学的社会学分析中，曾提出“文学场”的概念。所谓“文学场”，就是一个服从文学自身法则的相对独立的领域。而其独立与否是由代表社会政治结构的权力场与代表文学结构的文学场之间的控制程度所决定的，也就是由文学的生产者和统治者之间的关系来决定的。他指出：“只有对文学场的生成进行分析才能真正理解生成法则，生成法则是作品和写作的源泉。”③布氏在对文学进行的社会学与文化学的分析中描述了文学世界与社会的各种关系，并从社会动因与文学法则之间的互动关系探讨文学场形成的原因：文学生产者借助创作，将文学的生成结构和社会结构客观化并立起来，生成结构是社会结构的产物。而在文学场的相关因素当中，作家艺术家个体的人生处境与立场选择，对于艺术的生产来说，无疑具有决定性的意义，成为理解文学场的自主性以及艺术世界和现实政治世界之间关系相互制约的过程的主导性因素之一。

这里，我们不妨借用皮埃尔·布迪厄的“文学场”的概念，来审视曹禺的戏剧创作，也就是从曹禺现实的人生处境及其文化抉择与艺术姿态来理解 20 世纪中国的创作历程与状态。特别是布迪厄在有关“文学场”的阐述中，曾十分强调不同作家在文学场的位置，即以所谓“占位”来呈现作家的场中状态，进而分析作家对于场中各种资源的掌握程度及其在作品中的实现。据此，可以看出，曹禺自 30—40 年代乃至建国后戏剧创作的“场”中“占位”的不同状态确实在某种程度上影响或体现了其创作姿态。而这种“占位”既有外在因素（如政治环境的变

---

① 参见马森：《中国现代戏剧的两度西潮》，（台北）联合文学出版社 2006 年版，第 124—134 页。

② 参见田本相：《论曹禺的诗化现实主义》，《现当代戏剧论》，江西高校出版社 2006 年版。

③ 〔法〕皮埃尔·布迪厄：《艺术的法则》，中央编译出版社 2001 年版，第 62 页。

迁)的强力赋予,更是与其个性品格及人生的选择有着很大的关系。

众所周知,曹禺是在令人窒息的家庭中长大成人的。出生即失母的精神创伤,使幼小的曹禺感受到无形的精神重压,塑造了他的忧郁气质和悲悯情怀。童年时期的家庭环境与生活经验将曹禺塑造成了忧郁、孤独与敏感的性格。虽然他深爱着他的父母兄弟,他在家里得到了一个富家少年所应有的优越生活。但是,正是在这样的一个家中,他却同时感受到了压抑与沉闷。在他只有五六岁的时候,知晓了他深爱着的母亲乃是他的继母,同时,在曹禺的幼年记忆里总是出现父亲、母亲、哥哥吸食大烟的情景。这样的环境中,一个沉默的少年,除了在陪伴着喜爱戏曲的继母看戏时得到的一些快乐之外,就只有在阅读中填补心灵的苦闷了。一边是对家的深爱,一边是被这个沉闷而缺少温馨的家所压抑的情感,也就造成了曹禺的自小就挥之不去的迷离落寞之感。他天性敏感而又沉寂,对于中国封建大家庭的生活有着深切的体验;而中外艺术经典的养成,使得他一方面沉湎于艺术的传统当中,另一方面热切地关注社会现实,有着强烈的人道主义精神;同时,更是与时代的感召相一致,对于政治与社会变革有着广泛的热情。从而,自曹禺在南开中学从事戏剧活动开始,就表现出种种对于社会人生的诗性的感悟与思考,表现出对于人性郁结的愤懑,对于社会变革的向往。可以说,他的前期创作都是以自己的个人经历和激烈突变的时代投影在他的心灵深处的苦闷、迷惘和憧憬,并且也因此造就了曹禺沉郁而又张扬鲜明的艺术人格。

然而,在建国以后,曹禺更多的时候是身处体制之中。但是,尽管曹禺有着极高的社会声誉,并因之受新生政权的器重,有着较高的社会地位,但是处身于体制化"文学场"当中,却因场中政治组织资源及文化资源的缺乏,内心世界更多地表现出的诚惶诚恐及不适与不安。这种内心的矛盾状态使得他自觉地效仿"延安模式"进行创作或者以现实的政治理念对自己以往的创作一再地加以修订。这样一种应制式的创作,其实可视为曹禺们体制化占位资源先天缺乏的一种弥补行为。从而,对于曹禺而言,戏剧创作已经不再是出于自身"春蚕吐丝"般的内在需要,而是获取体制化占位的一种手段。也许,这个时期,曹禺的立场与姿态远比其创作本身更耐人寻味。对于曹禺建国后身之所处的环境、位置及其精神状态,画家黄永玉曾经毫不客气地加以批评:"为势位所误"。黄永玉坦陈曹禺解放后的作品他"一部也不喜欢",因为"你心不在戏里,你失去了伟大的灵通宝玉"。他尖锐地指出曹禺之所以再也写不出《雷雨》、《日出》那样的好戏,是因为"你从一个海洋萎缩为一条小溪流,沉溺在不情愿的艺术创作中,像晚上喝了浓茶,清醒于混沌里"![①] 这种"为势位所误"的情形也就是一种自觉状态下的政治理性的认知对于其审美意识的排斥。所以,无论是50年代的《明朗的天》还是70年代末的《王昭君》,都让人感到这不再是早年的曹禺了。正如同社会伦理道德与个体生命意志的冲突一直表现在曹禺的前期剧作中,在其建国后的剧作当中,则明显表现出曹禺创作立场选择中政治与艺术的错位所带来的对现实政治的过分皈依。

正是这种创作立场上政治与艺术的纠结,造就了曹禺一生所表现出来的双重的艺术人格:一方面是悲天悯人的情怀,对旧社会的黑暗势力与鄙俗气息极其憎恶,对被压迫者与被损

① 田本相:《曹禺传》,北京十月文艺出版社1988年版,第472页。

害者寄以真诚的同情与爱心；另一方面，却是艺术中的谨小慎微以及现实中的胆怯甚至懦弱；一方面是艺术上的自信，另一方面则是精神上的不安与惶惑。特别是晚年曹禺身上所表现出谨慎小心、软弱驯良的一面，熟识曹禺的学生和朋友都曾留下过独特的印象。他们往往在敬佩曹禺的艺术情怀的同时，却又不约而同地说起他的胆小谨慎。对此，曹禺自己也曾一再表示，“我这个人胆子很小，怕事，连我自己都不满意自己。”“虽然，我没当上右派，但也是把我的心弄得都不敢跳动了。”①

确实，就一个艺术家的个性生成及演变而言，其主体自我的建构中，一方面是在其一系列的创作中所表现出来的一种主体特征，其中艺术家把实在的自我、前人的艺术经验以及接受者的期待视野融为一体，构筑成独特的艺术自我，另一方面，与其自我相对应的，却始终还有着一个强大的“他者”的存在，那就是社会的体制化的存在，更具体的体现为社会政治意识形态的需要。在两者之间，就表现出艺术家对体制化的理解以及他们的创作姿态与立场的选择；并且，由于个人艺术气质的不同，人格质素的不同，体制化占位（组织归属的有否及社会地位的高下）资源的不同，可能造成其意识形态化程度及审美因素的表达就有着很大的差异。

就曹禺而言，作为一个剧作家，特别是身陷政治与艺术两难选择中的晚年曹禺，其艺术立场已经深受政治意识形态的掣制。应该说，政治意识形态作为一种权力话语，落实到艺术当中自然就形成了一套“政治正确”的标准，且极有可能内化为创作者的一种“政治无意识”。透过这套“政治正确”的标准以及更为内在的“政治无意识”，意识形态几乎控制了曹禺后期戏剧艺术表现的每一个细微要素：故事、情节、人物、冲突、意象等等。按照曹禺的说法，就是“合槽”，“合”一定政治概念之“槽”，因而其艺术精神上无形中也就被按上了某种“套路”。在代表艺术功能的横轴（X轴）上，曹禺创作立场的选择已无疑倾向于政治一端。

然而，曹禺毕竟始终是一个艺术家。因而，作为艺术家的曹禺对于自己作品的不满意，对于自己的一生都近乎苛刻；特别是晚年的曹禺有了更多的反思。这也许正是一个艺术家的“良知”之所在。但是在长期的政治压抑与精神桎梏之下，其精神人格和艺术良知也都难免受到了其身之所处的“场”的制约。有意思的是，曹禺晚年曾谈到：“提倡‘良心’这个词，也没有什么大错误。我是不同意这样一种写法：把社会的什么黑暗和问题都描写出来展览，似乎这样就是尽了作家的责任，发挥了作家的正义感。”说提倡良心没有什么“大错误”，这种说法本身无可挑剔；描写黑暗也确实不是创作者对于社会尽责、表达社会正义的唯一途径；但是，如果对良心的规避，对作家社会责任感的别解，则也确实无奈地表现出晚年曹禺在坚硬的政治与艺术的二元的价值诉求之下的精神的疲软与羸弱。这与早年曹禺那种悲天悯人的情怀、“雷雨”般的秉性与机趣已经相去甚远。在《雷雨·序》中，曹禺曾写到：“我念起人类是怎样可怜的动物，带着踌躇满志的心情，仿佛是自己来主宰自己的命运，而时常不是自己来主宰着。受着自己——情感的或者理解的——捉弄，一种不可知的力量的——机遇的，或者环境的——捉弄；生活在狭窄的笼里而洋洋地骄傲着，以为是徜徉在自由的天地里，称为万物之灵

① 曹禺：《曹禺自述》，京华出版社2005年版，第191页。

的人物不是做着最愚蠢的事么？我用一种悲悯的心情来写剧中人物的争执。”①两相比较，相距何尝能以里计！

四、形式与意义：曹禺戏剧文本精神的价值取舍

本文将曹禺的戏剧置于20世纪中国文化的坐标来考察其文化矛盾，最终还是要回到艺术本位上（即基于艺术原点之上的立轴，Z轴）来探究曹禺戏剧创作的精神归属与价值取向究竟何在。

诚然，在创作者的精神结构与其文本结构之间总是有着某种内在的关联。从曹禺的为人与为文的相关性来看，曹禺创作个性的形成，无疑也与他特殊的生存体验分不开。正如美国学者弗里德里克·詹姆逊所指出的，“像文本一样，作者被视为一个交互作用的交点，意识形态、欲望和历史必然性在这里纵横交错。政治无意识作为这种诸层面的结合，仍然是使文本对历史开放的基本模式，因为作为欲望、乌托邦和意识形态，它的因素具有‘实际经历的丰富性。’”②这里，詹姆逊将无意识层面源自本能的欲望，政治实践层面的意识形态和社会文化层面的历史必然性的交错纠结归结为作者的精神构成与文本结构内涵，实际上也就是从创作者与文本的同构中，来揭示艺术文本的“形式的意识形态”。

就曹禺戏剧的文本结构而言，不仅需要从曹禺的个性生成、文化立场的选择的角度探究其价值上的得失，还需要从曹禺戏剧的文本形式本身来考察其审美意义及其矛盾呈现。

诚如有论者所指出的，面对曹禺，人们“往往被两种互相抵牾、互相对抗，甚至可以说是互相搏斗的力量所打动。一种是人的热情、人对生活的那种热爱、人对命运的那种不可放弃的对抗。”③确实，曹禺戏剧当中那些“互相对抗、互相搏斗的力量”以及人对生活及命运的“对抗”也许正是作为一种普遍性的文化矛盾的呈现而蕴含了其特有的审美感召力。然而，问题是，曹禺戏剧的这种审美感召力的特质究竟何在？

曾有论者指出：“曹禺所有的创作中，最光彩的作品都是悲剧。《雷雨》、《日出》、《北京人》、《原野》，那些代表着曹禺最高成就的作品，都充满了一种悲天悯人的情怀，一种无可奈何的悲哀，同时又充满了一种对热情和激情的景慕。而他悲剧以外的作品，则都显得苍白、平面。”④显然，在一种西方古典式的悲剧美学的观照之下，这样的评价似乎并不为过。然而，若据此认为曹禺“悲剧以外的作品，则都显得苍白、平面”，就不免显得过于武断。

因为，事实上，就曹禺戏剧的形式与意义而言，其文本价值的精神向度，不在于其艺术形态上悲剧的或喜剧的区分，而在于曹禺从对西方悲剧美学与喜剧意识的消解中重构独特的现代剧作形态与审美精神；在于曹禺在精神结构与其文本结构之间的关联中创造出的一种扎根于中国传统美感体验的民族剧诗风格。

---

① 曹禺：《曹禺自述》，京华出版社2005年版，第188、61—62页。

② 〔美〕弗里德里克·詹姆逊：《政治无意识》，中国社会科学出版社1999年版，第12页。

③ 尹鸿：《曹禺：悲剧有滋味，人生不是滋味》，《北京娱乐信报》，2003年7月4日。

④ 同上。

如果说,“生命的热情之力与命运的冷酷之网就构成了曹禺悲剧的核心”,那么,理解曹禺的全部创作却不能局限于一种生命意识当中。曹禺的创作带有心灵的痛苦与折磨、历史的沉思与探索、时代的激情与冲动。曹禺从对宇宙人生的关切出发,真切地揭露和抨击这个不合理的社会与制度。《雷雨·序》的开头便是一段夫子自道:“我不知道怎样来表白我自己,我素来有些忧郁而暗涩;纵然在人前我有时显露着欢娱,在孤独时却如许多精神总不甘于凝固的人,自己不断来苦恼着自己。”①这里已明白无误地说明曹禺的心理类型是内倾型的,而内倾和含蓄恰是东方人传统的心理素质。从而,曹禺的创作便是以这种独特的个性表现出他对家庭、社会和人生都产生出某种无法摆脱的悲剧性感受与喜剧性情愫。

所以,曹禺在《雷雨》、《日出》、《原野》、《北京人》等剧作中,都以一种具有强烈视觉和听觉冲击力的戏剧意象,展示给读者或观众的不仅仅是蕴藏着的浓郁的个体诗情,而且还洋溢着人类所追求的普遍精神,具有深层的不可捉摸的理性色彩,留给人们更为广阔更为悠长的思考与想象的时空跨度。浓重的情感氛围是中国文化中情景合一、天人合一、物我合一与西方的象征、隐喻相融合,巧妙地传达了曹禺那可感可触却无法言明的内在情绪。比如在《原野》中,作者就为剧中活动的人们设计出奇异、诡秘、恐怖的舞台环境与气氛。暮秋的原野,黑云密匝匝遮满了天空,低沉沉压着大地,狰狞的云泛着幽暗的赭红色,在云朵中点染成万千诡异艳怪的色彩。尤其是在《原野》的最后一幕,黑林子,黑幽幽潜伏着原始的残酷和神秘。正如作者所说:“这里蟠踞着生命的恐怖,原始人想象的荒唐。”作者将象征主义的体验、写实主义的手法以及中国传统的神秘感应融为一体,为主人公的复仇心理和复仇过程设置了一个令人震颤和恐怖的规定情境,并由此而深刻地揭示了旧中国农民身上的极其沉重的精神质素和心理负担。

归结起来,作为一个出色的现代戏剧诗人,曹禺在这些作品中,不仅显示了现代中国的戏剧舞台所应有的艺术高度,而且也显示了现代中国美感体验中所应有的精神高度。

其一是曹禺剧作基于其现代启蒙主义的人本立场而实现了对于人性的丰富性的“深度揭示”。曹禺戏剧对于人性的揭示有一种穿透力,本质上即是基于他“对现实生活和戏剧艺术都有一种与众不同的悟性,能够看穿人的灵魂,了解人的性格与命运;在创作中常常以他特有的方式表达一种似乎很平常的正义感,一方面却能强烈震撼观众并且净化他们的心灵,给人以向上的精神力量。在他的优秀作品里没有空洞的说教,只有他烂熟于心的人物、性格、故事、情节,有他真正理解了的生活哲理。”②

其二是曹禺剧作“现代戏剧诗意的追求”。曹禺戏剧的现代意义不是表现在对于西方传统美学精神的尊奉与恪守,而恰恰是其对于传统的突破与超越,亦即曹禺戏剧的现代悲剧意识的形成与喜剧精神的呈现,乃至两者的完美融通。而悲剧与喜剧的融通,也恰是审美现代性的一个重要表征。确实,曹禺剧作的悲剧精神十分鲜明,相反,其喜剧意识却被人们有意无意地忽视了。曹禺无疑是一个悲剧的圣手,同时却也是一个喜剧的天才。曹禺戏剧的悲剧性

---

① 曹禺:《曹禺自述》,京华出版社 2005 年版,第 58 页。

② 甘竞存:《戏剧大师的“悟”》,《雨花》1998 年第 4 期。

的体验往往通过喜剧性情境来表达。比如,《北京人》就是一曲相当典型的"含泪的喜剧"。曹禺自己就曾多次表示:《北京人》是一部喜剧①。怎样理解曹禺的表述呢?因为在悲喜交加的矛盾心理体验当中,曹禺所着力揭示的则是一个封建大家庭的腐朽,剧中除了愫方、瑞贞等,也多是喜剧性的人物。诚如有论者所指出的:曹禺的矛盾心态在《北京人》一剧中"表现得尤为强烈","作家深深地陷入了理智与情感的漩涡中,一方面对封建传统文化痛恨有加,另一方面却又对在这一文化传统中长养起来的愫方给以无比的赞美;一方面他赞美着古人敢爱敢恨的生活,肯定着人应有的生命激情,但另一方面却又尽情地宣扬着愫方的'把好的送给人家,坏的留给自己'的人生哲学,以至于读者根本难以分清作家到底需要什么,而这正是这部作品的独特魅力之所在。"②这种分析无疑是很有见地的。然而,究其根源却仍在于曹禺审美态度与艺术精神上的矛盾性。即使是曹禺晚年的《王昭君》,则也是在喜剧的外表下多少蕴涵了些许悲剧性的体验。比如,其中与"笑嘻嘻的"王昭君形象相对应的,就是一个悲惨惨的孙美人。而孙美人的形象塑造则表现出了曹禺在"歌颂性"的主导情调之下悲剧情怀的一种情不自禁的流露。

其三,曹禺的剧作还十分注重描绘不同地方色彩的民俗风情以展示中国的民族情调,用以衬托主要人物的思想性格。把人物安置在富有地方特色的城市或乡镇的民俗风情环境中,在最富民俗色彩的婚丧的场面里,刻画人物的性格,多侧面地映照出人物的文化心态。情景相生,物我交融,形成曹禺话剧独特的民族氛围。《雷雨》里的周公馆和《日出》里大城市豪华旅馆的陈设布置,人物的对话,都富有浓重的地方特色与时代气氛。《北京人》的第一幕置景提示语,在其洋洋洒洒近两千言中,围绕小花厅把曾家大少奶奶曾思懿的卧房,文清的睡房,曾老太爷的寝室、小书斋和大客厅的陈设:古老的苏钟、玉如意、盆景兰,红宝石古瓶,玻璃鱼缸,董其昌的行书条幅,垂着黄丝穗的七弦琴,等等,铺写得生动逼真,层次井然;曾家当年的气派,峥嵘的往昔,历历在目,但屋内的气氛却清冷沉闷,天空断断续续的哨声,胡同里传来的小车单调的"孜妞妞,孜妞妞"的声音以及磨刀剪的人烂旧的喇叭"唔瓦哈哈"的吼声,无一不与曾家曾经的"气派"形成了鲜明强烈的反差,预示着曾家的衰败没落。这段描绘犹如一篇深沉的散文诗,实则句句写人。整出戏里,始终贯穿着小贩吆喝叫卖的市声,算命瞎子的铜钲,独轮小车的轮轴声,更锣梆子声。就在这京味浓郁的生活环境里,戏剧冲突在展开,人物的灵魂在撞击,在呻吟,于是,整出戏的内在意蕴与情味也就随之逐步地表露出来。

与此相关,曹禺的戏剧创作,还善于在平凡的日常生活里,为人物设置出充满诗意的场景,让人物在抒情的独白或含蓄的对话里展示优美的心灵,在舞台上营造的是一种诗意境界。《北京人》里愫方同瑞贞倾诉心曲时,不断响着暮秋的雁叫,断续的军号声,氛围凄清沉静,衬托出愫方那舍己为人的高尚心灵。而在《家》的第一幕,喧嚣杂乱地闹洞房之后,月光皎洁,梅花莹白,湖波明亮,杜鹃酣唱,展开了觉新与瑞珏发自肺腑的内心独白,纯朴而真诚,深沉而凄清,情景交融,饱含着诗的韵味。《家》的结尾,则是在大雪纷飞、杜鹃哀鸣里瑞珏逝去。洁白

---

① 参见曹禺:《曹禺自述》,京华出版社2005年版,第127页。

② 李扬:《现代性视野中的曹禺》,人民文学出版社2004年版,第125页。

清寂的雪景映衬着人物内心的纯净高洁，暗示着雪化冰消之后大地回暖，春光明媚，包孕着深长的意蕴。两相照应，一种深刻的悲剧美感也就深蕴其中了。

总之，曹禺剧作的成功，绝不仅仅是形式上的借鉴与技巧上的娴熟，而更重要的还是艺术本位的意义上与其精神体验相一致的现代戏剧美感的创造，是一种融会了东方与西方、悲剧与喜剧，交织着个体的生命欲望与社会的意识形态的舞台艺术文本的创造。

五、结语

本文主要是在20世纪中国戏剧文化发展的坐标上考察曹禺戏剧创作的文化矛盾，并对其文化心理成因进行了具体的解析。这对于理解和把握曹禺戏剧作为20世纪文化经典的意义及其缺失无疑是一个重要的参照。

也许，曹禺的生存体验并不十分宽广与深厚，但却很特殊，也很独特；曹禺的人生及艺术的历程也不可谓跌宕起伏、艰难曲折，但是却在创造出一代辉煌的同时也留下了诸多的缺憾。从而，在传统与现代、政治与艺术的坐标系当中，其文化立场与艺术姿态的选择也就不能不引起人们更多的关注；就曹禺戏剧的艺术文本而言，特别是在其舞台艺术呈现当中，不仅旧人之于新人，家庭之于社会，女性之于男性，总是陷于种种矛盾纠葛之中，而且，还总是能够给人以丰富的历久弥新的体验。惟其如此，曹禺戏剧才会有着众多的未解之谜，而这也许正是曹禺戏剧之具有永久魅力的原因之所在。

[作者简介：施旭升，中国传媒大学艺术学研究所教授]

文化立场与曹禺的创作转向

李扬

在现代中国文学发展史上，作家创作的非逻辑转向的终极动因一直困扰着中外文学研究者，在试图解开这些转向之谜的同时，也从各个角度得出了各自的研究结论：有人将作家的创作滑坡归因于“政治环境”、“思想进步，艺术退步”，也有人将其指向作家的个体“人格”①，这些结论从一个侧面对作家创作转向的原因进行了总结。本文试图讨论的是“文化立场”调整与作家创作转向的内在关联，我们所说的“文化立场”是指作家对文化传统的态度。在现代中国文学史上，尽管作家的思想理念、创作风格多种多样，但却有一个共同的思想趋向：即在他们的创作历程中，不是越来越“现代”，而是越来越趋于“传统”。在其前期创作中，往往反对以儒家学说为核心的价值理念，尊崇个性、崇尚自由，以改造“旧文化”为己任；但在其以后的创作进程中，却越来越悖离原有的价值理想，悄悄地完成了由“现代”向“传统”的转型，而正是这种文化姿态的调整，最终导致了作家的价值观念、创作目的与动机、文学理想的转向。在我们看来，在诸多前辈作家中，曹禺是这一行列中较为典型的一位。

一

新文化运动是一场彻底的反封建运动，林毓生称其为“全盘性反传统主义”，“这种反崇拜偶像要求彻底摧毁过去一切的思想，在很多方面都是一种空前的历史现象”。② 尽管学界对此立论还存在这样或那样的疑虑，在这一时期也存在与“反传统”相悖的思潮，但有一点是大家公认的，也就是“反传统”是这一时期的思想主潮，正是在这一思潮影响下，一代代青年作家成长起来，走上了追求个性、自由的创作道路。作为引导这一潮流的领袖，陈独秀曾在《敬告青年》中直陈：“固有之伦理、法律、学术、礼俗，无一非封建制度之遗”，而“忠孝节义，奴隶之道德也”，环顾当时之中国，“精之政教文章，粗之布帛水火，无一不相形丑拙，而可与当世争衡”③。胡适则在《新思潮的意义》一文中将“重新估定一切价值”的“评判的态度”看做是这一运动的核心所在，在他看来，对旧有的一切都要重新作出决断：“(1)对于习俗相传下来的制度风俗，要问：‘这种制度现在还有存在的价值吗？’(2)对于古代遗传下来的圣贤教训，要问：‘这句话

① 对这一问题进行讨论的论著颇多，在此不一一展开。相关讨论参见刘再复：《赤诚的诗人 严谨的学者》，《文学评论》，1988年第2期；王行之：《我论老舍》，《文艺报》，1989年1月21日；王彬彬：《过于聪明的中国作家》，《文艺争鸣》，1994年第6期；张景超：《文化批判的背反与人格》，第3页，黑龙江人民出版社2001年版。

② 林毓生：《中国意识的危机》，穆善培译，第6页，贵州人民出版社1988年版。

③ 陈独秀：《敬告青年》，《青年杂志》第1卷第1期。

在今日还是不错吗?'(3)对于社会上糊涂公认的行为与信仰,都要问'大家公认的,就不会错了吗?人家这样做,我也该这样做吗?难道没有别样做法比这个更好,更有理,更有益的吗?'"①在此态度之下,胡适得出了更为彻底的结论:"德不如人,知识不如人,文学不如人,音乐不如人,艺术不如人,身体不如人"。② 这是一场反对盲从、反对调和的文化斗争,这种态度构成了新文化运动的主调。

作为在这一文化潮流影响下成长起来的青年人,对"文化传统"的反思与批判顺理成章地成为曹禺早期创作中的主导倾向。还在南开中学读书时期,曹禺就开始了对文化传统的反思。在《杂感》、《偶像孔子》、《中国人,你听着》等文中,他对中国人的旧有生活方式、价值理念、偶像崇拜进行了严厉谴责:

> 倘若你是人,你须知睡在床上不仅是由三角形鼻子呼出酣声便了事。
>
> 倘若你还是个人,你当明晓"吃饭""穿衣"不只是上孔装进白米,下孔爬出黄蛇尽矣,不只是一束白棉滚成败絮罢矣!
>
> 倘若你的心仍未成槁灰,你应知人的生活非为"衣、食、住",更非如一般希有的"白痴"朝朝阴谋,挑拨,成群结党地满足少数人的欲壑,以至破坏了真的"有"。
>
> 假若你是个人,你是个中国人的话(我要再抓一把斧子来劈你这贱种!)你将知"双十"不仅听几声爆竹,吃一顿肥肉就了事,你将知"双十"写在任何纸上都隐有血丝,你们自命为国民,何尝有一丝创国的勇气,你们只会退缩、固执,见小利即像蝇逐矢,狗逐臭,抢去卖功,危急在前,鼠一般地脱逃。事过,笑当事者的错误,指摘寻隙,又如鬼祟之唧唧。
>
> 中国人,我为汝羞,我真不佩服你!③
>
> 我华夏民族酷嗜和平,淡泊潇洒,一日和尚一日钟,过足烟瘾,横在热炕上晕谈一阵。哼,我们"孝弟忠信,礼义廉耻",这是"古有明训",有长远历史的国度的百姓,岂能随随便便干这些没头没尾的把戏!④

真实的彻底的宏伟的无宗教气味的性格和行为是断然地不可膜拜。谁何伟人,若完成为俗众的偶像,则彼之所以为伟者的真迹,将逐为是种妥协的莫名其妙的"绝对信仰"中的腐气所掩埋,而偶像势力的积威下,常产生一种积极相反的潜势力;待时机一至,便爆发成为火山的裂罅,经历万千年的偶像,立刻陷堕其中,焚成灰烬。同时如倒闭后商店的招牌,重掛起来,暗淡无光。毁灭后的旧物,闻之已令人生厌,若再从事于彼之伟丽真迹的探讨,岂不笑为迂腐,因是许多伟性者反尔埋在偶像的土堆里。

我们应当打破偶像的崇拜,和一切类似偶像的因袭无理由不合人道的旧思想的权威。⑤

这基本表明了作家对传统的否定态度。当然,这种态度还是情感化的,他的结论并不是

---

① 胡适:《新思潮的意义》,《新青年》第7卷第1号。
② 胡适:《介绍我自己的思想》,《胡适文集》,第5卷,第515页,北京大学出版社1998年版。
③ 曹禺:《"中国人,你听着!"》,《南中周刊》第30期,1927年双十专号。
④ 曹禺:《杂感》,《南中周刊》第20期,1927年4月18日。
⑤ 曹禺:《偶像孔子》,《南中周刊》第25期,1927年5月。

建立在对传统文化典籍的深入研究基础上的，而是在其成长过程中，通过对家庭、社会中的一些风俗习惯的观察、反思之后得出来的结论。正是在这样的“小传统”[①]中，曹禺接受了中国传统文化的最初熏陶，并最终发现了这一传统与自己的生命理想格格不入。也正是基于这样一种判断，曹禺开出了自己的救世药方：

假若生命力犹存在躯壳里，动脉还不止地跳跃着的时候，各种社会的漏洞我们将不平平庸庸地让它过去。我们将避去凝固和停滞，放弃妥协和降伏，且在疲弊困惫中要为社会夺得自由和解放吧。怀着这样同一的思路；先觉的改造者委身于社会的战场，断然地与俗众积极地挑战；文学的天才绚烂地造出他们的武具，以诗，剧，说部向一切因袭的心营攻击。他们组成突进不止的冲突与反抗，形成日后一切的辉煌。[②]

在这篇文章中，曹禺祭出了生命的旗帜，以置之死地而后生的态度，向传统作出了彻底的告别。像他的先辈们一样，曹禺开出了以“蛮性”对抗“中庸”的救世药方。这种态度构成了曹禺早期戏剧创作的主导倾向。

“读了几年书，在人与人之间我又捱过了几年，实在，我也应该学些忍耐与夫长者们所标榜的中庸之道了”。这是曹禺在《〈日出〉跋》中说过的话，我们在其中可以体味出作者对这种“中庸之道”的反感。这是这一时期曹禺对传统生活方式的一贯态度。在这种态度引导下，在他的早期作品《雷雨》、《日出》、《原野》中，“家”这一儿童的“传统观念”的最早教习所变成了一个年轻人避之唯恐不及的“能引起人的无边噩梦似的老房子”(周萍)，成为限制人生命和创造力的所在。正是在这里，经由家长们“教育”和“雕琢”，一个个天真无邪的儿童，变得循规蹈矩：周朴园曾经说过，“我教育出来的孩子，我绝对不愿让人说他们一点闲话的”，正是在他的教导下，周萍“性格上那些粗涩的滓渣经过了教育的提炼，成为精细而优美的了；但是一种可以炼钢熔铁，火炽的，不成形的原始人生活中所有的那种‘蛮力’，也就因为郁闷，长久离开了空气的原因，成为怀疑的，怯弱的，莫名其妙的了。”而《原野》中的焦大星也在焦母的“呵护”下，失却了行为的能力。

为了对抗这种“教育”的力量，曹禺在《雷雨》、《日出》、《原野》中塑造了一系列与传统道德格格不入的女性形象，蘩漪、陈白露、花金子这些不见容于传统理念的女性，在曹禺笔下变得仪态万方。在作者看来，她们是“美的”、值得同情的，因为在她们身上，凝聚着人应该具有的生命力量，她们以自己的瘦弱之躯对抗着根深蒂固的传统秩序。作家这样写蘩漪：“她是一个最‘雷雨的’(原是我的杜撰，因为一时找不到适当的形容词)性格。她的生命交织着最残酷的爱和最不忍的恨，她拥有行为上许多的矛盾，但没有一个矛盾不是极端的。……她有火炽的热情，一颗强悍的心，她敢冲破一切的桎梏，做一次困兽的斗。虽然依旧落在火坑里，情热烧疯了她的心，然而不是更值得人的怜悯与尊敬么?”作家所看重的是蘩漪身上的生命强力，一个弱女子，以一种置之死地而后生的精神气度独自反抗着周朴园所代表的传统秩序，她的“尖

① 对“小传统”问题的讨论，参见 Robert Redfield Peasant. *Society and Culture*, Chicago : The university of Chicago Press, 1956, p. 70.

② 曹禺：《杂感》，《南中周刊》第 20 期，1927 年 4 月 18 日。

锐”和“犀利”让作家在她身上看到了“国民性”改造的希望。也正是在这个意义上，作家说蘩漪是“值得赞美的”，“她应该能动我的怜悯和尊敬”。①

同样，陈白露坦然面对方达生的关于“名誉”问题的质询：“我没故意害过人，我没有把人家吃的饭硬抢到自己碗里。我同他们一样爱钱，想法子弄钱，但我弄来的钱是我牺牲过我最宝贵的东西换来的。我没有费着脑子骗过人，我没有用着方法抢过人，我的生活是别人甘心愿意来维持，因为我牺牲过我自己。我对男人尽过女子最可怜的义务，我享着女人应该享的权利！”而面对焦大星的拷问，花金子理直气壮地回应：“我告诉你，大星，你是个没有用的好人。可是，为着你这个妈，我死也不跟这样的好人过，我是偷了人，你待我再好，早晚我也要跟你散。我跟你讲吧，我不喜欢你，你是个‘窝囊废’，‘受气包’，你是叫你妈妈哄，你还不配要金子这样的媳妇。”当我们将她们的话与“传统文明”联系起来的时候，你就不能不承认这是一个“惊天地泣鬼神”的举动，它标志着这些女性与传统秩序的彻底决裂。在曹禺看来，这些被道学家们贴上荡妇标签的女性们，“总比阉鸡似的男子们为着凡庸的生活怯弱地度着一天一天的日子更值得人佩服”。②

在这一时期，曹禺时时关注的是人的悲剧命运，他试图通过自己的创作冲出一片新天地，让人们过上自由的生活。因此，在“个人”与“国家”之间，他更关注“人”的命运；在“传统”与“现代”之间，他更珍视人的现代性诉求；在他看来，这才是人类文明的新方向。而在戏剧理念方面，他绝不墨守成规，每一次写作，都试图闯出一条新路，进行着充满先锋性的探索。从这一角度说，我们可以将这一时期曹禺的文化立场看做是“激进反传统”的。

二

在曹禺的一生创作中，并没有把这种“激进反传统”的文化姿态贯穿始终，而是在特定的历史情势下，悄悄地进行了调整。1937 年爆发的抗日战争成为曹禺这次文化立场调整的具体诱因。我们知道，在中国的传统价值理念中，“忠”“孝”观念居于最为核心的位置，正如吴虞所说，“详考孔子之学说，既认孝为百行之本，故其立教，莫不以孝为起点，所以‘教’字从孝。凡人未仕在家，则以事亲为孝；出仕在朝，则以事君为孝”③。“他们教孝，所以教忠，也就是教一般人恭恭顺顺的听他们一干在上的人愚弄，不要犯上作乱，把中国弄成一个制造顺民的大工厂’。”④对于一般的中国人来说，这种“忠”“孝”观念并不用到《论语》、《孝经》这些国学典籍中去学，而是在他的成长过程中，在他生活的家庭和社区（也就是雷德菲尔德所说的“乡民社会”）里耳濡目染自然习得的。虽然经由新文化运动的洗礼，中国社会已经形成了一种足以撼

① 曹禺：《〈雷雨〉序》，《曹禺全集》第 1 卷，第 9—10 页，花山文艺出版社 1996 年版。

② 同上，第 10 页。

③ 吴虞：《家族制度为专制主义之根据》，《吴虞文录》卷上，第 3 页，亚东图书局 1927 年版。

④ 吴虞：《说孝》，《吴虞文录》卷上，第 15 页，亚东图书局 1927 年版。

动传统信仰的青年亚文化，也在思想上有意识地排斥传统的忠孝观，[①]但这种根深蒂固的信仰并不是挥一挥手就能去除的。它蛰伏在人的内心深处，在特定的情境下，一经诱导，就会不由自主地复现，称它"集体无意识"也好，"民族心理积淀"也罢，它所指向的就是这种观念的不可抗拒性。一旦国家面临危亡，那些昨日还沉浸在"个性"、"自由"、"生命"世界中的作家们，很快变成了捍卫民族尊严的斗士，日常生活中耳熟能详的"国家兴亡，匹夫有责"、"位卑未敢忘忧国"、"以天下为己任"的士人传统悄然复活，在此情况下，现代中国作家的创作出现了出奇一致的转向，少有例外。

曹禺自然也行进在这一行列中。他在晚年接受记者采访时坦陈，"我首先是一个爱国者"，[②]他把爱国主义看做是自己最重要的气质。这绝不是作家事后故唱高调，而是他一生都在恪守的人生信条。1938 年以后，这位曾经不愿意把自己的作品看做是"社会问题剧"的作家，毅然放弃了关注人的悲剧命运的创作风格，转身为国家的危亡奔走呼号：

> 在政治上我们的号召是后方重于前线，政治重于军事，这种号召的最有力的响应，是全民总动员，总动员来参加抗战工作，打破日寇侵略的迷梦。为了表现这一情势，所以肃清汉奸，变敌人的后方为前线，动员全民服役抗战，成为我们写作的主题。[③]

> 编剧的朋友们无妨再辟一条新路，把迫切的后方各种实际问题做题材写出同样热烈的好文章，来推动后方的工作。这才是切实地尽了我们的责任。[④]

> 我们的古人曾经说过："文以载道"。简单地说，我们的文艺作品要有意义，不是公子哥儿嘴里哼哼的玩意儿。现在整个民族为了抗战，流血牺牲，文艺作品更要有时代意义，反映时代，增加抗战时的力量，在这样的伟大前提之下，写戏之前，我们应该决定剧本在抗战期中的意义。[⑤]

这种以国家、民族为核心的创作理念是曹禺创作姿态调整的一个明显标志。在此以前，曹禺创作中念念不忘的核心命题是"人的命运"，无论是在《雷雨》、《日出》还是《原野》中，作家试图彰显的都是现代人的生存困境。因而，他才在《〈雷雨〉序》、《〈日出〉跋》中累次发出"我念起人类是怎样可怜的动物，带着踌躇满志的心情，仿佛是自己来主宰自己的命运，而时常不是自己来主宰着"[⑥]、"我更恨人群中一些冥顽不灵的自命为'人'的这一类的动物。他们偏若充耳无闻，不肯听旷野里那伟大的凄厉的唤声"[⑦]的呼号。但在 1938 年后的作家心目中，"个人"

---

① 陈独秀、胡适是这种态度的典型代表："盖保民之国家，爱之宜也，残民之国家，爱之也何居？"（独秀：《自觉心与爱国心》，《甲寅杂志》第 1 卷第 4 号）胡适则借易卜生的话来表达新青年同人所信仰的"健全的个人主义"立场："我所最期望于你的是一种真正纯粹的为我主义，要使你有时觉得天下只有关于我的事最要紧，其余的都算不得什么。"（胡适：《易卜生主义》，《新青年》第 4 卷第 6 号）但这种态度并没有影响他们在身临国难时高扬爱国主义的旗帜。

② 乌韦·克劳特：《戏剧家曹禺》，《人物》，胡光、王明杰译，1981 年第 4 期。

③ 曹禺、宋之的：《〈黑字二十八〉序》，《曹禺全集》第 2 卷，第 5 页。

④ 曹禺：《眼前的工作》，《曹禺全集》第 6 卷，第 99 页。

⑤ 曹禺：《编剧术》，《曹禺全集》第 5 卷，第 144 页。

⑥ 曹禺：《〈雷雨〉序》，《曹禺全集》第 1 卷，第 7—8 页。

⑦ 曹禺：《〈日出〉跋》，《曹禺全集》第 1 卷，第 382 页。

退位,"国家"升座。正是在这一历史情势下,曹禺不但多次发表讲演,宣传抗战文学的重要意义[①],同时,还身体力行地创作了《黑字二十八》(与宋之的合作)、《蜕变》这样极具救国情怀的剧本。与此同时,在"国家利益"诱导下,在创作中向来特立独行的曹禺也学会了某种妥协,《蜕变》的多次奉令修改就是一个鲜明的例证。[②] 但我们在这里并不是说曹禺开始屈从于国民党的政治压力,而是说在民族大义面前,这是一个中国人最为传统的"个人"服从"大局"的价值考量。

随着作家对国家、政府的态度的变化,他的悲剧观念也做出了相应的调整。在曹禺前期创作的作品中,悲剧都产生在个人与生存环境的抗争过程中,《雷雨》、《日出》、《原野》无不如此。在我们的阅读体验中,蘩漪、侍萍、陈白露、黄省三、仇虎、焦大星……这些震撼我们心灵的悲剧人物无一不是"小人物",在他们身上,积蕴着作家对"人的存在"这一命题的深度思考。但在1938年以后,曹禺对这一理念做了很大的调整,他认为,悲剧要有两个基本要素:第一是要抛去个人利害关系,第二是要绝对主动的。"一个真正的悲剧绝不是寻常无衣无食之悲。比如一个小公务员,因为当前物价日高,家庭负担日重,以至于发展到无法维持生活的阶段则沮丧失望;又如一位青年追求爱人,一再进行都被拒绝,于是最后宣称我要跳江了,这些都能称为悲剧吗?在我们看过悲剧的人看来,这绝不成其为悲剧,因这只局限于个人的不幸。真正的悲剧,却要深刻深沉得多,它多多少少是要离开小我利害关系的。"[③]"在悲剧的构成中,最典型的人物莫如屈原、岳飞、诸葛孔明等辈,他们一生奋斗,虽未能达其目的,可是精神的伟大,真是千秋不朽。"[④]在这时的曹禺眼里,只有那些为国家、民族命运奔走辛劳的"大人物"的悲剧才能算得上是"真正的"悲剧。屈原之所以是有悲剧性的,就在于"他事楚怀王,始终的抱定忠君报国的思想。可是楚怀王听信谗言,不能重用,而他也一直不舍,一有机会就要找楚怀王作忠贞之谏,而王也始终不听"。而诸葛武侯之悲剧精神则在于"惟有他在政治上的发展才算是一种崇高的表现。试想当时昏君阿斗已是无法扶持的了,可是他始终觉得要把别人托他的事尽力做到,不怕吃尽辛苦,也要负起使命。……历史上像这样的人物自然还有,譬如岳飞、文天祥等都是"[⑤]。就这样,在作家心目中,对于"国家"或"君王"的"忠"成为构成悲剧精神的必要条件。由此我们可以看出,曹禺的悲剧观念也伴随着民族救亡热潮发生了根本性的转折。

---

① 据不完全统计,曹禺在此期间至少做过四次演讲,这些演讲的题目是:《关于话剧的写作问题》、《悲剧的精神》、《我们的学习》、《戏剧与青年教育》。

② 曹禺对《蜕变》的修改及其版本问题,还没有引起研究者的足够重视。在《蜕变》的多种版本中,不但作品中医院的归属、人物的身份称谓有所不同,而且作品的思想导向也略有变化。巴金晚年曾在与黄裳谈话中提及此事:"《曹禺戏剧集》初版皆在《文学丛刊》中,《蜕变》一种,因配合演出,由重庆商务印书馆印,因当时国民党检查关系,作者曾加了些口号之类,再印时,巴公据原作删去,后曹禺似又据商务本加上了。"参见黄裳:《来燕榭书札》,第163页,大象出版社2004年版。

③ 曹禺:《悲剧的精神》,《储汇服务》,1943年第25期。此文后来收入《曹禺全集》时,由作者做了一些重要修改。此处引文据原刊本。

④ 曹禺:《戏剧与青年教育》,三民主义青年团中央干事会文化建设运动委员会编:《文化建设论丛》第一辑,青年出版社1946年版,第187页。

⑤ 曹禺:《悲剧的精神》,《储汇服务》,1943年第25期。

与此相适应，曹禺所喜欢的人物类型也发生了重要变化。如果说在《雷雨》、《日出》、《原野》中作家更看重人物身上的“个性”的话，那么，此后的剧作则更看重人物身上所体现出来的为“国家”或“他人”献身的精神。从气质类型上来说，前者更近于“现代”，而后者则趋近于“传统”。这种变化表现在女性形象身上最为明显。韦明(《黑字二十八》)、丁大夫(《蜕变》)都是典型的爱国主义者，为了国家，她们可以忘掉一切。在她们的心目中，国家利益高于一切：韦明虽然非常喜欢耿杰，但如果他真的偷了“团体的文件，背叛了国家”，她将“第一个惩罚他”，一句话，“我决不肯因为个人的私事使我们的团体受损害，我决不偏袒出卖国家的汉奸”。当韦明得知孙将军有危险时，情愿自己死一千次也不愿意这位忠勇的爱国将领受伤。在这一类型的女性形象中，丁大夫无疑是最为典型的代表。作为一名医术高超的医生，她本可以在上海过着舒适的生活，但战争爆发以后，为了国家和民族的利益，毅然来到了这个后方医院。因为她“相信自己更该为这个伟大的民族效死”。她爱真理，在她身上有着一种仁侠精神，对那些腐败自私的官吏绝不迁就，面对那些虚伪、敷衍、苟且的官僚，她恨不得能立刻发明一种血清，打进他们的血管里，把这些人身上的一切毒素清洗干净。这是一个爱国家，“把公事看得比私事重”的女性，面对敌机的轰炸，她冒着生命危险抢救“小伤兵”；当伤员急需输血时，她毫不犹豫地献血；面对身负重伤的儿子丁昌，她首先处理的却是其他的伤员……总之，在忘我的工作中，她把自己的一切都奉献给了民族复兴事业。作家对丁大夫、韦明身上的这种气质赞美有加，这在曹禺早期剧作中是不可想象的。

另一方面，虽然瑞珏(《家》)、愫方(《北京人》)的生存情境远离抗战的整体环境，她们没有机会奔赴战场为国效力，但作者在她们身上依然延续着女性的“传统美德”：她们循规蹈矩、压抑自我，为他人的幸福而日夜操劳着。她们无私地关爱着自己所深爱的男人，并把他们的幸福当做自己的“幸福”：鸣凤不愿意给自己心爱的人添一点麻烦、一丝烦恼，在她的心目中，“爱一个人是要为他平平坦坦铺路的，不是要成他的累赘的”。这种奉献型的爱情理念成为曹禺这一时期的理想爱情，一再出现于这一时期的作品中：在瑞珏看来，“一个女人爱起自己的丈夫会爱得发了疯，真是把自己整个都能忘记了”；而愫方将“把好的送给人家，坏的留给自己”当做自己的人生格言。在愫方看来，人活着就是为了自己受苦，留给旁人一点快乐，面对那段难以接续的情缘，她没有任何怨尤、不求任何回报，“他的父亲我可以替他伺候，他的孩子，我可以替他照料，他爱的字画我管，他爱的鸽子我喂。连他所不喜欢的人我都觉得该体贴，该喜欢，该爱……”这些女性唯一没有想到的是她们的“生命”与“自我”。为了这种爱，她们付出了自己的青春乃至生命。这是一系列的古典女性形象：温柔贤淑、善解人意、含而不露……每天都在抑郁中讨着生活。韦明、丁大夫与瑞珏、愫方虽然各有不同，但其核心价值层面却基本一致：她们要么合乎爱国主义传统；要么合乎最为传统的女德。① 表面上看，这似乎只是作家的女性审美的转变，但其深处所蕴含的却是作家对“传统道德”的高度认同。

从以上几个方面可以看出，1938 年以后，曹禺在对国家的态度、悲剧观念、道德观、写作动

---

① 对于这一时期曹禺笔下女性形象的特征及其转变动因的详细讨论，参见李扬：《论曹禺的女性审美转向》(《华东师范大学学报》2004 年第 4 期)。

机诸方面表现出了一种共同的价值趋向:传统理念在与现代精神抗衡的过程中,渐渐显示出了它根深蒂固的力量。在这一过程中,作家虽然从来没有公开宣告过"告别现代,皈依传统",但在行动上,确实已经越来越趋于"传统"。在此,我们无意于评判作家文化立场调整的是与非,实际上,这个问题也并不是能用"是"与"非"来简单解决的,我们关心的是曹禺这次转向中所凸显出来的逐渐增加的传统气质及这种气质对其创作产生的影响。更重要的是,这种影响并不仅仅涉及抗日战争时期,而是波及到 1949 年以后的曹禺的价值选择。

三

对于一个曾经高扬着"反传统"旗帜的作家来说,这是一场异常艰难和痛苦的征服与反征服的战争。在这个战场上,虽然没有弥漫的硝烟,但在作家的内心深处,无疑进行着一场难以察觉的战斗。有时候,面对民族危亡和国家大义,作家甚至根本来不及做出反思,就毅然决然地冲上了民族解放战争的杀场。但是,文化立场并不是一件衣服,穿上就变得"现代",脱下就显得"传统"。在更多的情况下,"传统"与"现代"往往缠绕在一起,你根本分不清哪些是"传统"的,哪些又是属于"现代"的。因而,在讨论曹禺文化立场变化的时候,我们只能说曹禺的文化立场在"调整"、"渐趋传统",并不是说他已经彻底告别了往昔的充满荣光的现代性追求。

在这一时期的剧作中,曹禺的文化立场一度变得暧昧不明。有时候,我们觉得他分明很"现代",而在另一个场景中,他又变得足够"传统",颇有点让我们无所适从。在一些演讲中,他依然对传统生活方式持激烈的批评态度:"我见到我们这个民族,一向都是在平和中庸之道中活着的,平时就不喜爱极端,自然也不喜爱悲剧。我们晓得那个人不想避开眼前困难,以谋他的升发之道,最低限度他也可在小我范围中求得他的安乐,反正依着一种不偏不倚的路向前进就是了。""我觉得中国的文化太好讲究超脱了:尽管在台上信奉的是儒教,下台后也可以讲讲道教;尽管在朝时还相当积极,而下野后便定要作得潇洒摆脱,一切怡然自得了。使自己的生活环境能有调剂,固然未始不好,不过这其间总觉得缺少了点中心意识。"①"青年人都有他的热情,因是他有热情,所以对于环境常常感到苦闷,这种苦闷,一定要给他以合理的解决,解决的办法,就是教育。现在青年投考大学,往往彷徨于选择科系,不知所从;毕业以后,渐渐的洞悉了世故和处世的圆滑手段,消失了原来的勇气和热情。某校举行毕业典礼时,有几位老师曾以学习'蛇'来训勉学生,此殊不可解,这个现象,亦至为可虑。"②正因为如此,他一再强调青年人"要绝对不为中国固有生活态度所影响,遇事绝不采取平和、中庸、妥协的办法。凡事须有所知,而后以全力赴之,宁可走极端,也不中途而废。"③显而易见,这时的曹禺依然在有意识地反思中国的文化传统,试图引导青年选择一种健康向上的生活方式。

正是因为如此,作家在《蜕变》中所张扬的固然是"国家兴亡,匹夫有责"的传统伦理,表现

① 曹禺:《悲剧的精神》,《储汇服务》,1943 年第 25 期。

② 曹禺:《戏剧与青年教育》,三民主义青年团中央干事会文化建设运动委员会编:《文化建设论丛》第一辑,第 187 页,青年出版社 1946 年版。

③ 曹禺:《悲剧的精神》,《储汇服务》,1943 年第 25 期。

的是救国的热忱；但在另一方面，作品依然表现着曹禺所称赏的“时日曷丧，予及汝皆亡”的决绝态度：“我们对新的生命应无限量地拿出来扶持，培植；对那旧的恶的，应毫不吝情，绝无顾忌地加以指责，怒骂，掊击，以至不惜运用各种势力来压禁，直到这帮人，这种有毒的意识‘死’净了为止。”①这种矛盾在《北京人》中表现得尤为明显，表面上看来，作品批判着传统士大夫的生活方式，不满于文化传统对人的“塑造”，并一如既往地坚持着他的“蛮性崇拜”：“曾家的婴儿们仿佛生下来就该长满了胡须，迈着四方步的”，曾皓“教育”出来的曾文清已经失却了行动的力量，由于“染受了过度的腐烂的北平士大夫文化的结果。他一半成了精神上的瘫痪”。曾霆又在祖父的教导下变得无精打采、抑郁不伸。因而作家向往一种“要爱就爱，要恨就恨，要哭就哭，要喊就喊，不怕死，也不怕生。……尽着自己的性情，自由地活着，没有礼教来拘束，没有文明来捆绑，没有虚伪，没有欺诈，没有阴险，没有陷害，没有矛盾，也没有苦恼；吃生肉，喝鲜血，太阳晒着，风吹着，雨淋着，没有现在这么多人吃人的文明”的生活。在这里，曾家的败亡显然象征着封建文化的穷途末路，而应运而生的则是人们对新生活的向往。在这一时刻，你不能不承认，曹禺依然足够“现代”。正是在这个意义上，我们不能同意杨晦对曹禺的批评：“他的心情，也可以说他的怀恋，都回到中国旧的封建社会，封建道德与封建情感上去，好象凭吊往古一般，极其低徊婉转之致。”②

但是另一方面，我们也不得不承认，作家并没有将这种对传统生活方式的抨击贯穿始终。当愫方在作品中出现的时候，作家的价值观不由自主地发生了倾斜。愫方的人生世界是完全被长辈的意志所左右的：来到曾家是遵从母亲的遗嘱；曾老太太活着时是老太太的“爱宠”；老太太死后又成了曾皓的“拐杖”……她就这样一直生活在长辈的阴影里，婉顺、哀静、忍让与奉献是她的生活主调。她放弃自己的休息时间，不分昼夜地给曾皓捶腿；面对曾思懿的冷嘲热讽，她一味地逆来顺受。按照作家崇尚生命、张扬个性的思想逻辑，愫方断然不应该是他所肯定的生命类型。她的婉顺、哀静、忍让气质分明是封建文化熏陶的结果，正因为如此，自《北京人》问世以后，无论是对这一形象持否定态度还是肯定态度，研究者都不否认她与传统文化的内在关联③。如果要在《北京人》中选择一个最悖离作家所欣赏的那种敢爱敢恨的生活方式的人物的话，那么，这个人物非愫方莫属。让人惊异的是，以往对传统人格深恶痛绝的曹禺却对愫方发出了由衷的赞美：“中国妇女中那种为了他人而牺牲自己的高尚情操，我是愿意用最美好的言词来赞美她们的，我觉得她们的内心世界是太美了”，愫方“心地晶莹如玉，是她忘记了自己”。④ 这段话虽然是1980年说的，但我们确实在作品中感受到了作家对她的好感，这在曹禺此前的剧作中是难以想象的，也与《北京人》的反传统的主导倾向不相匹配，由此导致了《北京人》的主调偏移。在作家的生命价值观和女性的审美观方面，两种互为矛盾的思想并行不

① 曹禺：《关于“蜕变”二字》，《曹禺全集》第2卷，第357—358页。

② 杨晦：《曹禺论》，《文艺与社会》，中兴出版社1949年版，第142页。

③ 杨晦在《曹禺论》中称愫方是“代表封建道德情感的旧式小姐”，是“一个旧时代的优美典型”（杨晦：《文艺与社会》，第143页，中兴出版社1949年版）。李树凯则称愫方身上有着“‘自愿奴隶’的思想。这种思想包含着浓厚的封建道德的因素”（李树凯：《〈北京人〉人物论》，《甘肃师大学报》，1980年第1期）。

④ 曹禺：《谈〈北京人〉》，《曹禺全集》，第5卷，第75页。

悖地出现在作品中，构成了一组富有深味的“对话”关系。[①] 值得注意的是，这种“偏移”并不是局部的修辞问题，而是在整体上的不协调，这是由作家自身思想中的矛盾所导致的。

作家在文化立场方面的这种犹疑并不是刻意为之的结果，而是在不知不觉中陷入了这样一种悖论。对于每一个中国人来说，“传统”是他们的生命底色，这种底色早在他们幼年时期就经由家长、社会的言传身教深入骨髓。在自我意识萌生以后，尽管曾经刻意地扬弃过去的种种信仰，但它并没有彻底消失，而是进入了蛰伏状态。但在特定的历史条件下，一经诱导，很快便成为主导他行为力量的重要观念，这是“反传统”文化的一种经典后遗症。在现代中国的历史进程中，作家的文化立场一直在“传统”与“现代”之间矛盾、徘徊，不绝如缕。鲁迅曾借阮籍的例子分析过魏晋时代反对礼教的人的内在矛盾，[②]实际上，他自己就是一个鲜活的例证。尽管他对传统礼教素抱否定态度，但当自己的理想与母亲的意愿产生矛盾时，在保持个性与遵从孝道之间，还是痛苦地选择了后者。不幸的是，这并不是现代文学史上的孤例，在其之后，一大批作家循着前人的“成例”前进。1914 年，韦莲司曾问胡适：“若吾人所持见解与家人父母所持见解捍格不入，则吾人当容忍迁就以求相安乎？抑将各行其是，虽至于决裂破坏而弗恤乎？”胡适就此提出了一个地道中国式的解决办法：“父母所信仰（宗教之类），子女虽不以为然，而有时或不忍拂爱之者之意，则容忍迁就，甘心为爱我者屈可也。”他将这种态度称之为“为人的容忍”；而就个人信仰言之，“吾于家庭之事，则从东方人，于社会国家政治之见解，则从西方人。”[③]胡适的这一选择深刻地体现了现代中国人“反传统”事业的两难，这也就是列文森所说的“理智”与“情感”的矛盾。[④] 在曹禺的成长道路中，虽然没有面临与鲁迅、胡适相类似的家庭伦理困境，但当自己的祖国深陷危机的时候，他依然做出了舍“小我”而顾“大家”的选择。在作出这一选择的同时，作家的价值天平已经悄然发生了倾斜：在国家与个人之间，对国家的护卫要强过对个人的呵护；在“自我”与“他者”之间，更看重对“他人”的献身；而对官方机构的态度，也渐渐由极端漠视发展到了局部的合作。就这样，“传统”与“现代”相杂糅，构成了曹禺这一时期创作的基本特点。有这样一个过渡存在，曹禺在 1949 年后的终极转向变得平坦而又自然。因为按照传统的价值观念，“从政”是中国人“自我实现”的最便捷、最高层次的自我肯定方式；“文以载道”则是中国亘古不变的写作准则。表面上看，他加入了“中国共产党”，思想上取得了绝大的进步，但他对“主流意识形态”、对“文以载道”的写作传统的高度认同，使他的创作越来越合乎于传统士大夫的思想理念，同时使他的思想和行为越来越悖离“自由”、“民主”、“先锋”的价值诉求。[⑤] 在这个意义上讲，曹禺的创作转向与“思想进步”无关，而

---

① 对此作者曾有专文予以讨论，参见李扬：《悖论与整合：〈北京人〉中的“反传统”与“传统”》，《广州大学学报》，2007 年第 11 期。

② 参见鲁迅：《魏晋风度及文章与药及酒之关系》，《鲁迅全集》第 3 卷，人民文学出版社 1981 年版，第 513－515 页。

③ 胡适：《胡适日记全编》第 1 卷，安徽教育出版社 2001 年版，第 515－516 页。

④ 参见列文森：《儒教中国及其现代命运》，郑大华等译，中国社会科学出版社 2000 年版，第 67 页。不过，列文森的这个归纳虽然有些时候是有效的，但很多情况下，作家们根本没有意识到自己已经深深陷入了理智与情感、态度与行为不协调的状态，懵懵懂懂之中就踏上了前人曾经走过的老路。

⑤ 正像周恩来所说的那样，“他入了党，应该更大胆，但反而更胆小了。谦虚是好事，但胆子变小了不好。入了党政治上对他有好处，要求严格一些，但写作上好象反而有了束缚。”周恩来：《对在京的话剧、歌剧、儿童剧作家的讲话》，《周恩来与文艺》，中国社会科学出版社 1980 年版，第 35 页。

是其文化立场转型的终极结果。

文化立场调整与创作转向的关系问题非常复杂，它并不仅仅是某位作家一个人的问题，而是文化发展中的普遍难题。这是一个随着生理年龄的增长，每一位作家都需要面对的问题。鲁迅、郭沫若、茅盾、巴金、老舍、曹禺、丁玲……现代中国文学史上的很多作家在其早年都曾经产生过强烈的“反文化”的冲动，从而致力于追求一种与主流文化价值格格不入的“青年亚文化”。然而，在与传统社会的交往互动中，“传统因素”却渐渐在他们身上显形，使他们不自觉地调整着自己的价值观，由对传统的断然弃绝向逐步认同调整。因而，对于这些作家在1942年后历次政治运动中的整体表现，我们既不能将他们的创作转向单纯地归因于“个体人格”，也不能简单地将他们的错误仅仅归咎于特定的政治环境，而应彻底反思他们对于传统的暧昧态度。正是基于这种理由，当面对“新生代”、“躯体写作”、“新新人类”等诸多信誓旦旦地挑战传统价值的80后、90后作家们的时候，我们经常不自觉地要问：他们到底能够坚持多久？因为我们还没有在他们的作品中看出他们有比他们的前辈更高明的地方。这同时也是我们对中国文学发展前景心存疑虑的原因之所在。

［作者简介：李扬，南开大学文学院教授］

走向潜沉

——曹禺艺术个性在四十年代的变化

廖全京

40年代的曹禺正处于创作的巅峰状态。

与同时代的绝大多数剧作家不同，此时的曹禺充分显示出一个大艺术家的多彩的风姿。从1937年9月随国立剧校迁移长沙开始，作为导演的曹禺就为剧校学生导演了《毁家纾难》、《炸药》、《反正》、《疯了的母亲》、《觉悟》等宣传抗战的独幕剧和街头剧。作为导演，1937年7月，为昆明国防剧社执导了《原野》和《黑字二十八》；作为演员的他在1938年出演了他自己参加编剧的四幕话剧《全民总动员》（又名《黑字二十八》），在其中饰开明资本家侯凤元，1943年1月，贝拉巴拉兹的《安魂曲》由焦菊隐翻译成中文，导演张骏祥将它搬上舞台。在这部表现伟大的音乐天才莫扎特的大戏中，饰演莫扎特的曹禺用全部心灵拥抱这个角色，出色地"表现了一个受难者的灵魂"①。作为编剧，他先后创作了多幕剧《蜕变》（1939年）、《北京人》（1940年）、《家》（1942年），改编了独幕剧《正在想》（根据法国尼格里《红法兰绒外套》）和《镀金》（根据法国拉比什《迷眼的砂子》）。作为翻译家，他在1942年前后应张骏祥之约，以优美流畅的译笔翻译了莎士比亚的名剧《罗密欧与朱丽叶》。作为学者和文化名人，1946年3月，曹禺和老舍接受美国国务院的邀请赴美国讲学。在一年时间里，曹禺以民间代表的身份先后在耶鲁大学、哥伦比亚大学、芝加哥大学、华盛顿大学等高等学府讲演，还在纽约市政厅讲演《中国戏剧的历史和现状》。

从30年代创作《雷雨》起步，"他走了一条诗与现实结合的、富有民族个性的现实主义戏剧创作道路"，即"诗化现实主义"的道路。② 在整个40年代，戏剧诗人曹禺的气质禀赋和由此决定的艺术个性经历了怎样的发展变化呢？

具有浪漫气质的叙事诗人

需要从探讨个体气质的角度稍稍回望曹禺的心灵之路。

从根本上说，曹禺是一个按审美方式生活的人，一个在性情血气上更接近高贵的激情的人，一个向往于人性的宽度和同情的深度的人，一个热衷于默默扣问命运的神秘和文明的终极意义的人。这一些就几乎是先天地赋予他内心一种浪漫气质。

---

① 刘念渠：《唤醒人类为幸福搏斗——评〈安魂曲〉和它的演出》，《十三年间》。

② 田本相：《曹禺全集·前言》，花山文艺出版社1996年版。

曹禺是耽于遐想的。少年时代，他沉浸在《鲁滨逊漂流记》的故事中，幻想去海上漂泊、冒险；或者独自个儿坐在宣化衙门后山的小溪旁，望着高大的"神树"发呆，让思绪随着它穿越神奇之境。"那时候我非常敏感，我总是坐在城墙上，听那单调却十分凄凉的号声……"①这个孤独的小孩子就在号声中放飞自己的遐思。只是，这遐思，很早就打上了感伤的烙印，或者说，曹禺的耽于遐想与他的感伤情怀很早就融成了一体，这自然和他的家庭环境和氛围有关。少年时代这种遐想与忧思交融的感伤的浪漫主义气质，决定了他与郭沫若的《女神》和郁达夫的《春风沉醉的晚上》走得很近。"我被震动了。《凤凰涅槃》仿佛把我从迷蒙中唤醒一般。"②"我还曾迷过郁达夫，受到他的影响，我特别喜欢他的《春风沉醉的晚上》。"③《凤凰涅槃》给予曹禺的震动，除了社会学的含义之外，无疑还有诗学的含义。传说神鸟菲尼克司满500岁后集香木自焚，然后又从死灰中更生，从此无比美丽，永不死亡。郭沫若从这个异域传说中获得灵感，进行美的再创造，这奇特的想象力让曹禺感到震动。郭沫若"赋予自然以生命，使自然再生"，"使神话的世界再生"④，这种理想主义的艺术创作原则与曹禺在灵魂深处是相通的。而郁达夫打动曹禺的地方，是他那种带着忧郁色彩的"零余者"的伤感。《春风沉醉的晚上》中那个从国外留学归来却找不到工作的"我"与那位十七岁的烟厂女工之间的故事，透出两个善良的受苦人没有出路的苦闷。郁达夫以他特有的古典诗人的浪漫气质，在作品中精心营造的凄凉、忧郁的氛围，尤其使曹禺产生共鸣。这两位小说诗人、戏剧诗人先后以小说和戏剧的方式，分别在各自的诗化现实主义作品中以诗化了的感觉去把握表现对象。其中，都透出一种几乎是不可言传的感伤。

当我们回头接触少年曹禺的一些习作时，不难发现活跃在那里的天生灵性。这种灵性，表现为他的敏锐而细腻的内在感受力，反映了他作为感性个体的本真生存状态、本真情感。在《春风沉醉的晚上》影响下产生的小说《今宵酒醒何处》里，有诗的浪漫，而他早年所写的《林中》、《"菊"、"酒"、"西风"》、《四月梢，我送别一个美丽的行人》、《南风曲》、《不久长，不久长》等，本身就是浪漫的诗。在这些诗篇中，曹禺让自己的灵魂裸露于字里行间，一忽儿缠绵于人世的怅惘，一忽儿沉湎于缥缈的梦境，一忽儿又穿行于神秘的死生之间。总之，他很早就自觉不自觉地将自己灵魂的幻觉反映到一个幻想的世界里。"诗是真正绝对的实在"（诺瓦利斯语）。从曹禺早年的诗作中，我们看到了一个年轻的诗化的内心世界，那里，活跃着曹禺的灵性。而且，由此可以看到，灵性不仅是他的戏剧文学感受力，更是他的生存方式。古人说："诗有别才，非关书也"⑤。在曹禺身上，这种浪漫的灵性，正是一种天生的别才。

在接近剧作家曹禺的过程中，一些学者往往忘记了他同时是一个名叫万家宝的话剧演员，是曾经被观众亲昵地称作"咱们的家宝"的"南开五虎"之一。当年曾经和他在一个剧团泡

---

① 曹禺同田本相谈话记录，田本相《曹禺传》，北京十月文艺出版社1988年版，第37页。

② 同上，第44页。

③ 同上，第46页。

④ 郭沫若：《自然与艺术》，《沫若文集》第10卷，人民文学出版社1957年版，第95页。

⑤ 严羽：《沧浪诗话》。

过的伙伴这样评价他:"我总觉得曹禺的天才首先在于他是个演员,其次才是剧作家。"[①]这话值得我们在探讨曹禺的气质和禀赋时借鉴。曹禺属于那种内热外冷型的演员。如果说,话剧表演是一种灵性的张扬,那么曹禺在舞台上的灵性张扬,是适度内敛的张扬,一种不以外在动作的巨大起伏变化而以内心动作的强烈冲击力见长的张扬。在生活中,曹禺的外貌、形体说不上美,然而,在舞台上却富于魅力。这种魅力,不仅来自他那一双明亮而传神的大眼,他那清晰而有韵味的台词功夫,更来自他作为一个优秀演员的良好的观察力、注意力、感受力和想象力,来自他内在的浪漫气质。这种气质的初次鲜明展示,是在曹禺饰演娜拉的过程中。南开新剧团在1928年10月17日公演名剧《娜拉》,导演张彭春。这次演出的成功,与扮演女主角娜拉的曹禺的称职分不开。"他把娜拉和海尔茂夫妻间的感情,甚至她的感情分寸,都很细腻精湛地表演出来"[②]。踏上舞台演出之路不久,曹禺就在感情分寸的把握和情感的细腻体现、传达方面显出特色,从中,我们已经约略窥见他那种内热外冷的浪漫气质。这种内热外冷的表演风格,在他后来的演出中一再表现出来。1937年元月,中国戏剧学会假座南京的世界大戏院公演《雷雨》,导演马彦祥,曹禺在其中扮演周朴园。那种适度内敛的灵性张扬,使他对周朴园这个形象的舞台阐释达到了相当的深度。"第二幕,他扮演的周朴园,怀念侍萍的态度是虔诚的,又颇有人性味。他看见鲁妈……曹禺的脸上浮出人物眷念的神态……一旦发现眼前的鲁妈就是三十年前的侍萍,曹禺又很快地运用了'突变'的表演手法:刚才美丽的追忆顿时消失,对眼前的老女人显出厌恶的神态,并立即变得凶狠无情,拿出五千元支票堵她的嘴。在做出这一举动时,曹禺又表演出人物自认为'很有智慧'的样子,恢复了平日的声调";"给观众印象最深的是全剧结束时曹禺的表演:周冲和四凤相继触电而死,周公馆笼罩在惊恐之中,场上只剩下周朴园和蘩漪。周朴园突然想起了周萍,他惊悚地叫道:'萍儿呢? 大少爷呢? 萍儿,萍儿!'曹禺连叫了三声'萍儿!'紧接着传来的是书房内周萍自杀的枪声,室内死一般的沉寂。在这一段戏中,曹禺处理这三声'萍儿',用的是气声,一声与一声不同,越来越强,将人物惊慌、不安、恐惧的心理状态淋漓尽致地表现了出来"[③]。这时在舞台上的曹禺,同样是一位浪漫的诗人。不同于一般浪漫诗人的是,他对人物复杂变化的内心世界的揣摩和表现,显得格外细腻而富于层次感,他那通过外部动作和声音传递表现出来的个性化的表演方式,是适度内敛的(对气声的运用,就是一例)。观众看到的是与平时的不爱说话大相径庭的内热外冷的诗人,一位行走着的具有浪漫气质的叙事诗人。整个四十年代,这位诗人演员内热外冷的气质,伴着饱满的艺术激情,一直保持着。1943年1月9日,山城重庆的观众在国泰大戏院看到了曹禺扮演的莫扎特。《安魂曲》的导演张骏祥没有选择想演莫扎特这个角色的著名演员金山,而请了曹禺。原因恐怕就是因为曹禺在气质上更接近莫扎特(自然,曹禺深厚的学养也是原因之一)。许多年以后,曹禺回忆起这次演出,说了这样一段话:"演到莫扎特生命的最后一息,似乎连自己的生命和灵魂都来了一次升华。我喜欢这出戏,我喜欢莫扎特这个形象。写

---

① 鲁韧(吴博)同田本相谈话记录,田本相《曹禺传》,北京十月文艺出版社1988年版,第87页。

② 同上。

③ 曹树钧、俞健萌:《摄魂——戏剧大师曹禺》,中国青年出版社1990年版,第198—199页。

一个角色和演出一个角色都要用自己的心灵去创造。我演得不够理想，但我确是用我的全部心灵去拥抱这个角色”[1]。生命，灵魂，在莫扎特那里是独特的，在曹禺这里也是独特的。一个独特的生命之所以能拥抱另一个独特的生命，是因为这两个异代不同时的个体可以彼此走进对方的心灵，是因为他们在气质上有共通的东西——忧郁的悲情。“莫扎特是唯一可以在优美的乐曲中表现悲伤和痛苦的作曲家，……即使是他高兴的时候，他的音乐中仍然有一个悲伤的低音。他知道生活是由悲伤和欢乐组成。”[2]经历了抗战生活前期至中期的种种兴奋和磨难之后，曹禺的浪漫气质中的沉郁忧伤成分更显出一种深沉，更显出一种浓烈之后归于冲淡的内热外冷。

至此，我们对曹禺的个体气质（主要是早年的）作了一些浅表的探索和描摹。这位浪漫的叙事诗人的气质禀赋和个性特色在40年代的细微变化，自然还需要进一步到他的艺术精神的诗意呈现——戏剧创作中去寻找，去发现。

《蜕变》中的一抹朝霞

《蜕变》是曹禺在抗战爆发后独立创作的第一部大戏，是他的创作激情在战争环境中迸出的一个耀眼的火花。

优秀的艺术家都是时代之子，祖国之子，人民之子。1827年旅居英国的亨利希·海涅，向着笼罩在封建主义瘴气中的祖国和人民，发出过这样深沉而热烈的呼喊：“呵，德意志祖国呵！亲爱的德国人民呵！如果我不能解救你，我起码要安慰你，而且你也一定需要有一个人待在你的身旁，跟你讲讲这种最使人发愁的苦难，鼓起你的勇气，……黑夜过去了，窗外正升起一片朝霞。”[3]面对《蜕变》，总不免想起海涅的这些话。因为，我从两位不同时代、不同国籍、不同思想、不同风格的诗人身上，感受到了相当接近的激情和理想。

普鲁士专制王朝统治下的德国封建社会，使诗人海涅感到压抑和窒息。他诅咒封建主义的桎梏，呼唤巨大变革的爆发，预言新时代的到来。充溢于他的《旅行札记》之中的这种热情与理想，既突现着他的气质与个性，又具有那个时代的时代色彩。100多年之后，比普鲁士王朝的历史远为悠久，因而也远为完善的腐朽的中华帝国虽已走完它最后的路程，但这块半封建半殖民地的土地上，封建专制主义的幽灵仍然在徘徊。戏剧诗人曹禺“执拗地恶恨”“窗外昏黑的天空”，“恶毒地诅咒”这“漆黑的世界”[4]，希望“窗外更加光明起来”[5]。这时，抗战爆发了，他朦胧“觉到一种巨大的变动将到以前的不宁之感”[6]，他的敏感和耽于遐想的秉性，使他较常人更易为此而激动得寝食难安，他满怀热情地急切希望一个有着更新的血液和生命的世界在抗战中诞生。《蜕变》正是他的热情和理想在那个特定的时代氛围中猛烈燃烧的结果。

---

① 曹禺同田本相谈话记录，田本相《曹禺传》，北京十月文艺出版社1988年版，第314页。
② 约瑟夫·维克斯贝格：《西方音乐史》，王嘉陵译，四川大学出版社1998年版，第84页。
③ 海涅：《英国断片》，《旅行札记》第4部，《译文》1956年第2期。
④ 曹禺：《〈日出〉跋》，《论戏剧》，四川文艺出版社，1985年版，第374页。
⑤ 曹禺：《日出》第四幕。
⑥ 曹禺：《关于“蜕变”二字》，《论戏剧》，四川文艺出版社1985年版，第407页。

让我们从《蜕变》中的热情和理想所反映出来的那个时代的精神需要和憧憬入手，把握曹禺抗战前期的艺术个性。

那是抗战之初，随着民族矛盾上升为主要矛盾，我们民族传统中的积极因素亟待发扬，消极因素所积聚的历史堕力则日益成为抗战的障碍。面对着强大而凶残的敌人，中国比以往任何时候都更需要振奋民族精神。一切正直的爱国人士都感到了这个问题的尖锐性和紧迫性，而敏感、冲动的爱国作家、诗人、戏剧家们，更是为之焦急。他们于是纷纷用笔为振奋民族精神呐喊、歌呼。在抗战初期这一股蒸腾着勃勃阳刚之气的时代热浪中，曹禺捧出了他的四幕话剧《蜕变》。

《蜕变》绝不只是心血来潮的产物。曹禺将他那颗赤诚的心系在民族命运的风帆上，让他为振奋民族精神而狂跳，已经很久了。人们还记得，他是怀着被压抑的愤懑，怀着对笼罩在中国的家庭、社会以及整个民族的命运之上的残忍的封建主义的怨怼，写下雷雨的①。他“在这光怪陆离的社会里流荡着”，“看见过多少梦魇一般可怖的人事”。这些不公平的血腥的事实，使他更加憎恨眼下的现实，更加为民族的命运而忧郁，而焦躁，而情绪爆发，不可抑制，以致划破自己的手指，让它流出“一滴一滴快意的血。”于是他写下《日出》。他渴望着一线阳光——熠耀着民族未来的阳光：“我们要的是太阳，是春日，是充满了欢笑的好生活”②——多么善良，多么火热，多么诚挚的一颗心！然而，周遭仍然是一片黑暗。民族之火，民族之光，民族之太阳，在哪里呢？曹禺尚不能做出明确的回答。这时，卢沟桥的炮声在他听来，仿佛是震醒死一般寂静的民族心灵的洪钟。随之而来的初期的全民族抗战的火炽画面，无疑又在他的视野里增添了足以令人血沸千度的亮色；同时，在这亮色烛照之下，那民族的阴暗面显得愈发狰狞、龌龊。在曹禺那蓄满憧憬，同时又蓄满愤恨的胸中，感情的大潮涨了！那长期以来潜在的朦胧而强烈的内心渴求再次喷发出来了！他急迫地感到：在这危急存亡的关头，我们中华民族要振作起来，感奋起来！他真切地感受到了，时代在呼唤着民族精神的蜕旧变新！《蜕变》，正是他对时代呼唤的热诚的感应。

让我们到作品中人物的世界里去吧。一旦贴近作品，我们便看到，以梁公仰、丁大夫为代表组成的正面人物形象系列（其中包括着墨不多的谢宗奋、光行健、温宗书以及丁昌、陈秉忠等人物形象），和以秦仲宣、马登科为代表组成的反面人物形象系列（其中包括伪组织、孔秋苹、范兴奎等人物形象），构成了《蜕变》的整体形象系统。一部《蜕变》，实际上是试图通过这样一个主要由正、反两个形象系列组成的形象系统，在表现国家与社会的蜕旧变新的同时，表现民族精神在某种程度上的蜕旧变新。

在戏的前半部给人留下较深印象的秦仲宣、马登科、伪组织以至孔秋苹、况西堂等人，是剧作家从抗战初期大后方的阴沟里捞起来的一堆污泥和渣滓。这黑色和灰色的一群，麕集在抗战伤兵的血迹旁，或专横跋扈，贪污受贿；或挪用公款，囤积居奇；或逢迎拍马，瞒上欺下；或消沉委顿，蝇营狗苟。指出剧作家在这个反面人物形象系列中流露出来的对国民党行政机构

① 参见曹禺：《〈雷雨〉序》，《论戏剧》，四川文艺出版社 1985 年版，第 354—356 页。

② 曹禺：《〈日出〉跋》，《论戏剧》，四川文艺出版社 1985 年版，第 374—376 页。

的腐朽与窳败的无法遏制的愤怒，无疑是正确的。同时，还应当指出，作为一种精神状态，它不仅与经济基础和上层建筑有着必然的联系，而且也与那更高地悬浮在空中的意识形态有着某种渊源关系。也就是说，《蜕变》中反面人物形象系列反映出来的那种卑琐、麻木、委顿的精神状态，同时是我们民族传统精神中的消极成分的历史继承性的肯定和实现。大幕拉开以后，那清冷的、如烟似雾的连阴雨，那腐朽的雕花木窗，那隔壁传来的单调、迟缓的弹棉花的声音，使人感到整个生活就像一座失修的老钟已经停摆。从这个灰色王国的君主和多数臣民身上，只能嗅到与时代气息完全不和谐的霉味。在某种意义上说，这是民族精神中的消极成分，即历史上承袭下来的精神重负作祟的结果。华夏民族的前贤先哲们在弘扬伟大而悠久的文明的同时，也为后人造出一些枷锁与绳索。君臣之义，中庸之道，伴随着漫长的封建专制社会繁衍生息，在人们心灵深处留下精神痼疾。随着老大帝国的寿终正寝，君臣之义继续长入半殖民地半封建的中国，变而为长官意志；中庸之道则演而为明哲保身。其中都栖息着自私自利。在资产阶级革命的暖风吹到中国海岸之初，梁启超就从一个方面指出："中国人寻常有熟话二句曰：'各人自扫门前雪，不管他人瓦上霜'。此数语者，实旁观派之经典也，口号也。而此种经典口号，深入于全国人头脑之中，拂之不去，涤之不净，质而言之，即旁观二字，代表吾全国人之性质也。是即无血性三字，为吾国人之专有物也。呜呼，吾为之惧！"[①]梁公此论是否允当，姑且置之不论。但他的忧虑，不是完全没有道理的。年轻的鲁迅就曾为中国国民性的弱点而陷入沉思。他认为，民族精神的消极方面，当包括妄自尊大、奴性、尚武干禄、自私自利、市侩无赖、夸耀自悦、怀古守旧、自欺欺人、迷信等等。而产生这些弱点的原因之一，就在于封建传统思想的毒害[②]。当我们重新翻开《蜕变》的时候，我们不是恰恰从秦仲宣、马登科、伪组织、孔秋苹、况西堂等人身上，一一找到鲁迅当年对之大张挞伐的劣迹么？祖国正处在危急存亡之秋，这民族精神中的消极成分的可恨、可痛，更使每一个正直的中国人产生切肤之感。曹禺禁不住要借丁大夫之口愤然大喝："我恨不得我能立刻发明一种血清，打到你们每个人的血管里，把你们心里的毒汁，'懒'毒、'缓'毒 、'无耻'的毒、'自私的毒'、'过分聪明'的毒、'不负责任'的毒，一起洗干净。这样，抗战的前途才有办法！"渴望民族精神蜕旧变新之心，何等沉痛！何等急迫！这正是抗战戏剧文学对于以鲁迅为代表的"五四"革命文学的光荣战斗传统的继承和发扬。《蜕变》通过反面形象系列对民族精神中消极因素的谴责，在今天仍未失去积极意义。

以梁公仰、丁大夫为代表的正面人物形象系列，便是冲刷民族精神中消极毒素的新鲜血清。在这个正面人物形象系列中，丁大夫占有特殊位置。把这一形象放到作品提供的时代潮流中去分析，发觉她心灵深处有着一个夺目的光点，那是由于我们民族精神中的积极成分在燃烧。她是一位具有进攻型性格的知识分子，在自己平凡的岗位上履行着神圣的抗战天职，主动地、不知疲倦地工作、工作……对杂生于生活的阴暗潮湿处的霉菌疾恶如仇，主动地、不知畏缩地斗争、斗争……生活是如此艰难，环境是如此恶劣，负载是如此沉重，她也曾感到实

---

① 梁启超：《呵旁观者文》，《饮冰室文集》第五册。

② 参见鲁迅：《至游炳圻》、《十四年的"读经"》等及许寿裳《回忆鲁迅》。

在困乏，甚至一度消沉。但是，国难当头，一种民族自尊心和自信心，一种难以言传的民族义愤感情鼓舞着她，她终于没有后退。诚然，她“不知道是国民党还是共产党，抗日就好”[①]。她那股韧长的内在力量，不能说与传统的民族精神的积极成分没有联系。中华民族传统的文化心理结构作为一种历史的积淀，对于民族性格、民族感情以至民族精神的积极影响，是潜在而久远的。每当国家遭受到来自异域的侵犯和凌辱时，这种潜在而久远的积极影响往往会集中表现出来。而在长期受到悠久的中国文化熏陶的知识分子身上，这种积极影响就显得更加鲜明、强烈。丁大夫那种积极主动、刚强不屈的生命活力，使人很自然地联想到我们民族刚健有为、自强不息的精神。从《周易》中提出“需，须也。险在前也，刚健而不陷，其义不困穷矣”[②]起，中华民族就尊崇刚健而进，不患于险；提倡“天行健，君子以自强不息”[③]；赞美“富贵不能淫，贫贱不能移，威武不能屈”[④]；歌颂“岁寒然后知松柏之后凋”[⑤]。这传统的民族精神中的积极成分，一直是古老躯体内点燃的不熄的精神火光。它激励过许多的知识分子，此时，它依然使得在抗战风雨与硝烟中艰难跋涉的丁大夫心头火光熠熠。在这个人物身上，更加催人泪下的，是那种充满人道主义的崇高的牺牲精神。索取得极少而献出的极多，这是我们民族，尤其是我们民族的妇女最令人钦敬的品质。在旧中国，种种无形和有形的镣铐锁住了妇女的灵与肉。而当着国家民族面临浩劫之时，妇女尤其承受着最多的苦难，作出最大的牺牲。这也是一种民族的可贵传统。在大后方，周恩来曾经同郭沫若谈到，“我们东方人是赞美母亲的”[⑥]。丁大夫堪称我们民族的崇高母性的赞歌。丁大夫把自己当做祖国的女儿，士兵们把她当做他们的母亲。这位平凡而伟大的母亲，有女儿的烈骨，更有母亲的柔情。正如她在给受伤的儿子做完手术后当众剖白的：“现在我的小孩子平安了。……五分钟以前，我心里想，如果他能够再好了，我再也不让他离开我，再也不让他到前线，再也不肯送他跟诸位一道出生入死的。因为我想到一个小小的生命，从生下到长成，白日夜里，无时无刻，加到母亲身上的苦难。一个当母亲的心，会是这么可怜的自私。”不，丁大夫，你不是自私的！当你向跑步赶来同你告别的士兵宣布把儿子献给祖国母亲的时候，当你热诚地呼唤“让我们相亲相爱地活下去吧”的时候，当士兵们情不自禁地朝你喊出“丁大夫万岁！伤兵的母亲万岁！”的时候，我们感到一阵热流直往喉头上涌，我们的眼眶湿润了……我们在你身上看到了民族精神的新的光点。这新的光点，正是时代的赐予，抗战的馈赠。

毫无疑问，面对这样一场残酷而持久的战争，整个民族需要巨大的精神支撑力。这种力量，仅仅靠从传统的民族精神中去吸取，是远远不够的，还需要一种崭新的思想的注入。而民族精神中的那些痼疾，更需要一种强大的精神冲击波才能摧毁。生活本身正是这样启示着曹禺，让他赋予正面人物形象系列中的核心——梁公仰以时代的色彩。这位以创造新精神为目

① 赵浩生：《曹禺从〈雷雨〉谈到〈王昭君〉》，香港《七十年代》，1979年第2期。
② 《周易正义》。
③ 《周易正义》。
④ 《孟子·滕文公下》。
⑤ 《论语·子罕篇》。
⑥ 郭沫若：《〈虎符〉写作缘起》，《郭沫若论创作》，上海文艺出版社1983年版，第415页。

标的“新官吏”，像个大孩子似的朝我们奔来，灼人的生命活力打从他身上的每一个毛孔里往外蒸腾。他的无私与无畏，爽朗与坚毅，他的精明与果敢，深沉与执著，使人感到其中有一种是传统又非传统的东西。是的，这是一个在现代文学史上也并不多见的新人形象，他身上焕发出一种崭新的精神。据曹禺说，就生活原型而言，梁公仰这种人物曹禺在国民党的官员中尚未发现，是曹禺把他从共产党员中找来的[①]。这与当年俄国没有英沙罗夫这样的人物，屠格涅夫不得不到保加利亚的爱国人士中去找来的情况有点相近。这样的人物国民党中是否真没有，这样找来是否合适，见仁见智，尽可议论。但曹禺对于那个时代“社会生活中充满生气的弦索的敏感”[②]与热情，是真诚感人的。尽管这些形象本身在艺术上还远不完美，尽管曹禺在刻画这一形象时也难免有与屠格涅夫写英沙罗夫时几乎一样的失误：内心世界的揭示少了些，有些地方写得概念化。用杜勃罗留波夫的话说，就是“没有充分让我们去熟悉他”[③]。但他是属于未来的。与同时期出现的许多戏剧作品中速朽的人物比较，这一形象的内涵具有某种相对的延续性。在今天看来，他体现出来的公而忘私、锐意兴革的精神状态，仍然具有某种现实的时代意义。因此，一个具有如此昂奋的崭新的精神状态的新人形象出现在抗战前期的舞台上，实在足以令人对之倾注全部的热情。

文学永远直接拥抱和间接呼应着它的时代。在中国，当全民族抗战的帷幕刚刚拉开不久，在人民的心目中，民族的利益、民族的命运、民族的感情，处于最崇高的地位。全国人民抱定“把我们的血肉筑成我们新的长城”的信念，以高昂的民族精神铲除传统的积垢，构筑着心中的长城。力求表现这个伟大的构筑，正是《蜕变》在某种程度上体现出来的抗战前期的时代色彩，正是《蜕变》的一个特点。

艺术辩证法告诉我们，作品的特点中往往包孕着作品的局限。如果说《蜕变》在时代色彩方面带有上述特点，那么，正是这一特点本身，同时存在局限。

曹禺本人谈到《蜕变》的不足时，曾经坦率地认为这个戏“写得不深”[④]。这一自我估计，是比较客观的。从一个方面讲，所谓“不深”，可以理解为，《蜕变》中，时代色彩尚未得到最充分的体现。中国历史的进程表明，民族精神的蜕变，意味着一场尖锐、激烈、复杂的斗争。尽管可以明显地感到作家那种试图表现民族精神的蜕旧变新的强烈愿望，尽管作品也不同程度地显示出了某种特定的时代色彩，但并不尽如人意。已经有人指出，《蜕变》在某些方面“把复杂的生活描写得过于简单，是一种回避矛盾的简单化做法”[⑤]。这种确实存在的简单化现象（包括有些人物描写方面的概念化现象），直接影响到时代色彩的充分体现。民族精神的蜕变，是一场主要在人们的内心世界中诞生的暴风雨，对于一部分人来说，甚至是一次心灵的涅槃。然而，在《蜕变》中，作家除了揭开个别人物如丁大夫心灵帷幕之一角，让人们作短暂的窥视之外，很少细腻地向观众展示人物的内心世界。这种情况，也使时代色彩的体现不得不受到一

① 参见曹禺《〈蜕变〉写作前后》，《华东师范大学学报（哲社版）》，1984年第4期。
② 杜勃罗留波夫：《真正的白天什么时候到来?》，《文学论文选》，上海译文出版社1984年版，第259页。
③ 同上，第291页。
④ 曹禺：《我的生活和创造道路——和田本相同志的谈话》，《曹禺剧作论》，中国戏剧出版社1981年版，第383页。
⑤ 辛宪锡：《曹禺的戏剧艺术》，上海文艺出版社1984年版，第57页。

些限制。

我们不能满足于仅仅指出作品中这些与时代色彩的表现有关的表面现象。作品的时代色彩，是以作家的艺术个性为基点的，时代色彩只有在显著的艺术个性中才能获得充分的体现。因此衡量一部作品是否充分地体现了时代色彩，要看作品是否有作家显著的艺术个性。为了更准确深入地说明《蜕变》的时代色彩问题，对于曹禺的艺术个性在《蜕变》中究竟有怎样程度的表现，应当作一番稍微细致些的考察。

艺术个性，这是作家的一种因人而异的“从审美上掌握生活的手段”[①]。除了作家世界观对它起着决定的作用之外，作家个人的性格、气质和才能的特点对它的形成，有着重大的影响。我们不妨就从这一点出发，开始这有趣的考察。根据曹禺本人的自述[②]，他的个性心理素质呈现着两方面的特征。我们看到，他身上永远潜在并不断喷出一种无法抑制的热情。他属于那种异常易于动情的艺术家类型。他的“心里永感着乱云似的匆促、迫切”，“不能宁静”；他的“不能忍耐”、“烦躁不安”，尤其是他的那与“原始或野蛮的情绪俱来的”“性情中的郁热的氛围”，那“在情绪爆发中”“如一只负伤的狗扑在地上，啮着咸丝丝的涩口的土壤”，使你感到活生生、有血有肉、有独特个性和感情的作家本人，就在面前跃动。我们还看到，作家不仅富于激情，而且耽于沉思。他往往潜入他所熟悉的生活河床的底层思索。他“恨不得立刻搜索出一个答案；苦思不得的时候便冥眩不安，流着汗，急躁地锤击着自己”（这沉思也带着他个人气质上的特征）。他彻夜读书，“读多少那些被认为洪水猛兽的书籍”，“流着眼泪，赞美着这些伟大的孤独的心灵”，陷入更深的思索……于是，我们看到了他个性和气质的另一面：“忧郁与暗涩”，“不大会议论”。准确地说，是一种内心的潜沉。这些个性的心理特质反映到他的才能上，使他显出一种特别强烈、特别敏锐的感受性和观察力，特别奔放、特别细腻的美学感情和表现力。曹禺奉献出这部《蜕变》之前，他那特定的个性心理素质和戏剧艺术才能影响下形成的艺术个性，就通过《雷雨》、《日出》、《原野》等剧作，给人们留下了强烈而深刻的印象。这艺术个性的特征，概括起来说，就是郁热和潜沉。他的作品，仿佛夏日里乌云密集的天空，作家的热情如同云中的雷电，随时会在心头震响、炸裂；同时，又仿佛冬日里茫茫的海洋，表层看去波涛平静，而深渊之下，则翻滚着、蕴蓄着一个恢宏壮丽、奇珍异宝的世界。这一艺术个性，正是他的个性心理特征在作品中的折射。

作为一种历史的现象，艺术个性在具体作家作品中的表现，既有发展变化的一面，更有相对稳定延续的一面，但并不是每个作家的每部作品中都有着他艺术个性的均衡的表现。我们不能不遗憾地指出，与他本人过去的几部剧作比较起来，《蜕变》中曹禺的艺术个性表现得并不完全、并不显著。诚然，《蜕变》依然是那种曹禺式的热情不可抑制的产儿，它依然带着，甚至更强烈地带着一种明朗的憧憬。但它未能在宣泄这郁热的同时，相伴着比较充分地显示出曹禺式的对社会与人生的极其冷静、极富哲理的沉思。也就是说，它尚缺乏一种厚重感，一种内心的潜沉。《雷雨》、《日出》、《原野》，都曾一再显示出曹禺那极强的内心视觉能力。在那几

① 赫拉普钦科：《作家的创作个性和文学的发展》，上海译文出版社 1982 年版，第 85 页。
② 参见曹禺《〈雷雨〉序》与《〈日出〉序》。

个戏里，曹禺以他的郁热而潜沉的艺术个性，倾注全部心力于蘩漪、陈白露、仇虎、金子的形象塑造上。他“凭借内心的视力来看所描绘的对象”①，他那爱克司光般的艺术家的目光，深入人物的内心，创造出一个千汇万状、足以动人心旌的世界。然而，同样一支笔，在写《蜕变》时，却似乎多少失去了一些魔力。如前文所提到的，除了在个别人物身上偶或实现短暂的心灵的会见之外，人们几乎感受不到曹禺那足以震慑人心的内心视觉力量。曹禺的热情与潜沉，一直是主要建立在戏剧人物与观众的心灵的会见基础之上的。也就是说，那种心灵的会见，往往是曹禺郁热而潜沉的艺术个性表现得最为动人的地方。没有了潜沉，单靠热情的羽翼，无法较好地实现心灵的会见，曹禺便不成其为曹禺。所以，与其说我们在《蜕变》里看到的是作家艺术个性的变化，不如说看到的是作家艺术个性的部分消失。胡风当年就看到了这一现象并深刻地指明了原因：“在别的作品里面，作者在现实人生里面瞻望理想，但在这里，他却由现实人生向理想跃进。但据我看，他过于兴奋，终于滑倒了。”②

一个作家的艺术个性的形成，与他个人的具有充分具体性和独特性的生活经验、生活史有着密切的关系。文学史和戏剧史上一再出现这样的例证，某个作家在表现他那独特的个人经历，或与自己的生活史比较接近的其他人的经历时，非常自如、非常灵动地表现出自己的艺术个性。一旦遇到与自己的个人经历不尽相同，或自己不完全熟悉的题材或人物时，那艺术个性有时就变得呆滞、僵化，以至几乎完全丧失。看来，作家选择题材，题材也选择着作家。一般说来，那些作家本人真正熟悉并深入了解，因此而与他的艺术个性有着某种内在的贴近的题材，便能在作家笔下充分体现出时代色彩。在曹禺的生活史上，给他心灵留下最深的烙印的，当然是旧中国的封建官僚买办家庭。他最熟悉的，就是与这样的家庭有关的生活。他说过：“我出身在一个官僚家庭里，看到过许多高级恶棍，高级流氓；《雷雨》、《日出》、《北京人》里出现的那些人物，我看得太多了，有一段时间甚至可以说是朝夕相处。”③这样的家庭生活，对他性格的最初形成，无疑产生过不小影响。在这类题材的剧作中，他那独特的生活经历和艺术个性，岂止是内在的贴近，简直是浑然的融合！他那郁热而潜沉的艺术个性便因此而得到最生动、最集中的显现。当抗战这只巨大的灼热的手掌把他推进旋风般的生活激流中时，迎接他的便全是时时在变化中的人与事。对于这些人和事，不能说他完全不了解，不熟悉。然而，那了解与熟悉的程度，就远不如他对于周朴园、蘩漪、侍萍们那样，能够准确地把握他们的一言一笑，哪怕是眉梢的一下轻微抖动了。而且，这纷至沓来的一切，他还没有来得及从容地理解和消化。更何况，对于生活中涌现出的崭新的因素，比如梁公仰这种人物的原型，他还有些许隔膜。这些都不同程度地妨碍了他的艺术个性与题材的进一步贴近。换句话说，从艺术个性的角度看来，《蜕变》并不是最合适于曹禺去写的戏。这恐怕也是造成《蜕变》的时代色彩未能最充分地体现出来的一个原因。

然而，我们不能因此而责备剧作家当年创作《蜕变》时的真诚的热情。正如《蜕变》在当时

---

① 阿·托尔斯泰：《致青年作家》，《论文学》，人民文学出版社 1980 年版，第 271 页。

② 胡风：《〈蜕变〉一解》，《文学创作》1943 年 4 月第 1 卷第 6 期。

③ 《曹禺谈〈雷雨〉》，《人民戏剧》1979 年第 3 期。

的某种程度上的成功一样,《蜕变》的不足,也带着那个时代的色彩。这里,我们不能不考虑到时代的审美要求以及群众的欣赏趣味和心理,对作家创作个性的影响。正如有人所指出的,"在一定社会条件下产生的个人艺术探索及其对社会的精神要求的响应这两者之间"的相互影响,是十分复杂的。"社会生活的发展往往产生出这样一些强有力的美学冲动,产生这样一些思想要求和审美要求,甚至当艺术家个人的这些或那些极重要的特征不符合这些要求的时候,这些要求也强有力地吸引住艺术家。在历史的转折时期,在社会高潮的时期,情况往往如此。"[①]抗战爆发初期,对于我们的国家和民族来说,既是一个发生危机的时期,又是一个重大历史转折的高潮时期。战争使整个生活迅疾发生巨大变化。烈火与硝烟,流血与死亡,瞬息之间打乱社会机器的正常运转,同时也改变了人们的包括审美心理在内的心理状态。一切为着宣传民众,一切为着动员民众,一切为着抗战救亡,成为最急迫、最广泛的需要。社会生活和人们心里的最敏感的晴雨表——文学艺术,首先对此作出强烈的反应。一方面,抗战燃起了中国的文学艺术家们从来未有的热情的火焰,他们的精神处于一种兴奋的、跳跃的状态。"战争所掀起的各式各样的生活事件使他们激发了太多的悲哀,太多的兴奋,太多的欢喜,使他们抖去了被压抑的忧郁,不能不通过或对着使他这样了的生活形象,把他的泛滥着的热情歌唱出来。"另一方面,人民群众也对文艺提出了新的要求,这要求在很大成分上反映出来的是他们"关心战争,急望理解现实问题的心理状态"[②]。这种时代的审美要求和群众欣赏趣味和心理的变化,迅速从报告文学和诗歌的蓬勃崛起中反映了出来。这强有力的美学冲动,同时强有力地吸引着《雷雨》的作者。尽管他的艺术个性与他所选择的题材之间并不完全相适应,尽管他对于这一题材也不能说十分熟悉,曹禺仍然带着水手的激情和勇敢,扬帆出航,驶进了一片比较陌生的海域。这就是他的《蜕变》何以"采用一种近乎新闻报道的方式",何以"闯了一条非戏剧化的路子"[③]的原因,也是影响到《蜕变》的时代色彩未能更充分、更深刻加以体现的一个原因。如果联系到现代戏剧大师布莱希特在第二次世界大战期间怀着对法西斯主义的愤恨,根据目击者的报告和报纸的报道,写下过新闻报道色彩很浓的剧本《第三帝国的恐惧和苦难》,我们就完全可以理解曹禺写作《蜕变》时的心情了。时代的呼唤,永远是美学冲动的原动力。

在40年代话剧史乃至中国现代话剧史上,《蜕变》有着一定的地位。它在时代色彩方面的特点与不足,是剧作家在急切地倾诉他的热情与理想时表现出来的特点与不足。比这些特点与不足更重要的,是它所熔铸的作家那极可宝贵的热情和那既朦胧又明朗的理想。这热情和理想,像窗外那一抹朝霞,一抹曾经给人以希望和勇气的朝霞。这朝霞,有过它的绚丽和璀璨。

在《北京人》和《家》中走向潜沉

在作别《黑字二十八》和《蜕变》的轰轰烈烈、急急忙忙之后,曹禺于抗战进入相持阶段的

---

① 赫拉普钦柯:《作家的创作个性和文学的发展》,上海译文出版社1982年版,第84页。

② 胡风:《民族战争与新文艺传统》,《胡风评论集(中)》,人民文学出版社1984年版,第143—145页。

③ 辛宪锡:《曹禺的戏剧艺术》,上海文艺出版社1984年版,第57页、81页。

1940年深秋，被秀丽的川南小城江安渐渐带进安宁静谧的状态。

这位浪漫的叙事诗人陷入沉思。

这时，他似乎已经感觉到自己写《蜕变》时那与激昂的热忱相伴的乐观实在有些天真。作为一次"向现实的政治要求的突进"，《蜕变》一方面以"经验了痛苦、兴奋和希望之后淤积起来"的"创造梦境似的心情"[①]，急切而热烈地贴近现实生活；另一方面，"没有把梁专员这一人物把握好"，"它留着'概念化'的痕迹"[②]。有鉴于此，他想："还是要写人。一切戏剧都离不开写人物，而我倾心追求的是把人的灵魂、人的心理、人的内心隐秘、内心世界的细微的感情写出来。"[③]要写活人，有灵魂的活人，是他一向的追求。这里，有一个先决的条件，那就是这人必须是自己最熟悉、最了解并深入观察和长期思考过的人。《蜕变》不是没有写人，但其中主要的人如梁专员他并不十分熟悉和了解，也未有过深入的观察和思考，因此，这个人物理想的成分超过了现实的成分。要继续把人写好，就得回头写自己最熟悉、了解，长期在脑子里打转、一直在眼前晃动的人。这也许是他写《北京人》最初的动机。

《北京人》和《家》所包含的丰富的审美经验和美学意蕴，已经大大超过了剧本和演出本身。而这两个戏所表现出来的曹禺的气质与艺术个性的细微变化，更给后人留下了宝贵的启示。

观众在《北京人》里所见到的，已经不是《蜕变》更不是《黑字二十八》中的那个喧嚣、躁动的战争背景下的世界。曹禺的心灵又一次沉浸在对中国那种典型的旧式家庭生活的回忆中。一旦进入构思，过去的一切仿佛又回来了：

> 《北京人》主要取自我的老同学孙毓棠的外祖父徐家。……毓棠的外祖父也可以说是清朝的遗老，……徐家的少爷、小姐不少，但是，家都破败了……徐家的陈设，仍然是十分讲究的，处处都是古香古色，即使房屋的构造、格局，都能看出昔日的威严，栋梁上也留着过去金碧辉煌的痕迹，……当然也不都是取自徐家，像曾皓，就有我父亲的影子。
>
> 我曾看到一位教授，他和一个年轻的姑娘有一些感情上的瓜葛；我看出他是剥夺别人的感情，这件事曾经使我感触很深。……那时，我还碰到一个女孩子，年龄稍大些了，没有出嫁，住在姨夫家里。当然，这个姑娘不像愫方那样，但有些相似吧！就这样把曾皓和愫方连在一起了。
>
> 徐家的少爷、小姐赌博，抽鸦片烟，……这些少爷就有曾文清的影子……曾文清身上也有我那位大哥的影子。[④]

如果把《黑字二十八》和《蜕变》的写作称为贴近，那么，《北京人》和《家》的写作就似乎是一种疏远。这是一个明显的重要转折，可以把他的这种转折理解为对"向现实的政治要求突进"的一种反思和醒悟。或者说，曹禺意识或下意识地从较多的现实政治的考虑返回到了更多的审美意识的考虑。对于审美来说，体验既是原始直觉，更是一种诗化了的感觉，是超越的

---

① 胡风：《〈蜕变〉一解》，《文学创作》1943年4月第1卷第6期。

② 葭水：《〈蜕变〉观后》，《文汇报》(上海)1945年10月5日。

③ 曹禺与田本相谈话记录，田本相《曹禺传》，北京十月文艺出版社1988年版，第273页。

④ 以上引文均见曹禺与田本相谈话记录，《曹禺传》，北京十月文艺出版社1988年版，第272—273页。

感性。审美意识要求艺术家绝不能仅仅以经验的、功利的眼光看世界，因为审美意识是不计较利害的。真正的艺术家往往致力于在创作中寻找超验并以此与现实对抗。一旦有所醒悟，曹禺仿佛又听到了潜隐着的生命激情的呼唤，他又开始回到感性个体的本真生存状态，回到神秘的命运感，开始由反观自己的心灵起步的对人的内心世界的细微感情的探寻。这一心灵轨迹，明显地在对前文所引述的现实生活的审美提升中表现出来。

选择中国封建士大夫家庭的日常生活为题材，除了对它十分熟悉并有铭心刻骨的体验之外，还因为这一题材与身处抗战大后方的剧作家曹禺之间保持了一种审美距离。这在曹禺实际上是有意为之。与写作《蜕变》时的切近的明显的功利要求（据说《蜕变》原本是为中央青年剧社劳军而赶写的）相比，写作《北京人》则是完全发自曹禺内心的“把人物的灵魂深挖一下，把人物性格的复杂性挖一下”的强烈的创作欲望。写作中，他极力回避直接切进当下社会现实。对此，他后来说过一段颇耐人寻味的话：“《北京人》中，瑞贞觉悟了，最后愫方也醒悟了，她们都从‘棺材’里脱逃出去了。我清楚地知道她们逃到什么地方，那就是延安。那时是由袁任敢带她们到天津，正是日本人的统治下，检查很严，但是，我不能把日本侵略军写到剧本里去。我明明知道，但不能写，只要一把日本联上，这部戏就走神了。古老的感觉没有了，味道也没有了，非抽掉不可。现实主义的东西，不能那么现实。”①

这里所说的“神”、“味道”，实际上就是审美意识对现实功利的超越，以及这种超越所产生的美感。现实主义的东西之所以不能那么现实，根本的原因就是它会因此而忽略由经验到超验的过程，从而失去对现实的超越所产生的美感。曹禺写作《北京人》时的想法，正是一种自觉而强烈的审美意识的复苏。

经过这种审美超越的过滤、透视、蒸腾、发酵，曹禺把他对时代的整体的把握，尤其是对时代的感觉（这更带有审美主体的个性色彩），传达得出神入化。这不仅体现在对《北京人》、《家》的一些主要人物愫方、曾文清、曾皓、觉新、瑞珏、梅芬、鸣凤等的刻画上，更体现在对这些人物和他们的生活环境的整体性的美学审视与反思上。这时的曹禺，有一种写作《雷雨》、《日出》、《原野》时的生命感再次回到自己身上的强烈感觉。人的生命，艺术家的生命，包括了他的全部活动和体验，包括了他的有限生命对无限生活的情绪化的审视和反思。

我们又见到了舞台上那对于典型环境的个性化的诗意渲染：北平秋日晴空中白鸽的哨响、胡同里的水车“孜妞妞”的声音、剃头师傅打着“唤头”的声响，城墙上断续送来的归营的号手吹着的号声……高府花园里在寂寞中开放的梅花，湖滨传来的杜鹃那轻快响亮的啼叫声，湖上的风雨声和电闪雷鸣，城郊的旧屋窗外飘落着的漫天大雪……

我们又见到了曹禺早期剧作中出现过的颇为浪漫的写意手法：那只不会飞的鸽子，那群待在家里只会啃字画的耗子，那口漆了又漆的棺材，以及那个化为巨大的黑影出现的“北京人”……

人们习惯于用西方文论的概念将上述形象在作品中的出现判断为曹禺所受的象征主义、表现主义的影响。这样解释自然没有什么不妥。不过，从中国传统美学观看来，剧中的耗子、

① 以上引文均见曹禺与田本相谈话记录，《曹禺传》，北京十月文艺出版社 1988 年版，第 277 页。

棺材、"北京人"，甚至不包括愫方怀中的那只鸽子，都是一种虚化形象，都具有中国传统艺术写意的特征。[①] 值得注意的是《北京人》中的"北京人"形象的出现与曹禺气质中的浪漫成分的关系。他从小就是耽于遐想的。创作《北京人》时，他刚刚经历抗战初期颠沛流离中的岁月煎熬，刚刚经历了《蜕变》中那朝霞般燃烧的无法控制的激情和理想的躁动。当他沉静下来，美的想象在他的内心自然地升腾起来。艺术家的想象往往是污染天生灵性的现实对心灵的纠缠煎逼的结果。人是需要想象的，赋予美的创造性的人尤其需要想象。作为有限的时间性存在，人渴望超越时间的有限性，想象便随之翩然降生。它的降生给生活带来价值和意义，通过它的中介，过去和未来得以沟通，生命的意义得到表达，生命由此而得到提升。《北京人》中，研究人类学的学者袁任敢所描绘的"北京人"，是一种想象与回忆的对接和交融，它是回忆，也是想象——在想象中回忆，在回忆中想象。"要爱就爱，要恨就恨，要哭就哭，要喊就喊，他们自由地活着。"关键是"没有现在这么多吃人的礼教同文明。""北京人"并不是向后看的而是向前看的。在"北京人"身上，凝聚着生活的价值，生命的意义，凝聚着对未来的向往，对理想的憧憬。《北京人》通过"北京人"将生命予以提升。"北京人"通过回忆与想象的这种不可分割的联系，提醒人们重新回到价值生存的起点。在"北京人"身上，充满了超时间的时间感，实现了充满浪漫色彩的审美意向的投射。《北京人》向观众表明：那位创作《雷雨》的具有浪漫气质的叙事诗人，又回来了。

审美意识对题材的超越，同样表现在对巴金的同名长篇小说《家》的改编中。在从巴金手里接过吴天改编的《家》的本子并将它认真读完后，"觉得它太'忠实'于原著了"[②]。这句话，其实已经透出了曹禺改编《家》的动机。这里的太"忠实"，可以读作太"黏滞"。在反复读过巴金的小说《家》然后动手写作之初，曹禺又"发现并不懂得觉慧"[③]。这里的"不懂得"应当读作不熟悉、不了解。把上述两句话联系起来，可以读出这样一层意思：曹禺不愿意像巴金那样将笔触主要伸向相当宽阔的生活的激流，也没有像巴金那样"我最后还要写一个叛徒。一个幼稚然而大胆的叛徒。我要把希望寄托在他底身上，要他给我们带进来一点新鲜空气"[④]。他把目光聚焦在觉新与觉慧等年轻人的婚姻爱情上。这种与原著大体一致又不尽相同而有所侧重的选择，固然直接与剧本不同于小说的限制有关，与要写自己真懂了的人和事有关，但其中更深一层的原因恐怕是出于对切近的现实社会生活保持一种审美距离的考虑。这样，觉慧这个人物变得不那么重要了，瑞珏和觉新成为了主角。自然，觉慧所参加的斗争、学潮、兵灾等纷纷退隐到了幕后。在曹禺的理解和感受中，多少年来中国封建礼教对爱情的摧残和对婚姻的扭曲，是生活在旧中国的人们的深深的甚至可以说是恒久的伤痛。爱情、婚姻这根琴弦一旦被动情地拨动，便能在全人类的层面上引起共鸣和回想。应当看到，话剧《家》的成功，首先是曹禺的超越浅表经验和政治功利的审美意识的胜利。

---

① 参见焦尚志《论曹禺剧作中虚化形象及其审美价值》一文，载田本相、刘家鸣主编《中外学者论曹禺》，南开大学出版社 1992 年版。

② 曹禺与田本相谈话记录，《曹禺传》，北京十月文艺出版社 1988 年版，第 293 页。

③ 同上，第 298 页。

④ 巴金《关于〈家〉——十版改定本代序》。

回到非功利的超验的审美意识，就意味着回到自身的个体生命感觉。那是一种诗化了的感觉，是与感性个体的本真生存状态紧密联系的本真情感。在《黑字二十八》和《蜕变》中，由于主客体双方的特殊原因造成了这种诗化了的感觉的部分丢失。《北京人》和《家》的写作，使曹禺找回了他写《雷雨》时的那种生命感觉，而且，从气质和艺术个性的角度说，他的这种生命感觉还发生了一些变化。其中最突出的，就是经过当初的"郁热"乃至爆炸，渐渐潜沉下来，变得冲淡而澄明。在这两部戏中，无论人物关系、冲突展开、环境渲染，以至舞台语言、戏剧节奏，无不在看似平缓的推进中隐伏峰峦、暗藏跌宕，让戏剧动作与戏剧冲突在观众的可觉与不可觉之间悄然凝聚爆发力。愫方与曾文清的关系，在某种程度上可以视为《北京人》的戏核。一具活尸般的曾文清有着错综的心理、错综的感情，他对自己的家庭并不满意，他要出走，可是他既无独立生存的本事，更无独立生存的意志。他爱着愫方，可他没有能力更没有胆量带她一起出走。愫方的心理、感情同样错综。她深爱文清，一心希望他好，希望他戒了鸦片烟走出家门闯天下。当文清终于走出去后，她是那么高兴，尽管这高兴夹着心酸。她想，只要文清在外面过得好，她甘愿为他守在这个发霉的家里，替他侍候老人、照料孩子、保管字画、喂鸽子，一辈子也不离开。她对瑞贞这样说："也许有一天我会离开——那一天，天真的能塌，哑巴都能急的说了话。"可是不久，曾文清这只鸽子又回来了——他只能待在家里，他已经不会飞了。这一段戏，看似波澜不惊，骨子里却像是汪洋大海深处有一股巨大的潮流在涌起：

〔凄凉的号声，似不断地传来。这时大客厅的门缓缓推开，暮色昏暗里显出曾文清。他更苍白瘦弱，穿一件旧的夹袍，臂里夹着那画轴，神色惨沮疲惫，低着头踽踽踱进来。

〔愫方背着他，正高兴地低头取东西。瑞贞面朝着那扇门——

曾瑞贞（一眼看见，象中了梦魇似的，喊不出声来）呵，这——

愫方　（压不下的欢喜，两手正举出一个非常美丽的大布娃娃……她满脸是笑，期待地望着瑞贞）你看！（突然看见瑞贞的苍白紧张的脸）谁？

曾瑞贞（呆望）我看，天，天塌了。（突然回身掩住自己的脸）

愫方　（回头看清文清，文清正停顿着，仿佛看不大清楚似的向她们这边望）啊！

这真是莱辛所说的一个富于包孕的片刻！这里有复杂剧烈、突兀的感情变化。然而，剧作家曹禺却不动声色地以对细微得几乎觉察不出来的外在戏剧动作的捕捉和放大，将人物的内心世界揭露无余。这种手法和风格所反映出来的个性特征，"犹之惠风，荏苒在衣"（司空图《诗品》）。春风拂来，襟袖飘荡，轻柔宛转。实际上，这正是曹禺的激情以平静的形式在突显。细细品味《北京人》和《家》，这种冲淡的个性特色，恰似绿如蓝的江南秀水，几乎泛漾在每一幕、每一景中。透过舞台上变化着的戏剧情景，仿佛见到浪漫的叙事诗人从舞台深处低吟着缓步走来，情思悠远、形神萧散，略带感伤。他的眼神里依然流淌出热烈的青春希望。

我们还不能忽略曹禺这一时期个人生活经历尤其是精神生活中所出现的波折对他的气质和个性的影响，虽然这种影响细微得难以察觉。曹禺和郑秀 1937 年底在长沙青年会举行婚礼。的确，曹禺与郑秀的结合，已经蕴藏着危机。"婚后二年，他渐渐发现自己与郑秀在性格、志趣、生活习惯上矛盾越来越大。他是一个不修边幅的人，艺术、戏剧是他神圣的殿堂。

他经常心不在焉，在他想象的艺术世界里遨游。……可郑秀特别爱干净，重仪表，有人说她有洁癖，这让他受不了。”同时，两人的志趣也越来越不相投：“小城的生活单调乏味，曹禺又忙于事业，郑秀闲来无事，就同剧校的几位师母打牌消遣。有时还要曹禺陪她一起打。……曹禺无奈，陪在郑秀旁边……刚看了一会，他就从口袋里掏出一本书，自顾自的看了起来。”①夫妻间看似小事情上的矛盾，往往导致感情的裂痕加深。平日不爱说话的曹禺陷入深深的苦闷之中。就在这时，方瑞悄悄地走进了曹禺的生活。在曹禺眼里，方瑞有着别样的纯情，别样的端庄，别样的淡雅，别样的幽丽。而方瑞对曹禺则怀着格外的挚爱和崇敬。两人由此坠入爱河。也就是在两人相爱的这段时间，曹禺写出了《北京人》，改编了《家》。

自打爱意如春天的绿芽爬上枝头的那一刻起，曹禺的内心世界悄然起了变化。应当注意的是，对于曹禺来说，这不是初恋。正经历着婚姻家庭生活的难言的痛苦和不幸的曹禺，格外珍惜这一份爱情。恰恰是这一点，使他的情感在热烈中带几分冷静，极度亢奋反而使他变得更加细腻，而痛苦和不幸更使他对美好希望充满渴求。他心头眷恋着方瑞，这方瑞便在他笔下化为愫方和瑞珏。多少年之后，他深情地回忆道：“愫方是《北京人》的主要人物。我是用了全副的力量，也可以说是用我的心灵塑造成的。我是根据我死去的爱人方瑞来写愫方的。……方瑞的个性，是我写愫方的依据，我是把我对她的感情、思恋都写进了愫方的形象里，我是想着方瑞写愫方的。……没有方瑞，是写不出来愫方的。”②写《家》的时候，他写出一个段落，就把手稿寄给“所爱的朋友”方瑞，由她抄好再寄回来。这是一种独特的含蓄的相互倾诉衷肠、传递温馨的方式。同样，在《家》里的主要人物瑞珏的身上，可以见到方瑞那泛起一脉淡淡的愁怨的和蔼而温厚的面庞。

笼罩着这些人物的环境和氛围，则透出一种不同于《蜕变》的背景的含蓄而隽永的诗意，这诗意中悠悠地回荡着宁静淡雅幽远的气息。《家》的第一幕第二景后半场戏里的暖色调，与戏剧情境中的诗化独白和对白，相互映衬出一种浓郁的诗情画意；而第四幕的最后一段戏里冷色调与戏剧情境中的悲凉沉痛的场面，则相互映衬出一种凄切哀怨的诗情画意。不过，与《蜕变》相似的是，上述场景中始终流贯着曹禺气质与个性中的重要成分：对善良之情的敏感，对人类美好未来的憧憬，这使他对生活一直怀着一颗童心，一颗赤子之心。

《北京人》和《家》共同的美学风格，明显受到契诃夫剧作的影响。但从文化血缘上说，曹禺这两部剧作中显露出来的气质与个性，更接近“发纤秾于简古，寄至味于淡泊”③的华夏古风。归根结底，曹禺是生活在自己的文化和经验深处的。

整个40年代的中国话剧艺术和话剧人，都经历了从抗战初期的“爆炸”到抗战中后期的“潜沉”的变化过程，曹禺是这种变化的一个杰出代表。与过去一样，曹禺仍然关注着民族的人类的生命之谜，仍然渴望以新生命取代旧生命。《蜕变》无疑是这种关注和渴望的表现，然而却是一种过于急切的表现。认真吸取并反思了《蜕变》的经验教训之后，《北京人》和《家》一

---

① 曹树钧、俞健萌：《摄魂——戏剧大师曹禺》，中国青年出版社1990年版，第302—304页。

② 曹禺与田本相谈话记录，田本相《曹禺传》，北京十月文艺出版社1988年版，第274页。

③ 苏轼：《书黄子思诗集后》。

方面保持了昔日翻涌在《雷雨》、《日出》、《原野》中的“郁热”，一方面让这种“郁热”沉静下来，变得素淡深远，渐渐走向恬美澄明。《北京人》和《家》是曹禺的悲悯情怀的继续呈现，是他将自己气质和个性中的一些浮躁的成分荡涤干净之后写出的献给母亲——大地和人类的精神瑰宝。

［作者简介：廖全京，原四川戏剧家协会主席］

论曹禺对契诃夫戏剧的接受和创造性转化

邓齐平

契诃夫真诚面对生活，体验到人生充满着悖论和困惑，他选择戏剧文体，主要是为了在舞台上更好地展现它，启迪人们认清生活的本来面目，从而更坚定开拓新生活的愿望，并因此形成了他超越易卜生戏剧的独特的生活化、哲理化、诗意化的戏剧。契诃夫的戏剧对曹禺的《日出》、《北京人》产生了重大影响，并启迪曹禺建构了具有民族特色的中国现代诗化戏剧。

一

剧作家和剧作家之间的沟通主要是心灵的沟通，它来自于内在心理的默契和思想上的共鸣，来自于内在生命体验的契合。曹禺和契诃夫的相遇就来自于他们之间这种内在生命体验的契合。

契诃夫戏剧的产生代表着现代戏剧发展的新阶段，它与斯坦尼拉夫斯基表演体系的形成相互呼应，达到了现实主义戏剧真实性的新高度，它"不是查尔斯·基恩和他在莎士比亚剧作中古董式表演的那种真实性，也不是梅宁根剧团的那种现实主义幻觉的逼真细节"。它是一种"前所未有的历史真实"①，是舞台上新的细节真实和心理真实。曹禺被这种新的戏剧真实深深地吸引，并尽全力在自己的戏剧创作中加以实践。

1936年，曹禺在《日出·跋》中描绘了他阅读契诃夫戏剧并与之产生强烈共鸣的情景。他说："我记起几年前着了迷，沉醉于契诃夫深邃艰深的艺术里，一颗沉重的心怎样为他的戏感动着。读毕了《三姐妹》，我阖上眼，眼前展开那一幅秋天的忧郁，玛夏(Mash)，哀林娜(Irina)，阿尔加(Olga)那三个有大眼睛的姐妹悲哀地倚在一起，眼里浮起湿润的忧愁，静静地听着窗外远远地奏着欢乐的进行曲，那充满了欢欣的生命的愉快的军乐渐远渐微，也消失在空虚里，静默中，仿佛年长的姐姐阿尔加喃喃地低述她们生活的悒郁，希望的渺茫，徒然地工作，徒然地生存着，我的眼渐为浮起的泪水模糊起来成了一片，再也抬不起头来。然而在这曲伟大的戏里没有一点张牙舞爪的穿插，走进走出，是活人，有灵魂的人，不见一段惊心动魄的场面。结构很平淡，剧情人物也没有什么起伏生展，却那样抓牢了我的魂魄，我几乎停住了气息，一直昏迷在那悲哀的氛围里。"②在这段话里，体现了曹禺与契诃夫在心灵深处的情感上的强烈共鸣，也体现了曹禺对契诃夫戏剧中所体现的新的戏剧真实性原则的高度认同。曹禺把契诃

① 〔英〕思泰恩：《现代戏剧理论与实践》，刘国彬等译，中国戏剧出版社2002年版，第102页。

② 曹禺：《日出·跋》，人民文学出版社1994年版，第196—197页。

夫的戏剧概括为"深邃艰深的艺术"，对契诃夫戏剧中"秋天的忧郁"和"悲哀的氛围"的诗意有着深刻的体会和理解，对写人、写"活人"、写"有灵魂的活人"为中心的戏剧真实更是体验深刻。曹禺以此反观、清算了自己在《雷雨》中所使用的"浅薄的技巧"和"简陋的'招数'"①。

尽管曹禺在《日出·跋》中所反思的主要是戏剧技巧的问题，但技巧背后始终隐藏着剧作家的世界观、人生观，它往往是剧作家之间心灵默契、沟通的桥梁。从契诃夫《三姐妹》对曹禺的吸引中可以看出，真正引起曹禺共鸣的是契诃夫在剧作中所表现出来的那种博大的悲悯情怀。曹禺为《三姐妹》"那三个有大眼睛的姐妹悲哀地倚在一起，眼里浮起湿润的忧愁"所感动，从而引发出曹禺对"她们生活的悒郁，希望的渺茫，徒然地工作，徒然地生存着"的人生处境的同情和怜悯。这种共同的对无辜的不幸的人们的同情和怜悯，表明曹禺和契诃夫对人类生存痛苦、悲哀、忧伤都有着深深的理解，都期盼着人类未来生活更美好。博大的悲悯情怀是两颗艺术家的心灵能相通相融的思想、情感基础。

博大的悲悯情怀，使曹禺和契诃夫在剧作中同时猛烈地攻击社会的庸俗、龌龊、堕落。契诃夫说："我只想诚实地对人们说：看一看你们自己吧，看一看你们大家都生活得多么糟，多么无聊！……顶要紧的就是要人们了解这一点，等到他们了解这一点，他们一定会为自己创造出另外一种比较好的生活。"②契诃夫深深地体验到："在这个世界上生活可真难！""欢乐甚少，苦闷很多。"(《三姐妹》)契诃夫经常感到"苦闷和忧郁"。他说："我痛恨以一切形式出现的虚伪和暴力；……伪善、愚蠢、专横，不是仅仅在商人家庭里和监狱里盛行，我在科学方面，文学方面，青年当中，也看见它们。"③契诃夫的这种苦闷、忧郁、痛恨来自于对美好生活被毁灭而引起的困惑。他直觉地感悟到"不能再这样生活下去了"。在《三姐妹》、《樱桃园》等剧作中，契诃夫所塑造的人物都向往着"光明的新生活"，但他们都不知道创造新生活的必由之路，他们只渺茫地祈望着："这样的生活是迟早会到来的！"这是一种绝望中的希望，也许存在，也许根本就不存在。因此，曹禺在接受《三姐妹》时感受到的是无法祛除的忧郁、忧愁和悲哀情绪。在《日出·跋》中，曹禺说："我总是悻悻地念着我这样情意殷殷，妇人般地爱恋着热望着人们，而所得的是无情的残酷的失望"，他赞美《老子》、《佛经》、《圣经》中所蕴藉着的"伟大的孤独的心灵"，痛恨"人群中一些冥顽不灵的自命为'人'的这一类的动物。他们偏若充耳无闻，不肯听旷野中那伟大的凄厉的唤声"。他说："我恶毒地诅咒四周的不公平，除了去掉这群腐烂的人们，我看不出眼前有多少光明。"他情感激越地抨击那些"荒淫无耻，丢弃了太阳的人们"。④他说："我求的是一点希望，一线光明。人毕竟是要活的，并应该幸福地活着。……我们要的是太阳，是春日，是充满了欢笑的好生活，虽然目前是一片混乱。"⑤这种对人类社会怀抱的博大的悲悯情怀甚至使曹禺在《日出》中对李石清、潘月亭之类也给予怜悯，而且"憎恨的情绪愈

① 曹禺：《日出·跋》，人民文学出版社 1994 年版，第 196 页。
② 契诃夫：《契诃夫论文学》，安徽文艺出版社 1997 年版，第 344 页。
③ 同上，第 86 页。
④ 曹禺：《日出·跋》，人民文学出版社 1994 年版，第 191 页。
⑤ 同上，第 192 页。

高，怜悯他们的心也愈重”，因为“究竟他们是玩弄人，还是为人们所玩弄呢”[①]。如果说契诃夫所代表的是伟大的“俄罗斯的悲哀”，那么，曹禺则代表着古老中国的苦闷。

二

诗意的真实是契诃夫戏剧的重要特征，这种真实需要剧作家尽量克制自己的主观情感和情绪，去无限地接近生活中的真实。契诃夫在批评苏沃陵所写的小说时说：“您为满足自己的忠实感觉而牺牲了真实。……您惯于用政论家的眼睛看一切东西。”[②]他要求作家对现实真实性有精确的把握和透彻的理解。他认为“自然主义也罢，现实主义也罢，都不需要。不必把作家赶到任何框框里去。必须把生活写得跟原来面目一样，把人写得跟原来面目一样，而不是捏造出来。”[③]“整个生活可以为艺术作品提供内容，不过这类作品必须有这样一个特点：真实地表现被描写事物的精神。”[④]他一再强调“诗里必须表现事物的真精神”。[⑤] 这是契诃夫戏剧诗意真实的精髓。曹禺戏剧创作正是吸收了契诃夫戏剧的这种艺术精神，并与中国古典文学传统中的抒情因素相融合，才形成了独特的富有民族特色的诗化戏剧。

契诃夫和曹禺的诗化戏剧的典型特征分别体现在《樱桃园》和《北京人》中。《樱桃园》和《北京人》虽然展现的是两种不同风味的民族生活，但二者都诗意地把握了各自不同民族生活的精神内涵，即“真精神”，它来自于二者共同地选择了最具悖论意味的独特的民族生活。这种生活具有一个共同的突出的内在一致性的特征，那就是极富历史感的梦境家园的幻灭。这是人类生存试图摆脱而又始终难以摆脱的悖论和困境，并由此带来了令人扼腕叹息的忧郁悲伤的诗意感怀。

《北京人》与《樱桃园》叙述的都是有关家族衰落的故事，故事的中心事件是有关先祖产业的归属问题。因为先祖产业而使家族子孙后代衣食无虞，可是，也因为先祖产业导致了家族子孙后代生命生存意志和生活能力的退化，使他们吃喝玩乐，庸碌无为，虚度光阴，以致无法适应社会变迁和时代更替，最终无可奈何地出卖先祖产业，沦落为新时代即将来临之际的牺牲品。这种由盛而衰的家族衰败的故事，充满了忧怨、哀伤的挽歌情调。故事在人物对往昔的美好回忆中展开，在带有隐喻性质的不可挽回的先祖产业的丧失中结束。哀婉、叹息而又无可奈何。这是一种人类共有的哀怨、伤感的情感形式。过去的美好幻象与现实的衰败趋势以及未来的不可知的漂泊命运之间形成色调鲜明的比照和强烈的落差感，构成一种内在的两极情感矛盾对立的艺术张力，给人以浓烈的物是人非、今不如昔的愁绪和伤感，这是一种梦境家园破灭之后的沧桑之感和幻灭之情。营造这种诗意真实的是现实生活本身所存在的悖论和困惑。

在《樱桃园》里，樱桃园中的一草一木都在加耶夫兄妹的回味中显得无与伦比的美妙。柳

---

① 曹禺：《日出·跋》，人民文学出版社 1994 年版，第 206 页。
② 契诃夫：《契诃夫论文学》，安徽文艺出版社 1997 年版，第 109 页。
③ 同上，第 346 页。
④ 同上，第 350 页。
⑤ 同上，第 349 页。

苞夫怀念她的儿童室、怀恋她的童年生活、怀恋母亲；加耶夫无限深情地赞美他的经历了一百年风霜雪雨的“柜子”；瓦莉雅赞美“好看的树”、“新鲜的空气”和“唱歌的椋鸟”；菲尔斯一直沉醉在过去美好的岁月里。可是，樱桃园边界处出现了象征现代社会来临的“电线杆子”，“再远的地方朦胧地现出一座大城市的轮廓”。尽管柳苞夫一再强调：“我就是在此地出生，我的父母，我的祖父就在此地居住，我爱这所房子，缺了樱桃园我就不能理解我的生活，如果一定要卖掉，那就把我跟花园一块儿卖掉吧。”但樱桃园还是不可挽回地卖掉了，加耶夫兄妹失去了生命生存的伊甸乐园。在他们走后，樱桃园“一片寂静”，“在寂静中传来斧子砍树的低沉的响声，那声音单调而郁闷”。在剧作的结尾处：“传来一个遥远的声音，仿佛来自天边，那是琴弦绷断的响声，悲伤的余音渐渐消散。随后是肃静，只能听见花园里砍树的响声。”可爱的、优雅的、美丽的樱桃园在单调而郁闷的砍伐声中彻底毁灭了。毁灭来自于柳苞夫和加耶夫根本就意识不到的在樱桃园建别墅的可能性和必然性。他们与现实之间的距离，导致他们与时代之间的严重脱节。现实的步伐在前行，而他们却沉浸在对过去的无限遐想之中，滑稽可笑就来自于这种梦境家园幻灭后仍然留恋于过去的虚幻的美好的时光而落后于时代生活的人生悖论。

《北京人》同样如此。过去的曾家显赫一时。曹禺在剧作舞台布景的提示语中详尽地描绘了曾家旧宅的轩豁宽敞、金碧辉煌，突出了曾家曾经是盛极一时的大家门第的昔时繁华。曾皓情感深厚地回味：“这房子是先人的产业，一草一木都是祖上敬德公惨淡经营留下的心血，我们食于斯、居于斯，自小到大都是依赖祖宗留下来的这点福气，吃住不生问题。”可是，如今曾家家道衰微：“花园的草木早已荒芜，屋内的柱梁亦有些褪色，墙的灰砌也大半剥蚀”，到处都“显出奄奄一息的样子”，主人也只有在“四面楚歌的环境中勉强挣扎、抵御”，过去的辉煌只是曾家人精神上无用的装饰，只剩下陈奶妈不断地叨唠着的阿Q式精神安慰的话语。剧作结束时，土墙塌了，棺材抬走抵债了，曾文清自杀了，愫方、瑞贞出走了，曾家已分崩离析，不可挽回地衰败了。曾家人生活在梦境家园幻灭之后表面的繁盛与实际的衰败之间的悖论之中，外强中干，金玉败絮，自欺欺人。老太爷在家境窘困的情况下，还在不断地油漆自己的棺材，为了求得心理上的安慰和维持老朽的身躯，还要禁锢年轻的愫方的生命。曾文清精通棋琴书画，却没有起码的生存能力。曾思懿庸俗丑陋，却在拼命地支撑着整个大家庭。曾霆、瑞贞结婚了却还只是两个未成年的小孩。尽管袁任敢、袁圆是被曹禺按自己的习惯强行安插在《北京人》中的理想人物，然而，回归原始和自然、否定士大夫文化就能拯救曾家吗？显然，舞台上展现的只能是更深层次的人类的困惑和悖论。

三

《北京人》与《樱桃园》蕴含着共同的梦幻家园破灭之后的诗意真实，但是二者之间还存在着差异，从而显现出各自不同的民族特色。

从最终的戏剧结局来看，《北京人》中曾家的衰败与《樱桃园》中樱桃园的拍卖不同，樱桃园的拍卖象征的是在新时代来临前夕没落贵族的毁灭和古老的人文精神的流失，而曾家的衰败揭示的是除了新时代的挤压之外，还有着更深层的中国古老的士大夫文化的衰落。

在《北京人》中，与陈奶妈的阿Q式精神安慰相一致的是曾家"浮面上的繁文缛礼"，但是虚伪的"士大夫门第的必不可少的家教"的控制力量已日趋衰弱，它无法维持曾家的正常秩序，曾家也没有人真诚地信奉"仁义礼智信"的士大夫文化。在面临生存危机时，他们都各自在思考着"树倒猢狲散"的出路。维持曾家秩序的士大夫文化精神支柱已被曾家的"耗子"们蚕食一空。曾皓"往往故意夸张他在家里当家长的威严，但心中颇怕他的长媳"。他时时感到"家长的地位都成了莫大的威胁"，"他尽量使自己不成为子孙的赘疣"。由于士大夫文化的衰落，曾思懿的虚伪、自私、骄横、狡诈、阴毒才在表面的"知书达理、精明干练"的掩饰下大逞威风，江泰的流氓无赖式的嚣张才可以横行一时，而真正受士大夫文化熏陶、调教而长大的曾家子弟，虽然温文尔雅却全成了"生命的空壳"，懒散、孱弱、憔悴、苍白，毫无生气，只能成为任人宰割的羔羊。因此，《北京人》中曾家的衰败给人带来的沧桑之感更多的是文化衰落之后的孤寂和困惑。

柳苞夫的乐善好施和忍受流氓无赖的情人的欺骗是俄罗斯人浪漫诗意的人生悲剧，加耶夫对玩桌球的痴迷和对着柜子都可以高谈阔论，是也只有在俄罗斯文化中才有的逸乐。曾皓的酷爱棺材，不自觉地把愫方留在身边的自私和注重士大夫的繁文缛礼以及曾文清对棋琴书画的癖好，也只有中国文化才孕育得出来。因此，正是由于曹禺把握了民族生活的"真精神"，才使《北京人》在借鉴契诃夫《樱桃园》的同时有了自己的独创性。这种独创性主要体现在与《樱桃园》迥然有异的对中国现实的民族生活的诗意开掘上。

《北京人》以描绘中国士大夫文化的衰落为主要结构线索，深入人物的内心世界，精细地描摹展露了由于人的精神空虚和失落所带来的人的内心深处的孤独、寂寞、苦闷、惆怅、凄凉无助的心境，揭示出由于人的精神上的颓丧、空虚、堕落而使曾经显赫一时的曾家处处充满危机及曾家衰落的必然性。《北京人》虽然也写了曾家祖孙三代人中父子之间、夫妻之间、婆媳之间以及曾家与杜家、曾家与要账的人之间不同程度的矛盾冲突，有时也颇尖锐，但都不是《雷雨》式的，曹禺更没有将这些矛盾冲突搬上前台，而大多安置在后台处理。舞台上展现的是日常生活中的家庭琐事，以此映现人物的心理和性情。在生活化的对话动作中蕴藉着丰富的内涵。曾皓的灰色的、没落的、绝望的情绪，曾文清无精打采、浑浑噩噩的愁苦，愫方无言的凄楚，曾文彩的哀号，江泰的暴躁，曾思懿的唠叨等等，都包含着丰富的潜台词。剧中有意渲染的曾家小花厅的静的布景，犹如一幅色彩阴暗浓重的油彩画，给剧作增添了浓烈的阴郁沉重之感。剧中还有意识地自始至终安置了与静的布景相对照的流动的声音背景，不失时机地突出人物语言、行动的心境，并使全剧在这种声音背景中呈现出一种凄凉、冷清的戏剧气氛。发自蓝天白云间冷冷的鸽哨声，深夜深巷里算命瞎子隔半天敲两下的铜钲声，深夜更夫更锣木梆声，凄清而苍凉的小贩叫卖声，小巷深处独轮车吱扭扭的车轴声，犬吠声，远处城墙上断续传来未归营的号手吹着的单调而凄凉的号声等等。这些背景声音和人物长叹、低语、嗫嚅、叨叨、嘤嘤隐泣的情态语言，共同汇成了《北京人》既生活化又诗意化，且具民族性的戏剧情境，古朴、苍凉、凄清，让人回味深思。它们与古老而又无可奈何地正在走向衰落的士大夫文化情调糅合在一起，成为了契合曾家走向衰败的天籁之音。正如剧作中所描绘的："在苍茫的尘雾里传来城墙上还未归营的号手吹着的号声。这来自遥远、孤独的角声，打在人的心坎上说不出的熨帖而凄凉，像一个多情的幽灵独自追念着那不可唤回的渺茫烟云的以往，又是惋惜，又是哀伤，那样充满了怨望和依恋，在薄寒的空气中不住地振抖。”这种遥远、孤独的号角声，与《樱桃园》结尾处砍伐樱桃树的斧斫声以及琴弦绷断的响声，何其相似但又迥然不同，它们都艺术化的传达出了一种凄厉的挽歌情调，但《北京人》中所传达的更多的是具有中国民族特色的“无可奈何花落去”的凄凉、哀伤的抒情诗意情绪。

四

诗化的哲理沉思是现代人探索摆脱人生悖论和生存困境的一条重要途径。从荷尔德林到海德格尔都在深思“人诗意地栖居在大地上”的途径，都在深思“存在的意义”，而戏剧诗就是这种哲理深思的重要载体。

契诃夫戏剧中的存在之“思”和“诗”，来自于契诃夫对现代生活中的人生悖论和生存困境的哲理沉思，富有现代哲理的丰富内涵。在《万尼亚舅舅》中，契诃夫借阿斯特罗夫的台词表达了他对理想人类的向往：“人应当处处都美：脸也美，衣服也美，心灵也美，思想也美。”可在契诃夫剧作中，“应当”的浪漫理想却遭遇到了现实生活存在中“是”的无情的嘲讽，上帝在无情地捉弄着人的生活。叶连娜·安德烈耶芙娜（《万尼亚舅舅》）的存在本身就是一个悖论：“她长得美，这是不容争辩的，可是……她只知道吃饭、睡觉、散步，用她的美来使得我们大家神魂颠倒罢了。”契诃夫笔下的其他人物也大多是陷入无法解脱的人生悖论之中而无以自拔的人物。万尼亚（《万尼亚舅舅》）受到教授的愚弄，理想破灭，精神失落；玛霞（《三姐妹》）发现自己并不爱自己的丈夫而又不得不和丈夫生活在一起；柳苞夫（《樱桃园》）负债累累，可她仍然滥施钱财；樱桃园是柳苞夫生命的寄托和生存意义的依托，可她却不得不把它卖掉。人生的悖论呈现的是人无法摆脱的生存困境。

正因为哲理抽象的思索使契诃夫戏剧蕴含着丰富的现代戏剧因素，西方现代荒诞派戏剧、象征主义戏剧、表现主义戏剧都从契诃夫剧作的哲理蕴含中获得过灵感。曹禺也同样如此。受契诃夫戏剧的启示，在曹禺的戏剧创作中，展现的是现代人面对自然、人生、社会时的困惑和迷惘，它来自于曹禺面对生活时所感悟到的人生悖论。曹禺说：“我在《日出》前面赘附着的八段引文，那引文编排的次序都是很费些思虑，不容颠倒，偏爱的读者如肯多读两遍，略略体会里面的含义，也许可以发现多少欲说不能的话藏在那几段引文里。”[①]那八段摘自《老子》、《圣经》中的引文哲理内涵，就是《日出》所要表达的主题。在《日出》中，很多人物性格都存在着人生悖论。陈白露按照本性追求诗意的、单纯的生活，可又不自觉地陷溺在无以自拔的灯红酒绿的都市欲望之中。她有过对美好的诗意生活的向往，也同情帮助过弱小的小东西，可无法也不愿摆脱寄生虫似的生活方式。潘月亭风流一时，却最终难逃厄运。方达生是一个心有余而力不足的书生。顾八奶奶老来卖俏，辛酸悲苦也只有她自己知道。《北京人》中曾家子孙后代的生存困境与“北京人”的原始野性及其旺盛的生命力之间形成鲜明对照，它隐喻着现代人希望回归自然、反抗文明束缚的强烈愿望，但这却是现代哲学思考的一个明显的

① 曹禺：《日出·跋》，人民文学出版社1994年版，第198页。

悖论命题，即野蛮与文明、人文与科学、自然与理性等等之间的冲突。曾皓、曾思懿、曾文清、愫方、曾文彩等中老年一代更多地承担的是文明的负累，而在曾霆、瑞贞等年轻一代人身上则显现出更多的自然野性的生命基因。曾家之外的"北京人"、袁任敢、袁圆等，无拘无束，他们没有繁文缛节的约束，自然、快乐。对比中，曾家的子孙们就成为了囚笼里豢养的文明温驯的动物。这种悖论，映现的是中国社会转型时期独特的荒谬的现实。

契诃夫生活化的戏剧，改变了此前戏剧中外在性、人工化的戏剧性构成方式，它将戏剧的戏剧性隐含在生活本身的悖论之中，从而使戏剧具有内在化的本质特征，同时也具有了生活本身的哲理化内涵，生活本身的"真精神"最终以悖论的形式被呈现在舞台上。它来自于契诃夫对生活本身的复杂性的敬畏。契诃夫强调吃饭就只是吃饭、走路也只是走路而已，他敏感到的就是在这些普通的、简单的日常生活之中蕴含着太多太多的人性善恶美丑的可能性。比如"庸俗"是他所痛恨的，他一再毫不留情地讽刺揭露"庸俗"生活的无聊，但他又无可奈何地承认加耶夫、菲尔斯、彼嘉生活逻辑的合理性，这里没有对与错的绝对区分，柳苞夫也不是可以任意谴责的对象，罗巴辛也没有错。契诃夫只有请观众自已去判断，他无法做出简单的对错或美丑的判断。那是他做不到的，也不愿做的。曹禺充分理解契诃夫戏剧中的这种无可奈何的悲哀。《日出》呈现的是陈白露的哀伤、顾八奶奶的无聊和黄兴三、小东西们的无助。《北京人》展示的是活人对棺材的迷恋、行尸走肉的人对棋琴书画的精通、留学回国的现代文明人的粗俗以及庸俗、浅薄的泼妇对高雅的、无私的淑女的无端的侮辱和侵害，等等。这些生活中存在着的、随处可见的悖论，弥散着，不断扩展成遮蔽生活的迷雾，引人深思，发人深省，使人悲哀，令人长叹不息。

将生活中的悖论经过哲理化的沉思转化为绵延的诗意真实，使现代戏剧走向象征、隐喻和哲理抽象，契诃夫给予曹禺的启迪，使曹禺走向了世界。

［作者简介：邓齐平，四川外国语学院中文系教授］

剧作家，首先应是一个诗人

——为曹禺诞辰一百周年而作

刘平

剧作家，首先应是一个诗人。这是两位著名的剧作家——曹禺和易卜生讲过的话。易卜生说："我主要是一位诗人"。曹禺说："写《雷雨》是在写一首诗"。可是，很多时候，人们对他们的话似乎并没有理解，也没有引起注意。从"五四"时期对易卜生及其剧作的理解就可以看出这样的问题。

对于中国话剧来说，易卜生的影响是很大的。但是，在很长时期内我们对易卜生并没有真正理解。自"五四"时期以来，我们对易卜生的理解就存在着简单化的片面性，或者说存在着一种"误读"现象。

"五四"时期，新文学界曾出现过"易卜生热"。1918年6月15日出版的《新青年》杂志第4卷第6号出版了"易卜生专号"，翻译了他的《娜拉》、《玩偶之家》、《国民之敌》；还刊载了袁振英写的《易卜生传》。在介绍易卜生的过程中，戏剧界出现了模仿易卜生的热潮，很多作家模仿易卜生的《娜拉》创作"社会问题剧"，从胡适的《终身大事》开始，大约有十几部之多。以致后来仍不断地有人模仿这样的创作形式。

易卜生的戏剧为什么会在"五四"时期走红？其主要的原因是易卜生的戏剧所描写的内容，所反映的社会问题，适应了"五四"时期反封建、提倡妇女解放的政治诉求。因此，当时文艺界就易卜生的《娜拉》中有关娜拉"出走"的问题展开过争论，很多人（包括鲁迅在内）所关注的是"娜拉走后怎样"这样的问题。鲁迅在《娜拉走后怎样》一文中说："娜拉走后怎样？……但从事理上推想起来，娜拉或者只有两条路：不是堕落，就是回来。因为如果是一匹小鸟，则笼子里固然不自由，而一出笼门，外面便又有鹰，有猫，以及别的什么东西之类；倘使已经关得麻痹了翅子，忘却了飞翔，也诚然是无路可以走。还有一条，就是饿死了，但饿死已经离开了生活，更无所谓问题，所以也不是什么路。"也许是有感于这样的问题讨论，鲁迅创作了小说《伤逝》，作品中的子君就是出走之后又回来的"娜拉"。郭沫若的《娜拉的答案》可以说是关于"娜拉走后怎样"争论的继续。郭沫若认为，清末女革命家秋瑾就是中国不折不扣的"娜拉"。秋瑾也曾经历过一段玩偶家庭的生活，但终于摆脱了丈夫的羁绊，逃离了家庭后参加了民族解放和社会解放的斗争，在革命斗争中"杀身成仁"，起到了"振聋发聩"的作用。郭沫若认为，出走的娜拉往何处去？应求得独立谋生的学识与技能，必须在"社会的总解放中争取妇女自身的解放，在社会的总解放中担负妇女应负的任务，为完成这些任务不惜以自己的生命作牺牲"。如果从当时中国的社会现实出发，鲁迅和郭沫若等人的认识无可厚非。但是，很显然，这样理解易卜生的《娜拉》，更多的是从政治的层面和社会学的角度来思考问题，与易卜生创作这个戏的初衷是有距离的。易卜生对《娜拉》一剧的态度就可以说明这一点。

当年，《娜拉》在挪威演出后引起轰动，女权同盟的人认为易卜生这个戏是宣传“妇女解放”的，为“女权运动”做出了贡献，特意向易卜生表示祝贺和感谢。而易卜生却说：“我不是女权同盟的会员。我的戏剧，没有一部是有意识地要去宣扬我的主张而写的。我主要是一位诗人，而更少是社会上一般人所认为的社会哲学家。你们说我为女权运动做了贡献，我对你们的祝贺表示谢谢，但我只能辞退你们给我的荣誉。实际上，我连什么是女权运动也不十分了解，我把它更广泛地看做是‘人’的问题……我的工作是‘描写人’。”

可是，“五四”时期的中国作家似乎没有理解易卜生的这种创作态度，他们多是根据中国社会现实的需要选择了易卜生，他们模仿易卜生《娜拉》的形式写剧本，其目的基本上停留在“社会问题剧”的认识层面，在作品创作上只重视社会意义和思想性，忽视了剧作“诗性的”发挥和“审美的”追求。把文艺创作视为政治的或某种思想的传声筒以及为政治服务的工具。很多作家的戏剧创作只是对一种概念的图解，写不出鲜明的人物，无法达到易卜生剧作中的那种“诗意”的内涵。

二

那么，怎样理解易卜生的剧作才比较符合易卜生的创作初衷呢？我认为，曹禺的理解是比较切实的、全面的。

曹禺对易卜生的认识源于心灵的相通，曹禺对易卜生作品的理解源于“诗人”的感悟。

当年，曹禺参加张彭春领导的南开新剧团，张彭春曾送给他一套英文版的《易卜生全集》，他非常高兴。他曾这样形容读易卜生剧作时的愉快心情：“我是咬着牙把《易卜生全集》读完的。读完以后，我身心愉快极了，好像步入了戏剧的海洋。啊！话剧艺术原来有这么许多表现方法，人物可以那样真实，又那样复杂；那么多不同类型的男女人物，塑造得个个栩栩如生。表现方法又是那么灵活多样，明喻、暗喻、象征，各种手法运用自如。读他的剧作，使人感到妙趣横生.还有他的构思是那么精美巧妙，结构是那么精细严谨，这些都使我迷恋忘返。尤其是他的简洁，简直到了无可挑剔的地步，没有任何多余的与戏剧冲突无关的笔墨。真是大开了眼界！这些为我后来从事戏剧创作奠定了艺术基础。”他还说，“易卜生的思想对我影响也不小。我曾演过他的《国民公敌》，医生有这么一句话，给我印象很深很深。他说‘最孤立的人是最强的人’。他赞成孤立，宁愿在保守派的大多数面前孤立，我就受这种思想影响。”

心灵的相通，使曹禺与易卜生在艺术创作上的追求也是一致的。也就是说，他们在剧作中主要的不是为了写社会问题，而是在描写社会问题的过程中追求作品的“诗意”品格。

易卜生明确说自己“主要是一位诗人”。曹禺说他“写《雷雨》是在写一首诗”。在《苦闷的灵魂——曹禺访谈录》中他又说：“我确实是把《雷雨》作为一首诗来写的”。而且，他们的创作从一开始就不是为了某种意识而写的。易卜生说“我的戏剧，没有一部是有意识地要去宣扬我的主张而写的”。曹禺则说，“我并没有鲜明地意识着我是要匡正、讽刺或攻击什么”。他们的戏剧创作都是从心灵里流露出来的“诗”。这也是他们在创作上走向成功的主要原因。

由此我想到,"五四"以来中国出现的剧作家不少,创作上也不是不努力,作品也很多。但是,能够在戏剧史上经得住时间检验的作品却不多。曹禺的剧作无疑是这其中最值得我们骄傲的。他的《雷雨》,不仅标志着中国话剧文学的成熟,而且也是中国话剧文学的一个高峰。此后他创作的《日出》、《原野》、《北京人》,都是出类拔萃的作品,直到今天仍具有旺盛的舞台生命力。其他作家如老舍的《茶馆》、田汉的《关汉卿》、吴祖光的《风雪夜归人》、郭沫若的《虎符》等也是比较好的作品。可是还有那么多的剧作只在当时红火了一阵,之后就消沉了。为什么呢?笼统地说,就是剧作家缺乏"诗人"的气质,对"人"研究得不够,缺少一种形象思维。这是值得我们深思的问题,也是我们今天纪念戏剧大师曹禺的意义。

那么,怎样成为一个具有"诗人"气质的剧作家呢?易卜生在谈到艺术家的创造时曾说过这样的话:"……那么,做一个诗人是什么意思呢?我费了很长的时间才意识到,做一个诗人实质上是观察,但是请注意,他的观察要达到这样一个程度:各种现在所看到、所了解到的,全都是诗人早就观察到的。……但诗人不论经历什么,都不是孤立的。他所经历的,他所有的同胞都和他一起经历。要不是这样,创作的思想和接受的思想之间如何沟通呢?"他还说:"诗人应当生来就有远大的眼光。"在这里,易卜生讲得很清楚,他是把"诗人"的任务和对生活的体验紧密地联系在一起的。他曾说:"那么,我所经历过的,鼓舞过我的,是什么呢?这个天地是广阔的。鼓舞过我的,有的只是在偶然的、最顺利的时刻活跃在我的心间,那是一种伟大的、美丽的东西。可以说,它高于日常的自我,我之所以受鼓舞,是因为我还要正视它,要叫它变成我的一部分。"易卜生认为,"创作好比洗澡","洗完之后我感到更清洁、更健康、更舒畅"。他说:"一个人如果自己不是在某种程度上(至少有的时候是如此)做过模特儿,那么,他是无法写出诗意来的。"

在这方面,曹禺也是这样做的。他曾说:"我喜欢写人,我爱人,我写出我认为英雄的可喜的人物;我也恨人,我写过卑微、琐碎的小人。我感到人是多么需要理解,又是多么难以理解。没有一个文学家敢讲这句话:'我把人说清楚了'。"

曹禺的《雷雨》能取得成功的原因,就在于他是从生活出发,以塑造人物为主,让自己的思想从情节与人物形象中自然而然地流露出来,而不是先入为主地、概念化地去结构剧本,而是把作品"作为一首诗来写的"。当《雷雨》演出获得成功以后,常常有人问曹禺"《雷雨》是怎样写的,或者《雷雨》是为什么写的"这样的问题。曹禺的回答与易卜生当年回答一些人对《娜拉》的提问非常相似。曹禺说:"老实说,关于第一个,连我自己也莫名其妙;第二个呢?有些人已经替我下了注释,这些注释有的我可以追认——譬如'暴露大家庭的罪恶'——但是很奇怪,现在回忆起三年前提笔的光景,我以为我不应该用欺骗来炫耀自己的见地,我并没有鲜明地意识着我是要匡正、讽刺或攻击什么。也许写到末了,隐隐仿佛有一种情感的汹涌的流来推动我,我在发泄着被抑压的愤懑,毁谤着中国的家庭和社会。然而在起首,我初次有了《雷雨》一个模糊的影像的时候,逗起我的兴趣的,只是一两段情节,几个人物,一种复杂而又原始的情绪。"这些话是非常值得我们重视的。

这就是说,不论是易卜生还是曹禺,他们的写作,都不是为了某种政治宣传的需要,也不是刻意地想表达什么,而是写出了他们在生活中的真实感受,用他们的话说,不把这种来自生活的感受写出来，心里就感到难受。曹禺说，“《雷雨》对我是个诱惑。与《雷雨》俱来的情绪蕴成我对宇宙间许多神秘的事物一种不可言喻的憧憬，……我不能断定《雷雨》的推动是由于鬼神，起于命运或源于哪种显明的力量。情感上《雷雨》所象征的对我是一种神秘的吸引，一种抓牢我心灵的魔。”当他们把生活给予自己的这种情感冲击变成文字的时候，就是作品诗意化的体现和艺术品位的形成。也许正因为如此，他们创作的作品才会有深刻的内涵和诗意的美感，才会令人思、令人想，直到今天，都没有过时。其作品中人物，不论是娜拉还是蘩漪，其形象的含义都让人难以“说尽”。这才是典型人物所具有的艺术魅力。

实在说，我们不满意中国戏剧创作中出现的“社会问题剧”，并不是说戏剧创作不能写“社会问题”，而是中国的戏剧创作缺少一种把“社会问题”通过“艺术的思维”转化为“艺术品”的创造。萧伯纳说：“只有在问题剧中才含有真正的戏剧。”可是，那种简单化地描写“社会问题”的做法，使作品缺少了深刻的“诗”的意蕴，是不能打动观众的。曹禺先生说：“好的社会问题剧应该根植于生活之中，而不是仅仅存在于问题之中。现在有的戏仅仅写了一个问题，问题便是一切，剧中人物根据问题而产生。……如果我们仅仅写了社会上的问题，而忘了或忽略了写真实的人，真实的生活，那么我们的笔下就只有问题的代表人物，而没有真实生活中的人，没有那种活生生的、一点不造作的人，那种‘代表人物’是不会被人民记住的。”马克思称赞《人间喜剧》“用诗情画意的镜子反映了整整一个时代”，而我们的戏剧创作显然缺乏这样的创作精神。就这一点说，今天的戏剧创作是应该很好地向曹禺先生学习的。

［作者简介：刘平，中国社会科学院文学研究所研究员］

河北女师时期的曹禺

刘绍本

在纪念卓越的戏剧大师曹禺诞辰一百周年的时刻，回顾他的艺术创作生涯和人生历程，那初始登上戏剧艺坛的各个阶段同样是值得关注和研究的。1934年9月至1936年8月，曹禺时值25～26岁，正任教于河北女子师范学院（今河北师范大学前身之一）。这个时期里，华北上空，危机的乌云密布。他刚刚完成话剧《雷雨》的创作，接着又在繁冗的教学与社会活动之间，写出了四幕话剧《日出》，从此曹禺由剧本创作走进了剧坛风云，完成了由校苑到社会的发展蜕变。

从清华到女师

1934年9月，经过在南开和清华读书时比自己高出几个年级的老校友杨善荃教授的介绍，曹禺来到河北女子师范学院西洋文学系任教。系主任是1930年始任的李霁野教授。此前，曹禺还是清华大学研究生院的学生，1933年本科四年级毕业后进入这个被戏称做"养老院"的地方，每月享有30元的生活费。而曹禺的父亲曾一下子就给了他1万块钱，并且交存章靳以的父亲所在的交通银行，相约利息从优，每月都有30元至40元的利息收入。要是想在这里埋头继续读上几年书，似乎这笔钱也就够用了。可是曹禺并不这么想，一心迷着出国去留学，举目环望世界的舞台场面。当时，他正热恋着比他低三个年级的法律系女生郑秀，那是在排演翻译的多幕剧《罪》时结识的。他俩商量好了，凑起钱来先到欧洲去留学，因为要留学美国花钱更多，曹禺先出去，第二年郑秀读完四年级清华毕业再跟着去。为了攒钱，必须离开清华找工作了：曹禺就到河北保定市的育德中学去教书，说好每月工资240元，这在那时已经相当可观。但是紧接着问题又来了，一是生活孤寂，二是饮食不惯。结果因连日拉痢疾，返回到北京，只得对那里辞别。在北京住进一家法国医院，郑秀在病床边看护他，一天杨善荃也去看望他了，三人说起病愈后的去向，一向珍视曹禺才情的杨善荃当即慨允，直向河北女师学院力荐，并做好思想准备：如校方托辞无教师空缺，那就要求新人顶替自己的位置。

当时的河北女子师范学院校址设在天津市天纬路。溯源学校的肇始，那是1906年6月13日（清光绪三十二年闰四月二十二日）创建的北洋女师学堂，创办人是我国近代著名教育家、清政府天津女学事务总理傅增湘。这所学堂是我国建立最早的公立女子师范学堂，专门为培养小学师资而设，属于后来多见的中等师范性质。直到1912年春季，根据当时民国政府教育部关于学堂一律改称学校的规定，才改名为北洋女子师范学校，吴鼎昌任校长。1916年1月，校名改为直隶第一女子师范学校，由齐壁亭任校长；此间1920年毕业生邓颖超（文淑），便受聘到北京高等师范学校附属小学任教。直隶省改称河北省的1928年9月,校名也随之改称河北省立第一女子师范学校。至次年6月,在校长齐璧亭的积极倡议下,经河北省政府会议议决,就在第一女师内,增设河北省女子师范学院,1930年学院已设有国文、家政、英文、史地、音乐、体育6个系。这所学校1949年以来几经调整,天津直辖后校址迁至石家庄,早已定名为河北师范大学。据曹禺本人回忆,1934年暑期后他便开始了教学生涯,在天纬路校园一幢老师宿舍小楼上安排了住室。房间的陈设简单极了,一个平板床,一个书桌,一把椅子。左邻右舍都是一间一间的教师居室,系主任李霁野也住在这里。李虽然要大曹10岁,但是整日里非常用功,平时却不大讲话。曹禺有时回家看望母亲,多数时间都住在学校里,孜孜不倦地忙碌着。忙着教什么课呢?"我教英文,教点《圣经》文学,讲英国文学史,也教莎士比亚,教西洋小说史。还教点法文,从字母教起。什么都敢教。那时年轻胆大,什么课教敢接。"(1985年10月5日下午重访女师旧址时,曹禺对陪同的田本相等人依然如此深情地忆叙着。)

直到1936年中间,已经在中国戏剧文坛展现才华的曹禺,不断地收到南京剧专校长余上沅的来信来电,催促他南下任教,并答应将来出资保送他到国外留学。起初,曹禺并不想离开河北女师教席,他自己说出过三点理由:"一是毕竟我在天津这么多年,环境是熟悉的;二是我在女子师范学院的工作也不错;三也是很重要的,继母把我带大不容易,我总要照顾一下家庭。"最后终决要去南京,并不是女师有什么辞聘的说法,而是余先生对这位刚离校登讲台的大学生求才若渴的热忱,他的力邀终于打动了人心;再加上郑秀在清华就要毕业了,她家在南京要为他们举行订婚典礼,将来就在南京建立家庭;同时,此刻平津的形势已经越发紧张,日本兵的军营就设在天津南开中学附近,让人无法安定。于是,曹禺毅然南行,辞别了河北女师接任国立剧专的教席。

然而,曹禺始终十分看重在河北女师这两年多的生活经历,继南开和清华之后,总把河北女师同样视为自己的母校。1996年,曹禺在病床上闻听母校正筹备90周年校庆活动,便握笔题词"科教兴国"致贺,表达了自己殷殷的眷爱之情。

从《雷雨》到《日出》

曹禺1934年夏末秋初来到河北女师任教,继续着他的剧本创作生涯。但是与当年躲进清华大学图书馆右侧阅览大厅写作构制《雷雨》时的情景已经迥然不同。他是1933年完成这部四幕悲剧的,过了一年多,直到1934年7月转入河北女师前,方在北京三座门编印的《文学季刊》第1卷第3期上发表,当即引起轰动,据说首演在1935年4月,由中华同学新戏会初次演出于日本东京。在国内,1936年由中国旅行剧团首演于天津,同年由上海文化生活出版社出版。这是曹禺的处女作,同时也是成名作、代表作。到了第二部《日出》的写作呢,曹禺曾回忆当时的情景:"《日出》写得非常之快。我一幕一幕地写,刊物一幕一幕地登,很像章回小说的连载。他们催着发稿,我还要教课,只得拼命写,有时几天不得睡觉"(《我的生活和创作道路》)。随即发表在巴金、靳以主编的1936年《文季月刊》第1卷第1至4期,当年剧本便获得了《大公报》"文艺奖金"。次年初,由上海戏剧工作社首演于卡尔登大戏院,欧阳予倩导演。这时已就26岁的曹禺,由于走到社会的深处来了,急速辗转的生活变化,使得他对生活观察的视野扩大了，对社会罪恶的感受变得更加深切和焦灼不安了。他说："这些年在这光怪陆离的社会里流荡着，我看见多少梦魇一般的可怖的人事，这些印象至死也不会忘却，它们化成多少严重的问题，死命地突击着我，这些问题灼热我的情绪，增强我的不平之想。"(《日出》跋)

这时的曹禺虽然仍在学院里教学，由于受到无情现实的冲撞与倾轧，已经摆脱了"象牙之塔"的羁绊，使得他眼光愈加锐敏，逼迫他深思熟虑，他在冲动中煎熬，更加关注着人生的走向，一针见血地指出黑暗社会必将灭亡的下场。他读《老子》、《佛经》和正在课堂上讲授的《圣经》，寻找着答案："我流着眼泪，赞美着这些伟大的孤独的心灵。他们怀着悲哀，驮负人间的酸辛，为这些不肖的子孙开辟大路。但我更恨人群中一些冥顽不灵的自命为'人'的这一类动物。""我也愿意我这一生里能看到平地轰起一声巨雷，把这群盘踞在地面上的魑魅魍魉，击个糜烂，哪怕因而大陆便沉为海。"(《日出》跋)

这时的曹禺，已经有了《雷雨》创作的成功实践，有了南开与清华戏剧活动较长时间的经验积累，对戏剧艺术已经有了日臻完美的追求，想要"试探一次新路"。他说："于是在我写《日出》的时候，我决定舍弃《雷雨》中所用的结构，不再集中于几个人身上。我想用片段的方法写起《日出》，用多少人生的零碎来阐明一个观念。"产生这种探新路的艺术理想，当然未止步于场幕之间戏剧结构的变化，可以说已经直接进入到对艺术高度概括力与高度穿透力的追求了。

可以说，戏剧艺术的精品恰是在剧作家对现实社会锐敏的观察与感悟之中，对各种人物的深切关注与挚情之中，以及对艺术表现的不懈追求之中得以涌现的。《日出》的诞生，不是偶然和漫意之举。它进一步奠定了曹禺剧作在中国话剧发展上的历史地位。

从剧作到文坛

在河北女师任教期间，曹禺创作完成了中国话剧历史上的奠基作之一《日出》，但是他并没有把此作单单地视为一部个人的兴致所为，而是将其看做登上舞台文坛所发出的声声怒吼与呼唤。他十分珍贵此次重返到北方港埠天津的良机，又融入到南开的话剧演出活动中来。

当年，为了实现自己的理想，谋求在戏剧事业方面的发展，酷爱文学和戏剧的曹禺决定放弃自己在南开大学政治系的学业，转去清华大学念书。1933 年，曹禺完成了他的处女作《雷雨》，成为中国话剧奠基人之一。1934 年，学业有成的曹禺回到了天津，来到河北女师任教，而此时南开恩师张彭春也从美国游学回来。那年张彭春离开南开去美国讲学临行前，曾将自己珍藏的一套英文《易卜生全集》送给了自己的这位得意门生。易卜生及其作品给曹禺以很大启发，让他感觉到："话剧艺术原来还有这许多表现方法，人物可以表现得那样真实，又可以表现得那样复杂。"这为他日后创作《雷雨》、《日出》等著名剧作奠定了良好的基础。此时二人相聚，立即联袂合作，将以前的《新村正》剧本重新修改，并经张彭春导演，由南开新剧团重新排练演出。

1935 年，师徒再次合作，将十七世纪法国著名喜剧大师莫里哀的五幕剧《悭吝人》改编为三幕话剧；取名《财狂》；剧本的改编工作主要是由曹禺执笔完成，张彭春也多次给予具体指导。师徒两人密切合作，本着严肃、认真的创作态度，把原著的故事和人物加以中国化，并逐句逐段地反复切磋琢磨，形成了很高的艺术完整性。待张彭春审阅满意之后；剧本才付诸刻印。该剧仍由张彭春执导，而曹禺则扮演剧中男主角韩伯康。1935 年 12 月 7 日、8 日和 15 日，《财狂》连续演出三场，轰动京津，观众拥簇一堂，文艺界名人郑振铎、巴金、靳以等人也都专程从北京来天津看戏；曹禺的表演得到了社会各界的一致好评，萧乾撰文对他大为赞誉："全剧的成败大半由这主角支持着；这里，我们不能遏止对万家宝先生表演才能的称许。许多人把演戏本事置诸口才、动作、神情上；但万君所显示的却不是任何局部的努力。他运用的是想像。他简直把整个自我投入了韩伯康的灵魂中。"《大公报》和《益世报》也都做了专版和连续报道，认为："《财狂》在张彭春的导演下；演出大成功。舞台设计非常完美；演员表情均极认真，万家宝、鹿笃桐最受观众欢迎。"

成名后的曹禺一直不忘南开和恩师张彭春，他认为是张彭春开启了自己走向戏剧舞台文坛的大门。曹禺曾感触颇深地说："在有学识、有才能的导演张彭春教授十分严格的指导下……我开始明白为什么演戏，怎样演戏，甚至于如何写戏的种种学问。"多年之后，曹禺在他所创作的著名剧作《雷雨》的序言中深情地写道："我将本戏献给我的导师张彭春先生，他是第一个启发我接近戏剧的人。"这位近代中国的戏剧大师在无限缅怀导师的同时，时刻怀念自己初登剧坛时的新剧生活。

这些初登舞台文坛的收获感受，似乎立即在《日出》创作中有所展现。在《日出》的舞台上，难能可贵的是没有局限于推出一个"不公平的禽兽世界"，而是透过这个世界表层的浮渣，"死命地突击着"观众："果若读完了《日出》，有人肯愤然地疑问一下：为什么有许多人要过这种'鬼'似的生活呢？难道这世界必须这样维持下去么？什么原因造成这不公平的禽兽世界？是不是这局面应该改造或者根本推翻呢？如果真地有人肯这样问两次，那已经是超过一个作者的奢望了。"(《日出》跋附注)这种积极地探寻与追究，清楚地表明曹禺决没有停步于舞台上的红火热闹，而是立志开掘更深层次的原因，直到找出真正的"病根"来加以铲除。诚如当时就有批评家所明确指出的："《日出》无论是在作者的企图上，在题材的范围上，都是一个进步。"(《论〈雷雨〉和〈日出〉》)在这部剧作中，曹禺要在舞台文坛上直接到社会本身去探源，"从现实的真实关系描绘中，深刻地表达了全部的'症结'就应'归在整个制度的窳败上'。"(《日出》跋附注)

从校苑到社会

正是于河北女师任教期间，在完成创作《日出》的准备时刻，曹禺走出校苑，来到了当时的金钱都市社会上。当时天津的三不管、侯家后、富贵胡同这些地方都有下等妓院，曹禺要探知社会底层的底里，便顾不得什么别的，毅然举步前去实地作调查。他混在里面，找妓女们交谈，到土药店里同黑三式的人物讲交情，还到"鸡毛店"里去找乞丐。

这些社会调查对曹禺《日出》的创作具有至关重要的意义。这不仅使他终于看到人间最黑暗的角落，犹如地狱般的生活。对于像他这样的阔少爷、洋学生、大学教授，简直就是一个闻所未闻的禽兽世界。他痛心地感到这些妓女一个个都是"可怜的动物"；而尤为重要的发现，是他从这些被污秽掩盖的"可怜的动物"身上，看到她们有着"颗金子似的心"。他这样写道:“那里面的人我曾经面对面地混在一起,各人真是以人与人的关系,流着泪,‘掏出心窝子’的话,叙述自己的身世。这里有说不尽的凄惨的故事,只恨没有一支 Balzac 的笔来记载下来。在这堆‘人类的渣滓里’,我怀着无限的惊异,发现一颗金子似的心,那就是叫做翠喜的妇人。她有一副好心肠,同时染有在那地狱下生活的各种坏习惯。”“令人感动的是那样狗似地效忠于她的一家老幼,和无意中流露出来对于那更无告者的温暖的关心。她没有希望,希望早死了。前途是一片惨淡,而为着家里那一群老小,她必须卖着自己的肉体麻木地挨下去。她叹息着:‘人生贱骨头,什么苦都怕挨,到了还是得过,你能说一天不过么?’求生不得,求死不得,是这类可怜的动物最惨的悲剧。”(《日出》跋)这次调查,在曹禺的心灵中搅起巨大的感情风暴,成为他创作《日出》的道德伦理的情感支柱,也使他在生活的惨剧中找到了抨击社会的基点,在某种意义上说,没有这次深入的社会调查,也就根本没有《日出》的问世。

如果说《雷雨》是一部杰出的现实主义的家庭悲剧,那么《日出》则是一部具有强烈现实主义特色的社会悲剧。剧作家把他的艺术注意力倾注在对那个金融社会机体全部腐烂的描绘上,表明这是一个无可挽救的社会,“损不足以奉有余”,因此必须与它决绝,丝毫不值得留恋。后来,曹禺在总结那个时期的创作思想时曾说过:“比较准确地反映我的思想的是这样一句话:‘时日曷丧,予及汝偕亡’”“我在这些剧本里的抨击的,正是那一群不劳而食、不劳而获,把劳动人民踩在脚下的荒淫无耻的坏蛋,以及依附于他们,同样过着寄生生活的‘帮闲’们。”(《曹禺谈〈雷雨〉》)对万恶的吃人社会强烈的仇恨与入骨的认识构成了整个剧本现实主义创作思想的主导成分。《日出》的成就,重要的还不止于现实主义的观念表现强烈,而是在于戏剧人物形象突出,在舞台上活生生展演的是人生。曹禺说过:“《日出》中写的人物,我见过很多,但又并不是具体写某一个人;往往这个人的某一部分,那个人的某一部分启发着我。写着,写着,某个时候又忽然想起另一个人来了。这些人有的是亲戚,有的是朋友,或者是我父亲这一辈的人。但是写作时决不是照猫画虎,而是通过这个人的眼睛,那个人的鼻子,另一个人的声音笑貌,逐渐孕育出一个个剧中的人物。”(《自己费力,找到真理——在北京人艺〈日出〉剧组的谈话》)剧作家在创作的过程中,经历着异常艰辛的情感喷吐过程,他再也无法平静,而是融注进万端的激情催人物出生。曹禺曾如实地描绘过他在河北女师那间楼上的房子里创作《日出》时的情境:“我挨过许多煎熬的夜晚”,“这些失眠的夜晚,困兽似地在一间笼子大的屋子里踱过来,拖过去,睁着一双布满了红丝的眼睛绝望地愣着神……我捺不住了,在情绪的爆发当中,我曾经摔碎了许多可纪念的东西”(《日出》跋)他全身心地投入到人物塑造当中,与之同呼吸共命运,所以出现在舞台上的诸生灵才不是纸扎的,而是有血有肉的。

不错,曹禺经过深入地观察和思考当时的社会,在剧作《日出》中确实为我们提供了上个世纪 30 年代中期一幅“漆黑的世界”画图,是那样的污秽、混乱和不堪目睹,散着腐尸的恶浊气息。但是,整个剧本并不使人感到沮丧,因为暗浊中透出满天的红光,冷酷里蓄着温热,地狱中存着金子的闪光,在腐尸臭气下,潜藏着震撼人心的诗意力量。可以说,新时代的曙光照亮了剧作家的心胸,巨大的热情为朦胧的理想所点燃,而理想也催动着浪漫的诗情。如果说《雷雨》的结局显得悲惨,挣扎的人们难逃那黑暗的坑和残酷的井,那么《日出》已经有所不同。对黑暗社会的揭露和对光明未来的期望,共同构成了《日出》的主旋律。方达生作为一个正直的知识分子，迎着满天的曙光，在高亢而宏壮的夯歌声中，向着阳光走出。这不应说成是“廉价的乐观”，而应看成剧作家诗意的创造。

曹禺在河北女师任教的这两年多的时间里，是他由校苑登上戏剧文坛的起步期和重要发展期，在他整个艺术生涯中占有重要地位。特别是他在此间完成的《日出》剧本，至今上演盛况不衰。我们面对新世纪话剧艺术的繁荣发展，不可不从曹禺的早年人生经历以及《日出》在社会价值、人物塑造和艺术表现诸方面所取得的成就，吸取有益的营养与借鉴，去开辟和建设我们新的时期文学艺术事业的未来。

[作者简介：刘绍本，河北师范大学教授]

戏剧大师曹禺何以出自南开

崔国良

曹禺的处女作《雷雨》是1933年在清华创作完成的。而曹禺在他的《雷雨·序》的末了一段感谢的话，却说："末了，我将这本戏献给我的导师张彭春先生，他是第一个启发我接近戏剧的人。"原来，最初是南开的张彭春先生引导曹禺走上戏剧道路的。张彭春是怎样引导曹禺走上戏剧道路的？这在呼唤"大师"的今天，似有深究的必要！

一、南开新剧团直接最早引进西方现代话剧艺术

南开素有编演话剧的传统。中国话剧如果说春柳社1907年下半年才将话剧艺术间接地从日本移植到上海，那么，事隔一年，南开新剧团就是最早直接地将西方话剧艺术移植到天津的。1908年初秋，张伯苓赴欧美考察教育，将西方近代体育、出版报刊等西方"文明输祖国"①，回国后立即效仿西方话剧形式，在1909年2月(春节)自编并主演了《用非所学》。这是张伯苓将自己日夜萦系胸怀的问题，用话剧的形式表现出来。从此一发而不可收，并形成传统。而张彭春1910年在美国留学，主修教育的同时学习西方戏剧，并在1915年2月前，就创作了西方现代话剧样式的剧本：三幕剧《闯入者》[修改后改名《入侵者》，胡适译名《外侮》，1915年9月起英文《南开季刊》(天津)第1、2期全文发表]、独幕寓意剧《灰衣人》(《留美青年》，1915年3月发表)等"已著短剧数篇"(胡适语)，12月又创作了独幕二景剧《醒》[1916年12月英文《南开人》(天津)作为附刊全文刊发]，1916年8月回到天津后，立即导演并与周恩来等同台演出了《醒》，导演并参与创编了南开保留剧目《一念差》(1919年1月1日《春柳》第二期起连载全文)，开创了中国现代话剧的先河。1918年又主稿并导演了《新村正》(1919年5月起《春柳》第6、7、8期全文连载)。1921年张彭春在美国创作了《木兰》并与洪深(导演)合作首次在美国演出中国话剧。笔者认为张彭春成为了中国话剧现代化的先行者。②

二、南开学校为培育大师开发出丰饶的沃土

应该说，张伯苓和张彭春兄弟都是中国近现代著名的教育家和戏剧家，尤其是张彭春应该是精通中外教育和戏剧的教育家和戏剧家。

---

① 南开学校教职员迎张伯苓回国所作游仙诗。《南开星期报》第5期。

② 以上所举南开话剧剧目(中英文本)均见崔国良主编：《南开话剧史料丛编·剧本卷》，南开大学出版社2009年版，第3－213页；或崔国良、崔红编：《张彭春论教育与戏剧艺术》，南开大学出版社2003年版，第333－536页。

此时，张伯苓的"公能"教育思想，除了以爱国救国为核心的"允公"教育；更多地进行"允能"教育，即在保证高水平的科学文化知识基础上，广泛地接触社会开展课外活动，获取相应的能力。张伯苓说："到学校来念书，不单是要从书本上得学问，并且还要有课外的活动，从这里面得来的知识学问，比书本上好得多。所以一个人念书要念活的，不要念死的书。"而张彭春更从理论上提出了"开辟的经验"的教育主张，阐发了"动作为主，学科为副"的教育思想。[①]"现代教育之目的，在养成每一国民之现代力"，"教员是教人的，不是教书的"，"教育者，即一师一生间发生影响之谓也"，主张发现人才，提倡采取"个人指导制"的教学方法。[②] 张彭春对曹禺就采用了这种方法。

曹禺从1922年进入南开学校中学部[③]到1930年由南开学校大学部转学到清华大学西洋文学系，中间1924年因病休学一年，在南开共学习八个年头。此时的南开学校已经形成大、中、女、小学四部完整的现代学校教育体系。张伯苓的"公能"教育思想体系初具雏形。张彭春在曹禺入南开几乎同时，在美获得教育学博士学位又回到南开大学执教，曹禺却无缘相遇。1923年张彭春受邀赴清华筹备创办大学，待1926年张彭春从清华再度返回南开任中学部主任时与曹禺相遇了。

此时，作为水陆码头的天津，传统戏曲活跃自不待言；而南开学校率先开展的现代话剧活动，重点已经转向直接学习和改编演出西方话剧，进行话剧艺术的教育。即张伯苓所说的："纯艺术之研究"。[④]

南开一向重视美育教育。早在1912年被尊为"南开校父"的严修就强调"美感"教育，把它列为五大教育宗旨之一。[⑤] 南开学校在这一方面肯花精力。

首先，在话剧艺术的教育的基础设施方面，在清末民初时的南开学校已经建起了容纳千人的大礼堂和可供演出戏剧的舞台。1923年建成的大学校舍秀山堂大楼有临时大礼堂；1926年南开女中校舍落成即辟有"敬思堂"礼堂；1936年重庆南渝中学即有以"为南开献身的职员"、南开学校庶务（建筑）课课长、南开新剧团布景部部长华午晴命名的"午晴堂"礼堂，均可供戏剧演出。1934年南开中学更建成了"瑞廷礼堂"，其设置规模可说宏大：有阶梯式的双层看台、共有座椅1700个；有当时可称设施完备的舞台，舞台后有三层可供演员化妆和预备演出的场所。当时，《大公报》和《益世报》均称"瑞廷礼堂"为"中国第一舞台"。这在当时的戏剧的专业院校，乃至全中国，也是找不到的。由此可以看出张伯苓在开展素质教育上的开阔思维、宏大设想和良苦用心。

---

① 《开辟的经验的教育》。

② 《与新生谈话纪要》，《清华周刊》第350期，1925年9月11日。

③ 据《南开学校中学部训育课记录》：1923年12月6日"高三李述庚来课，为高一万家宝补假。理由不足应不允许，讵李生……态度甚不敬，当时未准，令万生自来声明，再作核办。"据此推断：曹禺应在1922年春季插班入二年级第二学期。

④ 张伯苓：《四十年南开学校之回顾》，《南开四十年纪念校庆特刊》，1944年10月。

⑤ 1912年7月21日《严修日记》："访伯苓于南开中学，为教育宗旨事，蔡总长拟教育宗旨为五项：一、道德主义；二、军国民主义；三、实利主义；四、世界观；五、美感。而教育会会议时，竟将四、五两条取消。大奇！大奇！余劝伯苓力争之。"张伯苓当时正在出席中华民国临时政府召开的"中央临时教育会议"并被举为副会长。

在师资方面，大学部多为欧美回国的留学生如黄作霖、柳无忌等；中学部也有舒舍予（老舍）、范文澜（仲沄）等，及一大批老南开如伉乃如、尹劭询、陆善忱、华午晴、王祐辰等许多老师，他们不但专业敬业，并且都是新剧团的老手。他们为了培养学生不惜花费一切精力灌注在学生身上。在演剧时，不分师生。先生更是肯于主动充当配角，如化学教师、注册课长、新剧团演作部部长伉乃如在《华娥传》中饰店家、在《仇大娘》中饰大仇福、在《一元钱》中饰胡杜、在《老千金全德》中饰童女、在《一念差》中饰王守义兼管幕、在《新村正》中饰周万年、在《巡按》中饰巡按、在《争强》中饰魏瑞德，多是配角或小人物；在演剧兴奋时，伉乃如就操着浓重的天津话对曹禺说："家宝啊！你是一朵红花，我们（指先生）都是绿叶！"曹禺说："他们为了培养一个学生，对我们培植肯花心血。"①。

在演出方面，自 1921 年起南开新剧团先后演出了果戈理的《巡按》，伉乃如饰巡按、编辑部王祐辰饰知县、大学游艺股长陆善忱饰知县女、吕彭年（仰平）饰刘绅……《少奶奶的扇子》（1925—1937 年，大、中、女中多次演出，大学首演陆善忱饰少奶奶、孙家燮饰金女士）等，1926 年初张彭春回到南开，这年高三毕业班演出了洪深改译的《少奶奶的扇子》。曹禺虽然没有参加演出，可他把《少奶奶的扇子》的剧本都看烂了。转年 1927 年，曹禺在暑假新剧团参加了《压迫》的演出。先后两次演出，显示出曹禺出众的戏剧才华，被赞为"了不得"的演员。"一举一动，惟妙惟肖，滑稽拆白，尽现台上，可称得全场中之明星"。张彭春发现了曹禺，立即加以重点的培养。

张彭春为了培养曹禺，引导他进入戏剧这神圣的殿堂，这年校庆纪念演出，张彭春不选用国内剧作家的剧作，也不选用现成的外国剧作的译本，而是直接选用西方名著易卜生的《国民公敌》英文原作，拿来教曹禺进行改译演出。当时国内很少有西洋剧目的演出，而且翻译的西洋剧本多不适合演出。张彭春就让曹禺直接体会"原汁原味"的西方戏剧的精髓。张彭春对学习西方，有他自己独特的看法，他说："所谓'西方化'亦即所谓'现代化'……不徒在攫得现代化之已成物，犹在能创造更新之文化。"②应该说，张彭春对曹禺的培养，教给他学习西方戏剧艺术，不是枝节地教会曹禺演戏如何去做一举一动或者一招一式；创作写什么题目，改译或改编如何具体地改法，而是引导他直接体味经典作品、西方戏剧的精华所在。张彭春首先从《国民公敌》原作品入手利用挂图讲解易卜生的创作道路，俨然像一堂美育课，进行艺术教育。"远观事象，近察国情"③，然后结合我国实际和结合自己编演创作的要求，由曹禺自己去做。在改编和演出《国民公敌》后张彭春还专门作了一次著名的、艺术生活的讲演。这次讲演，深刻地揭示了艺术与人生的内在联系："凡是伟大的人，第一要有悲天悯人的热烈真情；第二要有精细的思想力；第三要有冲淡旷远的胸襟。要得到这些美德，不可不管艺术的生活。""她使得人生伟大，她使得人生美丽。"④这些都激励着曹禺。应该说这时在曹禺的心灵中已经种下了一颗戏剧的种子。曹禺升入南开大学后，1928 年校庆纪念又演出了《娜拉》，张彭春更把曹

① 崔国良：《访曹禺先生记》，崔国良编：《曹禺早期改译剧本及创作》，辽宁大学出版社 1993 年版，第 1 页。
② 《"开辟的经验"的教育》。
③ 同上。
④ 张彭春：《本学期所要提倡的三种生活》，《南开双周》第 1 期，1928 年 3 月 19 日。

禺推上了一号角色的位置。《娜拉》在西方戏剧中是最难演的一出戏，是检验演员演艺才能的试金石。而曹禺在《娜拉》的演出中表演异常的成功，"大得观众之好评"。12 月 8 日，在欢送张伯苓出国的大、中、女、小四部游艺会上又演出了喜剧《亲爱的丈夫》一剧。曹禺饰"男性的太太"，其"谗言不绝，怪态百出"。他又换演一个喜剧性角色。① 这时应该说曹禺的戏剧生涯达到一个巅峰。1929 年他又参加了非常成功的《争强》的改译及演出(见下文)。

在出版方面，南开学校在中国的普通中学中也是最早创办报刊的学校之一，有优秀的传统。张伯苓把"出版"作为南开学校训练方针进行课外活动的手段之一种："学校为训练学生写作之能力增加学生发表思想之机会，自始即鼓励学生编辑刊物。会有会刊，校有校刊，以周，或以季，种类繁多，于彼此观摩之中，寓公开竞赛之意。"②

南开在出版方面也是 1909 年就创办了《自治励学报》，后又有《南开星期报》，到 1916 年学校同时有《校风》(周刊)、各学会有《敬业(学报)》、《励学》杂志和《青年》季刊。

20 年代，曹禺就读期间，南开中学部师生合办刊物、学生自办刊物均为异常活跃的时期。校中办有校刊《南中周刊》(后改出《南开双周》、《南开高中学生》，同时出版《南开初中》)，会刊如雨后春笋，晨风社有《晨风》、旭光社有《旭光半月刊》、碧潮社有《碧潮》……女中部有《南开女中校刊》，粒星社有《粒星》……小学也出版了《南小》刊物。南开学校各部合办有《南开周刊》。此时，大学部还创办了学报《南开大学季刊》，又创办了出版社，出版了《南开大学周刊》，同时出刊《南开大学周刊・副刊》和学生各个学会创办的《理科学报》《商学汇报》《矿科月报》和飞沫社有《飞沫》文学刊物，还有《南大青年》和《暑期同乐》(三日刊)等，南开师生还同社会报刊联系合办或主办专栏。在这些刊物中，几乎每期都刊出有关戏剧方面的评论、报道或剧本发表。仅 1922—1930 年就发表了近 200 篇消息和报道以及近 60 部剧作或译作、近 40 篇戏剧理论或评论文章。这些理论或评论文章，有些系统地介绍了英国王尔德、德国的歌德、挪威的易卜生、美国近代剧和苏俄戏剧以及日本学者的新的美学观等，这些文章多是与南开当时的戏剧活动紧密相连的。曹禺都会关注这些文章。其所阐发的戏剧和美学思想都会对曹禺的戏剧思想产生影响。

不仅如此，曹禺也是许多报刊的创办者和参编者。1925 年 3 月曹禺参加了南开中学文学会，后来还成为主席(总务股委员)主持会务。该会出版有《文学》半月刊，后来又改为《文学旬刊》；1926 年 4 月又同文学会的同学王希仁及天津《庸报》编辑组织了玄背社，在《庸报》创办了副刊《玄背》，首次用"曹禺"笔名发表了小说《今宵酒醒何处》和诗歌等。1927 年又任《南中周刊》论述专栏编辑，此前曹禺在《南中周刊》上发表了杂文《杂感》、《偶像孔子》和《中国人，你听着！》等；在《杂感》一文中，要"以诗、剧、说部向一切因袭的心营攻击。他们组成突进不止的冲突与反抗，形成日后一切的辉煌"，这等于是曹禺"为社会夺得自由和解放"的宣言。1928 年张彭春和曹禺共同担任《南开双周》剧组编辑，曹禺除组稿刊发了碧朗的独幕剧《压迫》和死钟的

---

① 《南大周刊》第 67 期，1928 年 12 月 14 日；《南开话剧史料丛编・编演纪事卷》，第 474—475 页。《亲爱的丈夫》其他角色是：王维华饰诗人、马奉琛饰仆人、陆以洪饰客人。

② 张伯苓：《四十年南开学校之回顾》，《南开四十年纪念校庆特刊》，1944 年 10 月。

独幕剧《疯人的世界》外，该刊还发表了曹禺的《四月梢，我送别一个美丽的行人》、《南风曲》等诗歌两首。这年曹禺升入大学后，担任了《南开大学周刊》特约撰稿员和南开大学出版社文艺组编辑。在《南开大学周刊》上，发表了他改译的独幕剧《太太》和《冬夜》。

1929 年是南开学校建校 25 周年，为了迎接学校“刻世纪”盛大纪念，张彭春指导曹禺又演出了英国高尔斯华绥的《争强》。这时他们不是拿来郭沫若翻译的《争斗》（不适合做演出脚本）去排演，张彭春又是给他英文原著让他深入体味原著的精髓，原著的艺术特点、结构、人物性格、语言运用，然后按照自己国情、自己演出的要求让曹禺自己去改译成适合演出的舞台脚本。曹禺改译后再给张彭春看。张彭春看后再加以指导，并且给其点出原作者剧作的主题本意不是“斗争”，而是“看谁强”，于是张彭春提出剧名叫《争强》。学校还将其排印正式出版单行本。

曹禺体会到对高尔斯华绥《争强》原著的阅读、改译、排演的全过程，是一次完整的戏剧艺术体验全过程。他取得了极其丰富的编演经验。曹禺在《争强·序》中比较全面地总结了这次改译体会，谈到了创作思想、结构特点、人物性格的刻画、语言运用的简练……他写道：“总观全剧，章法谨严极了。全篇对话尤写得经济，一句一字不是用来叙述剧情，即是对性格有所描摹。试想把一件复杂的罢工经过，束在一个下午原原本本地叙出，不散，不乱，让劳资双方都能尽量发挥，同时个人的特点，如施康伯的昏，王克林的阴，安蔼和的热，魏瑞德的自私，尤其是第二幕第二节写群众心理喜怒的难测，和每一个工人的性格，刻画得又清楚、又自然。这种作品是无天才、无经验的作家写不出来的。”

曹禺这时已经取得了丰富的舞台经验，积累了驾驭创作大型剧作的能力。曹禺 1930 年转学到清华以便进一步学习西方戏剧，丰富自己的戏剧知识并掌握创作能力。1933 年终于完成了他 1928 年开始构思的第一部代表作《雷雨》……

终于成就了一代戏剧大师。

[作者简介：崔国良，南开大学出版社编审]

"检讨"与文学转型

——曹禺1949年后的另类文字与人生

商昌宝

1949年,对于任何一个现代作家来说,都无疑是一个无法逾越的历史转折点。作为"右"的自由派作家,或者选择离开,如胡适、梁实秋、徐訏等;或者隐忍蛰居,如朱光潜、沈从文等。作为"左"的革命作家,无论是来自延安的正统派,如周扬、丁玲等;还是左翼的"同路人",如茅盾、胡风等,自然都居功至伟,只等分享胜利果实。而那些一直以来思想无"左"、"右"之分的夹心层作家,也即主流意识里的"广泛的中间层作家",如曹禺、巴金、老舍等,事实上居于比较尴尬的地位。这种尴尬一方面来自于自身的无归属感。他们急于"站队"或"归队",希望得到认同和重视;另一方面来自主流意识的高规格待遇,他们大都被邀请进入体制内,虽然普遍姓"副",但也享受着并不匹配的特权。于是,那种不劳而获或者说是"擎现成的"心理便成为这一类人的普遍心态。在这种心态支使下,他们的人生包括思想和文学开始走向另类。本文将通过曹禺特定历史时期所写下的文字,来呈现这一段历史的原貌。

一、生活的转变

1949年2月,曹禺等一行25人作为第四批民主人士受邀到北京参加第一届政治协商会议。进入北京后,曹禺旋即进入一种完全陌生、新鲜而兴奋的生活状态,积极参与各类国际、国内的政治会议,认真配合主流意识开展工作,真可谓"满脸进步相,开口改造,闭口学习"①。田本相后来曾为此描述道:"在回到北平不久,好像不是他在生活,而是生活把他卷入一种愉快而紧张的漩流里,迅速地旋转,向前。他是那么繁忙,简直容不得他思索,生活带着他欢快地奔腾前进。"②

正因为曹禺的积极表现,在第一届文代会和政治协商会议上,他先后当选全国文联常委、全国剧协常委及编辑出版部负责人、全国影协委员、政协对外文化交流负责人、戏剧学院副院长等职。此外,曹禺还负责组织了开国大典的庆祝游行活动,并担任锣鼓秧歌队的指挥。如他所说:"'翻身'对我们来说,不是两个字,而是渗透在我们生活里'自由了'、'解放了'的舒畅的快感!"③因此,他没有像宋云彬、叶圣陶、郑振铎那样明显感觉不适,不时地做着"南返"的打

① 宋云彬:《红尘冷眼 一个文化名人笔下的中国三十年》,山西人民出版社2002年版,第126页。

② 田本相:《曹禺传》,北京十月文艺出版社1988年版,第350页。

③ 《从一件小事谈起——驳斥右派分子诬蔑今日戏剧事业的谬论》,《迎春集》,北京出版社1958年版,第191页。

算。曹禺不打算走，他携妻而来就是要在这里安家落户、大展宏图的。

在这种生活方式和节奏中，曾为自由职业者的曹禺一开始就表现得很适应，那种传统士人的心理在瞬间内便被唤醒，一直以来被父亲灌输的潜在的光宗耀祖思想也在这种新生活的刺激之下被激活。虽然他一直铭记父亲不让他做官的教导，但是突然官运亨通，一跃而成为既得利益者时，他对于权力的初步感受和体验已经让他尝到其中的甜头。正如有学者指出："在官本位的中国社会里，这才是为一切人特别是寄生性最强的文化人，在人间的此岸世界中梦寐以求的真正的正果与归宿。"①而且，在深层意义上来说，曹禺大概从来也没想好"光宗耀祖"与"不做官"之间有何分歧，这也是现代中国文化人一直以来没有解决好的问题。

二、思想转轨

1949年第一届文代会上，曹禺在题为《我对于大会的一点意见》的发言中毫不含糊地表态说：今后的文艺批评与文艺活动必须根据这个原则发展。我们要努力学习毛泽东思想，研究、认识新民主主义与今后文艺路线的关系。从思想上改造自己，根据原则发挥文艺的力量，为工农兵服务，为新中国文化建设服务，这是我们每个人应该解答的课题。

曹禺在发言中尽管明确了文艺发展的方向和自身改造的任务，但是他也给自己留有一定的余地。他指出，不同区域的文学"都各有所长，也可能各有所短"，大家应"相互了解，互相认识彼此在思想上与业务上的短长"，还不无委婉地提示说："在不断地正确批评和自我批评中，我们应该保持诚恳与谦虚的态度。有了这种态度，才会认清我们大家可能都有些缺点，绝对地都有些长处。"②显然，曹禺在这里不但不愿意抹杀自己的文学功绩，还要表明和突出其进步性，以赢得主流意识的认可和重视。可见，曹禺的这个发言是精心准备的，可以说既体现出他皈依的立场和态度，又不失时机地为自己做了辩解和镀金，应该说具有一定的技术含量。当然，这样的想法和做法是幼稚的，他不会想到，在新体制中是不允许有"私心杂念"的，他也不会想到，新政权会利用行政手段来强行推进文艺方针。

曹禺对形势的把握和体悟是敏感的，在感觉到自己以往的文学与新的文艺政策间存在的巨大落差后，他开始不安起来。他想起了自己的直接领导和上司周扬曾在1930年代批评过《雷雨》和《日出》，而自己迄今还没有任何表示。因此，在1950年4月19日中央正式发布《关于报纸刊物上展开批评和自我批评的决定》后，曹禺撰写了《我对今后创作的初步认识》。文中，他自问自答道："我曾经用心检查过自己的思想吗？发现个人的思想对群众有害的时候，我是否立刻决心改正，毫不徇私，在群众面前承认错误，诚诚恳恳做一个真为人民利益写作的作家呢？不，我没有这样做。"他有所指地承认，自己在过去读到了正确的、充满善意的批评后，总是以沉默表示对于批评的接受和信服，这说明自己习惯"把严重的过失轻轻放过"，是"躲避真理"。然后，他从阶级的角度出发，自辱自贬地说："思想有阶级性，感情也有阶级性。若以小资产阶级的情感来写工农兵，其结果，必定不伦不类，你便成了挂羊头卖狗肉的作家。"

① 张耀杰：《政治风浪中的曹禺其人》，谢泳编：《思想的时代》，吉林文史出版社2000年版，第438页。
② 《人民日报》，1949年7月2日。

同时，他将否定自己过去所经历的过程描绘为“挖疮割肉”，他说：“一个作家对于自己的产物免不了珍惜爱护，就怕开刀。这是什么作家呢？这是小资产阶级的作家，他爱面子比真理更多，看自己比人民更重。”他还说：“我这样讲，并非说我已克服了缺点，俨然是一个完全改造过来的人。不，差得很远。只就检查自己的作品一点看，我感到我在许多地方依旧姑息养奸，……于是有一阵曾经这样泛泛地讲，我的作品无一是处，简直要不得。”在深刻检讨和恶意贬损自己的同时，曹禺也没忘了对领导的批评做出回应，他在文中特意明示说：“作为一个作家，只有通过创作思想上的检查才能开始进步，而多将自己的作品在文艺为工农兵的方向的X光线中照一照，才可以使我逐渐明了我的创作思想上的疮脓是从什么地方溃发的。”[①]显然，这里曹禺将周扬的批评比作X光线，而将自己作品中的缺点说成是“思想上的疮脓”。曹禺是怎样针对周扬的批评而作检讨的呢？不妨比照一下[②]：

周扬：作者“把兴味完全集中在奇妙的亲子的关系上”，“宿命论就成了它的潜在主题，对于一般观众的原和命定思想有些血缘的朴素的头脑就会发生极有害的影响，这大大地降低了《雷雨》这个剧本的思想的意义。”

曹禺：“我把一些离奇的亲子关系纠缠一道，串上我从书本上得来的命运观念，于是悲天悯人的思想歪曲了真实，使一个可能有些社会意义的戏变了质，成为一个有落后倾向的剧本”，“为害之甚并不限于自己，而是扩大蔓衍到看过这个戏的千百次演出的观众”。

周扬：“在(鲁大海)这个人物上作者是完全失败了，他把他写成那么粗暴、横蛮，那么不近人情，使他成了一个非真实的、僵冷的形象”，作者把大海描写成“完全不像工人，而且和工人脱离的人物”。

曹禺：(鲁大海)“那是可怕的失败，僵硬，不真实，自不必说”，更“丧失了他应有的工人阶级的品质；变成那样奇特的人物。他只是穿上工人衣服的小资产阶级。我完全跳不出我的阶级圈子，我写工人像写我自己，那如何使人看得下去？”

周扬：“历史舞台上互相冲突的两种主要的力量在《日出》里面没有登场”，“我们看不出他(金八)的作为操纵市场的金融资本家的特色，而且他的后面似乎还缺少一件东西——帝国主义”，“至于那些小工们，……他们只被当着一种陪衬，一种背景”，“这两种隐在幕后的力量，相互之间没有关系”。

曹禺：“我忽略我们民族的敌人帝国主义和它的帮凶官僚资本主义，更没有写出长期的和它们对抗的人民斗争，看了《日出》，人们得不到明确的答案，模糊的觉得半殖民地社会就只能任其黑暗下去。……没有指出造成黑暗的主要敌人，向他们射击……这和中国革命的历史真实是不相符合的。”

周扬：“《日出》的结尾，虽是乐观的，但却是一个廉价的乐观。他关于‘损不足以奉有余’的社会，只说出了部分的真实，……而对于象征光明的人们的希望也还只是一种漠然的希望，

① 《文艺报》，1950年第3卷第1期。

② 此处部分地借鉴了钱理群的《大小舞台之间——曹禺戏剧新论》(北京：北京大学出版社2007年版，第227—228页)所作的对照，并在此基础上作了一定的补充和完善。

他还没有充分地把握：只有站在历史法则上而经过革命，这个‘损不足以奉有余’的社会才能根本改变。”①

曹禺：“《日出》里面，写的是半殖民地社会，我粗枝大叶地画出大鱼吃小鱼的现象，罗列若干残酷的事实，来说明这‘损不足以奉有余’的社会是该推翻的。……我写《日出》的时候，人民的力量在延安已经壮大起来，在反动区的城市里，工人群众已经有相当有力的革命组织。反帝的怒潮遍及全国，人民一致要求民族的解放。”②

田本相曾针对曹禺的这次检讨评价说：“曹禺是从国统区来的作家中，最早的一个反省自我的作家，没有任何外界压力，也没有任何外力的敦促，是他主动地对旧作进行自我批判。”③通过上述比照，可以得出结论，曹禺这次检讨虽然没有直接的表面的外力敦促，但是却有着间接的潜在的压力和纠葛，因此表面看来他是主动的，但在深层意义上又是被动的，而这种被动其实又是另一种意义上的主动。

1952年5月，在纪念《讲话》发表十周年之际，曹禺在题为《永远向前——一个在改造中的文艺工作者的话》中将自己的检讨又推向一个极致。文中，他首先肯定地说：“十年以来，凡是老老实实、诚诚恳恳地学习和遵守了毛主席的文艺方针而工作的文艺工作者，都得到了一定的收获，……凡是以不老实的态度学习这篇《讲话》，不去认真改造自己的人，也就在文艺创作上遭遇到挫折和失败。”接着，他从自身实际出发总结说：“新社会到来了，我居然成为千千万万革命文艺工作者的一员，成为毛主席文艺队伍中的一员，我是多么感激和骄傲！然而我又多么胆怯，仿佛刚刚睁开眼的盲人，初次接触了耀目的阳光，在不可抑制的兴奋里，又不知道如何迈第一步。”然后，对照《讲话》，曹禺再次清理了旧思想，批判自己“一套套的超阶级的善恶是非的观念”，尤其对以往自以为进步的地方作了检讨，他说：“我明白我的精神领域里原来并不止于贫乏，那是一个好听的名辞，一个旧知识分子在躲闪无路时找到的一个遮丑的遁辞。实际上，在我的思想意识里，并非是如以往自命的那样进步，那样一心追求着真理和光明。我的仓库里有大堆不见阳光的破铜烂铁，一堆发了霉味的朽木。”④

对于一个作家来说，只靠旧作撑门面而不能创作出新的作品，是无论如何也说不过去的，所以巴金、老舍等都积极努力地尝试新作，曹禺自然也不甘落后，只是他的惯常写悲剧、复仇和人事纠葛的笔却不知道该写什么，所以在1949年后的最初几年里，他是颗粒无收。当然，没有新的成绩，对于他这个文艺界的领导人来说，也并非是多么大的过错，他可以以应酬多、业务多、会务多等为借口搪塞。而且，他的态度又总是很谦卑。1953年作协第二次会议上，他为此总结说：“虽然我经过文艺整风，……我是痛切地感到我还是脱离了政治。譬如说吧，我没有下功夫读过《矛盾论》、《实践论》，没有每天仔仔细细地读《人民日报》，没有好好读过中国革命史。”⑤结合实际可见，曹禺的上述言论与事实基本符合。由于对于理论的生疏，曹禺不敢

① 曹禺：《我对今后创作的初步认识》，《文艺报》，1950年第3卷第1期。

② 周扬：《论〈雷雨〉和〈日出〉——并对黄芝冈先生的批评的批评》，《光明》，1937年2卷8期。

③ 田本相：《曹禺传》，北京十月文艺出版社1988年版，第366页。

④ 《人民日报》，1952年5月24日。

⑤ 《要深入生活》，《迎春集》，北京出版社1958年版，第89—93页。

轻易用笔，怕一失足成千古恨，因为那么多的进步作家创作的作品都受到批判，其中还包括萧也牧、张志民等解放区的党员作家。当然，曹禺的"怕"与沈从文、萧乾等担心被清算的"怕"不一样，他怕的是失去现有的职位、名誉和地位。为此，他一方面小心谨慎，避免触犯"天条"，一方面以"出了名的过分的谦虚"待人待事，"用惯常的，虚伪的方式表现他的那种真诚"。[①]

三、修改旧作

修改旧作在文艺界本不是新奇的事，它是作家最自然的权力和自由，文学史上因为修改旧作而提升艺术价值的事例不胜枚举。但是，为了迎合某种政治功利的需要而进行修改，则要另当别论了。1949年后，大陆作家修改原著几乎是个普遍现象，郭沫若、茅盾、巴金、老舍、张天翼以及沈从文等无一没有过这样的经历，而这其中，能够将旧作修改得面目全非而"博得头筹"的恐怕非曹禺莫属。在开明版的《曹禺选集》的"序言"中，曹禺对所选的《雷雨》、《日出》和《北京人》等三个剧本的修改体会作了交代，他说："这次重印，我就借机会在剧本上做了一些更动，……小时学写字，写的不好，就喜欢在原来歪歪倒倒的笔画上，诚心诚意地再描几笔；老师说：'描不得，越描越糟。'他的用意大约在劝人存真，应该一笔写好，才见功夫。我想写字的道理或者和写戏的道理不同；写字难看总还是可以使人认识，剧本没有写对而又给人扮演在台上，便为害不浅。所以我总觉得，既然当初不能一笔写好，为何不趁重印之便再描一遍呢。"[②]

曹禺怎样"描"的呢？在"开明版"《雷雨》中，周朴园由原来普通的资本家身份被改为一个名副其实的帝国主义的走狗，甚至说出："'有奶便是娘'，英国人出的钱，不照办也行不通"这样的台词。他的煤矿也由民族资本形式改为中英合办、洋人入股的买办形式。同时增加了省政府贝顾问、乔参议、英国顾问、警察局局长等几个人物。鲁大海由原来的工头被改写成为一个具备"应有的工人阶级的品质"、"有团结有组织的"罢工领导者，可以讲"帝国主义是他的祖宗，他就知道巴结外国老子，压榨我们工人"之类的话，也可以当面斥骂周朴园："你们这些不要脸的买办官僚，还是把你们的洋爸爸又抬出来了"。旧作中鲁大海与周朴园纠缠着血缘关系的矛盾，被改为帝国主义豢养下的买办资产阶级同以工人阶级为主体的人民大众之间的阶级与民族矛盾。旧作中软弱、宿命的鲁妈被改成当面怒斥周朴园的反叛妇女。其他被改的地方还有很多，特别是第四幕几乎等于重写。在《日出》中，既是"阎王"又是"活财神"的金八不再只是一个普通的黑社会人物，而被改成是"连特务也跟他勾结，现在又巴结上日本鬼子，当上了仁丰纱厂的总经理"。有点愚钝的方达生不但成为地下革命工作者，还与党组织的代表老工人田振洪、青年工人群众一起，组织了营救"小东西"的斗争，成为战无不胜的革命者。"小东西"也有了名字，并且成为进步工人傅荣生烈士的女儿。相比来说《北京人》被改写的程度最轻，但也很离谱。如原剧中袁任敢那段关于形而上的天堂净土和精神家园的彼岸世界的经典描述："这是人类的祖先，这也是人类的希望……"，被改成："我们人类的祖先，经过几十

① 万方：《我的爸爸曹禺》，《文汇月刊》，1990年第3期。
② 《曹禺选集·序言》，开明书店1951年版。

万年的劳动，才创造出这双能够改造生活、改造人类的手。劳动扩大了人的眼界，劳动加强了人的智慧。只有劳动的人才能改造生活……”这样的修改不但同行、读者们纷纷批评，甚至连曹禺自己也感觉不妥。在政治气候相对松动的1954年，他在《曹禺剧本选》中基本恢复了三部剧作的原貌，并在“序言”中这样写道：“除了一些文字的整理外，没有什么大的改动。现在看，还是保存原来的面貌好一些。……如果日后还有人上演这几个戏，我希望采用这个本子。”①看来，曹禺修改旧作并非是心甘情愿的艺术冲动，促使他修改原作的“动力”仍然是来自周扬1930年代的那篇并非批评的批评。这一点曹禺在1980年代接受田本相的采访中证实说：“建国初期，周扬的话，我佩服得不得了，我修改《雷雨》和《日出》，……基本上是按照周扬写的那篇文章改的。”②由此可见，来自权威的压迫感始终是曹禺思想上的一个包袱，在他看来，只有用自戕的方式才能将这个包袱卸掉。如果说经历了一次失败而能吸取教训，而绝不再明知故犯，说明这个人还保有起码的艺术良知，但若是循环往复、出尔反尔，则要从另外的意义上来对这个人加以评判了。曹禺恰在这方面成为一个最典型的范例，因为他此后又于1957、1959、1961、1978年对《雷雨》等剧作进行了多次程度不等的手术。鲁迅曾说：“无论古今，凡是没有一定的理论，或主张的变化并无线索可寻，而随时拿了各种派别的理论来作武器的人，都可以称之为流氓。”③这样的话虽有些苛刻，但用在曹禺修改作品这一行为上似乎也无不可。

四、新规范下的写作

曹禺毕竟是个剧作家，创作对于他来说不仅是工作、职业，也是晋升官阶、修成正果的敲门砖，他渴望用一部全新的力作证明自己的忠诚，也想摘掉头上那顶资产阶级知识分子的帽子，以创造一个“蜕旧变新”的奇迹，获取新时代的认可和赏识。在周恩来的恩准和鼓励下，1951年他随北京市委工作组参加了北京市高校教师思想改造运动，到北京协和医院深入生活了三个月。他与这所学院的教职员工生活在一起，积累创作素材。但在大量素材面前，曹禺还是感到为难，他还不适应这种主题先行的写作方式，所以迟迟未能下笔。三十年后他回忆说：“我的确变得胆小了，谨慎了。不是我没有主见，是判断不清楚。”④因此，直到1954年4月，他才开始进入写作阶段，并历时三个月终于完成四幕七场(后改为三幕六场)的话剧《明朗的天》。谈及创作体会时，他不无感慨地说：“《明朗的天》实际上是一个集体的创作”，与自己“在旧社会时从事的创作，一个人关在屋子里写，是完全不同的”。⑤ 按照当时的艺术评价标准，《明朗的天》无论在剧本创作还是在演出效果上，可以说都取得了成功。张光年评价说：“作者通过形形色色的剧中人物的创造，体现了现实主义的党性和爱憎分明的精神。……作者力求站在工人阶级立场，用工人阶级的眼光来观察所要描写的对象；……以此为基础，《明

① 《曹禺剧本选·序言》，人民文学出版社1954年版。

② 田本相、刘一军编著：《苦闷的灵魂——曹禺访谈录》，江苏教育出版社2001年版，第36页。

③ 《上海文艺之一瞥》，《鲁迅全集》第4卷，人民文学出版社1981年版，第296页。

④ 田本相：《曹禺传》，北京十月文艺出版社1988年版，第411页。

⑤ 《曹禺谈〈明朗的天〉的创作》，《文艺报》，1955年第17号。

朗的天》的现实主义，就显然有别于批判的现实主义，而是属于社会主义现实主义的范畴了。”①但在艺术性上，吕荧曾坦言批评道：“戏剧的主要缺点，可以说，因为剧中现实生活和人物形象的刻画比较失之简略，缺乏深刻的内容。”②公平、客观地说，在同时代的剧作中，《明朗的天》比之老舍的《龙须沟》、《春华秋实》要略胜一筹，但硬伤也是明显的。据田本相说，80年代，他几次希望曹禺谈谈解放后的剧作，但是曹禺总作出一副“不值得一谈的样子”，或者干脆说：“至于我解放后写的这三部戏，就不必谈了，……实在没有什么可说的”。③ 曹禺的不愿谈及自有他的难言之隐，但是作为读者的黄永玉却是很不客气地发表了自己的意见，他在写给曹禺的信中这样写道：“我不喜欢你解放后的戏。一个也不喜欢。你心不在戏里，你失去伟大的灵通宝玉，你为势位所误，从一个海洋萎缩为一条小溪流，你泥溷在不情愿的艺术创作中，像晚上喝了浓茶清醒于混沌之中。”④

可以说，黄永玉的评价是一个基本事实。包括《明朗的天》和后来的《胆剑篇》、《王昭君》的艺术性究竟怎样来评判，这还可以从文艺评论界一直以来的关注度予以衡量的。有研究者为此作过统计：在1978－2003年间，曹禺的研究论文有六百余篇，其中研究《明朗的天》的论文只有一篇，研究《胆剑篇》的有两篇。⑤ 这样的统计数据应该能够说明曹禺1949年后剧作创作的失败。

五、结语

经历过种种政治运动，曹禺的思想和为人准则愈发“程式”化，甚至在思想解放的大潮中，他也未能及时扭转自己。1980年代，当同以胆小而著称的孙犁勇敢地提出人道主义的问题、巴金不畏迫害而勉力推出讲真话的《随想录》之时，曹禺也曾跟风表达过自己要做“一个说真话的人”，“要说我的真心话”，⑥但当政治气候稍一变动，他即刻就写出《满怀信心》(《人民戏剧》1981年第8期)、《不要辜负人民的期望》(《戏剧报》1983年第7期)、《坚持和发展毛泽东文艺思想，抵制和清除精神污染》(《戏剧报》1983年第12期)等批判表态文章⑦，复归旧我。当1990年代萧乾、邵燕祥、沙叶新、韦君宜、牧惠等纷纷袒露并反思自己和社会的时候，曹禺不但没有如此，甚至没有勇气展现自己1949年后的创作全貌，一部曹禺亲自审定的《曹禺全集》最终成了一部被删改的“曹禺选集”。然而，这一切曹禺是否有清醒认识呢？在接受田本相访谈时，他解释说：“那时，我对党组织的话是没有怀疑的。叫我写，我就写，还以为是不顾

---

① 《曹禺创作生活的新发展——评话剧〈明朗的天〉》，《剧本》，1955年3月号。

② 田本相、胡叔和编：《曹禺研究资料》(下)，中国戏剧出版社1991年版，第1217－1218页。

③ 田本相、刘一军编著：《苦闷的灵魂——曹禺访谈录》，江苏教育出版社2001年版，第48页。

④ 转引自梁秉堃：《在曹禺身边》，中国戏剧出版社1999年版，第30－31页。

⑤ 参见李扬：《现代性视野中的曹禺》，人民文学出版社2004年版，第184页。

⑥ 曹禺：《没有说完的话》，山东友谊出版社1998年版，第39页。

⑦ 这些文章同《胡风在说谎》、《胡风，你的主子是谁?》、《谁是胡风的“敌、友、我”》、《极其巨大的胜利》、《吴祖光向我们摸出刀来了》、《质问吴祖光》、《我们愤怒》、《灵魂的蛀虫》、《斥洋奴政客萧乾》、《从一只凶恶的“苍蝇”谈起》、《巴豆、砒霜、鹤顶红——斥右派分子孙家琇》等均未收入《曹禺全集》。

私情了。不管这些客观原因吧，文章终究是我写的，一想起这些，我真是愧对这些朋友了。”①曹禺在这里对自己的批判是值得肯定的，但其中所说的“没有怀疑”、“叫我写”、“客观原因”等是否符合当时的真实情况呢？他真的没有怀疑过？他所写的那些批判文章都是别人命题的吗？他这样忏悔是发自内心吗？“文革”前是这样“文革”后也是这样吗？1994 年 6 月 18 日，吴祖光到医院看望病中的曹禺。在说起一生写作上的失落时，吴祖光坦率地说：“你太听话了！”曹禺一听，几乎是叫喊起来：“你说得太对了！你说到我心里去了！我太听话了！我总是听领导的，领导一说什么，我马上去干，有时候还得揣摩领导的意图……可是，写作怎么能听领导的？”②曹禺真的是经吴祖光的点拨才顿悟到自己“太听话”还是因为愧对吴祖光而故意做出一种姿态？这样浅显的道理恐怕不需要这样迟延、这样夸张的表现吧。“反右”时，曹禺批判萧乾是“泥鳅”，萧乾事隔多年后仍愤愤地回敬：曹禺“才是大泥鳅”，“他一生都在演戏，活得不真实”。③ 孰是孰非？相信读者心中自有定夺。

1937 年《大公报》文艺奖评选中，评委会将曹禺刻画为一位“摄魂者”，并夸赞他“精于调遣，能透视舞台的效果”④。田本相在《曹禺传》中也写道：“他一生都在探索着人，探索着人生，探索着人类，探索着人的灵魂。”⑤曹禺自己也说：“人心不同，各如其面。有多少人就有多少不同的身世、心理，不同的精神面貌，我们要放开眼界看到更多人的心灵。要不怕艰难，探索他们的灵魂深处，是高贵的还是龌龊的？”⑥作为“摄魂者”的曹禺，的确谙熟传统中国人的心理和心灵，无论在艺术的舞台上，还是在现实人生的舞台上，都以超越常人的表演去努力追求和实现最佳的戏剧效果和境界，以至于辨别不出哪是现实生活，哪是戏剧舞台！

［作者简介：商昌宝，天津师范大学文学院］

① 田本相、刘一军编著：《苦闷的灵魂——曹禺访谈录》，江苏教育出版社 2001 年版，第 65 页。
② 吴祖光：《掌握自己的命运——与曹禺病榻谈心》，《读书》，1994 年第 11 期，第 57 页。
③ 萧乾：《风雨平生——萧乾口述自传》，北京大学出版社 1999 年版，第 256 页。
④ 《鱼饵·论坛·阵地》，《萧乾文集》4，浙江文艺出版社 1998 年版，第 138 页。
⑤ 田本相：《曹禺传》，北京十月文艺出版社 1988 年版，第 489 页。
⑥ 《和剧作家们谈读书和写作》，《剧本》，1982 年 10 月号。

曹禺在江安轶事

张毅

著名戏剧大师，被誉为“东方莎士比亚”的曹禺先生，因病于1996年12月13日停止了他那总在思考的大脑活动，离开他终生热爱的戏剧事业，驾鹤西去了。这件事在整个文学和戏剧界引起很大震动，无不为他的离去而痛心疾首，而他所热爱的话剧艺术到今天已呈现一些冷清的景象。这话或许有些偏颇，但在历史文化长河中，的确让人沉思，缅怀往昔的繁盛，为了继承发掘话剧的现实意义和无限魅力，本文仅写一些值得叙述的有关曹禺在江安的创作活动情况，提供借鉴。

抗战时期，沦陷区的各种组织、学校等，纷纷向大后方撤离疏散，万先生也随剧专迁长沙、重庆，最后于一九三九年四月再迁川南江安，在江安这个宁静、闭塞的小县城，度过了他难忘的三年时间。在这短短的三年时间里，迎来了曹禺先生的又一次创作高峰，《北京人》、《蜕变》、《正在想》等相继问世，《家》的改编已经酝酿成熟。在这个环境条件十分差劲的小县城里，曹禺先生仍然坚韧地进行大量的戏剧创作和教学的执著精神，对话剧事业特别是对抗战戏剧的发展作出了巨大的贡献，为后人留下了宝贵的精神财富。同时在这短短的三年中，曹禺先生与江安人民结下了深厚的情谊，让他在四十年以后回忆起这段历史，仍深情地写到：我们喝过江安的水，吃过江安的粮，永远忘不了江安人民对我们的哺育之恩。曹禺先生自称在江安时期是他创作最旺盛的时期，可称“人杰地灵”。

1939年4月曹禺随校迁江安，在而后的很长一段时间里，曹禺先生陷入了紧张的戏剧教学和剧本构思之中。

抗战以来，国民党政府大大小小各级机构腐败的状况，给曹禺留下了很深的印象。同时，他耳边又响起了周恩来先生1938年同他谈话的铿锵有力的声音——“抗战必胜，最后的胜利必属我们中国人民”。创作的激情和冲动让他不能自已，必须一写为快。曹禺决定以一个省立后方医院，抗战初期的遭遇为题材，揭露抗战中大后方的动摇分子和腐朽人物，鞭挞那种黑暗丑恶的现实，指出中华民族在抗战过程中一定要脱掉那一层腐化的躯壳，新的愉快的生命才能降生。

1940年2月初，曹禺快要构思完毕，正准备进入写作阶段。剧专接到妇女工作队的邀请，要剧专赴重庆作劳军公演。学校决定4月赴渝公演，演出两个现成的大戏，一个选顾一樵先生的《岳飞》，一个是余上沅、王思曾先生合作的《从军乐》。余上沅觉得一次旅行公演，带两个戏太少了，希望曹禺把正在酝酿的新戏赶写出来。在朋友们信任的催促下，曹禺推托不过，只好答应赶一赶。

曹禺将这出戏取名《蜕变》，构思大体结束后，他请学生季紫剑（季虹，上影厂著名演员）帮刻钢板，吃住在他家里。季紫剑听说跟万先生一起工作，心想这是个学习的好机会，满口答应。

第二天，曹禺和季紫剑就开始紧张的工作，曹禺家住江安开明绅士张乃赓的乃庐公馆内，房间在楼上，总共约十五、六平方米，外间是饭厅，也是创作室、会客室，靠窗有一个竹制旧书架，靠墙一对旧沙发，中间有一张小方桌；里间是卧室，有一张床，一个矮斗兽柜，一张小长桌，拥挤不堪。小斗柜紧挨着床，柜上放着纸，笔和煤油灯，煤油灯旁放着一盒火柴．这样，晚上创作灵感来了，曹禺就可以随时抓起笔来写。

饭后，曹禺就与季紫剑共用这张吃饭桌子开始工作。整整一个月的时间，曹禺与季紫剑白天同吃、同干，晚上同榻而眠，闭门谢客，日夜苦干，就连张家的佣人都说："每天晚上都是人家都睡了，还看见他点起灯写字，早晨我们起来打早火，看见他又在用功了。真像是三更灯火五更鸡，将来不晓得要干啥子大事哦"！

就这样慢慢地，季紫剑也了解了曹禺的创作习惯。他发现万先生在写作时，有时握笔的手指不断地翘动，便是在思考、推敲。曹禺右耳门边有一个突出的小肉球，写作时，他常用右手不知不觉地去捻弄它，而被他的学生们戏称为"灵感包"。一次，几张蜡纸已经刻完，季紫剑向万先生索稿，只见他正用右手捻那个小肉球。他问："万先生，我刻好了，你写好了吗？"万先生好象没有听见，只顾捻动他耳边的小肉球。季紫剑起身走到万先生身旁，提高嗓门又喊了一句："万先生，我刻好了。"曹禺猛地一惊，定神一看，是季紫剑在叫他，他生气地说："你不要催我好不好？"季紫剑猛然醒悟，他这一叫打断了先生的文思，忙回到自己座位上，整理已经刻好的蜡纸，以后再不敢中途打断万先生写作。

郑秀曾回忆到："曹禺写作时最恨别人打扰他，哪怕是自己的女儿，有一次，曹禺在楼上写作，我抱女儿小万黛上楼来玩。小黛黛刚刚会走路，一上楼便吵着要妈妈将她放下地走。一下地，她就爬到桌上，一个劲地喊爸爸。一面用小手将季紫剑整理好的稿纸乱扔到地上去了。又跑到曹禺这一头，使劲喊爸爸，曹禺正聚精会神地写作，听着一声又一声的喊叫，就嫌烦，他冲着我发火：'你把她抱开好不好'。再一看，刚才写好的稿纸全给女儿弄得乱七八糟，他更火冒三丈：'你看，刚写好的稿纸弄成这样，你这不是存心来捣乱吗？我也火了。冲着他说：'你嚷什么，孩子懂什么，我给你捡起来就是了。'曹禺又冲着我说：'不是一回了。我写作的时候叫你不要把黛黛抱上楼，可偏不听。你就不能带她上别处蹓蹓？'曹禺越说越有气，声音也越说越大，小黛从来未见爸爸用这么大嗓门讲话，吓得哭了起来。我也不饶他，对他说：'你吼什么！什么了不起的事。看把孩子吓成这样。'这一次气得我好几天没理他。"

郑秀为了曹禺的健康，总是限制他的工作时间。曹禺为静心写作，便同郑秀商量，请她回重庆在她父亲那儿住一段时间。好说歹说，郑秀总算同意了。曹禺虽然已经完成了《蜕变》的总体构思，但在具体执笔时，还是反复酝酿。灵感袭来，想到一场好戏或一段对话，就奋笔疾书，写完一张就放在一边，到整理时再将它们串在一起。剧本经他反复推敲，修改多次后，最后才写在江安产的竹纸上，又因为一段时间以来连续熬夜，人已十分疲劳，加上夜晚受了凉，剧本快要完稿时，曹禺患上重感冒，浑身无力。

1940年的4月15日，大型戏剧《蜕变》被剧专带到重庆，在重庆国泰大戏院举行了公演，获得很大成功，轰动了整个大后方。

1940年，文学大师巴金从上海到昆明，知道国立戏剧学校（1940年7月在江安升格为国立戏剧专科学校）已经迁到川南小城江安，他随后由重庆来到江安，看望他的挚友曹禺。

巴金到了江安，就住在曹禺的家中，两位大师相见，百感交集。当时的江安县城没有电灯，晚上七点后全城漆黑寂静。巴金、曹禺多数时候在一起聊天，两人常对坐在一张长写字台两边，在昏暗摇曳的桐油灯下，促膝谈心。他们谈抗日战争，谈社会政治，谈人生感悟，更谈作家的责任与中国戏剧文学的前途……曹禺讲述了自己在江安新写的剧本《蜕变》、《北京人》的创作过程，更谈起《家》，他流露出想改编《家》的意思，巴金鼓励他试一试，并对他说："你有你的'家'，你有你个人的情感，你完全可以写一部你自己的《家》。"

通过几天相互深入的交流和沟通，坚定了曹禺改编《家》的决心。

在江安，曹禺最感兴趣的是江安的茶楼，他时常与吴祖光、沙梅等老师坐在茶楼里，要上一壶清茶一坐就是半天，并在那里观察着茶楼里进进出出、形形色色的人物，以及大街上熙熙攘攘的过往人群。

观察生活是他的习惯，他怀中总是揣着一个小本子，随时把观察到的种种生活景象、人物的言谈举止动作记录下来。有一次，他在大街上看到一个打扮得衣冠楚楚的人物，使他发生了兴趣，就尾随在这个人的后边。这个人原是江安的一个大地主，名黄久安。过了不久，黄久安发现有人在后面盯住他，人又不认识，很奇怪，便有点儿害怕了，就钻进一个小巷子里，跑到一个亲戚家里躲藏起来。其亲戚认识曹禺，就告诉黄久安说："那是剧专的万先生，他在观察人物呢！"有一次，他对西街一位做豆腐的老婆婆发生了兴趣，看她怎样推磨，怎样做豆浆，又怎样点卤，怎样把豆腐压出来。这样，接连观察了三天，天天在那里细细看着，琢磨着，有时还仔细地询问这位老婆婆，似乎连他自己都觉得不好意思了，临走时，他给老婆婆一些钱作为酬谢。

还有一个清朝的秀才，也是江安的士绅，他叫黄荃斋，是个廪生。他和张乃赓是朋友，曹禺就通过张乃赓找到他，向他打听旧式婚姻的礼仪习俗，问得十分仔细。订婚是怎么一个规矩，结婚仪式又是怎么样啊，怎么闹洞房啊？这恐怕同他准备《家》的创作有些关系，他把这些都记在他的本子上。在江安的日子里，曹禺先生不断地将他听到、看到、感受到的东西都溶于所编剧本之中，成功地塑造了一个又一个鲜活的人物和戏剧情节。至今，江安的一些老人中间还流传着曹禺的一些故事。

在江安，最使曹禺感到厌恶的是耗子。江安的耗子够厉害的，一是个头大，二是多，到处都有，无孔不入。吴祖光曾写过一篇曹禺与耗子的故事，他说："曹禺最憎恶，最怕的是什么？是耗子。耗子给他这么大的刺激不是没有原因的。前两年在江安教书的时候，曹禺已在着手汇集他的历史剧《三人行》的材料，足有一个厚厚的本子。可一天他打开抽屉时，那本子被耗子啃得粉碎了。他很无奈地又重新整理编写，可又一次遭到同样的命运，最后他不得已采取特殊保存方式，才将剧本完成。"

"又一回，很冷的一天，早晨在路上碰到曹禺，他说胃病又犯了，犯得特别凶，右肩上时时发抖，这病状的确是不寻常的。下了课我回到休息室，他已经坐在那里，说肩上抖得很凶，心里也不好过，所以告诉学生说胃病犯了，早点下了课。说着说着又抖起来了。他用力一按‘哎呀’！他脸白了，大喊‘耗子’，不用说我们有多么惊奇！他匆忙把棉袍脱下扔在地上，掩着脸，一溜烟跑到墙犄角。棉袍里子上爬着一只大耗子，已经精神不振，近乎瘫痪状态。当然是因为天气冷，耗子钻进棉袍里去取暖。因为棉被里破了，耗子一直钻到棉花里出不来，却不巧被曹禺穿在身上了。”后来《北京人》问世，他把耗子巧妙地写进戏里，每逢演到出现耗子的台词时，引起了极有“喜剧味”的舞台效果。以至于四十多年以后，江安代表到北京拜望曹禺先生时，曹禺还问到，江安的茶楼还多吗？耗子还多吗？

曹禺先生已经离开我们十几个年头了，遥想当年峥嵘岁月，在历史的长河中，不过是流逝的一瞬间，但是在江安人民的心中，在当年生活在江安的以曹禺先生为代表的剧专师生的心中，都留下了一段永远难忘的美好的回忆。正如曹禺先生所说：“这段历史是中国话剧史上的一个重要环节。”

［作者简介：张毅，国立剧专江安纪念馆馆长］

剧论篇

为《原野》辩：新写实主义析白 **王士仪**　他来自《原野》：解构空间与人性 **方梓勋 陈嘉恩**　《正在想》溯源考察："笑剧"肚子里的填充物——从墨西哥民俗演剧到曹禺戏剧的道路 **阿部幸夫 崔颖**　从爱欲中活出真生命——重读曹禺三部曲 **张秉权**　略述《雷雨》中的音乐元素 **邹红**　谈谈鲁侍萍角色的功能性 **周靖波**　论《雷雨》两种版本的叙述策略 **胡馨丹**　从家庭论的角度看《日出》**中山 文**　《北京人》人物形象小考——试图寻求袁圆真切形象 **白井启介**　《明朗的天》的戏剧问题与曹禺的"原初生命" **卢伟力**　曹禺在1950年代初期是如何"改造"的——以《明朗的天》的写作、修改为中心 **刘卫东**　尊重与摆脱的调和——历史剧《胆剑篇》再解读 **闫立飞**

为《原野》辩：新写实主义析白

王士仪

伟大之翻译家，实导更伟大创作之先河。

——方东美

一、前言

1991年经相关单位的安排，始有机会前谒曹禺(老)，报告温源宁先生在台北逝世及温夫人丧礼是由本人代替家人处理的情形。告称温先生是他的老师，当时任北大英文系主任到南开兼课而教到他。这段亲口的述说，恐非外界所知的。由于这点因缘，曹老不以晚辈相待；此后，不论在府上或医院总是要亲送至大门口。1994年本人以中华戏剧学会负责人的名义，邀请大陆十位戏剧家访台，这件事纪录在该年两岸文化交流大事记里。几经商量，终因健康，曹老无法应邀。但每次拜候时，都表达一游台湾的愿望，"如能去，你背都要把我背去"。这个愿望，他未如愿，本人也无此福分，留下一点遗憾。这次承蒙大会的邀请与田本相先生的吩咐，敢不从命。然而，对曹老剧作殊无研究，仅能算是一个一般观众，勉强属文，必有欠妥之处，乞请见谅。

本文分为两个部分。第一个目的是为《原野》辩，探讨该剧宜属于哪类派别剧作；经本文的自我诠释，重新审视它系一种新创戏剧文类，拟界定为新写实主义。第二部分，一位评论者的职责是对愈高的创作成就，提出愈严厉的批评，为的是提供提升下一阶段创作高度的基石。

一个剧作演出的成功是由(不同的)观众来决定的；一本被批评者评论为平凡的剧作，在百老汇商业剧场引起轰动，是屡见不鲜的。可知对舞台真实的认知，观众不是以剧本真实，也不是以评论真实为基础；相同的，导演的舞台真实与剧作者的创作真实是不一致的。契诃夫指责史坦尼毁了他的剧本，就是显例[①]。凡涉及这些不同论点的争议，本文弃而不论。为陈述本文所关注的想法，将界定剧本文本价值的认定与诠释；不仅论定它的成功或失败，也不仅知其然，而是要说出个道理来，也即要知其所以然。如果一位批评者能在这个知其所以然的基础上，更进一步理出个理论的话，则更是企求，也是追求。本人一直主张知识的进步，就是方法的进步；同时，方法的进步，就创作而言，虽不一定被称为进步，至少是一种有别于以往的思考范畴。如何以这个概念来测试《原野》创作内涵呢？附带说明，《原野》经作者相当程度的修

① David Magarshack Chekhov. *A Life*, N. Y.: Greenwood, 1952, p. 382.

改，足以构成专文研讨[①]。由于当年学习环境的限制，对这方面的文献感到生疏；故而，本文仅就作者修改本为依据[②]。

二、回顾《原野》的评论

自从《原野》于 1937 年 4 月正式在广州《文丛》连载出版以来，有哪些评论呢？依据田本相、胡叔和主编的《曹禺研究资料》下册，及田本相主编的《中国戏剧论辩》上册，列出以下几项论点：

1. 自开始之初直到 1947 年，一般咸认《原野》是属于写实主义的作品；基本上，多数是否定的评价。

2. 在“文革”过去之后，认为对《原野》过于贬抑，明确地要求应予以纠正，给予《原野》较为公允的评论[③]。除了维持原有写实主义作为论述基石之外，认定《原野》是“向表现主义借鉴”，结论是“瑕不足以掩瑜”[④]。算是在评价上有了正面的翻案。自 1981 年由南海影业公司改编成电影后，在香港及一些国家上映，以及国内剧场的上演，引起相当的回响，造成一波《原野》热。

3. 另一种评论指出《原野》过分倚重尤金·欧尼尔（Eugene O'Neil，1888—1953；以下简称欧氏）《琼斯皇帝》（*The Emperor Jones*，以下简称《琼》剧）的表现方法与技巧，或模仿，甚至直言抄袭《琼》剧。[⑤]

4. 进而，确认《原野》是“唯一一部成功的表现主义剧作”[⑥]；或是“一部不拘一格的，……现实主义的巨型名剧。”[⑦]认同《原野》在这两种主义创作法上的同等成果。

这分明是进化式的四个阶段。到底哪一个阶段的评论真实，才是符合《原野》的本义呢？应用逻辑学上最简单的公式，$P=df\bar{P}$，即以评论者的假定真实，界定（df）成为创作真实（$\bar{P}$）。如何证实评论者的假定为真或伪？如何探讨呢？

话剧这种移植的舶来品，“五四”是它的关键奠基者。他们是如何学习的呢？试看西方戏剧发展，就以易卜生（Henrik Ibsen）的《傀儡之家》（*A Doll's House*，1879），作为现代戏剧的开始。在自然主义理论浪潮中，开创了写实主义戏剧，而成为世界剧坛的主流。事实上，二十世纪戏剧是最多元文化，也就成为最复杂的发展，包括易卜生本人皆不满于写实主义的再现生活真实的表达，表现在剧作的创作上，相继产生印象主义、象征主义（包括所有的主观意识派）、表现主义、未来主义、达达主义、超写实主义、政治剧场与叙事体剧场二大剧场等等分类。

---

① 秦川：《谈曹禺对〈原野〉的修改》，田本相、胡叔和主编：《曹禺研究资料》下册，中国戏剧出版社 1991 年版，第 953—968 页。

② 曹禺：《原野》，人民文学出版 1994 年版。

③ 潘克明：《〈原野〉和表现主义》，《曹禺研究资料》下册，第 895—913 页。

④ 同上，第 912 页。

⑤ 苏雪林：《抗战前戏坛一件大窃案》，《联合报·联合副刊》，1979 年 5 月 20 日。

⑥ 孙庆升：《〈原野〉随想录》，田本相、刘家鸣主编：《中外学者论曹禺》，南开大学出版社 1992 年版，第 268 页。

⑦ 胡叔和：《也论〈原野〉》，《曹禺研究资料》下册，第 939 页。

John Gassner 将写实主义称为：现代戏剧；而其他主义统称之为：现代主义戏剧（modernistic）[①]。这种划分表示两者并重，不可能独尊写实主义。每一主义就是一种新方法，就产生不同的新视野，带来新创作，挖掘文化的不同深度，扩大人类精神领域的认知。

这种西方现代主义戏剧的源头思想，实源自欧洲现代画派的理论。如将二者做出平行比较的话，除存在主义戏剧（existentialist play）之外，试问戏剧的哪一个主义不是亦步亦趋地引用画派宣言的脉动前进的[②]。比较每一种主义的剧作差异颇费口舌，试举绘画来说明。每一画派在画布上所呈现的具体形象，也即这派理论与真实的具象化，一目了然。比如，写实主义画作，截然不同于表现主义，观者自知。如果一位评论者批评一幅抽象派画作是不写实，而加以诋毁的话，这种评论的认知，不仅视为无知，而是笑话。那么，就以这画派比较的认知来审视《原野》上述的四种阶段进化式的评论。现代戏剧（写实派）与现代主义戏剧是截然不同的分类，何以能将《原野》划分成写实主义，同时又属于表现主义呢？这是在逻辑学上原本再简单不过的非此即彼的二者只能选一（p q，exclusive disjunction），竟然能成为“这个和那个皆可以”（p · q，conjunction）的并言结果呢？试问这种评论的性质能验证《原野》的创作真与伪吗？不然，又如何来探讨呢？首先，确认《琼》剧表现主义，以便作为研讨《原野》属于哪类戏剧派别剧作的比较基础。

三、确认《琼》剧的表现主义

倘若指控创作品是模仿或抄袭，这些行为皆属剽窃（plagiarism）。就学术界而言，无异于死刑；对创作者而言，当然也是严厉的批评。至于在创作品中要如何加以认定呢？

据欧氏自称在他创作《琼》剧之前，不知道什么叫做表现主义[③]。因为有人指出该剧与凯舍（Georg Kaiser，1875—1945）《从早晨到午夜》（*From Morn to Midnight*，1917）有很多相似之处[④]。可知他的剧作有被人怀疑抄袭的困扰。事实上，在 1914—1915 年，他在哈佛大学上编剧课时，G. P. Baker 教授已经介绍过德国表现主义，而他自此开始学习德文[⑤]。《琼》剧成为美国表现主义的代表作，也被誉为世界剧坛表现主义的最佳剧作，超越德国表现主义的原创者[⑥]。可见吸取或采用凯舍的表现主义创作元素，无损于这位诺贝尔奖得主的本剧原创典范。评论最基本的对象是剧作本身，而剧作之外再丰富的知识，除了显示博学，容易引起争议。那么，就理清《琼》剧之所以成为表现主义的本质，权充比较。它的形式结构分为八幕[⑦]（由于篇幅限制，本文所引述相关剧本，无法进行一一文本分析，仅备摘要）。本剧的开头与结局采用

---

① John Gassner. “Introduction”*Playwrights on Playmakinged*. by Toby Cole(N. Y. :Hill and Wang1961)xii.

② 参阅 J. L. Styan. *Modern drama in theory and practice*. Vol. 1—3. Cambridge:Cambridge University Press 1988. 与 Herschel B. Chipp. *Theories of modern art:a source book by artists and critics*. Berkeley Calif. :University of California Press 1968. 两书或其他相关专书平行比较，则可归纳此一论点。

③ Barret H. Clark. *Eugene O'Neill? The Men. and His Plays*. rev ed. (N. Y. :Dover 1947)83.

④ J. L. Styan. *Modern Drama in Theory and Practice*. III p. 101.

⑤ 同上。

⑥ 同上。

⑦ Eugene Gladstone O'Neill. *The Emperor Jones*.

故事内容叙说方式。而中间的六幕架构成剖析主角琼斯(Brutus Jones)灵魂的内心对犯罪的忏悔独白。

第一与第八幕是讲述主人翁琼斯逃亡的前因与死亡的后果。琼斯原是美国铁路卧车厢的一名侍者。因为杀死同伙,越狱逃到西印度群岛的一个小岛上,欺骗岛上土人相信他是神,且自封为皇帝,与一个白人 Smithers 狼狈为奸,以高压手段,暴政敛财,导致土人纷起反抗。他本人在仓皇中辞去皇帝,企图趁着黑夜横越森林潜逃海岸出境。这是第一幕的大要,大约占全剧二分之一的篇幅。结局第八幕非常的短,仅说明他被土人自制的银弹打死。不必研讨欧氏如何创作本剧故事的个人经历。本剧的西印度群岛,就是加勒比海。如果旅游时,稍加阅读白人侵占这些小岛时的那种近乎灭种的残酷,再看看牢房的酷刑,足以令人发指。最后白人殖民暴君退出,还政于原有的土族。所以,本剧的内容与这段侵略史实,在实质上,可称得上写实。只不过在塑造人物上,是由一位受过美国教化的、更为狡诈的黑人取代殖民暴政的白人而已。在此必须加以说明,琼斯在过去做过的那些事情,不论是杀人、越狱、流亡、高压、敛财等等的一切冲突戏剧行动事件,在这第一幕,皆不曾以戏剧行动事件呈现在舞台上,而仅仅是叙说曾经发生过的事件背景而已,所以,它只是在叙说历史事实,但不是写实主义作品。

中间的六幕才是构成表现主义的核心。我们无从知道欧氏是如何将荣格(C. Jung)等心理分析学派的幻觉、幻象或恐怖梦境,或从表现主义画派的具体画面,甚至直接采用欧洲及凯舍形成表现主义的既有形式,一一转换成他的剧本舞台的表演形象。的确,在这六幕中,琼斯逃往森林中,耳边只听到土人擂战鼓的声音,这是岛上土人围捕他的信号。本剧从“隐约而有力的鼓声,开始的速度很慢,相当于人体脉搏跳动,一分钟七十二次,但随着时间慢慢加快,直到此剧的结局。”透过这种制造本剧特殊气氛手法,琼斯出现过去犯罪的幻觉,而发生忏悔,向上帝寻求救赎的内心独白。要特别加以厘清的是借着一个人逃亡的整体事件,将内心忏悔的情境呈现为舞台的具体形象。这种新方法称之为表现主义剧作典范。不管《琼》剧是何等程度的典范,至此本文得出一个结语:《琼》剧的创作过程是由德国表现主义转换成美国表现主义;换言之,二者同属单一(表现主义)的属性。经此认定《琼》剧的创作本质属性之后,于是于写实主义与表现主义者之间作一选择,它只能做出非此即彼,即二者只能选其一(exclusive disjunction)。绝无混淆空间的可能。确立《琼》剧作为表现主义的标准器;同样的,进行认识与检视《原野》的属性。

四、《原野》创作新戏剧文类:新写实主义

凡带点比较戏剧的眼光,在阅读《原野》时,不自觉地就浮现出《琼》剧的相类似形象,这成为一种共同研读比较剧作的经验。正因此故,《原野》遭受到模仿、抄袭,甚至直言偷窃《琼》剧的严厉评论。的确,欧氏在中国有一段发展的过程。早在 1924 年余上沅开始介绍包括《琼》剧在内的欧氏剧作;1934 年洪深、顾仲彝合译《琼》剧。同时,1920 年《琼》剧在纽约上演 204 场,场场爆满。洪深可能深受感染,在两年后写出第一部中国式的《琼》剧,取名《赵阎王》;1923 年伯颜的《宋江》,与 1929 谷剑尘的《绅董》,构成一组中国式的《琼》剧群像,因而称《琼》

剧的三位中国弟子[①]。这种现状曹禺不应不知。在这段发展期间《赵阎王》就被认为是模仿《琼》剧[②]。1937年《原野》正式出版，被认为与《赵》剧同属抄袭[③]。进而指出《原野》中的焦阎王的名字，根本是沿用《赵阎王》。这说明《原野》不仅是直接源于《琼》剧，也可能借经《赵》剧[④]。如此将《原野》视为第四弟子。可否视为一系列的抄袭呢？

曹老有何反应呢？在1938年8月号《文丛》的《原野·附纪》中他说：

> 写第三幕比较麻烦，其中有二个手法，一个是鼓声，一个是两景用放枪，我是采取了欧尼尔氏在《琼斯皇帝》所用的，原本我不觉得，写完了，读两遍，我忽然发现无意中受了他的影响。这两个手法确实是欧尼尔的，我应该在此声明，……这是欧尼尔的天才，不是我的创作。[⑤]

这是白纸黑字的字据，直接承认受到欧氏的影响，而间接否认其他的人。但在田本相的访谈中，他却说：

> 《琼斯王》没看过，至今也不想看。欧尼尔前期的剧本戏剧性很强，刻画人物内心非常紧张，刘绍铭说我偷的《琼斯王》，不合事实。《琼斯王》的故事我知道，写一个黑人玩弄手段压迫土著人的故事。[⑥]

这一段访问，完全否认以前的认知。在1987年2月24—27日，中央戏剧学院与山东大学联合召开"尤金·欧尼尔学术会议"，与会者百余人，全是戏剧界名人。在会上，有以下一段曹老的讲话：

> 早年教过我的张彭春先生，曾最先向我提过这出戏。当时他刚刚从美国回来，告诉我他在美国看过一出戏，讲的是一个黑人逃进了森林里，后边有许多人追杀他，随着阵阵的鼓声，他的面前出现了许许多阴森恐怖的场面。[⑦]

这段作者当众公开自述他的老师张彭春曾对他介绍《琼》剧的情境，绝不仅此段短短文字的描述而已。这是铁证，不下于G. P. Baker之于欧氏的学习，证明曹禺认识《琼》剧，理当受到影响。因此评论者就扣一个帽子，认定《原野》是表现主义。就创作者来看，莎士比亚的希腊罗马戏剧是采自《希腊罗马名人故事》，其故事之简要不多于张彭春的讲述，试问可以诠释莎剧是抄袭这本传记吗？是故，本文在此做出以下的申述：

就作者本人的主观认定，从以上三次说法，坚持不能接受抄袭(偷的)《琼》剧指控，潜意识地、顽强地维护他本人的原始创作性；至少，未曾承认《原野》是他的一部表现主义剧作。(但不知作者曾做过有别于此相类似的陈述否。请专家们查证。)

回到客观剧作本身的分析，以便与《琼》剧这个表现主义标准器比较，借以归纳出《原野》

---

① 田本相主编：《中国现代比较戏剧史》，文化艺术出版社1993年版，第397页。请参阅该书第六章《欧尼尔在中国》。

② 袁昌英：《〈庄士皇帝〉与〈赵阎王〉》，《独立评论》27号，1932年11月20日。

③ 苏雪林：《抗战前戏坛一件大窃案》，《联合报·联合副刊》，1979年5月20日。

④ 李汉臣：《上〈中西比较戏剧〉课的学习报告》，《抄袭还是影响：有关〈原野〉的新发现》，1991年1月。

⑤ 曹禺：《原野》附录，第180页。

⑥ 田本相、刘一军：《曹禺访谈录》，香港三联书店2000年版，第158页。

⑦ 曹禺：《在欧尼尔学术讨论会上的讲话》，《欧尼尔戏剧研究论文集》，中国戏剧出版社1988年版，第3页。

的真实的属性。《原野》的情节形式结构，系序幕，第一、二、三幕；而第三幕共分为五景。共计八场，与《琼》剧非常巧合。粗估一下本剧组成形式比例，序幕，第一、二幕占全剧四分之三；而第三幕的五景，约四分之一。

本剧情节由主人翁仇虎从越狱复仇到逃亡而死的一系列的戏剧行动事件所组成。本剧故事叙说，焦阎王是位封建军阀统治时代的人物，是当时一个杂牌军阀军队中的营连长之流，回到家乡用抢来的钱，再加上有点武装势力，为非作歹、称霸一方①。他的儿子大星与仇虎是结拜兄弟，二人处得相当好；仇虎与干妈焦母也有来往，可见两家过从尚好。若以当时的情况，两家若不是门当户对，也拜不成这个把子。果不其然，仇家有地有产，并非一般的佃农。不知什么原因，焦阎王烧了仇家的房屋，占了土地，活埋了仇父，仇家的女儿卖到妓院，诬告仇虎是土匪，关进牢狱打成瘸腿。他的未婚妻金子被霸占成了大星的填房。就金子而言，能被两家地主看得上当媳妇，可见花家也不差。当被霸到焦家，也未见出有什么抵死不从的反对，绝非贞节妇女之辈。虽是填房却深得大星的宠爱，竟敢逼大星在她与婆婆之间做个选择，可见其撒野骄纵，也非一般佃户农村妇女形象，更不是一般婆媳之间的冲突所能比拟的。焦母虽是个瞎子，以她的精明，以及过去的交往，哪能摸不清楚金子在两个男人之间的底细，心知肚明，身是焦家妇，心挂前男人；所以，嘴里是狐狸精长，狐狸精短。至于大星既怕母亲，又爱妻子，对朋友又讲道义，在仇虎入狱之后，他是唯一设法搭救的人。不仅是金子口中的好人，经过修改成为娘娘腔，也是全剧中唯一的好人。小黑子，大星与前妻所生的儿子，一个无辜的小孩。

八年后，仇虎越狱复仇，此时焦阎王已死。他怀着父债子还、夫债妻还的传统信念，此仇非报不可。先抢回金子，决心亲手血刃自己的盟弟大星；并施奸计借着瞎眼的焦母打死小黑子，好让焦家断子绝孙，留下一个瞎眼老太婆来忍受焦家恶行的煎熬。接着是第三幕的五景。在此要为此情节部分做个结语，即占全剧四分之三篇幅的情节，在舞台上完完全全以戏剧写实行动事件清清楚楚地呈现给观众。这种呈现方式截然不同于《琼》剧的那种仅仅就发生事件背景陈述而言。如果删除全部第三幕五景，只要加上一场，说明仇虎与金子的逃亡结果，则可确定地说，本剧的属性是出道道地地的社会问题写实剧。夏衍，一位剧坛的领导者，有成就的剧作家，在他的名作《上海屋檐下》的总结中，指出他开始写实主义创作，直言是读了《雷雨》与《原野》②。他足以代表当时唯以写实主义是从的主流创作思潮，可以说确认《原野》是属于写实主义的结论是正确的。其他相同的评论就不一一加以引证了。那又何以引起《原野》是不成功的写实主义的评论呢？

基于写实主义的论述，有相当篇幅指出曹禺出身封建家庭，缺少中国农民生活经验，而质疑仇虎是否具备真实农民形象。形成创作者的创作真实，是一门特殊知识的研究范畴，绝非短文可以评述。质言之，比如不是女人的莎士比亚等等创造出非常多的名女主人翁，你可以否定她们女人人物性格的真实性吗？因此这些诸多论点，在此提而不议。如果作者从善如

① 参阅曹禺：《我的生活与创作道路》。

② 夏衍：《上海屋檐下》的创作总结。转引自胡叔和：《也论〈原野〉》，第930—931页。

流,曲意将仇虎修正到完全符合评论者的预期形象,也无助于厘清第三幕系构成该剧属于写实主义抑表现主义两难命题的困扰。那么,第三幕要如何认定它的属性呢?

占全剧四分之一的第三幕,系仇虎复仇之后,带着金子逃入森林,由五景来陈述逃亡过程中他杀人的内心挣扎到最后的死亡。这个实质的表达形式与方法,被誉为"比欧尼尔有过之而无不及。"[①]据此,评论者遂渐认定本剧就是表现主义。这项认定导致后来的进化式四阶段将同一剧本《原野》得出这个和那个皆可的并言(p·q,conjunction),即可称写实主义又可称表现主义两种并存属性,但不相容的争议结论。

评论剧本真实的对象是回到剧作本身而非评论。那么,在与《琼》剧作为表现主义标准器的比较下,就《原野》本身,可以清楚地看出是由四分之三的写实主义加上四分之一的"表现主义"所组成的。它不是属于《琼》剧的单一属性,而是一种异于现有写实主义的新文类,即写实主义与"表现主义"两种主义结构形式的混合体。从剧本本身结构的客观剖析,《原野》的创作模式不是复制《琼》剧,即不是由美国表现主义到中国表现主义的单一表现主义类属。相反的,本文设定,作者是采用表现主义的元素来创作另一种新形式的写实主义,本身断非表现主义。这新文类应与过去做出适当区隔。基于本文诠释的基本态度与认知,并在本人提出"新传统主义"的概念架构下,暂将《原野》界定为:新写实主义(Neo－realism)或后写实主义(Post－realism)。可惜,未见当时评论者对这种新文类的出现有所鉴赏、认知与诠释,也更谈不上给予正面评价。

试想《朱买臣》中的那场《痴梦》表达了改嫁后的后悔。这场梦境比什么 Freud,Jung 的心理分析理论,更能让观众了解日常生活中的人情人性之常。恐怖的梦是表现主义的重要手段,但在传统戏曲里不早就应用在创作之中了吗?

再看亚契尔(William Archer,1856－1924)在其《剧本创作》(*Playmaking*,1912)中,指出凡能引起观众兴趣的行动,就称为戏剧性(dramatic)。这是被誉为自亚理斯多德以来没有下得更好的定义。他解释戏剧性与非戏剧性(non－dramatic)引起观众兴趣的实际应用:

> 凡曾经找到这些和这些的形式以及方法能讨(观众的)喜欢,同时未来也还可能会是一样(的讨观众喜欢)。这么说来,则这些(形成与方法)是比较另种其他形式和方法更安全(把握)和更容易的(讨观众喜欢的)。但是不屑复诵过去的经验本是原创性天才的一部分。本文(在此篇幅)无关于设计令原创性天才打消这种(曾讨好观众的方法)创作的尝试念头。[②]

归纳这段话的意思是说,不论哪种形式与方法,皆是属于创作的手法。如果是曾经能取悦观众,在未来也能的话,则原创性的天才,是自创固然可以,继续采用这些方法也无不可,仍然不失为创作天才。倘若欧氏采用欧洲表现主义所归纳出的创作元素与方法作为《琼》的手法,而被视为典范[③];相同的,别人也可以归纳《琼》剧创作表现主义的形象,作为剧作的创作元

---

① 刘绍铭:《〈原野〉所倡导的原始精神——兼论其舞台技巧》,《曹禺研究资料(下)》,第 983 页。

② William Archer. "Playmaking", *European Theories of the Drama*, ed by Barret H. Clark(N. Y:Crown pub. 1965) p. 451.

③ 归纳凯舍表现主义创作元素,请参阅 J. L. Styan III. 53－4,不另引述。

素。只要还能引起当时观众的兴趣。试问有谁规定表现主义的创作元素，只能用于表现主义，而不许应用（或扩大）到未来主义、荒谬剧场等等现代主义戏剧？凡这种类型的创作属性，统称之为新写实主义。（本文在此非专限于戏剧而已，而扩及涵盖一切现代艺术创作。）那么，可以禁止曹禺应用表现主义的手法来创作《原野》吗?!

如果认为本文设定假用表现主义手法创作《原野》成为新写实主义的这种论述还是不足取，仍然坚信《原野》是偷的《琼》剧。且问，模仿或抄袭，就创作而言，是必须排除之恶抑可转换成擅于创作之善呢？引证一个例子作为说明。

就重复借用主题情节而言，布莱希特（Bertolt Brecht，1888－1956）的《高加索灰栏记》（*The Caucasian White Chalk Circle*，1945）除了剧名自我标明直接取自中国《灰栏记》，而其实质内容的主题与情节——《贵子》与《灰栏断案》，几乎是元曲的翻版，而何以创造出前所未有的戏剧成就呢？沙特（Jean－Paul Sartre，1905－1980）的《苍蝇》（*Les Mouches*，1942）与欧氏《悲悼三部曲》（*Mourning Becomes Electra*，1931）不都是相同地借用希腊 Aeschylus 的 *Orestia* 三联的情节吗？但何损于三位诺贝尔奖得主的成就？这岂不正是将旧主题转换成创作之善吗？

如果善意地接受刘绍铭的建议，在《原野》的创作序言中仿照拉辛（Jean Racine，1633－99）的《费黛儿》（*Phédre*，1677）指明借用 Euripides 的 *Hippolyte* 情节，就会像魔术般的效力解除抄袭指控魔咒的话，这不是轻而易举而作者何以不为呢？问题何在？这个建议能将他自己批评的“在内容上，（尤其是第三幕）却无什么特别值得称道的地方”①，魔术般地提升到特别值得称道的成果了吗？提升不是一种批评，是如何的提升。这是接着本文目的第二个部分的议题。

五、从《琼》剧到《等待果陀》：对《原野》创作法的理论探索

1927 年出版的 Jay B. Hubbell 和 John O. Beaty 合编的《戏剧概论》，列举西方近代最具影响力的五位戏剧理论家，其中只有 Brander Matthews（1852－1929）的理论，迄今未见国内有所论及，借此稍加简介。

在 1920 年《琼》剧轰动纽约，这年欧氏也不过是 32 岁的青年剧作家。当时 Matthews 是最资深的戏剧理论导师，写了一篇非常有意义的文章“Hamlet With Hamlet Left Out”（本文以下缩写为 HWHLO）。这句文句不易译，意为：（演）Hamlet 甩掉（或拿掉）Hamlet。经他的解说是：处理所有这种剧作，凡其中主人翁让他在全剧或接近剧终时都不出现在舞台之上。并举易卜生的《群鬼》（*Ghosts*）为实例做为具体论述说明。本剧是研读西方现代戏剧非常熟悉的经典剧作，造成全剧悲剧的主人翁是船长 Chamberlain Alving。他的梅毒是贻害妻子、儿子与女儿的真正元凶。但在本剧第一场开幕前已死多年。换言之，本剧每一个戏剧行动事件都是他造成的，却在全剧未曾出现于舞台之上。这种创作法就称做 HWHLO。他又提到 Pinero（Arthur Wing，1855－1934）的《青天霹雳》（*The Thunderbolt*，1908）中死去的父兄是全剧行动的泉源。不过相较之下，他发现这种创作法在《琼》剧中，让那些反叛臣民一直到本剧快要结束时才象征性地出现在舞台上，则更为有效。那种每分钟 72 次脉搏的咚咚鼓声，遂渐加快让

① 刘绍铭：《〈原野〉所倡导的原始精神——兼论其舞台技巧》，《曹禺研究资料（下）》，第 986 页。

观众感到这位逃亡的皇帝因这群反叛者产生的惊吓，比看到这些人在舞台上的任何可能所做的更为可怕。就以上的说明，大致可以了解什么是 HWHLO 的创作理论与实践。Matthews 在戏剧理论的认知上是一位亚氏与佳构剧的支持者，但对《琼》剧的结构是现实抑表现主义竟然不提，而直指它的本质与成就。这正是评论戏剧的价值，是回到人而非流派的"主义"。他不是批评好与坏，而是建立一套理论，不仅推许这位青年剧作家的剧作比易卜生更为有效，至少是并举；更要紧的是以理论确立剧作的本身价值，身为一位评论者这是何等的睿智。这种创作法得到这二位作者的认同，并列为五个重要理论之一；这展示出对新知识的鉴赏力，这不应学习吗？从其他四家理论推演来看，这种 HWHLO 创作法不是用来处理上述的几则个案，正如 Brunetière 的意志论，系主人翁的行动意志适用于悲剧、喜剧及中外一切剧种；换言之，这种 HWHLO 创作法同样的可以适用于古典、现代及现代主义戏剧。如此与其他四家理论同样的具有普遍性①。

在《原野》中，仇虎回来报仇的时候，造成复仇事件的主人翁焦阎王，正如 Alving 船长，早已死亡，从未出现在舞台上。在仇虎带着金子逃亡森林中时，不论是鼓声或磬声以及不可少的枪声贯串第三幕。所以《原野》的创作法是由一个舞台从未出现的主人翁与第三幕的鼓声连接起来直到结局。这正是 HWHLO 创作法的模式。既然是这种创作法，就从喋喋不休的抄袭或模仿的争议中跳脱出来；同时对于《琼》剧是逃亡剧或心理剧，而《原野》是复仇剧的论点②，甚至作者认为"《原野》是中国的，无论主题，人物和故事上和《琼》剧不相干"之类的自辩，只因这类评论式，即便是辩，较诸理论式的论述，也是无力的。故置而不论。那么，回到同是这种创作法，要问《原野》的成就在哪里？

贝克特（Samuel Breckett，1906—1989）的《等待果陀》（*Waiting for Godot*，1952）探讨现代人的精神生活，看起来这是现代人的新品种疾病。本剧无行动事件可言，也找不到相类似的传统体裁，堪称自创。全剧等待出现的主人翁果陀（Godot）一直未出现在舞台之上。毫无疑问的，HWHLO 创作法出现在荒谬剧场的剧作之中，一如表现主义的《琼》剧和写实主义的《群鬼》。

在英国读书的时候，曾问等待的果陀，他是什么呀？英国同学讥讽这种幼稚问题，回答说"等待原子弹"。本剧出现在二次大战后的十年紧张的冷战期间。苏联有能力以原子弹炸毁伦敦。原子弹可怕的毁灭性前所未有，美国在广岛做了具体示范。如果伦敦观众内心是等待原子弹的恐怖焦虑，正如表现主义舞台上琼斯皇帝逃亡般的恐惧心理，透过等待转换成舞台下的内心状态，一百个观众可能产生一百个不同的等待。依此类推愈是不同的等待焦虑的情境，愈是扩大反省人性层次的复杂。这不正是说明本剧提示了人的实质吗？是何等有意义的剧作，堪称得上是戏剧中的形上学的剧作。此剧在 1953 年勉强获得上演的机会，甚至为一位著名的评论家所不屑。但巧的是与《琼》剧同在十六年后，成为诺贝尔奖得主。以上提出与

---

① Jay B. Hubbell and John O. Beaty *An Introduction to Drama*（N. Y：Macmillan 1964）附《琼》剧剧本。本文 HWHLO 创作法的论述，系转引该书第 5 页。其他论点请参阅拙稿：《新传统主义：创作四元论》，《台北：2009 华文戏剧节》专题演讲。

② 程朝翔：《〈琼斯皇〉与〈原野〉：比较还是比附？》，《欧尼尔戏剧研究集》，山西省文化厅创作室、山西话剧院编，（无出版地、日期），第 61 页。

《原野》同属 HWHLO 模式的成功剧作,《原野》能具备哪种实质,又如何加以审视呢?

六、戏剧的伟大是由人物性格来衡量

构成戏剧的两大核心,一是行动事件结构;一是人物性格。第一部分亚理斯多德已有完备的论述。至于什么是人物性格,迄无明确的具有普遍性的界定。依据亚氏《创作学》第十三、四章,本人权充拟定一则人物性格定义:

> 人物性格是指戏剧行动者当双方相遇两阵对峙的战斗或冲突事件中,展示他们彼此做出的(或说出的)行动事件的抉择(或躲避),而产生那些恐惧哀怜情感。①

一个人物性格是强硬或懦弱、踌躇或粗暴蛮顸,在处理冲突事件中的抉择,是截然不同的,裸露般地呈现人物性格的喜怒哀乐、七情六欲与思想。因此戏剧本质的高低是借人物性格这个测量计来衡量的。

本人喜欢引用布莱希特的《高加索灰栏记》来说明由抉择所呈现出的人物性格。试看女主角格鲁沙(Grusha Vashnadze)在大家皆不要找麻烦,力劝她不放弃总督儿子米契尔(Michael)的后果是"给人看见和这孩子在一起,会发生什么,我想都不敢想",在面临这项行动抉择时,她似乎听见孩子求救的呼唤,不知是出于人性、母性或其他任何理由,她抱起这孩子。这个抉择被誉为"想做好事是多么可怕的诱惑。"在格鲁沙做出这人性抉择之后,回顾本剧由《贵子》到全剧结局,是从格鲁沙"捉"一只肥鹅到乡村法官阿兹达克(Azadak)判案后消失不见的"逃"走的一连串"捉"与"逃"的主题形象所构成。从而看出,人物性格的伟大是借着事件冲突的伟大所展露出来的;人物性格的强度、深度与广度是要借着行动事件的强度、深度与广度来衡量的。本剧的每一个"捉"与"逃"的行动事件,皆涉及个人、社会、国家、法律、宗教及人性不同层次,一层层地揭露格鲁沙抉择所带来的人性冲突的强度、深度与广度,以展示"善良诱惑多么可怕"的人性光辉,让人觉得自己的渺小。这个抉择不仅远远超越元曲原著的本事,更犹如点铁成钻石,而成为戏剧史上的不朽之作。同样的,以人物性格的抉择来衡量《原野》,它的人性光辉何在?能配得上"巨型名剧"吗?

仇虎怀着无比的深仇大恨,终于能回来报仇了。首先,他要夺回金子。两人相见,他们的抉择是干柴烈火的苟合。对仇虎而言,金子虽然曾是自己的未婚妻,当下毕竟已经改嫁他人;对金子而言,背着百依百顺的丈夫,不论是重温哪一种旧欢,以任何社会伦理行为的尺度,这对狗男女就是通奸。焦母的抉择呢?狐狸精果然不出所料;为了保全大星,她和干儿子仇虎谈判,要人还人,要钱给钱。至于大星则情愿容忍出墙与仇虎共妻,如果仇虎同意的话,金子未必不愿当她自己所说的"猪狗"。

仇虎的报仇当然不止此,可是对头焦阎王已死了。如何抉择报这不共戴天的杀父之仇呢?以父债子还的信条,不理干妈的条件,断尽视己如兄长的情义,不接受金子的劝阻,决心亲手血刃盟弟大星。做完这个父债子还,对仇虎来说,这还得还不够。瞎眼焦母的铁手杖是打不死他的,但仇虎将小黑子调包换到他的卧房,金子未加阻止,可列为帮凶,借用焦母的手

① 王士仪:《中国近现代戏剧史》序,田本相主编,江苏教育出版社 2008 年版,第 1 页。

打死他。在此本剧创造出一种"祖债孙还"的行为。仇虎这种用计之毒，其心之奸，让焦家断子绝孙，就是要焦阎王绝种，如果小黑子有儿子，他也一定杀。焦阎王虽是封建恶霸，但至少让他们兄妹活着。相较之下，仇虎让人家绝种，比焦恶霸还毒，这对狗男女断子绝孙的暴行，其人性中"恶中之恶"，还不该天诛地灭吗？这种罪犯要如何处治呢？

如果容许把第三幕的结局改成为：第二天清晨常五带着侦缉队捉到金子，用焦母的铁手杖打死，叫她一尸二命，让两家都断子绝孙，舞台上独留下焦母一人承受煎熬。这样至少她得到一时阿Q式的安慰。

复仇主题是人类社会的普遍共同行为(简称为普同行为)。普同行为经过文化的提升发挥人性光辉，即成为普世价值[①]。不管是如何地论述塑造仇虎是一个什么特殊的农民形象，但他所做出的抉择行为比封建的土匪还土匪。试问上述以牙还牙的让两家都断子绝孙，这种暴行，不仅是恶上加恶，更是恶中之极，能提升成为普世价值吗？还是能发挥任何一丝一毫的人性光辉吗？不论是新中国之前或之后，能将这种断子绝孙的人物提升成为英雄人物，抑"我们完全有理由为它感到骄傲"[②]吗？！

为什么创造仇虎这么一个人物呢？试问作者创作构思中的原始人物形象甚至潜意识形象为何呢？在旧版序幕仇虎上场时，所做的人物形象的描述[③]：

> 这是一种奇异的感觉，人会惊怪造物者怎么会想出这样一个丑陋的人形；……硕大无比的怪脸……眼烧着仇恨的火。……他眼里闪出凶狠，狡恶，机诈与嫉恨，是个刚从地狱逃出来的人。

诚然这个人物"仇恨的火、凶狠、狡恶、机诈与嫉恨"的原始图腾与上述断子绝孙的罪行内外是十分吻合了。难道作者的创作原义就是要表现人性中"恶中之恶，罪中之罪"吗？上述《等待果陀》的等待，可能是原子弹、毒气等一切战争罪行；或扩大到日常生活中数不尽的暴政、暴行所揭露的人性的丑陋。那么，为什么《原野》不能表达这个创作意图呢？这不正是提醒观众应该警惕吗！

前文提及 Aeschylus 的 *Orestia* 三联剧。它的大意是 Agamemnon 为海伦(Helen)出征 Troy，杀了自己的女儿 Iphigenia 祭神(事实上未死)；他的妻子 Clytemnestra 为女儿报仇，杀死战胜归来的丈夫；他们的儿子 Orestes 为父报仇杀死母亲。这种人伦家庭悲剧，人神共愤，于是天神不仅追逼 Orestes 发狂，同时惩罚全体雅典人。从单一的戏剧行动分开来看，确是一个杀一个的一件复仇事件而已。但高乃依(Pierre Corneille)将三个剧整体连接起来看，则父亲杀死女儿是小罪(希腊人确实如此)，妻子杀丈夫是大罪。以此推之，这三联剧是反复地以一个大罪来惩罚一个小罪[④]。因此，他认为这不是亚氏必然律的原意。于是放弃希腊古典伦理，

① 从普同行为发展到普世价值及发挥人性光辉的自我文化诠释，请参阅拙稿《闽南精神："泉州学"的方向与架构刍议》，《2010首届闽南文化论坛》专题演讲。

② 孙庆升：《〈原野〉随想录》，《中外学者论曹禺》，田本相、刘家鸣主编，南开大学出版社1992年版，第264页。

③ 《原野》旧版，系指1950年11月文化生活出版社的最后一次再版本。本文引自秦川：《谈曹禺对〈原野〉的修改》，《曹禺研究资料(下)》，第956—957页。

④ Pierre Corneille. "First Discourse：On the Uses and Elements of Dramatic Poetry"，*European Theories of the Drama*，102—3.

经过他的诠释创作了《熙德》(*Le Cid*,可译为《王中之王》),开创了新古典主义戏剧时代。换言之,将法国的普同行为经过创作提升成普世价值。《原野》的断子绝孙正是以大罪惩罚小罪的模式,还能作为发挥人性光辉或提升高贵品格上升到普世价值吗?

安德森(Maxwell Anderson,1888－1956)归纳西方悲剧本质,指出人物性格是为了在他们的罪行付出生命代价之前,要让他们行为更为高贵①。试问仇虎死前,他的什么行为能使他更高贵呢?

田本相为《原野》的人物性格回归剧本本身做出实事求是的结论:这些人物几乎都是"变态"的。焦母的猜疑类似妖邪;仇虎的那种奸凶、狡诈与恶毒已非常人;而泼野的金子对仇虎的爱,对大星的恨,更是超乎寻常妇女②。这些变态的人物性格,能做出高贵品格的抉择吗?

再看本剧,如果夫债妻还的话,在活着的人中只有一个仇敌,就是焦母。但仇虎杀死大星与小黑子的断子绝孙,让死去的焦阎王绝种,叫活着的干妈受苦,他如何说的:

死了倒便宜了她,我要她活着,一个人活着。

这还算是高贵性格的思维吗?在第三幕第五景快要结束时,也即他死前,对金子说:

不!不!不能完,我完了还有弟兄,弟兄完了,还有弟兄。我们不能子子孙孙生下来就受人欺负。

他们都是我的好弟兄,……告诉他们现在仇虎不相信天,不相信地,就相信弟兄们要一块儿跟他们拼,……叫他们别怕势力,别怕难,告诉他们,我们现在要拼得下去,有一天我们的子孙会起来的。

所谓他的弟兄们,可能就是土匪。也许仇虎杀过不少人,罪行当不下焦阎王,可是他至死不悔,对他杀死的人,没有一点悔意,只有冲突的仇恨,缺少半分人性光辉。杀死别人的子孙,要弟兄们为自己的子孙拼下去,这就是他死前所能做出的更高贵的行为吗?所以,评论者所指"在内容上,(尤其是第三幕)却无什么特别值得称道的地方",像仇虎报仇杀死的儿子是好人、孙子无辜,对这种人物品格与戏作本质的提升而言,还能不当做诤言吗?

七、结论

一位剧作家采用传统体裁与形式,而不被认为是抄袭或模仿,且能被视为创作,能否提供一个理论原则呢?亚氏《创作学》第九章被西方学者推崇为全书中最重要的一章③。全章分为四个段落,竟然迄今未见西方有贯串全章主旨的诠释。本人强作解人,提出必然率的推理是贯串全章的关键。这一章有一句极为出名的名言:

Poetry, therefore, is a more philosophical and a higher thing than history. ④(1451^{b}5－6)

(因此之故,创作之为物是比历史更"哲学"与更崇高。)

---

① Maxwell Anderson. "The Essence of Tragedy", *European Theories of The Drama*, p. 512.

② 田本相主编:《中国戏剧论辩(上)》,百花洲文艺出版社 2007 年版,第 513 页。

③ D. W. Lucas. *Aristotle Poetics*, Oxford: Oxford UP. 1968, p. 118.

④ S. H. Butcher. *Aristotle's theory of poetry and fine art*, N. Y.: Dover Pub. 1951, p. 35.

这句话让从事创作者感到自豪。事实上,philosophy 界定为现在哲学的定义是亚氏以后的事;它的原始意为:更具一个系统的知识①。一个系统知识的基础是在于推理,因此将希腊文 philosophoteron 解释为:更具推理性。依此本文以必然率的推理,解说创作之为物系较历史更具推理性及更具崇高性。于是提出历史与创作调和说。也就是说,创作是将日常生活中不可能发生的事件,增加一次可能发生的推理,而成为创作事件的可能。这种创作事件是不存在于日常生活之中,借经创作而存在,即日常生活不存在的正义,变成创作存在的正义,因称为创作正义(poetic justice)。所以创作又比历史更为崇高。以此来检验《高加索灰栏记》的亲生母与养母之争,只不过是将格鲁沙的抉择增加一次推理的可能。就超越元曲《灰栏记》而成不朽。调和历史事件,就是调和创作与一切传统体裁和形式,只要创作者将所采用的传统体裁与形式增加一次推理的可能,就可将不可能事件变成为可能事件,将不存在事件变成为存在事件。这一法则不止适用于 HWHLO 创作模式,而是普遍性应用于古典、现代或现代主义所有戏剧类种的创作之中。是故:

(历史事件)+(一个推理可能)= 创作

这则公式,在创作与抄袭、模仿之间足以划出一条非常清晰的线。

提升戏剧的本质,就是提升人物性格的本质。人物性格伟大的强度、深度与广度是借着冲突事件所做出的抉择行为伟大的强度、深度与广度所呈现出来的。这种抉择的展现是将普同行为展露人性光辉,扩展成普世价值。自 1919 年胡适的《终身大事》拉开模仿娜拉剧型的创作剧本序幕,接着推出一批娜拉的中国姐妹。本人不仅是蓄意甚至是恶意地批评这种拷贝(copy)外来行为的抉择模式,这不是创作。凡抉择特征必须具备一个自己时代的精神,从现代、现代主义戏剧的剧作应得普遍性的印证;进而更能呈现剧作者不可模仿的气质。布莱希特独创的叙事体呈现方式表现出来的《高加索灰栏记》的格鲁沙,足以充当说明。这一提升人物性格、发扬人性光辉的法则,不独专指《原野》,将可广泛应用于未来戏剧创作。

处在国际文化快速交流中,关起门来自以为伟大的时代已经过去。我们的戏剧也绝不应仅随着西方的"主义"模式,亦步亦趋地进行创作。一个理论不发达的文类,不会提升创作高度。本文自不量力的想法,适逢曹老百周年,为《原野》辩,肯定其系采用表现主义方法创作《原野》。提出自我认定与自主诠释的立场界定为新写实主义,选出一双适合自己脚的鞋,向前走出去。以上自我的呓语不知是否表达了本文所提出的二项目的。方东美先生鉴于佛经经过晋魏至唐的翻译,而后产生比印度原始佛教更伟大的中国各派佛教思想,因而说:"伟大之翻译家,实导更伟大创作之先河。"对同是舶来品的话剧而言,本文修改一下为,周延地融化西方戏剧创作思潮,以中国人的智慧,还怕产生不了更伟大的剧作吗!本文中外原始文献引证似嫌不甚精确,就当做个人的一点汗颜私见吧。请方家匡正了。

[作者简介:王士仪,(台湾)中国文化大学教授]

---

① 依据陈康的解说。又依 Bertrand Russell. *History of Western Philosophy*, London: *George Allen & Unwin Ltd* 1961, p. 136,也可推出相似的结论。

他来自《原野》:解构空间与人性

方梓勋　陈嘉恩

空间是一个社会建构,社会也是要透过空间的物理存在,人们加以利用,才得以形成所谓社会。社会的意识属于人与人的关系,就是人伦,例如儒家所说的五伦:君臣、父子、夫妇、兄弟和朋友:既然是人与人的关系,当然也离不开人与自我和人性的考虑。上述的元素,广义上都在曹禺的《原野》里面扮演重要的角色,不难看出曹禺为人物和故事设置了独特的空间,好去展示、探索社会和人性。

《原野》的空间感是很强烈的,也是曹禺所有剧作中最为独特的。空间是意识,背景是地方,是物理的和具体的存在。空间的感觉就是通过背景的转换和交错,以及它们提供的不同的社会活动场地和象征意义所产生。《原野》的背景是户外和户内交替,序幕和第三幕发生于户外的原野,第一和第二幕在户内,是焦家的大屋。主要的情节,即是仇虎复仇的部署、过程和结果,都发生在第一和第二幕,第三幕描绘抓仇虎的心像和自杀,当然很重要,但却不是动作的核心,可算是尾声。可见序幕和第三幕犹如一个外框,重重包围着第一和第二幕,构成一个诠释的空间,好让观众去阅读和理解仇虎复仇的故事;另一方面,这安排也是剧作家控制观众反应的手法。

剧名是《原野》,所以原野作为背景有衍生意义和象征的功能。时间是"秋天的傍晚",有它萧杀的一面。景物的本身并不怪异,只是一个普通的野外的景象,地上有泥土、禾根、巨树、秋蝉、野塘、路基、铁轨、电线杆、墓碑和"看守阁"等,天上是黑云和笼罩四野的浓雾。然而,剧作家不甘心于光是客观描述环境和事物,他夹叙夹议,为观众提供了主观的视角,例如,全剧序幕的舞台指示都充斥着叙事者的存在:

> 在天上,怪相的黑云密匝匝遮满了天,化成各色狰狞可怖的形状,层层低压着地面。远处天际外逐渐裂成一张张血湖似的破口,张着嘴,泼出幽暗的赭红,像噩梦,在乱峰怪石的黑云层堆点染成万千诡异艳怪的色彩。①

在这一段引文,感情用语就夹在景物的描写里面,好像"怪相"、"狰狞可怖"、"血湖似的破口"、"噩梦"、"诡异艳怪"等,都是剧作家作为叙事者的主观感受,都不属于被描述的天上的黑云的本质。另外一个例子就是:

> 巨树有庞大的躯干,爬满年老而龟裂的木纹,矗立在莽莽的原野中,它象征着严肃、险恶、反抗与忧郁,仿佛是那被禁梏的普饶密休士,羁绊在石岩上。②

① 田本相、刘一军编:《曹禺全集》第1卷第406页,花山文艺出版社1996年版。
② 同上,第405页。

在这个例子里面，叙事者先描述景物，然后指明这些景物都是象征，接着就对象征意义作出很明确的说明（“严肃、阴险、反抗与忧郁”），控制观众的反应，然后再利用显喻的手法（“仿佛是”），带出希腊神话中为人类偷火而被宙斯（Zeus）捆绑在一块大石头上面的普饶密休士（Prometheus），藉此把背景的描述升华到一个元世界的层次。

宋建华说：“一切景物都不是单纯的客观物体，而是作者主观情绪和复杂意识的某种暗示”，是一种“超经验的感觉”①。田本相和刘一军更明确地指出《原野》的背景具有“浓重的神秘色彩，但它却是现实的……奇异而诡谲”②。这二元性显示了解读《原野》空间时可能出现的矛盾，因为现实与非现实的元素之间的不协调未必可以完全消解或是融合，诠释就会有所阻滞，导致未能重拾假设的作品的意义。

上文提及，空间是社会的建构，不同的空间除了缔造不同的氛围之外，还会规范社会行为，形成道德的世界。诚然，舞台上的一切都是假设的，写实的背景与观众生活中的世界享有高度的共通性，故事不免会与现实世界的道德观看齐；反之，偏离写实的背景自然也跟现实世界和它的道德观脱轨，提供并容许非道德（amoral）的标准。[“非道德”与“不道德”（immoral）并不相等，不道德的行为是不符合社会公认的道德标准，而非道德并不存在任何道德或不道德的分别或者批判，也不会认同是非和对错。]这两种不同的空间可以同时存在，也未必一定要统一或者连贯起来。《原野》强烈的空间感就是由这种碰撞产生出来的。这一点容后再讨论。

第三幕的背景是黑林子，共分五景（场）。背景比序幕更为非写实，以便演绎仇虎和金子的幻象。舞台指示描述的景物选择性也较高，没有序幕来得广阔。剧作家似乎刻意渲染背景的诡异和“神秘”。当中有两点值得注意：第一、第三幕中死亡的形象出现得较序幕频密，例如“无数的矮而胖的灌树似乎在草里伺藏着，像多少无头的战鬼……右面树根下埋着一口死井，填满石块”；“……闪见树干上发亮的白皮，仿佛环立着多少白衣的幽灵”等，预示仇虎在第五景的死。第二、第三幕强调黑林子事物的原始的性格，森林里面有“原始的残酷”，也“充蓄原始的生命”，同时也有“原始人想象的荒唐”，好去衬托仇虎“原始的猿人”的形象。又如以下第二景的舞台指示：

> 右边地势略高，立一棵雷火殛死的老树，骨棱棱的枝桠直插空际，木身烧焦只剩空壳，原来树干已为啄木鸟朝夕啄成洞穴，现在满身是眼，更显得树形古怪。③

这里除了死亡的暗示以外，还制造黑林子诡异的氛围。而一棵枯死老树，紧接着“孤孤单单地矗立一根电线杆”，和一根一根的木柱在中间隐去，天上“惨森森”的月亮，为黑云遮了一半，犹如表现主义画家孟克（Edvard Munch，1863—1944）的油画，也像现代的舞台设计。第五景的地点与序幕一样，时间是六点半的破晓时分。这一场的背景是所有背景之中最舒畅的。

> 天空现了曙白，大地依然莽莽苍苍的一片。天际外仿佛放了一把野火，沿着阔远的

① 宋剑华：《困惑与求索——曹禺早期的话剧创作》，文津出版社1996年版，第112页。

② 田本相、刘一军：《曹禺评传》，重庆出版社1993年版，第122页。

③ 田本相、刘一军编：《曹禺全集》第1卷，花山文艺出版社1996年版，第544页。

天线冉冉烧起一道红光。乌云透了亮了，幻成一片淡淡的墨海，像一条火龙从海底向上翻，云海的边缘逐渐染透艳丽的金红。

浮云散开，云缝里斑斑点点地露出了蔚蓝，左半个天悬着半轮晓月，如同一张薄纸，微风不断地吹着野地。①

这两段舞台指示念起来好像"五四"新文学的美文。乌云散开了，天空露出了曙光，上面还挂着半轮晓月，前面的乌鸦的呼啸，骤然变成了"野鸟和布谷在草里酣畅地欢鸣"。一切都呈现仇虎和金子的冤气和惊恐。

焦家正屋内外

假如说序幕和第三幕的舞台指示标志着剧作家/叙事者的闯入，在第一和第二幕则相对地收敛，把激情埋藏在客观背景的描述中。除了第二幕开始时，剧作家用一条花蛇来比喻笼罩一切的恐惧感：

在这里，恐惧是一条不显形的花蛇，沿着幻想的边缘，蠕进人的血管，僵凝了里面的流质。②

其他背景中的事物，例如最突出的狞恶的焦阎王的画像和狰狞可怖的菩萨，以至危机四伏的氛围，都是通过心平气和及恰当的感情用语来描述，在描述方面，表现得非常克制。从舞台指示中可见，原野(序幕和第三幕)和焦家正屋是两个不同的世界。户外和户内代表不同的社会空间，行为的规范也不一样，例如有些行为在户内可以容许，在户外却不能接受，反之亦然。《原野》里不同的空间，它们的分别更大，分野更明显。

焦家的景观最占优势的事物有二：焦阎王的画像与菩萨像凌驾在整个氛围之上。在第一幕，焦阎王的半身像："穿着连长的武装，浓眉，凶恶的眼，鹰钩鼻，整齐的髭须，仿佛和善地微笑着，而满脸杀气"。到了第二幕，他的眼"眈眈地探视下面，如同一幅煞神"。就好像有更多的参与。焦阎王是整个中心动作——复仇——的推动力，一切因他的生而起，他的死又支配一切，就算是第三幕复仇行动完结，他生前的恶行还在仇虎的心像中重现。他的画像高高地挂在焦家正屋的墙上，犹如他的淫威还在左右每个人的行动。焦家的权力架构因此建立起来，于是婆婆、儿子、媳妇和朋友都有各自的责任和行为的规范，正如金子说："国有国法，家有家规"。上文说到的社会空间，就是通过这些人伦的层次体系而产生的，也就是组成所谓道德的一个环节。要是超越了规范，便是越轨。下面还要谈到焦家的人的越轨的行为，在这里，我们要指出的是焦家正屋作为背景，就限定了剧中人物可以做和不可以做、应该做和不应该做的行为。

菩萨总是"狰狞可怖、三首六臂金眼"，带着一张"油亮的黑脸"，可见不是一个善良的菩萨。它象征了一个有组织和有秩序的世界，而它要求的是报应：善有善报、恶有恶报。当焦阎王的恶行没有得到应得的恶报的时候，仇虎只好自己出手。在整个过程中，狰狞的菩萨反讽地见证了焦家一家恶有恶报的惩罚。到了最后仇虎和金子在黑林子迷路走到小破庙旁，庙里

① 田本相、刘一军编：《曹禺全集》第1卷，花山文艺出版社1996年版，第568页。
② 同上，第476页。

曾经被人供奉的神祇已经荒废,菩萨已不复再。在幻象中,仇虎要求阎罗还他一个公道:“我仇虎为甚么生下来就得叫人欺负冤枉,打到阎罗宝殿,我也得跟焦家一门大小算个明白”。到了最后发觉原来阎罗、判官和牛头马面等都是焦阎王扮演的,在这原野的地方,没有逻辑和秩序,也没有所谓“天理”。朱栋霖也认为:“焦阎王代表黑暗统治,菩萨象征了愚昧和迷信。两者是仇虎恐惧心狱中的魔鬼,造成了他内心悲剧性的冲突,而制造愚昧和迷信,控制着一切的则是封建统治势力。”①

原野与焦家正屋是两个截然不同的空间。后者是一个要求秩序和安分守己的地方,经过人与人之间的关系组织起来的道德观支配一切,是一个局促的樊笼。与之相反,原野却凌乱不堪,各种形状的巨树、怪石和黑云满布这个直觉的世界,“严肃、阴恶、反抗与忧郁”,它有生命,也有死亡,总是按着自己的逻辑运作着。这里不是社会的空间,而是一个原始的天地。它是神秘的、沉郁的和诡异的,也带有野性。原野还有直伸天际的路轨,“它们带来人们的痛苦、快乐和希望”;急促鸣笛的火车,又“带走了人们的笑和眼泪”,仇虎和金子都寄望火车可以带他们远走高飞,离开焦家,到一个铺满金子的地方——可惜火车在焦家所在的地方没有站。

《原野》的序幕和结尾都是户外景,中间夹着焦家正屋,为故事提供不同的社会空间。仇虎从原野来,最后也逃到原野去,他的经历带动着背景的转换。两种背景互为对照,而《原野》的空间感大部分时间都依赖两者的不协调,但并非完全独立,例如序幕的外景就先展示了男女、夫妇和婆媳这些通常在户内发生的家事,是两种空间碰撞的先兆。尤其重要的是第一和第二幕中原野“闯入”室内,不单把二元的空间联结起来,而且增强剧情的张力。第一幕的背景的描述是从外景开始的:“天色不早了,地上拖着阳光惨黄的影子”。跟着就是从室内透过打开的窗帘和门看到外面原野的景色,包括草原、黑云、乌鸦、灰沉沉的雾、黑烟和巨树等等,也听到外面乌鸦的呼啸声和风声。完成户外景色和声音的描述之后,才是室内的摆设——焦阎王的半身像、菩萨和祖先牌位等。这就好像是一种提示,原野和它代表的特性就在外面,重重包围着焦家,干预人物的一切行动。按照我们的统计,这种原野的“闯入”在第一幕发生七次,在第二幕则有三次。通常都是通过声音,例如火车声和笛声、风声、羊和雀鸟的叫声、电线杆呜呜的响声等,或是视觉形象如草原、动物和大雾等。例如金子跟仇虎说:“嗯,我要走”。舞台指示就有:“雾里远远有火车汽笛声,急行火车由远渐近”。但并不是每一次原野的“闯入”都衬托着情节,曹禺谢绝了如此机械性的安排,有时是用作分场,更多的不过作为一种提示——“原野”就在焦家咫尺之邻。

如人的原野,如原野的人

原野的描述是很激情的,而且也高度拟人化,犹如有生命一般。它有人的感受和性格,例如大地是沉郁的,庞大躯干的大树会是严肃和忧郁,青蛙也会感到寂寞,黑云更是狰狞可怖,还会做出人的动作,如巨树阴险反抗,铁轨带来人们的痛苦、快乐和希望,火车又带走人们的笑和眼泪。到了第三幕,拟人法更为明显,森林是神秘的,乌黑的池沼“怪异如夜半一个惨白女人的脸”。同时“森林充蓄原始的生命”,“盘踞着生命的恐怖,原始人想象的荒唐”。

① 朱栋霖:《论曹禺的戏剧创作》,人民文学出版社 1987 年版,第 158 页。

仇虎从原野来，最终也从原野去。他的性格始终与原野联成一线，剧作家的拟人法，正是为人与环境的一致和对等做了准备。第三幕第一景仇虎出场的时候到了森林中，他突然觉得异常调和，看来像个猿人，浑然自得，他到了属于他的天地，“由后面看他，仿佛风卷过来一根乌烟旋成的柱”。仇虎物化的过程早已开始，一开场时白傻子看到他丑陋的样子，已经说过他“反正不像人”。仇虎的“头发像乱麻”，“腿是两根铁柱”，跟原野中凌乱和诡异的景物并无二致。除了外形，仇虎的性格也有原野的特质，序幕时大地的“严肃、险恶、反抗与忧郁”就是他的写照。一到了焦家，便“改了装扮”，穿上镶了血红衬里的黑缎袍，还带了绒帽和红花。他有他的社会角色要扮演，就是金子旧就情人、焦母的干儿子和焦大星的好朋友和把兄弟。尤其是后两个角色，跟他的复仇的目标就有很大的冲突。复仇与不复仇，这是一个困难的抉择，标志着道德的良知和非道德的野性的角力，也是文明与大自然的冲突。

仇虎的主要对手是焦母。她性格的特征和行为的动机和动力，主要来自她是焦家的奶奶、母亲和婆婆，这是传统道德给予她的权力。她的存在是属于社会的，焦家正屋是属于她的国度。正因为她是一家之主，所以她坚守保护她的家和家人的义务，她不择手段，威逼利诱，好与仇虎搏斗。越是心狠手辣，她越觉得自己做了本分，尽了自己的责任。换句话说，她也是原野的，从她怪异的外貌来看：

由轨道后面左方走上一位嶙峋的老女人，约莫有六十岁的样子。头发大半斑白，额角上有一块紫疤，一副非常峻削的轮廓。扶着一根粗重的拐棍，张大眼睛，里面空空不是眸子，眼前似乎罩上一层白纱，直瞪瞪地望着前面，使人猜不透那一对失了眸子的眼里藏匿着甚么神秘。①

她虽然瞎了眼睛，但却比任何人看得清楚（“我没有眼比有眼的看得还尖”），好比希腊悲剧中的先知和女巫，可以预知未来，例如仇虎与金子出走、小黑子惨死等，她都可以推测无误。这种超人类经验的感应能力，加上她的专注和歹毒，为她的形象加上一层神秘感，田本相也认为她“状其‘猜疑’类乎妖邪”②。把她置于诡异可怖的巨树和黑云中间，不会觉得格格不入。同时，由于她要履行她的社会责任，她竟提出一个不符合道德观念的建议，让自家的媳妇跟仇虎私奔出走，引诱他们继续做出越轨的行为。

金子也是属于原野的，而且比焦母更为彻底。金子渴望自由，盼望寻找真爱，野性使她变成一个不安分的妻子，她希望原野的火车带她走，远走高飞到一个铺满金子的地方。虽然不是抗拒，但她还不能完全抛弃掉人妇的身份。她对焦大星没有爱情，但还是维护他，劝告仇虎不要杀害自己的丈夫；在焦母面前，有时反唇相讥，有时怯于焦母的权威，金子毕竟还是阳奉阴违的多。跟蘩漪和陈白露一样，金子是被传统社会压抑的女性，敢爱敢恨，一旦爆发出来便不可收拾，但她更为大胆，她的奔放自由的性格，也更为淋漓尽致。在妇道与爱情、束缚与自由的冲突之中，她毅然选择后者。金子初出场的时候：

女人长得很妖冶，乌黑的头发，厚嘴唇，长长的眉毛，一对明亮的黑眼睛里面蓄满魅

① 田本相、刘一军编：《曹禺全集》第1卷，花山文艺出版社1996年版，第422页。

② 田本相：《曹禺剧作论》，中国戏剧出版社1981年版，第158页。

惑和强悍。脸生得丰满，黑里透出健康的褐红；身材不十分高，却也娉娉婷婷，走起路来，顾盼自得，自来一种风流。她穿着大红的裤袄，头上梳成肥圆圆的盘髻。腕上的镀金镯子骄傲地随着她走路的颤摇摆动。她的声音很低，甚至于有些哑，然而十分入耳，诱惑。①

这完全是一个小媳妇的形象，穿金戴银，对自己的社会地位感到满足，同时对于自己的美貌——男性注视的对象——也感到自豪。到了第三幕，她的衣服越来越破烂，"头发散乱地披下来"，"衣服几处撕成破口"，最后，她和仇虎两人都是一身水泥，"鞋也在水里，衣裙滴下水，裤子卷得更高"。随着衣服这文明社会的象征的破坏，她的小媳妇的模样和魅惑，已经荡然无存。她跟仇虎一样，变成一个原野中的野人，她"对仇虎的肉体的爱恋这时已经升华为灵性的"。

如果要在《原野》中找一个善良的人物，那就非焦大星莫属。他直爽明朗，没有居心。可是，在《原野》中，好人是要被人欺负的，而且是要被人杀死的。只因为"他是焦阎王的儿子"——焦家正屋给予他的身份，他就注定扮演受害者的角色。在焦家这封建的家庭里，他是一个孝顺子，先是听从父亲焦阎王的话娶了金子为妻，一直怯懦地生活在他妈妈焦母的权威之下，承受着以焦母作为代表的教化的一切要求。金子故意要他，问他要是她和焦母都掉进河里，他先救哪一个。在金子咄咄逼人之下，他不得不说先救金子，但明显的是言不由衷的。虽然他是极度地守礼，但因为他热爱艳丽的金子，竟然也提出不道德的妥协安排：

焦大星：（忽然疯狂地）那么，只要你在这儿，我可以叫他来，我情愿，我不在家的时候，你……你……

可以跟他——（说不下去）②

就是如此安分守己的人物，也不能抗拒原野的野性的呼唤。假如我们说《原野》的主题是要说明封建如何压迫和摧毁人性，焦大星就是最好的例证。（然而，《原野》描绘的人性，不是传统道德制定的人性。）最后，他成了封建与仇、焦两家复仇斗争的牺牲品。

白傻子是一个白痴，性情纯真，整天喊着"漆叉卡叉，图兔图兔"，把自己当做火车，他是属于原野的。常五有点奸诈，是焦母的帮手，监视金子，也希望通知侦缉队擒拿仇虎拿到奖金，他是焦家正屋的人。

由上述的分析看来，《原野》人物性格的安排有一定的对称。我们把人物划分为原野和正屋性格的二元对立，当然这种分类不能过分地机械化，但至少可以帮助我们去解读曹禺在人物布局方面的复杂错综的用心。二元在定义上虽然对立，在运作上却可以并存并行，互动互作。基本上，《原野》的主要人物都有不同程度上的精神分裂，同时置身于不同道德观念的空间。仇虎、金子、焦母和焦大星都尝试以一个空间的价值观加于另一价值观，二者产生摩擦和互相冲击，造成悲剧收场；这情况与原野和正屋两种背景的互相闯入是平衡的。可以看出，原野和正屋分别反映的人物性格的并合和碰撞，它们产生的张力使《原野》的空间感立体化和多样化，可说是人、情、景交融。也因为这个原因，对于主题和人物的善恶不同的解读的可能性

---

① 田本相、刘一军编：《曹禺全集》第1卷，花山文艺出版社1996年版，第416页。
② 同上，第516页。

就越发加强。

法国哲学家傅柯(Michel Foucault)提出“异质空间”(heterotopias)的概念(1967),他认为乌托邦(utopia)是不存在的,而异质空间是属于他者(other)的空间,是“那些存在于既有空间中的特有空间,其功能异于甚且与其他空间相反”。他的异质地志学有六大原则,其中有两点很切合我们的讨论。第一,异质空间可分为两大类,一是危机异质空间(crisis heterotopias),属于原始社会个人面临危机时期(青少年期、经期、怀孕、老年)所居留的地方;另一是偏差(heterotopias of deviation)异质空间,为逸离规定模式之人所居之所,如精神病院。从这角度来看,原野作为背景就是异质空间,因为剧情产生的危机就在序幕的原野开始,“严肃,险恶,反抗与忧郁”。相对于焦家正屋,原野就是偏差,正如仇虎相对于焦大星,用传统道德的眼光来看,就是变态,即是有异常态的意思。在同一篇文章里,傅柯提出异质地志学第六原则,指异质空间具有两极性的外在功能:一是创造幻想的空间,使得人类居住的真实空间相形之下更显得不真实;一是创造另一个真实而又完美的空间,恰好相对于现实世界杂乱无章的空间[①]。仇虎的复仇行动在第一、第二幕进行,地点是焦家正屋,是“真实”的第一空间,那里是肉体的场所,仇虎的复仇就是他肉体的洗礼;第三幕的原野就是幻想的空间,也恰恰是完美的。在那里,丑陋的仇虎也变得美丽,原先的狡恶、机诈也逐渐消失,升华为灵性的,种种幻象的出现,洗涤了仇虎的罪恶感,包括了焦阎王的罪恶,也包括了仇虎自己的罪恶,就是灵性的洗礼。到了最后,他把铁镣举到眼前,狞笑,快意地哼了一声用力把铁锁掷到远远的铁轨上,然后沉重地倒下死去,在这一刻,他自由了,完成了自我解放。与焦家正屋相比,原野就来得更美好。空间的转换不但推进情节的发展,同时也反映了人物的性格,加强了观众对人物的认识与印象。

从舞台艺术方面来看,传统戏曲没有背景,它给予观众的当然是与现实主义不同的另一种的空间感。观众的想象空间多了,自然会变得更为灵活,而且背景在他们的意识中会更为真实。但新文学运动以来,话剧的背景以真实为目标,但还是以服务剧情为主,谈不上什么创意和自主。《雷雨》和《日出》的背景都有象征意义,但仍然都很写实。到了《原野》,曹禺打破现实主义背景的规限,如此灵活、深刻和创意地利用舞台的空间,而且作为一种衍生意义的手法,在1930年代的剧坛,实在少见。

不少人认为《原野》受了奥尼尔(Eugene O'Neill)的影响,甚至说《原野》的第三幕抄袭《琼斯皇帝》(*The Emperor Jones*)。不过,我们得承认二者有很多相似之处。《原野》的第三幕只是故事的尾声,而前面仇虎复仇过程的曲折离奇,可见曹禺丰富和活泼的想象力。反观《琼斯皇帝》,剧本着重的只是表现主义的内心意识,情节其实比较单调。从背景来看,《原野》的序幕和第三幕的五景都有《琼斯皇帝》的痕迹,例如黑林子里面的老死的大树、阴森的气氛等,当然还有越来越近的鼓声,不过《原野》的背景更为多样,尤其是声音方面更为丰富。此外,内外背景的交错和互动,也是《琼斯皇帝》所没有的。还有就是主观和批判的叙事和拟人法,把仇

---

① Foucault, Michel(1967). "Of Other Spaces, Heterotopias.", In the official website of Michel Foucault. Accessed: 6 September 2010. http://foucault。inf0/documents/heteroTopia/foucault. heteroTopia。en. html.

虎代入"原野"的人景合一的手法。在这些方面,都可以看出曹禺象心独运。我们也可以比较一下另一个受《琼斯皇帝》影响的剧作,那就是洪深的《赵阎王》。例如:

这已到了尽头处,当前一座遮天隔地的大树林,林子深处,蔓连模糊,结成一个黑块,也不知其中是何世界;林子外边,一根一根竖挺着的怪树,一堆一堆蹲踞着的礁石,其实凶恶。夜已深了,些微星光。映在冻地上,一片清冶,远处听得有铁笛铜鼓之音。①

可见洪深同样是采用较为诗化的文字来描述,但较为客观。往后的背景的描写就颇为简陋,没有像曹禺那样越来越兴致勃勃和投入。

《原野》的写景手法,在曹禺其他剧作中也无出其右。比方说,《雷雨》和《日出》同样有诗化和散文化的倾向,但二者的舞台指示就比《原野》显得较为克制。在《雷雨》中,雷雨代表一种吸引着曹禺的心魔,花园里的狂风暴雨反映周家大宅里的风暴;在《日出》中,象征希望的日出刚好与黑夜作业的陈白露的公馆相对照。可见内外背景交错与背景和人物互动是曹禺一贯的手法,从上文分析可见,这手法在《原野》中运用得更彻底和熟练。原野盛载着仇虎和金子作为主角的愿望和出路,从结构来看,原野是整个戏的动作的目标,也是情节推进的目的地。

《原野》的特点就是它的他者性质,也就是它的异质。向来论者就指出它的变态、非理性和神秘等等,也可以从这个角度来看。也有论者认为它是不道德的,当然我们认为非道德更为合适。我们也不必赞同傅柯的意见,认同原野这异质空间的真实。真实不是绝对的存在,只可以是相对的,正如曹禺强调仇虎原始人的性格(我们的用语就是"原野性格"),也是相对于人类组织社会架构之后的人的性格发展,就是焦家正屋要求的道德观。与《雷雨》和《日出》相比,《原野》是从反面去写的,仇虎和金子都是反英雄人物(anti－hero)。所谓反英雄,就是缺乏了我们预期中英雄人物所应有的品德和情操,所以他们的行动也在我们预期之外。从现实的角度来看,社会上就有很多反英雄,发展也无法预知,即是说在我们意料之外。情节不可预料,演出才有戏剧性,现实的感觉便不复存在,或变得相对地不可信。玩弄可信性是戏剧的本质,最终还是要回归到假定。假如所谓现实是第一空间,舞台上发生的一切是第二空间,那么观众所感受到的就是第三空间,是观众作为终端用者所创造的,也是他们的特权。

剧院是一个特设的空间,它是现实生活空间的一部分,但同时是分割开来的地方,所以与日常的空间有所分别,而且是很显著的。这种情况也为观众接受。因为这个缘故,舞台就变成可塑造的空间,已提供一个概念化的框框,操控观众的阅读。在某种程度上,观众的反应可以接受或多或少的控制,视乎个别剧作家的意愿和手法。曹禺习惯高度控制观众的情绪,在舞台指示的描述中就承担了一个批判的叙事者的角色,同时也坚持规范《原野》人物和故事的运作,尤其是非写实的空间。非写实的空间不一定会规限有异于现实社会的诠释,但却肯定地比较容易带出基于非道德的阅读。《原野》的故事发生的地点以现实为基础,但更倾向幻想和感觉,也就是论者所谓诡异和奇谲。假如曹禺为《原野》设置一个高度写实的背景,它所产

① 洪深:《赵阎王》,原载《东方杂志》(1922 年冬),又载洪深编选:《中国新文学大系·戏剧集》(影印本),上海文艺出版社 1981 年版,第 37－63 页。

生的空间感就会截然不同，剧本面向社会教育阅读的可能性也会随着大大提高，历来不少有关《原野》的"劝恶扬善"的评论基本上都是以这个写实的假设为基础的。

我们自然不能排除《原野》的背景还具有其他的功能，例如最基本的渲染气氛的作用。董炳月认为，恐怖气氛是"激起人们对于恶的恐惧、净化人的灵魂、达到劝恶扬善目的的重要手段"[①]。田本相最先指出黑林子的象征意义："整个第三幕与其说他（仇虎）逃不出现实的人间地狱，倒不如说他终于也没有逃出他心造的地狱。而这心造的地狱，又是这人间的地狱造成的。"[②]王晓华认同田本相的看法，认为黑林子所象征的是一个封锁的世界，是一个人间地狱，"这个闭锁的世界还内化到仇虎的内心世界中去，成为仇虎至死也没有打破和走出的心狱"[③]。张园认为黑林子就是"心狱"的代码，仇虎报仇后仍然努力抗争，不放弃逃脱心狱与寻求光明未来的渴望[④]。

大部分的学者和评论家都过分地注重《原野》的教化作用，导致他们认为黑林子的意义是负面的结论。我们不要忘记，舞台指示在第三幕很清楚地说明仇虎是一个"猿人"、"野人"，更重要的是他已经升华成为"真人"。在第三幕第五景，"大地轻轻地呼吸着，巨树还那样严肃，险恶地矗立当中，仍是一个反抗的魂灵"。黑林子显然被赋予仇虎的性格，而仇虎是原野的化身。此外，原野与压迫者、迫害者的焦家正屋相对立，原野为仇虎和金子带来自由的希望，奔驰原野的火车可以运载他们逃出生天。仇虎是反英雄人物，他缺乏一般英雄人物拥有的道德和情操，而且丑陋得不像人，不过，正如曹禺说："脸黑的人不一定心黑"[⑤]；原野也是一样，它狰狞、怪异、骇人，煞气腾腾。然而，二者都不是完全正面或负面，属于非道德性质，人性和宇宙大概就是如此，顺其"自然"。以其如此，就反照出好像焦家正屋的现实社会不自然和不道德。曹禺所谓要在《原野》表现一些新鲜的东西，正在于"更深刻地探索灵魂"[⑥]。反英雄人物的复杂错综的善与恶迫使我们采用一个崭新的角度去认识人性和我们道德观念的规限，冲出现存和惯性的英雄主义的范畴，通过一个较为接近我们自己的角度去审视人生，包括我们的恐惧和不安。

仇虎是另类英雄，原野是"另类空间"，也许我们需要多些另类空间，现实世界的真相才可以显现出来。

［作者简介：方梓勋、陈嘉恩　香港恒生管理学院翻译学院］

① 董炳月：《论〈原野〉的精神内涵——兼评〈原野〉研究中的某些观点》，《中国现代文学研究》，1990年第4期。
② 田本相：《曹禺剧作论》，中国戏剧出版社1981年版，第126、158页。
③ 王晓华：《压抑与憧憬——曹禺戏剧的深层结构》，中国社会科学出版社2001年版，第147页。
④ 《〈原野〉意象："黑林子"与"心狱"》，《曹禺研究论集——纪念曹禺逝世周年学术研讨会论文集》，第249－256页。
⑤ 田本相、刘一军：《曹禺评传》，重庆出版社1993年版，第119页。
⑥ 同上，第121页。

《正在想》溯源考察:"笑剧"肚子里的填充物

——从墨西哥民俗演剧到曹禺戏剧的道路

阿部幸夫 著　崔颖 译

一

近来,因为一些机缘得以重新阅读了若干抗战时期的重庆戏剧作品。当时"全面抗战"的目的明确,作品也都忠实于此。虽然有人认为这一时期有"剧本荒",但实际上当时也创作并上演了不少值得称道的戏剧作品。然而,另一方面,由于所有的戏剧都集中朝着一个方向发展,再加上"偏重历史剧"的倾向,故总有一些沉闷之感挥之不去。说到底,所谓"皖南事变"前后的国统区戏剧正是存在于这样一个沉闷的时代里。尽管今天说起这个时代不免有隔世之感,然而我仍然觉得这个特定时代的"大后方戏剧运动"是值得重新回味的。正是在这样的背景之下,我才想要关注曹禺的独幕剧《正在想》——这一绽放异彩的剧作。初读起来,总觉得作品有些土里土气,其剧情甚至会让一些有识之士觉得这是一出时代错乱的"滑稽闹剧"。然而,事实上,从现代戏剧表演潮流的发展趋势来看,作品中恐怕还是有着某种可以变滑稽搞笑为演技、在愉快中引人思考的东西。为了更为深入地探寻作品的这些特质,我首先把《正在想》和它的源头——墨西哥民俗戏剧原作进行了比较阅读,即墨西哥剧作家约瑟菲娜·尼格利女士的独幕剧《红丝绒的山羊》,该剧 1936 年 4 月在美国的北卡罗来纳首演。

本文的主要目的在于阐述我在阅读英文原作的过程中生发出的种种感想。原作以民众的生活风貌为题材,隐藏在"欢笑"背后的犀利,时而唐突,时而看上去愚蠢,然而,正因为逼近本质,所以又有某种不容忽视的东西。那么,这里所说的"本质"又是什么呢? 我很希望讲清楚这一点,但也十分怀疑自己是否能够顺利做到。现在唯一可以脱口而出的是,该剧以墨西哥农民革命为背景。此外,我还注意到了在《红丝绒的山羊》的延长线上,还有尼格利女士的另一部戏剧《索达德拉》("从军女"之意)。该剧以"农民兵的妻子们"为题材,反映了墨西哥革命的原始风貌。这是否离题姑且不谈,至少这是愉快的离题,进而我又继续跑题到电影 *Viva! MEXICO*(《墨西哥万岁》)。

一方面,我从历史、地理角度对 1910 年代以来与墨西哥革命相关的时空进行了总结,当然,另一方面也准备思考梳理一下 1940 年前后的大后方、国统区的中心,即作为中国抗战大本营的重庆一方,是如何接受这部戏剧的。具体说来,我们就要提及先后搬迁到重庆、江安的一所大力培养戏剧人才的教育机构——国立戏剧学校,以及汇聚于此地的教授阵营——曹禺、黄佐临、张骏祥、丹尼、吴祖光、阎哲吾等人。他们举行戏剧讲座,作为实验性尝试进行共同演出(当时可能是每个导演负责一幕剧,严格的导演竞赛公演),并在这样一个浓厚的戏剧氛围下催生出了众人期待的"黄万张小剧场"。就"抗战时期的中国"而言,还有一个现象不容忽视,即全中国并非是彻底一边倒地抗战这一事实。在沦陷区,在日本军部策动之下成立了若干个傀儡政权,特别是经过中日双方当事人犹豫不决的讨价还价之后,汪精卫搞分裂运动,成立南京傀儡政权。曹禺在《正在想》的剧中剧《改良〈平贵回窑〉》中,婉转地以比喻的方式,在笑声中痛斥了傀儡派的行径。这或许也是对该剧的一种鉴赏方式,抑或是对它的一种评价。

关于《正在想》及其相关的状况,我思考了以上问题,但预感到我的这些思考恐怕到最后都不免成为缺乏根据的、以推测堆砌起来的空谈。就此我也希望先向读者致歉。

二

《墨西哥民俗戏剧》收录了包括《红丝绒的山羊》(以下称此剧为"原作")在内的尼格利戏剧,于1938年刊行,共收录了1935年11月至1936年4月上演的五篇独幕剧。虽然称不上内容介绍,但在每一部作品名字之后都附上了极简洁的说明,见于〈〉之内:

《牙或是胡子》(*Tooth or Shave*)(墨西哥民俗喜剧)

《索达德拉》(*Sold Aadera*)(墨西哥革命的戏剧)

《红丝绒的山羊》(*The Red Velvet Goat*)(笑声中的悲剧,亦是泪水中的喜剧)

《阿兹台克》(*Azteca*)(被西班牙征服前的墨西哥悲剧)

《星期天的费用五比索》(*Sunday Costs Five Pesos*)(墨西哥乡村生活喜剧)

毋庸置疑的是,这五部戏剧之中与曹禺《正在想》(以下称该剧为"改编")相对应的是原作。虽然这部戏剧在英语圈中并不十分有名,但在墨西哥则属于广为人知的西班牙戏剧。其根源可以上溯到17世纪末的"滑稽短剧",那种独幕风俗喜剧以民众生活为题材,世俗性很强,往往以一些较为公共性的场所,如人们容易聚集的客栈或小酒馆的院落,作为其天然的舞台。同时,其表演者即便是外行也不会做单纯的看客,而会作为具有独到想法的演员加入到这个类似即兴演出的舞台之中。那面是墨西哥乡村都市小酒馆的院落,这边是北京天桥上的露天小剧场,可以称得上是相当均衡、协调的布局了。

现标明原作和改编的主要出场人物(见本节末尾),仅作参考。

首先,在原作中,这幕剧的座主埃斯特万带着自编自演的剧本上场。那是一出闹剧,剧本的主题是自"墨西哥革命"前线回到时隔八年的故乡的勇敢士兵和本应努力在家料理家务的妻子之间发生的纠纷、矛盾及争吵。

演出的"舞台"坐落在一条加有顶棚的街道旁边的、座主宅邸中的西班牙风格院落。座主在村子里似乎也有着相当高的地位。

"时间"是"现在",可以解释为墨西哥国民革命党以地方军阀、州政府、工会、农民运动的"左派"联合为母体,富有曲折性的墨西哥合众国形成的时代。大概在1934年前后,一个六月的下午六点钟。埃斯特万很早以前就盼望着养山羊。至少要养一只,如果能养两只的话,就可以成为村里的首富了。他准备专门坐席招待村长唐·佩佩,极力讨好他。埃斯特万的妻子玛丽安娜是一个剧团里的招牌女演员。从年轻时起，她始终深信观众们都是为了看自己的表演而来，十分可爱。她一直很珍惜那条载满了青春回忆的"红丝绒长袍"。第三名演员是儿子洛伦索，小丑风格的半熟演员。今天隆重的披露试演中，洛伦索原本邀请女朋友埃斯特尔，结果跟着来了另两位农村姑娘。当时的乡村戏剧舞台上，还有着另外一位无法欠缺的出场人物，即自己一边演戏、一边兼任"提词员"或"提白员"的一人二角的人物。他的主要工作就是当演员忘词、弄错动作的时候，帮助他们按照剧本继续表演。在即兴表演的过程中，他虽然身处后方，但要掌控全局，是引领整个即兴剧的灵魂人物。在该剧中，这一人物是经营绢棉女士服装的行商、识文断字的拉蒙，剧团为了这一天特意恳请他出演。不，那也可能是洛伦索个人的意见。这姑且不谈，行商拉蒙使我想起"山东的货郎儿"，不知为何感觉他身上的某种东西在牵动着我；事实上，这"提白员"拉蒙曾是墨西哥革命的宠儿，农民们奉他为英雄，亲切地称呼他"义贼"或"山贼"，洛伦索则得意地介绍"他可是唐·潘乔的儿子"。另外，要再介绍一位出场人物，就是附近的一位骄傲自大又好多嘴多舌的女人——多纳·贝尔塔。

把上述角色和曹禺改编本中的"北京天桥艺人们"进行对照的话，所有形象基本就浮出水面了。对比原作中相当活跃的"提白员"拉蒙，拉洋片的"提白员"哈哈笑操一口纯粹的北京腔，言谈举止间带着一股穷酸相，却形成了其独特的风格，也让人充分体会到了闹剧的意味。挑剔苛刻又爱动怒的多纳·贝尔塔，对应干枯瘦弱的小学女教师丁老师。令人不由得想去搭讪的女演员玛丽安娜，与之相对的是永远在追寻往日光辉的说书弹唱女艺人小甜瓜。

在此对原作的情节不再特意追溯。儿子洛伦索不明母亲的心事，发现在母亲房间内由洛伦索自己撕碎了的红丝绒，直接用它来装饰了舞台中央"提白员"的座位。激怒的玛丽安娜为了讥讽丈夫，冲动之下从行商那里买了婚礼用的丝绒。面对埃斯特万的质问，"你是不是花掉了存着用来买山羊的钱"之时，玛丽安娜回答干脆："我换了红丝绒长袍了！"昔日人气女演员的面貌可以窥见一斑。这一幕以男女感情陷入危机收场。

在这个滑稽而又千钧一发的结局到来之前，又隆重地上演了一出剧中剧——墨西哥革命战争中的农民士兵归乡。八年战争被夸张为二十年的别离，对于儿子这已经没有记忆。此时的儿子已经 22 岁。追问母亲，"爸爸不是战死了吗"……红丝绒被旧事重提，人群喧嚷，大家齐唱墨西哥人喜爱的歌曲"拉·库卡拉恰"（油虫姐姐），剧情继续向前推进。

> 姑娘是金/少妇是银/孀妇是铜/
>
> 其余都是铁皮桶/拉·库卡拉恰、拉·库卡拉恰

尽管用词粗俗，但战后的夜宴上，歌词也反映了当时的实际情况。还有部分士兵此时没能从战场平安无事地返回宿营地，这与下一节要提到的"从军女"（索达德拉）相关联，引入悲伤。群众歌唱的"拉·库卡拉恰"与醉汉的嘶哑叫声相呼应，在耳畔回响。

原作和改编中的登台角色

约瑟菲娜·尼格利(Josephina Niggli)	曹禺
《红丝绒的山羊》(*The Red Velvet Goat*)	《正在想》
埃斯特万(Esteban)　盼望养山羊的男座主	老窝瓜　马班主

玛丽安娜(Mariana) 埃斯特万之妻 招牌女演员	小甜瓜 昔日招牌女演员
洛伦索(Lorenzo) 埃斯特万之子 半熟演员	小秃子 老窝瓜之子 半熟演员
洛拉(Lola) 农村姑娘	
卡门(Carmen) 埃斯特尔的朋友	领弟 小红的朋友
埃斯特尔(Ester) 农村姑娘 洛伦索的恋人	小红 小秃子的恋人
	老盖儿 招徕顾客的宣传员 侏儒
拉蒙(Ramon) 专卖女士服装的行商 “提白员”	哈哈笑 拉洋片的“提白员”
唐·佩佩(Don Pepe) 村长	李保长 保长
	三丫头 保长女儿,13岁
	四和尚 保长小儿,11岁
醉汉(Drunk in Crowd) 人群中的醉汉	醉汉
多纳·贝尔塔(Dona Berta) 邻居村中显眼的妇人	丁老师(丁纹风) 干枯瘦弱的女人
	小学教师
	高傲的女人
群众(Audience) 观众	穿西服的瘦子 歌剧团男人
	胖子 敲大鼓的
	唱数来宝的 卖艺讨生活的人
	掼交的力士 相扑力士
	李老太太 保长母亲
	五姑奶奶 李老太太女儿
乡下人(Other Villagers) 村民们	乡下人 村民们

三

原作首演(1936年4月25日)的大约两个月前,在同一座剧场里上演了《索达德拉》(从军女),而且是连演三日。刚才介绍过,这幕剧以可以称为“墨西哥革命原始风貌”的“农民兵的妻子们”为题材。毫无疑问,无论“山贼”潘乔的武装集团,还是“革命儿”扎帕塔之军团,如果没有坚忍的从军女们的补给掩护,是很难完成任务的。也就是说,戏剧《索达德拉》事实上是以这群勇往直前、有些莽撞的女性们的奋斗之姿为其创作题材的。那是1914年的墨西哥。虽然男女平等还是空谈,但女性确实撑起了半边天。女人们离乡背井,被男性士兵拖去从军。没有土地的农民一旦参军,留在家中的妻子从那一天起便失去了生活来源。换言之,即使是女人,不随军就意味着无法生活。从军,照顾男人的饮食,看护伤病员,有时要成为敌人进攻的肉盾,必要时还须参加战斗。她们别无选择。

武装农民军的武器库隐藏在西马德雷山地的狭窄谷地里，从军女们据守于此。她们恐怕是潘乔党的阵营。女人们顺便还要看守俘虏来的政府军中的富翁。看俘虏的女人、看武器库的女人、女兵，老老少少，女军官也时而前来巡视。被俘虏的富翁总是伺机逃走，花言巧语诱骗女人们，年轻女子阿德丽塔最后险些上当。这女子和在墨西哥用吉他弹唱的革命名曲同名。据说，19 世纪 60 年代和法国侵略军交战之时，墨西哥游击队员们尤其喜爱哼唱，特别是"阿德丽塔"，乃是歌唱勇敢从军女的名曲，为潘乔派和扎帕塔派所喜爱。俘虏也唱着这歌。那是春天的清晨。虽说男人在埋头于激战，但女人们的堡垒里依旧充溢着明朗的喧闹声。女人们哼唱着拉・库卡拉恰的旋律。

毒酒摆在俘虏富翁面前，男人惨叫着后退，此时，大幕落下。从这一剧情设计，我联想到爱森斯坦描写追求土地和自由的墨西哥农民革命的美丽电影，同时也是他的未完之作——《墨西哥万岁》。众所周知，今天我们能够观赏到的《墨西哥万岁》，并非 1931 年按照爱森斯坦本人计划制作的完成品。在剧本中"第四篇故事'索达德拉'"的拍摄尚未着手之时，他便失去了摄影制作费的来源，于失意中回国。据说还欠缺在沙漠拍摄的十日、山地作战场面十日、森林铁道场面五日等，以及一万五千美金。只能说是因为原本提供资金援助的美国社会派作家厄普顿・辛克莱对时局产生了怀疑。《墨西哥万岁》以墨西哥大地为舞台，因其唯美而充满抒情味的影像为人们所熟知。从中可以窥见因蒙太奇技术闻名的巨制《战舰波将金号》的影子；但电影的核心，还是未能完成拍摄的那一部分。电影在精彩部分即将开始之时，中途结束。也可以说，正因为此，增加了追求同样的"从军女"主题的尼格利女士戏剧——《索达德拉》的厚重之感。

首先看一看爱森斯坦原稿中的出场人物。潘差是跟随士兵的一位从军女。胡安是潘乔军的士兵，潘差的第一任丈夫。看守士兵是潘差的现任丈夫。潘差怀抱里的婴儿，行军中的士兵，战场上的军队，数以百计的索达德拉，和军队一起行动的从军女们……

从军女们的集体行动即是军队后方勤务部队的活动。她们会先行前往当晚军队驻扎的村庄，着手准备晚饭。食品等材料唯有在当地采购。"取用于国，因粮于敌"，乃是东西方通用的道理。在村里养鸡妇女的怒骂声中，从军女们摇动着肩头的弹药吓唬一下乡下妇女，从军女们要为这些从战场归来的疲惫男人们提供一个舒适的休息之所。幸运的是，今晚丈夫胡安平安归来了。晚餐、膝枕、吉他奏响"阿德丽塔"悲凄的音色，还有那短暂的小憩。只是潘差还有一些工作，清洗胡安的衬衫、打磨胡安的手枪，最后终于回到丈夫身旁。然而，一天夜晚，一直害怕的事情终于发生了。胡安没能回到宿营地。在硝烟弥漫的废墟里发现了他的尸体，用芦苇编了十字架……失去生的力量的潘差，抱着婴儿，走在从军女队列的最后，数次几乎掉队，但她只能继续前进。那个时候，看守士兵走到潘差身旁，抱起了她的婴儿。对潘差而言，一切仿佛理所当然一般，在现任丈夫的支撑下，她唯有继续跟上队列前行。爱森斯坦未能拍摄的部分电影剧本，取材于约翰・里德 1914 年创作的现地从军报告《起义的墨西哥》。里德发表取材于俄罗斯革命的报告文学《震撼世界的十天》，便是在此之后。

在介绍尼格利女士的两出独幕戏剧的过程中，稍嫌离题地谈到了爱森斯坦及约翰・里德等的剧本或报告文学。事实上，在这些作品中都可以感受到被称为"笑声中的悲剧、泪水中的喜剧”的原作的韵味或风格。虽为一己之见，但我认为，恐怕创作《正在想》的曹禺，也是在充分体会了这一点的基础上，才为改编本赋予了另一番深意吧。接下来，就此进行探究。

四

让我们把舞台最终迁往大后方国统区的重庆、江安地区。时间则是自1938年至改编本上演的1941年6月左右。国立戏剧学校的教授们会集此地。我所关心的是，尼格利女士的《墨西哥民俗戏剧》当初是如何到达曹禺及国立戏剧学校的诸位先生手中的，但最终仍不得而知。即便如此，国立戏剧学校仍有其吸引人心之处。从学校的成立来看，它没有从南京文化官僚严密的文化统治框架中迈出一步，但其包括戏剧科在内的整体教授阵营，人才荟萃景况之盛，令人难以想象这是在战争中。据吴祖光回忆，学校创办于南京，所在地先后由长沙到重庆，再到江安，经历了大规模的西迁，因此早期的教师有的并没能随校转移。余上沅校长始终关注此事，尽全力招聘著名的教授，这可以说是不幸中的万幸。当时想要生存下去，唯有在拥有充裕预算的国立剧校，这或许是戏剧学校能够汇集国内外热衷戏剧的才俊的原因之一。这些人专注地研究流行的世界戏剧，实在令人羡慕至极。这一点使我又一次感触颇深。接下来进入正题。

1938年春，黄佐临、丹尼夫妇自英国留学归来，并很快加入了国立戏剧学校。包括吴祖光在内，三人利用暑假钻研川剧。混合了四川式幽默的传统戏剧，深深吸引了这对留洋归来的夫妇。也正是在这一时期，吴祖光完成了他的戏剧处女作《凤凰城》，该剧以东北凤凰城地区抗日义勇军烈士的事迹为主题。而最早读到该剧本的正是曹禺。对于处女作，吴祖光想必征求了包括校长余上沅在内的诸位先生的意见。这一四幕的剧本，每一幕中女主人公都会有所不同，创意独特。因此大家商议，这出剧与其共同演出，不如对变换的每一幕进行负责演出，由曹禺、黄佐临、丹尼、阎哲吾分别负责。第一幕的主人公苗可秀向妻子道别参加义勇军，吴祖光将“平贵别窑”一节放入这里。国难当头之际舍弃小我，与妻子伤感分别，该情景被穿插入剧中。

这出戏剧的第一幕剧当初恐怕是由曹禺负责，即便并非如此，《凤凰城》中插入的“平贵别窑”一节想必也使曹禺在构思改编本时受到了某种启发。因此，《平贵回窑》出现在了《正在想》的剧中剧里。在唐代，薛平贵顺利结束西凉战事后，衣锦还乡。十八年后与妻子重逢的喜悦惹得他和妻子开了个小玩笑，也因此激怒了贞节的妻子……但戏剧的结局，是夫妻间彼此确认了他们的感情更胜于十八年前了。这出戏被翻新为《改良〈平贵回窑〉》，加进改编本中。

尼格利女士的原作中，农民兵的复员是在墨西哥出现类似合众国的政体的背景之下，革命军被解散，附近村子的农民得到十枚银币，归家较远的得到十五枚，步枪上交得到五枚银币。结局虽然稍嫌凄惨，但要说“凄惨的结局”，还要看改编本的主人公、北京天桥上过气的搞笑魔术师。他认准改良了旧剧的文明戏今后很可能大为流行，毅然决然地改行，结果却大出所料，等来了一个想笑也笑不出的结局。这份凄惨，才是真正的悲惨。在此情节基础之上，改编本揶揄了汪精卫策划的南京傀儡政权不过是没有实体的“伪和平”的幻想，对其进行了彻底的藐视。落魄艺人搞不清状况，误以为自己还受人喜爱，实乃暗喻汪精卫的轻举妄动完全是同样层次的愚蠢之举。把戏剧《正在想》解读为暗示落后于时代潮流之人悲惨结局的剧本,也并无不妥。这出戏剧就是有着如此丰富的内涵。

五

据说曹禺改编本的首演正是在江安国立戏剧学校。此后,黄佐临、丹尼夫妇将其带到上海,刊登在《剧场艺术》上,由上海戏剧社进行了公演。李健吾的主演十分诙谐幽默,演出自1940年6月持续到夏末。重庆地区的公演于1941年6月在抗建堂举行。尽管是我自以为是的一得之见,但我依然推测,在当时的重庆,该剧的反响恐怕并不十分理想。指桑骂槐的嘲笑、拐弯抹角的非难——也就是所谓的暗喻,需要在大环境的基础上来理解,而当时的重庆却缺乏这一点。改编想要传达的内容、内在的填充物过多,往往是欲言又止。从"大环境"上讲,恐怕还是沦陷区上海的条件更加优越。黄佐临等人成立苦干剧团,上演该剧。在抗战胜利后的上海,作为曹禺赴美任职壮行会的祝贺演出,上海辣斐剧院也曾上演该剧。

1942年该独幕剧的部分内容曾被介绍到日本,在中国研究的专业杂志上以"译注读本"的名目进行了连载。这份读物在翻译后进行了注释,并以注音字母标示了发音,可以说是相当周到,但是,在刊载了全剧的三分之一后便中断了。该杂志的编辑后记中,写下了这样一串自诫性的文字:"译注读本,自下月起全面革新。"如果当时是由于在该剧本中嗅到了某些危险气息而将其中断的话,那么这种动物性的感觉,恐怕是评价如何理解战争中敌国文艺的唯一一点值得关注之处。以下文字引自该文章:

> 毋庸赘言,我们应该正确阅读白话小说,然而,必须以正确的感觉区分应该读的和不该读的。……(中略)阅读的目的不应该永远只为了异常的素材和政治上的兴趣。

战争中日本的文化官僚似乎也采取了和重庆相同的言论管制。

[作者简介:阿部幸夫　日本实践女子大学教授]

从爱欲中活出真生命

——重读曹禺三部曲

张秉权

陈白露说:“活着就是那么一回事。”[①]不必像方达生那么认真。但是,那只是陈的无奈语,人毕竟不光是要“活着”,而是要有尊严、有个性地生活。那即是说,人要有真生命。曹禺的《雷雨》、《日出》、《原野》三部曲,显示的就是芸芸众生怎样争取自己的真生命。

一、自由

有真生命其实不容易。唐代的薛能有诗:“不是无心速,焉能有自由。”[②]人生匆匆数十寒暑,多少人都感慨于“长恨此生非我有,何时忘却营营”[③],因此,免于营营,能自我宰制,这种“自由”,无疑该是拥有真生命的重要标准。这,庄子用“逍遥”来形容,说:“至人无己,神人无功,圣人无名。”[④]这“无己”、“无功”、“无名”,可以说是薛能诗所谓“无心”的具体内容。

陈白露大概不懂庄子,她不会自哲悟的进路去达到无心。她当然向往自由:当方达生鼓励她跟他走,说:“你现在还是孩子,过真正的自由的生活”的时候,她摇头说:“哼,哪儿有自由?”[⑤]久经世故的她,选择的进路是游戏。她企图用游戏人间的态度去获得自由。真正的游戏,确乎真的可以让人在一段时间内进入“无己、无功、无名”的境界,现代人正是用这种游戏去解救生活的忙倦与贫困。[⑥]然而,游戏之能获得自由,主动选择是其中关键。可惜,从楚狂接舆,到竹林七贤,历史上的游戏人间者,都不是主动的选择,而是被迫的无可奈何,这就使他们的游戏不可能获得真正的自由,陈白露说的“那么一回事”,也不免如此。

曹禺剧中的女性,是怎样去争取自由的真生命的呢?

曹禺创造了很多成功的男性形象,但他对女性的刻画可能更为出色。他之长于写女性,

---

① 《日出》第一幕,《曹禺全集》第1卷,第208页。

② 薛能《夏日青龙寺寻僧二首》(之二):“得官殊未喜,失计是忘愁。不是无心速,焉能有自由。凉风盈夏扇,蜀茗半形瓯。笑向权门客,应难见道流。”(《全唐诗》卷560第68)

③ 苏轼《临江仙·夜归临皋》。

④ 《庄子·逍遥游》。

⑤ 同注①,第203页。

⑥ 有关游戏的积极意义,胡伊青加(Johan Huizinga,1872—1945)和伽达默尔(Hans-Georg Gadamer,1900—2002)等论述甚多,由于不是本文重点,此处不赘。

首先跟艺术气质有关，他自己就曾经在舞台上扮演过娜拉等女性角色。[①]但是，这里也有个时代的因素。19世纪末至20世纪初，文学艺术的一个重要主题是人的个性解放，而个性解放的对象，当然必须包括女性；而由于女性长期为男权所束缚，其个性之受压抑远较男性为严重。那么，个性解放从女性开始，让她们求得生命的自由，更是应有之义。这解释了为什么新文化运动的先锋者会热衷介绍“易卜生主义”，而当时所理解的“易卜生主义”，主要由以娜拉为主角的《傀儡家庭》来体现；这也解释了为什么在新文学运动的很长一段时期内，不少重要作品都是以女性为主角，包括《终身大事》、《祝福》、《伤逝》、《三个叛逆的女性》、《潘金莲》……

争取真生命的自由，在曹禺三部曲中，主要的，也是由女性来体现。

二、自由的争取与失败

《雷雨》的周家是一个“最圆满，最有秩序的家庭”[②]，在这个封闭的空间里，八个主要角色各有不同的任务。五个男角中周朴园是封闭空间的建立者，鲁贵提供助力；周冲空有纯真、良善、美丽的想法而完全没有实践的条件；鲁大海是自外边袭来的力量，但他表面雄劲而同样没有真正实力，威胁不到周家。比较复杂的是周萍，他是自周家内部滋生的破坏因素，然而要使这象征封建势力的周家真正解体，还得倚靠女性。

《雷雨》的三个女性各有独特鲜明的性格，而其共通处是都努力地争取自己的生存空间，以不懈的生命意志，建立虽微弱然而可贵的自由。

侍萍虽然不断认“命”，她也曾经投河自杀，可是在死过一次之后，她便咬紧牙关，勤劳坚毅地活下去。她在第二幕毫无心理准备之下重遇周朴园，一时间手足无措，虽然她其实有足够的时间让自己消失，但她却主动追问朴园的旧衬衣以暴露身份。她随后的一句“朴园，你找侍萍么？侍萍在这儿。”[③]既可理解为对朴园余情未了，但多少也有“作为一个（完整的、独立的、值得爱的）人，我还在”的意思，多少有一点历尽磨难、生命依然的自豪感。这一场“相认”，虽属“命”中安排，更重要的是体现了侍萍的自由意志。在第四幕真相大白，悲剧的这个命运巨大得不可抗拒的时候，侍萍仍挺起腰板，让周萍与四凤“无知地”离开，“好好地活着”，由自己这唯一的“有知者”去面对甚至抗拒残酷的命运。“天哪！如果要罚，也罚在我一个人身上。”[④]她说。这艰难而痛苦的抉择，又一次体现了她的意志自由。在这一场重头戏里，曹禺为侍萍建立起接近希腊悲剧英雄的形象。

四凤，在有限的条件下，她仍有其勇敢的选择。她在周家兄弟中选了周萍，她在父母之间选择跟侍萍到济南；而在与周萍关系暴露，再无颜脸见母亲后，便无有反顾地决心与周萍远走，她对周萍说：“我不能就这样就死，我不能一个人死，我丢不了你。我想起来，世界大得很，

---

① 《曹禺纵谈创作历程》：“在《国民公敌》里，我演一个女儿。没几句话。主要是在《娜拉》中演女主角娜拉。我那年十七八岁。还在丁西林的《压迫》中演一个女客。那时男女不能同台演戏，所以女角也由男人扮，不过，能演新剧就不错啊。”（《曹禺全集》第7卷，第335页。）

② 《雷雨》第一幕，《曹禺全集》第1卷，第70页。

③ 《雷雨》第二幕，同上，第101页。

④ 《雷雨》第四幕，同上，第174页。

我们可以走，我们只要一块儿离开这儿。”[①]幸福虽然渺茫却仍努力追求，她争取生命自由的意志是强烈的。

蘩漪，就更是全剧的枢纽人物了。她不甘心于婚姻失败，不甘心在“监狱似的周公馆”郁郁而终，她和周萍的越轨关系，是整个戏的基本背景。而在具体的情节安排上，是她要侍萍来周家带四凤走，是她关上鲁家窗子不让周萍逃离而给侍萍撞破萍、凤的关系，是她最后要朴园出来见四凤这个媳妇，这三个主意，都是剧情急转直下的关键。而这些主意的出发点，都是为了争夺周萍。她说“她是见着周萍又活了的女人，她也是要一个男人真爱她，要真真活着的女人！”[②]所以，为了获得虽变态而不失可贵的生命自由，她可以不顾一切。

《日出》的情节主要发生在大都市的旅馆休息室中，跟封闭的周家相比，曹禺这里尝试呈现芸芸众生在人生逆旅中如何互相交错，如何看待自己与别人的生命。剧中的男人除了方达生这外来者外，大部分都臣服于人吃人、人骗人这都市规则，分别处只在是成功者还是失败者。这大都市里，金钱就是最高的价值，潘月亭说得最明白了：“人不能没有钱，没有钱就不要活着，穷了就是犯罪，不如死。”[③]在这样的价值观下，经济现象必然是大鱼吃小鱼，是“损不足以奉有余”。而为了在其中得到生存，剧中表现的一个处世方法是作伪，或者是游戏。胡四说得最坦白了：“人就是那么一回子事，活着不玩玩就是个大混蛋。”[④]在旅馆外，潘月亭以作伪去经营大丰银行，却不敌于作伪得更成功的金八；在旅馆里，大家都是以作伪的态度，去维系一段又一段脆弱而扭曲的感情关系。可是，曹禺却以三个女性，呈现了都市生活的另一道宽阔光谱。

首先是李太太。作为吃力向上爬的李石清的太太，纯良规矩的她只能够委屈地陪人家应酬，只能够奔走于旅馆和家庭之间，经验这个都市如何一口一口地吃掉自己的家庭，自己的儿子。

然后是小东西。在性格上这个女孩子跟李太太刚好相反：倔强、敢于反抗。然而，限于力量微薄，她最后只能沦落于“宝和下处”，只能给黑三毒打，只能以上吊自杀作为自己的归宿。她和李太太都很努力认真，她们无论意志是强是弱，都不懂得作伪，但是，最后都得不到生命的自由。

陈白露受过良好教育，曾经一如“一般的”妇女，拥有过爱自己的丈夫、美满的家庭，然而，最后，基于不甘平淡的心理，基于物质生活的引诱，她说：“我要舒服，……我出门要坐汽车，应酬要穿些好衣服，我要玩，我要跳舞”[⑤]，她一步又一步地让自己沉沦到“日出之外”。她竭力去适应这个环境，她学习作伪，她以游戏人间的态度去面对潘月亭、顾八奶奶、张乔治……她知道自己过的是“发疯的生活”，这种生活在方达生看来是“随便”、“放荡、堕落”，在李石清口中更是“舞女不是舞女，娼妓不是娼妓，姨太太又不是姨太太”的“这么一个贱货”[⑥]。她以为可以凭努力获得物质生活的自由，然而最后却为物质所捆绑，竟以身殉。曹禺在《日出》中，对这种

① 《雷雨》第四幕，《曹禺全集》第1卷，第169页。
② 同上，第178页。
③ 《日出》第四幕，《曹禺全集》第1卷，第336页。
④ 《日出》第三幕，同上，第311页。
⑤ 《日出》第一幕，同上，第212页。
⑥ 《日出》第一、二幕，同上，第210、211、277页。

自由投下否定票。

无论是《雷雨》或者《日出》，我们的女性角色都要面对强大的对手，而她们无论如何努力，都免不了不同程度、不同状态的失败。成功，或许是可能的，但要留待金子来完成了。

第三部曲《原野》中的金子，争取自由的形象至为鲜明。她不但有强烈的生命意志，要拥有自由，更重要的，是她有比前两部曲所有姊妹都强大得多的生命力。

三、生命力的呼唤

人要活出真生命，要拥有真正的自由，需要一股"生命力"。

对生命力的呼唤，是二十世纪初知识分子的共同意愿。鲁迅在 1907 年写的《摩罗诗力说》，有很重要的时代意义。论文次年发表于《河南》杂志第二期和第三期上，后由作者收入 1926 年出版的杂文集《坟》中。"摩罗"是梵语音译：

> 今且置古事不道，别求新声于异邦，……新声之别，不可究详；至力足以振人，且语之较有深趣者，实莫如摩罗诗派。摩罗之言，假自天竺，此云天魔，欧人谓之撒但，人本以目裴伦（G. Byron，按：即拜伦）。今则举一切诗人中，凡立意在反抗，指归在动作，而为世所不甚愉悦者悉入之，…… 凡是群人，外状至异，各禀自国之特色，发为光华；而要其大归，则趣于一：大都不为顺世和乐之音，动吭一呼，闻者兴起，争天拒俗，而精神复深感后世人心，绵延至于无已。①

鲁迅认为拜伦这一群浪漫主义诗人，正是时代所需的"新声"，他们由于"立意在反抗"，"不为顺世和乐之音"，"争天抗俗"，所以，被冠以摩罗（Mára）、天魔、撒但等恶魔之名。他们都有一股力，因此"无不刚健不挠，抱诚守真；不取媚于群，以随顺旧俗"②。鲁迅在论文最后乃云："今索诸中国，为精神界之战士者安在？有作至诚之声，致吾人于善美刚健者乎？有作温煦声，援吾人出于荒寒者乎？"③这对"力"的呼唤，正是时代的呼声。

曹禺的三部曲，每个剧都创造出或封闭或"荒寒"的空间，叫人在其中活得痛苦，有冲出去的期望。而在每个戏中，曹禺都安排一个体现"生命力"的角色，分别是鲁大海、砸夯的工人、仇虎。然而，除了仇虎外，其他人都只是配角。而想冲出去的人最后都失败了——除了金子。

金子和其他女性有什么不同呢？

原来她是更具备"摩罗"的"争天抗俗"的意志和力量。她透过自主的性爱而获得"人"的自由。人要活得完整，有真正的自由，必须让人性能充分发扬，这就包括爱与欲的满足。而满足爱与欲，"顺世和乐"而不"拒俗"的自然是通过婚姻。然而，曹禺对传统的婚姻看来没有什么信心，在三部曲中，没有一桩婚姻是幸福的。《雷雨》的周朴园和蘩漪、鲁贵和侍萍，《原野》的焦大星和金子，都过得不愉快；《日出》中更展示了不幸福婚姻的种种状态。没有钱，婚姻固然艰难：黄省三的妻子不甘食贫，"跟人跑了"；李石清本可以过得较安稳，却因打肿脸孔，强迫

---

① 《坟》，《鲁迅全集》第 1 卷，第 65—66 页。

② 同上，第 99 页。

③ 同上，第 100 页。

太太去应酬有钱人，终致儿子因没有钱看病死去，这两段婚姻都很糟糕。有钱了，婚姻也不见得幸福：张乔治的太太替他生了三个小孩，辛辛苦苦替他抚养孩子叫他好好上学，可是，他回国几年，有了钱，便跟太太离婚。有钱人如顾八奶奶者既不相信爱情，说："爱情是你甘心情愿地拿钱出来叫他花，他怎么胡花你也不必心痛，——那就是爱情！"[①]意在讽刺；也不相信婚姻："你想吃吃饭，跳跳舞，两个人只要不结婚总是亲亲热热的，一结了婚。哼——"[②]戏的主角陈白露也一样，当方达生说"金钱一迷了心，人生最可宝贵的爱情，就会像鸟儿似地从窗户飞了"的时候，她只"略带酸辛"地说："爱情？什么是爱情？你是个小孩子！我不跟你谈了。"[③]而婚姻呢，在陈白露眼中是"平淡无聊，并且想起来很可笑"的一回事。经验告诉她，"结婚后最可怕的事情不是穷，不是嫉妒，不是打架，而是平淡，无聊，厌烦。两个人互相觉得是个累赘，懒得再吵嘴打架，直盼望哪一天天塌了，等死。"[④]多恐怖！爱情易给磨损，婚姻贫弱不堪，都是软弱无力。曹禺要呼唤生命力，不得不更仰赖赤裸裸的性爱。

这儿还有弗洛伊德（Sigmund Freud，1856－1939）的一些影响。[⑤]弗洛伊德学说在20世纪初传入中国，1914年5月，上海商务印书馆出版的《东方杂志》刊登《梦之研究》一文，介绍了弗氏的《梦的解析》。然后汪敬熙、张东荪、朱光潜、潘光旦、高觉敷等，陆续地透过论述和翻译，让弗氏的精神分析学说，能渐为中国知识分子所理解。鲁迅于1924年翻译厨川白村（1880－1923）的《苦闷的象征》，认为作者能结合伯格森（H. Bergson，1859－1941）"以进行不息的生命力为人类生活的根本"的哲学，与弗罗特（即弗洛伊德）"归生命力的根柢于性欲"的科学，而著成这论文艺创作与鉴赏的名著，强调"生命力受了压抑而生的苦闷懊恼乃是文艺的根柢"。[⑥]曹禺说，鲁迅这本翻译"一出版，我也找来读了，那是我读的第一本文艺理论书"[⑦]，可见在曹禺求学并开始写作的时代，弗洛伊德学说已是一时显学。

因此，曹禺在其三部曲中，强调爱欲的力量，以性的本能为推动情节、塑造人物的重要元素（虽然不是唯一元素），是合乎时代特点的。而实现爱欲力量之最有力者，乃是金子。

四、爱欲成就的生命力

从爱欲的角度切入，《雷雨》的焦点事件是乱伦，《日出》的主要活动是卖淫，而《原野》的关键情节是通奸。

先说《雷雨》。张爱玲说："婚姻就是长期的卖淫。"[⑧]要使婚姻超越"卖淫"，其关键当然就

① 《日出》第二幕，《曹禺全集》第1卷，第260页。
② 同上，第258页。
③ 《日出》第一幕，同上，第213页。
④ 《日出》第四幕，同上，第342－344页。
⑤ 曹禺自己曾经说过："中国人受不了（弗洛伊德）那种影响，似乎什么都是性在推动，性的力量在推动人干事。弗氏很有学问，可能会解释一部分心理。念大学读心理学，已接触到弗洛伊德，看过变态心理学的东西，我觉得我还没有直接受过弗洛伊德的影响。那种东西是很玄很玄的。如果说间接的，从读奥尼尔的剧本中受些影响，或是从其他文学作品中受些影响，也是可能的。"（田本相、刘一军编著：《苦闷的灵魂——曹禺访谈录》，第137页）
⑥ 鲁迅《译文序跋集》，《鲁迅全集》第10卷，第232页。
⑦ 《苦闷的灵魂——曹禺访谈录》，第84页。
⑧ 张爱玲《倾城之恋》中范柳原说的话。香港：皇冠出版社（香港）有限公司2002年版，第216页。

是爱。然而，爱一个人真的不容易，在不合理的社会里，真正的、纯洁的“爱”难以存在。周朴园“始乱终弃”，侍萍当然是受害者，其实朴园终生负疚，难道不是？而蘩漪当然就更是。曹禺最倾注心力的蘩漪，肉身虽被囚于“这个死地方，监狱似的周公馆，陪着一个阎王十八年了”，但是，她的“心并没有死”，[①]她的生命力不甘压抑，要成就完全的一个人，其苦闷的爱欲乃“变态”地寄寓在周萍身上，这是没选择之下的选择。这是第一层乱伦。

然后当然就是周萍和四凤的第二层乱伦。蘩、萍的“乱伦”是名义上的，萍、凤的“乱伦”却是实质的。蘩、萍的“乱伦”是给紧捂着，只以“闹鬼”的疯语传闻于下人口耳之间，成为推动剧情的主要张力；而萍、凤的“乱伦”，表面上是以较“先进”的姿态存在，少爷爱丫环，就一如三十年前的朴、侍之恋，然而，当其“乱伦”实质被揭露后，剧情急转直下，悲剧乃不可避免。

“爱欲”是无邪的。假如说蘩、萍关系还有点比较勉强[②]，萍之爱凤这“健康的少女”[③]就自然得多。周萍这样对鲁大海说：“我爱四凤，她也爱我，我们都年青，我们都是人，两个人天天在一起，结果免不了有点荒唐。”[④]周萍说得诚恳，鲁大海也明达地理解。然而，这自自然然发生的“性”，落在具体社会中不得不有道德规范，不得不有人伦禁忌。犯禁的结果就是死亡。

再看《日出》。陈白露说：“我是一辈子卖给这个地方的。”正如上文顾八奶奶说的话，这里“卖”的是虚假的“爱情”。既然在这样的环境里，真正的爱并不存在，方达生和竹筠的模糊的爱也只能退隐为一条次要的剧情线。而占全剧主要篇幅的正是呈现贩卖无“爱”之“性”的众生相：无论那是陈白露，是顾八奶奶，还是整个第三幕。在戏的一开始，陈白露已经这样介绍张乔治：“有钱自然可以认识我，从前我在舞场做事的时候，他很追过我一阵。”[⑤]其后说得更坦率：“我弄来的钱是我牺牲过我最宝贵的东西换来的。…… 我的生活是别人甘心愿意来维持，因为我牺牲过我自己。我对男人尽过女子最可怜的义务”[⑥]。剥去虚假的外衣，她“卖”的毕竟是性。

《原野》跟前两部曲不同，这里爱得更猛烈，而性欲的满足，也更赤裸裸。仇虎本来就爱金子，只是他一家给焦阎王害得惨了，“抢了我们的地！害了我们的家！烧了我们的房子！你诬告我们是土匪，你送了我进衙门，你叫人打瘸了我的腿。为了你我在狱里整整熬了八年”。因此，金子才被焦阎王“押过来”[⑦]和焦大星成了亲。可是，现在仇虎逃狱回来要复仇，却想不到“等到我来了，你伸伸脖子死了，你会死了！…… 偷偷地你就死了。可我怎么能叫你死，叫你这么自在地死了。…… 哼，你想我们会让你在棺材里安得了身！哦，阎王，你想得太便宜了！”[⑧]他既不能把仇报在焦阎王身上，乃要报在另一层面。就是因为这从“形下”到“形上”的

---

① 《雷雨》第四幕，《曹禺全集》第1卷，第178页。
② 蘩之看上萍是力求“出路”，但萍之搭上蘩就多少要倚赖理论上的“俄狄浦斯情结”(Oedipus Complex)了。
③ 曹禺这样描写首次上场的四凤：“约有十七八岁，脸上红润，是个健康的少女。她整个的身体都很发育，手很白很大，走起路来，过于发育的乳房很显明地在衣服底下颤动着。”(《雷雨》第一幕，第29页)
④ 《雷雨》第四幕，《曹禺全集》第1卷，第165页。
⑤ 《日出》第一幕，《曹禺全集》第1卷，第208页。
⑥ 同上，第213页。
⑦ 《原野》第一幕，《曹禺全集》第1卷，第473页。
⑧ 《原野》序幕，《曹禺全集》第1卷，第414页。

复仇，我们能够更深刻地思考这复仇行动的文化重量。

曹禺说："《原野》的倾向性很清楚，写农民的复仇。写的是民国初年的事，仇虎不这样又怎么办？"[①]他可以怎么办？既然焦阎王已经死了，他就在"此生"的意义上杀了大星的肉身，也设了局，让焦大妈误杀了小黑子，彻底地毁了焦家的"未来"。

他更和金子通奸，在大星的床上以"性"作为武器——以"性"、"爱"合一为最厉害的武器，一方面是在焦阎王眼前羞辱焦家（他对着焦阎王的半身像说："我仇虎对得起你，老鬼，我一进你焦家的门，就叫你儿媳妇在你这老脸上打了一巴掌，……现在我先到你儿媳妇屋里当皇上去了。"[②]），另一方面是在金子的身上播下自己的"来生"。而大获全胜的仇虎，毕竟背负着因洗雪冤仇而造成的罪孽，不得不死，然而，金子怀着自己的孩子，却可以有更好的明天，有比较幸福的未来。

金子可以有比较幸福的未来，因为，她是个生命力旺盛的女子。她有"乌黑的头发，厚嘴唇，长长的眉毛，一对明亮亮的黑眼睛里面蓄满魅惑和强悍。脸生得丰满，黑里透出健康的褐红。"[③]曹禺很着力地强调金子的外形。但更重要的是她一上场便预示有"偷汉子"的可能。焦大妈说她是个"迷死男人的狐狸精"；而她也泼泼辣辣地，索性对焦大星说早晚要做一件事给他妈妈看：

> 我做什么？我是狐狸精！她说我早晚就要养汉偷人，你看，我就做给她瞧瞧。哼，狐狸精？[④]

她是个爱恨分明的女人。她是一团烧得炽烈的火，她要绝对的拥有，她这种排他的"爱"因而必然包孕着死亡。她首先泼野地威迫大星说舍不得她，而为了她，要"就淹死她（焦大妈）"[⑤]。大星当然事实上真的舍不得她，因此，知道她偷汉子而感到极大的痛苦，最后也给仇虎杀掉。而仇虎这她要偷的人，也是深爱她的。仇虎说："金子你不知道我想你，这些年我没有死，我就为了你。"为了这份爱，他"这次回来，我要带你走。"那是"老远的地方"，"坐火车还得七天七夜。那边金子铺的地，房子都会飞，张口就有人往嘴里送饭，睁眼坐着路会往后飞，那地方天天过年，吃好的，穿好的，喝好的。"[⑥]这个地方对他们说是太遥远了，仇虎是以最浪漫的语言，描绘他们用爱织成的美梦。而梦醒之后，他的结局也只能是死——只是，他的死铺出了金子的生路。

《原野》是个以"丑"为"美"的戏。金子曾经用最丑的语言来形容仇虎这个"丑八怪"[⑦]，戏里面有谋杀，有误杀，有通奸，在道德上更是奇丑无比。在这个无法可依，连地府的"阎王老

---

① 《苦闷的灵魂——曹禺访谈录》，第 146 页。
② 《原野》第一幕，《曹禺全集》第 1 卷，第 438 页。
③ 《原野》序幕，第 416 页。
④ 同上，第 417 页。
⑤ 同上，第 420 页。
⑥ 同上，第 427－428 页。
⑦ 金子说："你这丑八怪、活妖精、一条腿、罗锅腰、大头鬼、短命的猴崽子、骂不死的强盗……"（《原野》第一幕，第 435 页）

爷”也没能为受压迫者做主的地方[①]，一切服膺于“强者得胜”的森林定律。然而，一如《雷雨》的乱伦，杀了无辜的焦大星和小黑子，毕竟天地所不容，所以负疚的仇虎终于要死，然而，通奸却是唯一不受惩罚的“罪过”——因为，仇虎和金子这个通奸的举动是由爱开始，它是多年来受压抑的爱欲的完成与升华。它也是仇虎复仇行动中不可少的一环。它建基于两个炽烈的“生命”，更预示了拥有自由的“真生命”：

仇虎：（看着花氏，满眶眼泪）记住，金子！孩子生下来，告诉他，他爸爸并没有叫这帮狗们逮住。告诉弟兄们仇虎不肯（举起铁镣）戴这个东西，他情愿这么——（忽用匕首向心口一扎）死的！（倚在巨树，挺身不肯倒下）[②]

这铁镣当然是个象征，掷掉铁镣，未来的孩子固然有可能拥有自由，而仇虎也感到虽死犹生。通过死亡而活出的真生命，能够对抗死亡，这才算真正的活着。金子对仇虎说：“我一辈子只有跟着你才真像活了十天。”[③]这是通奸的十天，是让生命力旺盛地滋长的十天。生命力，是曹禺在三部曲终卷最后要肯定的东西。

五、结语：痛苦带来快乐和希望

《原野》开篇的第一段文字，就像一首诗。曹禺借这首诗以表达他对生命的讴歌：

秋天的傍晚。

大地是沉郁的，生命藏在里面。泥土散着香，禾根在土里暗暗滋长。巨树在黄昏里伸出乱发似的枝芽，秋蝉在上面有声无力地振动着翅翼。巨树有庞大的躯干，爬满年老而龟裂的木纹，矗立在莽莽苍苍的原野中，它象征着严肃、险恶、反抗与幽郁，仿佛是那被禁梏的普饶密休士，羁绊在石岩上。…… 巨树前，横着垫高了的路基，铺着由辽远不知名的地方引来的两根铁轨。铁轨铸得像乌金，黑黑的两条，在暮霭里闪着亮，一声不响，直伸到天际。它们带来人们的痛苦、快乐和希望。……[④]

生命是一股力，它本来就潜藏着，它总要找机会滋长。但要让它能够真正自由地伸展，必须除去一切妨碍它的东西，这就要流血流汗，甚至要不避污浊肮脏。在这个过程中，生命意志就很重要了。

《日出》的陈白露从一开始便是活得疲乏，既没有自由和独立生活的能力，更没有生命意志，这是她拒绝方达生的主要理由，她没有出路是必然的。小东西则空有生命意志而能力太弱，又缺乏援手，没有出路也固然。但是，她的生命意志多少叫陈白露歆羡，这个对“缺席”的向往，是她勉力要拯救小东西的心理背景。

《雷雨》中的侍萍早就没有好出路；蘩漪虽勉强挣扎以求自由生路，可惜所托非人，终于是一厢情愿；四凤的生命意志是够强的，她也曾经最接近新生路（侍萍让她跟周萍远走高飞，不

---

① 《原野》第三幕第四景透过仇虎的幻觉，显示地府的阎王和人间的焦阎王是沆瀣一气的。

② 《原野》第三幕，《曹禺全集》第1卷，第575页。

③ 同上，第574页。

④ 《原野》序幕，同上注，第405页。

要回头),可是限于现实的阻力,在蘩漪干预和人伦禁忌之下,这几乎到手的生路终于都成虚幻。

唯有金子,她通过最“丑”的方式而得到自由。她倚靠的人虽最丑而最强,她通过爱欲的越轨而踏上通向远方的铁轨,得到出路。她具备摩罗式“争天拒俗”的强大生命意志,她拥有真正的生命力。

生命的轨迹一如原野上的铁轨,同样“带来人们的痛苦、快乐和希望”,也唯有通过痛苦,人们才得到真正的快乐和希望。

主要参考文献:

鲁迅:《鲁迅全集》,北京:人民文学出版社,1981。

曹禺:《曹禺全集》,田本相、刘一军主编,石家庄:花山文艺出版社,1996。

田本相、刘一军编著:《苦闷的灵魂——曹禺访谈录》,南京:江苏教育出版社,2001。

[作者简介:张秉权,香港演艺学院人文学科系]

略述《雷雨》中的音乐元素

邹红

田本相先生曾指出:“音乐对曹禺的影响是潜在的,对音乐的感受都渗透在他的艺术细胞之中。他自己说,这种音乐影响说不清楚,其实音乐对他的艺术的和谐感、节奏感、结构感都有着潜在的陶冶。可能,人们会想到他的《雷雨》的‘序幕’和‘尾声’,不仅可看到希腊悲剧中合唱队的影响和启示,还特意安排了巴赫的 *High Mass in B Miuor Benedietus gui Venait Domini Nomini*,大风琴伴着合唱颂主歌,教堂外边的钟声从远处传来,使序幕具有浓郁的肃穆的氛围,把观众引入剧情之中。后来的《日出》的打夯号子,也是把音乐插入戏剧的尝试。但曹禺的音乐感是更深邃地渗透在他的戏剧情境、戏剧结构、戏剧节奏和戏剧语言之中。这些,倒是只能意会而不好言传的。”①作为对曹禺生平及创作有着深入了解的研究专家,田本相先生的这番见解无疑是值得重视的,事实上也引发了学界关注曹禺剧作与音乐影响之关系的研究。本文不揣浅陋,仅就《雷雨》中的音乐元素问题略陈管见,以期就教于学界同仁。

曹禺早年曾一度十分迷恋音乐。在接受田本相的访谈时,曹禺曾多次谈到他年轻时对音乐的喜好。②综合曹禺所说,有几点很值得注意:第一,曹禺在这里提到了他很早就对音乐有兴趣,而且举了他在天津南开时去听夏里亚宾演唱的例子。以曹禺当时的境况,肯花高价去听夏里亚宾的演唱,固然与演唱者本人的名气有关,但青年曹禺对于音乐的狂热于此可见。第二,令曹禺着迷的音乐,主要是西洋音乐,尤其是交响乐,莫扎特、贝多芬是他最喜欢的作曲家。这种对于西洋音乐的偏爱或许可由曹禺的生活环境得到解释——天津、北京本来就较多地接受了外来文化的洗礼,而南开、清华这样一些学校又是颇为“洋化”的。不过,除了外在的环境之外,曹禺天性中似乎有一种对西洋音乐文化的认同倾向。他很少谈到中国传统音乐对他的影响,尽管他早期的生活中不乏接触中国传统音乐的机会。曹禺明确承认,西洋音乐给了他“很好的影响”。第三,与此相关的是他对于巴赫的喜爱,这似乎表明曹禺有一种与生俱来的宗教情结。对曹禺了解颇深的田本相在《曹禺传》中写道:“当他第一次跨进法国教堂时,他被吸引住了。大厅里静谧幽玄,高高的拱形的屋顶,像天穹似的张开,但又像要沉重地压下来。是抑压阴森的感觉,是说不出的肃穆。这里的一切都安排得十分严整,从四周的圆柱,到每个窗子的设置都是按照严密的结构组织起来的。当风琴奏起弥撒曲时,使人进入一个忘我的境界,他也被消融在这质朴而虔诚的音乐旋律之中。似乎这音乐同教堂都熔铸在一个永恒的时空之中。由此,他迷上了教堂音乐,特别是巴赫谱写的那些献给天主教徒的风琴曲。”而

① 田本相:《曹禺传》,北京十月文艺出版社 1988 年版,第 124 页。

② 参见田本相、刘一军编著:《曹禺访谈录》,江苏教育出版社 2001 年版,第 91—92、110 页。

进入清华之后，这种对于宗教的迷恋以及将宗教与音乐联系起来的习惯并未改变。“是一种十分奇妙的联想，每当他走到大礼堂前就想起天津的法国教堂，好像巴赫的弥撒曲又响在耳边。他又总是把辉煌的建筑和音乐联在一起，清华的大礼堂较之天津的法国教堂更令人赏心悦目，闪闪发光的金色的大门，耸立着高大的圆柱，半个球形的屋顶，显得格外庄重。门前的草坪一片葱绿，更显得它巍然静穆，似乎它本身就是一首乐曲。偏偏这里又经常传出动听的音乐声，他就成为到这里欣赏乐曲的常客。”①这些描写或许有传记作者想象的成分，但只要看过曹禺的《雷雨》，就应该知道他对巴赫、对宗教音乐确实情有独钟。第四，与他的同学陆以循不同，曹禺对于音乐的喜爱是一种非专业的。陆以循后来小提琴拉得不错，而曹禺学吹巴松管，只是一时兴趣。（顺带说一句，若干年后曹禺写作《日出》，其中工人打夯的号子，就是曹禺请工人来唱，陆以循记的谱。）换言之，曹禺感兴趣的不是音乐技术层面的东西，而毋宁说是音乐所传达出的某种情感性氛围。他不会唱，不会演奏乐器，但他却能以一颗艺术的心灵去感受乐曲包孕的内涵，能够获得一种心灵的感应，形成共鸣。

曹禺是敏感的，他对于音乐，或者说对于声音有一种特殊的感觉。在他与田本相的谈话中曾多次谈到幼年在宣化时听到的号角声，那悲凉的号角声长久地驻留在曹禺的记忆中，成为他儿时生活的难以磨灭的印痕。同样，天津法国教堂的钟声也一直萦绕在曹禺的脑海里，伴随着曹禺从少年走向成年。他善于捕捉、记取生活中的各种自然音响，如北京城上空掠过的鸽哨声，重庆夜晚长江两岸山上传来的杜鹃啼叫声等。这些自然音响与前述号声、钟声一起构成了曹禺丰富的情绪记忆，不仅与特定的生活场景相关联，而且也隐含了特定的情感氛围。

尽管曹禺说不清楚音乐究竟给他何种影响，但这些早年的音乐经验，在曹禺后来的话剧创作中无疑是留下了印记的。

当然，最明显也是最常被人提及的，是《雷雨》中巴赫《b小调弥撒曲》的引入。

初版《雷雨》卷首标明“四幕悲剧”，但实际上除四幕正文外，尚有序幕和尾声。而就在序幕开幕时的舞台提示中，曹禺特意要求幕后传来“教堂内合唱颂主歌同大风琴声”，而且最好是巴赫的《b小调弥撒曲》(*Bach*：*High Mass in B Minor Benedictus qui Venait Domini Nomini*)。此后，巴赫《弥撒曲》合唱声和风琴声在序幕和尾声中还多次出现。

《雷雨》在东京首演时，曹禺曾致信演出者解释设置序幕和尾声的用意：“我把《雷雨》做一篇诗看，一部故事读，用‘序幕’和‘尾声’把一件错综复杂的罪恶推到时间上非常辽远的处所。因为事理变动太吓人，里面那些隐秘不可知的东西对于现在一般聪明的观众情感上也仿佛不易明瞭，我乃罩上一层纱。那‘序幕’和‘尾声’的纱幕便给了所谓欣赏的距离。”据此，序幕和尾声的设置乃是为了消除观众的现场感，而教堂背景和宗教音乐的引入，则有助于宣泄观众的情感并将其导向某种理性的沉思，如曹禺后来在《雷雨·序》中所说：“是想送看戏的人们回家，带着一种哀静的心情。低着头，沉思地，念着这些在情热，在梦想，在计算里煎熬着的人们。”然而，东京首演最终未能实现曹禺的这一设想，由于演出时间过长，序幕和尾声被割舍

① 田本相：《曹禺传》，北京十月文艺出版社1988年版，第112、122页。

了。而且，在接下来半个多世纪的时间里，《雷雨》虽然成为中国话剧舞台上盛演不衰的经典剧目，却再没有人尝试将序幕和尾声搬上舞台，就连曹禺本人在上世纪50年代修订旧作再版时，也迎合社会的需求删去了《雷雨》的序幕和尾声。

序幕和尾声之所以被删，部分原因可以归结为演出时间过长，但更主要的还是因为其宗教色彩（包括曹禺刻意营造的距离感）淡化甚至遮蔽了特定时代所要求的反封建主题和阶级意识。而在这样一种接受心理和评判标准的制衡下，《雷雨》序幕和尾声中出现的宗教音乐理所当然地成为必须否定的对象。

《雷雨》在其接受史上所遭遇的上述境况不难理解，问题在于：序幕和尾声的设置，以及曹禺在剧中引入巴赫《弥撒曲》是否仅仅为了传达某种宗教意念或渲染某种宗教氛围？进而言之，曹禺所受巴赫影响，或者说曹禺戏剧创作与巴赫音乐的关系是否仅限于宗教内容层面？高浦棠发表于2002年的《曹禺与巴赫——关于〈雷雨〉中的宗教音乐提示解读》一文认为：曹禺创作《雷雨》时“自觉与不自觉地、有意识或无意识地”接受了巴赫的影响，而“曹禺反复运用弥撒曲音乐要表达下列两层意思”：第一，侍萍以自己的身体向上帝作了祭献。第二，有启示人们应该信仰上帝，将自己的身心交给上帝的含义。[①]高文对巴赫《弥撒曲》与《雷雨》人物（尤其是侍萍）的隐喻关系有很好的分析，但若说巴赫音乐对曹禺的影响仅限于此，则不免简单化了。类似的观点还见于李扬的《试论〈雷雨〉的音乐语言》，该文认为“巴赫的《b小调弥撒曲》可以说是《雷雨》创作的原始冲动之一”，巴赫音乐的复调手法“对《雷雨》的深层结构有着很大的影响”；而在具体论述这种影响时，却又落实为《雷雨》的人物关系和矛盾冲突的设置，如周氏父子三人的人生轨迹和命运“构成了一个完整的复调结构”，侍萍与周朴园的相爱“是一个带有宗教原罪意味的错误”。简言之，“《雷雨》在结构上人物各自独立而又相互联系的救赎努力，与《b小调弥撒曲》的复调手法在艺术本质上是根本一致的”。[②]

在此我们看到一个很有意思的现象，似乎是为了纠正先前过分突出阶级意识和反封建主题的偏颇，研究者们有意强调了《雷雨》中的宗教色彩，并循此思路来考察曹禺所受巴赫和西洋古典音乐的影响。于是，巴赫的《b小调弥撒曲》便成为大家共同关注的焦点。而据田本相《曹禺传》等相关资料，清华时期曹禺喜爱的西洋古典音乐家，除巴赫外，至少还有莫扎特、贝多芬等，而且即便是欣赏巴赫，曹禺也不止于其宗教音乐。曹禺本人则明确表示，在他构思《雷雨》时，“不知是什么原因，交响乐总是在耳边响着，它那种层层展开，反复重叠，螺旋上升，不断升华的构架，似乎对我有一种莫名的吸引力”。[③]显然，曹禺这里说的“交响乐”并非巴赫的宗教音乐。由此看来，将《雷雨》所受西洋古典音乐的影响仅限于巴赫《b小调弥撒曲》，尤其是仅关注其宗教性内涵的做法，虽然有据，却未必全面。

那么，除了巴赫《弥撒曲》这一显在的音乐元素外，《雷雨》中是否还有其他受音乐影响的痕迹？此外，教堂合唱曲和风琴声的作用，是否仅限于传达某种宗教意味？

---

① 高浦棠：《曹禺与巴赫——关于〈雷雨〉中的宗教音乐提示解读》，《延安大学学报》（社科版）2002年第1期。

② 李扬：《试论〈雷雨〉的音乐语言》，《徐州师范大学学报》（哲社版）2010年第1期。

③ 田本相、刘一军编著：《苦闷的灵魂——曹禺访谈录》，江苏教育出版社2001年版，第52页。

我们再看《雷雨》的序幕和尾声。

按照通行的解释，话剧中的序幕属于开端的一部分，是剧情、冲突发展的起点。如上海辞书出版社编辑出版的《戏剧简明词典》解释“序幕”：“指某些多幕剧在第一幕以前的一场戏，用以介绍剧中人物的历史和剧情发生的远因，或预示全剧的主题。”而《雷雨》的序幕与此解释却不尽吻合，其序幕所展示的，既非对剧中人物历史或剧情远因的介绍，也不是对主题的预示，而毋宁说是对剧情的一个概述。曹禺通过两位修女和小孩儿的对话告诉观众，这座现在属于教堂附设医院的住宅里十年前的某“一天夜里连男带女死过三个人”，“这屋子闹鬼”。眼下楼上、楼下各住着一位疯了的老女人，有一个叫“周先生”的老头(其中一个女人是他的太太)会定期来看望这她们。序幕在巴赫《弥撒曲》合唱声中开场，又在同样的合唱声中结束。

显然，此种表现方式在传统话剧的序幕中颇为罕见，倒是与音乐中的歌剧序曲有几分相似。在西方古典音乐史上，序曲本是歌剧或舞剧在正式开演前演奏的幕前曲，其用途仅在于等候观众入席。至18世纪德国音乐家格鲁克改革歌剧，始将剧情因素引入序曲，使之具有暗示剧情和引导观众入戏的作用。其后著名古典音乐家如莫扎特、贝多芬等都沿袭了格鲁克的这一做法，他们或连缀歌剧中的音乐主题，或浓缩剧情的关键场面，序曲由此成为歌剧不可分割的重要组成部分。19世纪以后，浪漫主义音乐家又将序曲发展为一种独立的管弦乐样式，即音乐会序曲。

《雷雨》序幕明显具备上述歌剧序曲暗示剧情和引导观众入戏的功能。(1)如前所述，曹禺通过序幕中人物对话预先告诉观众十年前发生过一个骇人听闻的故事；(2)曹禺通过与剧情无关的姐弟俩的对话表现了观众的期盼心理——

〔老妇人突然歪下去，侧面跪倒在舞台中。台渐暗，外面远处合唱声又起。

弟 弟(拉姊向前，看老太婆)姐姐，你告诉我，这屋子是怎么回事？这些疯子干什么？

姊 姊(惧怕地)不，你问她(指老妇人)她知道。

弟 弟(催促地)不，姐姐，你告诉我，这屋子怎么死了三个人，这三个人是谁？

姊 姊(急迫地)我告诉你问她呢，她一定都知道！

〔老妇人渐渐倒在地下，台全暗，听见远处合唱弥撒和大风琴声。

〔弟弟声：(很清楚地)姐姐，你去问她。

〔姊姊声：(低声)不，你问她，(幕落)你问她！

〔大弥撒声。①

序幕结束时的这段舞台提示和人物对白很容易令人想到曹禺在《雷雨·序》中说过的一段话：“《雷雨》是一种情感的憧憬，一种无名的恐惧的表征。这种憧憬的吸引恰如童稚时谛听脸上划着经历的皱纹的父老们，在森森的夜半，津津地述说坟头鬼火，野庙僵尸的故事。皮肤起了恐惧的寒栗，墙角似乎晃着摇摇的鬼影。然而奇怪，这‘怕’本身就是个诱惑。我挪近身躯，咽着兴味的口沫，心惧怕地忐忑着，却一把提着那干枯的手，央求：‘再来一个！再来一

① 《曹禺文集》(一)，中国戏剧出版社1988年版，第15页。

个!’”①是否可以说,《雷雨·序》中的这段文字道出了曹禺设置序幕(包括尾声)的部分动机?姐弟俩那种既惧怕又想听鬼故事的心理,既折射出青年曹禺“对宇宙间许多神秘的事物一种不可言喻的憧憬”,同时也是挑起观众兴趣、引导观众入戏的一种有效手段。

如果我们认同《雷雨》序幕的设置与歌剧序曲的影响存在关联,那么很显然,这种影响更有可能来自莫扎特或贝多芬,而不是巴赫。作为历史上最伟大的作曲家之一,巴赫的创作虽然不止于教会音乐,但毕竟不以歌剧见长。相反,莫扎特、贝多芬等人则不乏歌剧名作,而且在序曲处理上引入了剧情因素,如莫扎特在其歌剧《唐璜》的序曲中就采用了该剧的音乐主题(顺带说一句,曹禺是听过莫扎特这出歌剧的),贝多芬为歌剧《费台里奥》(原名《雷奥诺拉》)所写的序曲也采用了歌剧的音乐主题,从而具有暗示剧情的作用。所以,喜爱莫扎特、贝多芬音乐的曹禺受歌剧序曲的影响,将其创造性地移植到话剧中来,不是没有可能。

沿此思路,如果我们承认《雷雨》序幕和尾声的设置更多的是基于结构功能和观赏效果的考虑,那么就不宜过分强调巴赫《b小调弥撒曲》的基督教色彩。关于序幕、尾声之于《雷雨》的结构意义及与基督教的关系,我另有专文论及,此不赘述,这里只简要指出三点:(1)在序幕的舞台提示中,曹禺只说“最好是”巴赫《b小调弥撒曲》,如果曹禺意在通过《雷雨》宣扬基督教义,应该不会选择这种语气;(2)据序幕中修女乙所言,周家的房子是“卖给医院”,并非如某些论者认为的是“捐”给教堂,此外,全剧没有迹象表明周朴园后来“成为天主教徒”;(3)曹禺在《雷雨·序》中谈到周冲时说:“他的死亡和周朴园的健在,都使我觉得宇宙里,并没有一个智慧的上帝做主宰。”(着重号为笔者所加)这话明确表明了曹禺本人对基督教的态度,可惜多被论者所忽略。

综上所述,我们相信确如曹禺所说,序幕和尾声的设置在于追求某种效果:“我不愿这样戛然而止,我要流荡在人们中间还有诗样的情怀。‘序幕’与‘尾声’在这种用意下,仿佛有希腊悲剧 Chorus(合唱、合唱队,笔者注)一部分的功能,导引观众的情绪入于更宽阔的沉思的海”。可见,巴赫《弥撒曲》的引入即是出于这一考虑。作为序幕和尾声不可分割的有机部分,宗教音乐在这里承担了与序幕尾声相同的功能,更多地表现为一种戏剧氛围的渲染和节奏的变化,使观众的情绪由开场时的平和到入戏后的紧张,最后再复归宁静。

[作者简介:邹红,北京师范大学文学院教授]

① 《曹禺文集》(一),中国戏剧出版社 1988 年版,第 213 页。

谈谈鲁侍萍角色的功能性

周靖波

曹禺在《〈雷雨〉序》中写道："写《雷雨》是一种情感的迫切的需要。我念起人类是怎样可怜的动物，带着踌躇满志的心情，仿佛是自己来主宰自己的运命，而时常不是自己来主宰着。受着自己——情感的或者理解的——捉弄，一种不可知的力量的——机遇的，或者环境的——捉弄；生活在狭的笼里而洋洋地骄傲着，以为是徜徉在自由的天地里，称为万物之灵的人物不是做着最愚蠢的事么？我用一种悲悯的心情来写剧中人物的争执。"①在《〈日出〉跋》中，他又说道："《雷雨》里原有第九个角色，而且是最重要的，我没有写进去，那是就称为'雷雨'一名好汉。他几乎总是在场，他手下操纵其余八个傀儡。"②这两段话，前者表述的是《雷雨》的叙述视角及其所传达的中心意识，后者表明了叙述视角在剧中的存在方式。两者都直接涉及人物的功能性问题，即剧中的叙述视角是如何建构的？那个"几乎总是在场"而又实际上无形的人物是谁？谁能超越情节的内交际系统与戏剧一观众间的外交际系统间的屏障，在两者之间建立最富戏剧性的信息通道？这是引导我们正确理解《雷雨》主题和悲剧内涵的重要线索。钱谷融先生在六十年代初发表的《〈雷雨〉人物谈》中认定："那被称为'雷雨'的好汉""并没有漏掉，还是写进去了。那个人就是蘩漪。……照我看来，蘩漪不但有'雷雨的'性格，她本人简直就是'雷雨'的化身，她操纵着全剧，她是整个剧本的动力。"③这个基于《雷雨》初版本序言解读的观点，在研究界产生了相当广泛的影响。但是，这个观点没有注意到名词"雷雨"和形容词"雷雨的"之间的区别④，进而导致将有着"雷雨的"性格的蘩漪直接等同于"第九个角色""雷雨"。但是，这种理解与剧作家本人在《雷雨》发表两年后的自述有着明显的偏差。曹禺很明白地说，"最重要的""第九个角色"没有写进去，而且这个角色对剧中的八个人物有着"操纵"的力量；按照钱先生的思路，势必将情节中的性格与结构中的功能相混淆，用角色的性格分析替代隐含人物的功能分析，这样一来，《〈日出〉跋》中的相关段落就没有落脚点了。

本文认为，"第九个角色"不是一种性格化的存在，而是一种功能性的存在，它是剧中所有八个人物之间的关系的产物，也是故事的叙述者在文本中的存在方式，还是作品主题的阐释者。当我们通过对《雷雨》文本的解读，与作品努力要传达的"悲悯"情怀产生强烈共鸣时，"第九个角色"就出现在我们的眼前了。质言之，它是戏剧文本的叙述视角及其所包含的主观感

---

① 《曹禺全集》第1卷，花山文艺出版社1996年版，第7—8页。

② 同上，第385页。

③ 钱谷融：《〈雷雨〉人物谈》，《文学评论》1962年第1期。

④ 曹禺《〈雷雨〉序》："她是一个最'雷雨的'（原是我的杜撰，因为一时找不到适当的形容词）性格，她的生命交织着最残酷的爱和最不忍的恨，……"（《曹禺全集》第1卷，花山文艺出版社1996年版，第9页。）

知的综合体现。

作为一种特殊的叙事作品，戏剧的叙事情境中的叙述者常常处于缺失状态[①]，事件以自我"呈现"的方式展示给受述者，因而，叙述话语殊难寻绎。于是便生出了叙述式(diégesis)叙事与摹仿式(mimesis)叙事的差异。在叙述式叙事中，叙述者可以直接对人物或事件进行价值评估和道德判断，尤其在全知视角的叙述行为中，叙述者无论是否站出来"发表有关道德、人生哲理等方面的议论"[②]，都可以将自己的情感和理智表达出来，进而对受述者加以引导。但传统的幻觉式戏剧则无此便利。由于戏剧场景如生活中一般自动呈现，角色的语言只遵从生活的逻辑，不可能与观众达成直接的交流，因此，如何将这种无叙述话语的作品认定为叙事作品，便面临着一层困扰。为了避免叙事作品必须要有叙述话语为中介的纠缠，查特曼(Seymour Chatman)提出，一部作品只要具备时间结构、人物形象、场景等叙事特征，就可以被认定为叙事作品，而不必纠缠于叙述式叙事与摹仿式叙事的区别[③]。玛丽—劳尔·瑞安(Marie—Laure Ryan)则提出将叙事定义为一种"认知模式"，它包含一个世界的精神图像(空间维度)，这个世界必须经历包含因果关系的物理状态的变化(时间维度)，这种物理状态的变化还必须与精神状态和事件相关联(逻辑、精神和形式的维度)[④]。曼弗雷德·普菲斯特(Manfred Pfister)采用了"视角"和"视角结构"的概念来分析戏剧，从而在小说文体与戏剧文体之间找到了共同点。戏剧作为一种特殊的文类，其信息的发送与接收是在内、外两个交际系统中交互进行，内交际系统即故事情节之内角色的相互交流，外交际系统即角色与受众之间的交流。他更指出，"重要的问题是要将角色视角和作者隐含的接受视角区分开来"[⑤]。显然，普菲斯特为戏剧的叙事学分析提供了独特路径和操作的依据。戏剧中叙述者的有无，因历史时期和戏剧类型的不同而异(古希腊悲剧和布莱希特叙事剧中不仅有叙述者，而且其中歌队、歌手的功能也都与小说中的叙述话语相当，但在追求客观真实的幻觉效果的古典主义戏剧和自然主义—现实主义戏剧中，则任何外在于情节的人物和话语都不能出现)，唯有"视角"普遍存在。因此，将角色视角和作者隐含的接受视角区分开的目的之一，就是要在角色视角中发现作者隐含的接受视角，从而发现叙述者和叙述话语在戏剧文本中的存在方式。

在幻觉式戏剧中，往往可见叙述者隐藏在某个角色视角之中。这个角色有着"独立于作者之外的个人视角"[⑥]，与内交际系统的其他人物处于同一等级，但他在一定程度上又代表着作者视角，有着超越其他人物的高级地位，外交际系统中的观众可以通过这类单独的角色视角再造作者隐含的接受视角。

用这样的观点来考察《雷雨》，就会发现，蘩漪这个角色很难承担作者隐含视角的功能，因

---

① 参见曼弗雷德·普菲斯特：《戏剧理论与戏剧分析》，周靖波、李安定译，北京广播学院出版社 2004 年版，第 4—5 页。

② 申丹：《叙事、文体与潜文本——重读英美经典短篇小说》，北京大学出版社 2009 年版，第 216 页。

③ 转引自 Ansgar Nünning Roy Sommer. "Diegetic and Minetic Narrativity: Some further Steps towards a Narratology of Drama"in Theorizing Narrativity, edited by John Pier and José Ángel García Landa 345(Berlin New York: Walter de Gruyter GmbH & Co.).

④ 参见 Ryan Marie—Laure. "On the Theoretical Foundations of Transmedial Narratology"，转引自 Ibid.：335.

⑤ 曼弗雷德·普菲斯特：《戏剧理论与戏剧分析》，周靖波、李安定译，北京广播学院出版社 2004 年版，第 74 页。

为她是戏剧情节的核心人物，她身上所体现的“极端”和“矛盾”是情节的推进力量。不仅如此，作为剧中人物，她的信息知悉水平较低，只是凭借自己的特殊敏感发觉周萍和四凤之间的恋情，却不知道这种关系的实质，与真实之间隔着一道厚厚的帐幔，甚至自己也被隐秘的“真实”所捉弄。正因为如此，她不可能是“几乎总是在场”的“第九个角色”。

《雷雨》里的八个人物大致可以分为两类，一类偏重于主题性，一类偏重于功能性。前一类又可分为三组。周朴园、周蘩漪、周萍构成了全剧的情节核心——对周朴园所维持的秩序的反叛与抗争。其中蘩漪最具行动力，她以灯蛾扑火式的勇猛，偕同周萍冲击着周朴园引以为自豪并加以维护的家庭秩序，其结果，在战胜对立面的同时，也使自己“顿时化为乌有”。这组人物关系所体现的“踌躇满志”及其结局之间的矛盾，已经足以满足作者释放情感的迫切需求，可视为“雷雨”悲剧的基石。第二组为周冲和鲁大海，这是两个带有理想色彩的形象①。其实，从个人的价值取向上看，周冲心中充溢着对未来的梦想，鲁大海则已经屈服于现实的严峻，俩人分明代表着梦幻和无梦两个极端。之所以说他们都带有理想色彩，乃是因为他们都有着与周边的情境格格不入的气质，都与周家的现实相“隔离”②。周冲说，“我们的真世界不在这儿”，这句话对鲁大海而言同样真实。第三组人物只有四凤一人。这是一个奇特的人物，她是周冲的精神逋逃薮，是命运悲剧的主要承受者。她站在所有人的中间却又不是全剧的中心人物，其他人都因对她的态度相互对立而形成冲突着的两方。周萍与蘩漪之间因为她的出现，原有的情欲关系突然变成了相互折磨的关系。周冲将四凤视为理想世界里“引路的人”，鲁大海却断定“她的将来是给一个工人当老婆，洗衣服，做饭，拾煤渣”；俩人还因此而发生了语言上的冲突。鲁贵和鲁侍萍则因对女儿命运的不同关切而在人格上显得判若云泥。

后一类为鲁贵和鲁侍萍，这是两个功能性人物。鲁贵的功能表现在叙述性（即为戏剧情节的初步展开提供必要的信息）上。在剧本的“情节介绍”阶段，他与四凤之间的对白为受述者进入戏剧情境提供了必要信息，使戏剧情节得以顺利展开。但他除了凭借偷窥和偷听等低级手段获悉周萍一蘩漪一四凤之间的秘密关系之外，对全剧的核心信息并不了解。在全部八个人物中，他的信息知悉水平是最低的。第二幕，当周朴园担心“很不老实的”鲁贵将周鲁两家三十年的恩怨泄露出去时，鲁侍萍肯定地回应道：“你不要怕。他永远不会知道的。”果然，真实的大门永远向鲁贵紧闭着。直至第四幕，当他无意之中将“我的家里的——，就是鲁妈”名叫侍萍的信息透露给蘩漪，即将把情节引向悲剧性的总爆发时，他竟连共同生活近二十年的妻子年轻时的照片都认不出来，自然也就不知道他与女主人的这段对话有多少玄机，“侍萍”在全部戏剧情节中的地位是多么关键。信息知悉程度的低水平和人物关系中的边缘状态，与他低下的仆人地位和卑微的奴才人格正相适应。这也是作者意识的一种表现③。

鲁侍萍的功能性则截然不同。她在剧中虽然是最后上场的人物，但她的出现却有着划分情节段落的作用，从她与周朴园意外相逢开始，观众对剧中信息的把握就从低级知晓走向了

① 王晓华：“从部分剧中人的梦想和生存意向上，可以见到朦胧的理想国在昭示，这可以从鲁大海和周冲两个人的行动和语言中见到。”（《压抑与憧憬——曹禺戏剧的深层结构》，中国社会科学出版社2001年版，第8页。）

② 曹禺：《〈雷雨〉序》，《曹禺全集》第1卷，第11页。

③ 曹禺等现代作家对于奴才形象的成功塑造，已经有学者作过专门研究。

高级知晓。同时,侍萍本人也是所有角色中知晓水平最高的人,她也由此承担了其他七个人都无法承担的真实的担子,是各种人物关系中起着枢纽作用的人物。她在情节中的历史与周朴园一样长;不仅是周萍和鲁大海的母亲,同时又是鲁四凤的母亲,因此对剧中的年轻人有着等量的关切(周冲除外),对悲剧性的敏感程度高于其他任何人(周朴园虽对周萍有着父亲的关切,但其内容与核心剧情无关,因而显得最迟钝)。在这个基础上,剧情的叙述者将隐含的叙述视角大部分融合在她的人物视角上,并通过她与叙事文本的受述者进行交流,也就是理所当然的了。她的角色视角仅次于实际上并不存在的全知视角,由此看来,《雷雨》中最有可能具备"第九个角色"的若干功能的人物,就是鲁侍萍。

侍萍形象的功能性首先表现在戏剧结构的划分上。从剧情发展的角度看,《雷雨》第一幕属于"一种说明性的情节介绍"①——当然,是有着丰富戏剧效果的情节介绍。在这一阶段,观众从鲁贵和四凤的对话中开始知悉周家家庭成员之间的复杂关系,并从"喝药"这一重点场面中领教了周朴园的专制,体验了周蘩漪的痛苦,看到了周萍的软弱,对文本内信息的知悉程度迅速提高,但是从总体上看,外交际系统的观众知悉水平并没有超越内交际系统里的角色,戏剧冲突的全部实质还没有显露。及至第二幕中部鲁侍萍上场,情节发生了第一次转折。她看到屋里的摆设和自己年轻时的照片,突然明白了真相(实际上应是向观众指明了真相)。侍萍对自己身份的再次发现,织就了周鲁两家两代人之间复杂的血缘关系网,观众对情节的了解程度终于从与角色重合的水平达到了高级知悉,进而调整好对情节发展的进一步期待,也就是作者所"祈望"的,"以一种悲悯的眼来俯视这群地上的人们"②。此外,侍萍的出场还带来了重新审视周家客厅的布局细节及其所隐喻的历史事件和现实情境的新视角。原本在观众眼里只有一般规定性的布景和道具(衣服柜、黄桌布、紧闭的门窗等)立刻显示出特殊意味,成为戏剧情境的重要构件。而作为有丰沛生命力的性格,鲁侍萍在这场戏里也有一个迅速的升华过程。从盼望着与周朴园相见,到意欲倾诉满腹积怨,到决绝地将周朴园递过来的支票撕碎,她迅速地完成了精神的跨越,超脱了情感的羁绊,从而把全部的关切都放在了儿女们身上。

作为一个功能性人物,鲁侍萍出现的场面大都是重点场面和必需场面,就连第三幕结尾处短短的过场,也是联系前后情节的重要环节。不仅如此,在大多数场面里,侍萍几乎都起着主导作用。她与周朴园邂逅的场面,成为后者性格复杂性的最重要的展示机会,但在两个人的对话过程中,鲁侍萍却一直处在主动者的地位。在第三幕,侍萍发现四凤与周家少爷来往,在内心的巨大恐惧压迫下,她坚决要求女儿向天发誓以后永远不见周家的人;随后四凤在滚滚雷声中的那声回应,即已构成了全剧的情绪高潮。而第四幕中侍萍的低声独白,更可视为命运之神搭在满弓之上的利箭。

为了增强侍萍角色的功能性,将她的人物视角中所包含的作者意识直接传达给观众,《雷雨》甚至不惜突破自然主义以降幻觉式戏剧的成规,为她安排了两处独白——也是全剧中仅有的独白。作为最便于表现作者观点和作者态度的戏剧手法,独白(有时又称"自语")及旁白

① 爱克曼辑录:《歌德谈话录》,朱光潜译,人民文学出版社 1978 年版,第 98 页。

② 《〈雷雨〉序》,《曹禺全集》第 1 卷,第 8 页。

手法曾在漫长的戏剧史上为人们所青睐，但在追求理性的古典主义出现后，这种手法受到了限制。易卜生在谈到剧本《布朗德》时甚至说："我特别注重形式，在各种形式中，我做得最成功的是没有一句独白，连旁白也不用。"①但自然主义大师斯特林堡在《朱丽小姐》序言中认为，如果能找到独白的现实动机，那么合乎生活中人物性格和身份的独白还是自然的。拿这样的观点去衡量侍萍的两次自语，应该说，动机虽然充分，但手法未免过于直接。在第二幕，为了确保全剧前半段最重要的信息能够引起观众的充分注意，剧本不仅让侍萍在与女儿四凤交谈时反复表达"这地方怪得很，这地方忽然叫我想起了许多许多事情"，"忽然我把三十年前的事情一件一件地都想起来了，已经忘了许多年的人又在我心里转"，而且特意把四凤支开，留着鲁侍萍一个人在台上出声地自语：

哦，天哪。我是死了的人！这是真的么？这张相片？这些家具？怎么会？——哦，天底下地方大得很，怎么？熬过这几十年偏偏又把我这个可怜的孩放回到他——他的家里？哦，好不公平的天哪！

其实，用幻觉主义的舞台艺术来要求，这段独白当属于冗余信息，因为此前的对白当中已经充分透露了相关信息；即使信息的透明度还不够高，紧接其后的鲁侍萍与周朴园相见的场面也可以补足。曹禺所推崇的契诃夫的诗意现实主义戏剧就根本杜绝这类不自然的手法。但此处我们也无意从编剧技巧的角度进行批评，而是想提醒人们注意，为了充分发挥鲁侍萍这一角色的功能性，作者不惜在剧作风格的统一性上作出了让步和牺牲。

第二处就是研究者们经常引用的侍萍在第四幕的独白：

（沉重的悲伤，低声）啊，天知道谁犯了罪，谁造的这种孽！——他们都是可怜的孩子，不知道自己做的是什么。天哪，如果要罚，也罚在我一个人身上；我一个人有罪，我先走错了一步。（伤心地）如今我明白了，我明白了，事情已经做了的，不必再怨这个不公平的天；人犯了一次罪过，第二次也就自然地跟着来。——（摸着四凤的头）他们是我的干净孩子，他们应当好好地活着，享着福。冤孽是在我心里头，苦也应当我一个人尝。他们快活，谁晓得就是罪过？他们年青，他们自己并没有成心做了什么错。（立起，望着天）今天晚上，是我让他们一块儿走，这罪过我知道，可是罪过我现在替他们犯了；所有的罪孽都是我一个人惹的，我的儿女们都是好孩子，心地干净的，那么，天，真有了什么，也就让我一个人担待吧。……

这段独白对戏剧成规的突破更甚于前者，它是侍萍在与四凤、周萍、大海三人紧张对话的场合突然"当众孤独"，对着观众说出来的，与场上的交流情境相孤立。固然，我们可以将它解读为人物心理活动的直接外化，但这未免有些忽略了其中深意。作者之所以再次突破幻觉式剧场的成规，就是要在情节的高潮段落对戏剧主题做一次直接的阐释，与序幕和尾声相呼应，进而达到结构的平衡。

就笔者目力所及，学者们似乎更多地倾向于从心理学的角度讨论《雷雨》的序幕和尾声，

---

① 转引自曼弗雷德·普菲斯特：《戏剧理论与戏剧分析》，周靖波、李安定译，北京广播学院出版社2004年版，第168页。

因为曹禺说过，它们的用意乃是"想送看戏的人们回家，带着一种哀静的心情"[①]。其实，序幕和尾声也正是作者直接表达主题的地方。两场戏的场景是已经改为教堂附设医院的周家公馆，大幕拉开时，传来"教堂内合唱颂主歌同大风琴声"，并且要求"最好是"巴赫的《b小调弥撒曲》之25"奉主名来的当受祝福"；歌声还一直延续到尾声，将全剧包裹在浓厚的基督教氛围之中。尽管这里出现了一点笔误（巴赫的《b小调弥撒曲》及其他四部弥撒都是用包含风琴在内的管弦乐队伴奏的声乐作品，且"奉主名来的当受祝福"是一首温馨甜美的超男高音咏叹调而非合唱。如果确如舞台指示所要求，那么，音乐给人的感受就仿佛沉浸在上帝的祝福之中，幸福而恬静）[②]，但无伤大雅，因为《雷雨》的序幕和尾声主要是为了传达一种与基督教相关的情绪；无论是选用巴赫的声乐作品还是器乐作品，无论选用弥撒曲中的哪一段，所制造的舞台气氛都应该是一致的。或许正是因为作者的笔误，反而激发我们通过《b小调弥撒曲》加深对《雷雨》主题的读解。曹禺曾反复说到对宇宙中主宰着造物命运的神秘力量的憧憬，从《b小调弥撒曲》各段的标题上，或可感到，青年曹禺渴望着为自己那不安的灵魂找到寄放的场所：上主赐怜悯于我们；荣耀归于至高的上主；你除掉了世界的罪恶，赐怜悯于我们，倾听我们的祈求；上帝的羔羊除掉世界上罪恶的，恳求赐怜悯于我们；圣哉、圣哉、圣哉万灵之主，他的荣光充满大地；赐给我们平安。

侍萍的第二段独白有两层含义，一层是情节内含义，一层是主体含义。在情节层面，侍萍是一个悲剧命运摧残的妇人，而悲剧的源头就是年轻时在人性的召唤中与周家少爷的那段情感付出；因此，她要杜绝女儿重蹈覆辙。但是，不公平的命运最终还是发生在了下一代身上，甚至是无端地加倍惩罚——重蹈覆辙的女儿更在无意之中犯下了不伦之罪。作为一个无力解救儿女的母亲，只能让自己承担起命运的重负，让懵懂的孩子们逃避惩罚。侍萍性格的坚毅和内心世界的宏阔，就体现在她以一个有神论者的身份而呼唤上天将一切惩罚都施加在她一个人身上。[③] 在主题层面，侍萍则已成为作者观念的体现者。作者反复表白："《雷雨》所显示的，并不是因果，并不是报应（因果、报应乃佛教观念——引者），而是我所觉得的天地间的'残忍'"；"在这斗争的背后或有一个主宰来使用它的管辖。这主宰，……我始终不能给他以适当的命名，也没有能力来形容它的真实相。因为它太大，太复杂。我的情感强要我表现的，只是对宇宙这一方面的憧憬。"[④]作者的"憧憬"除了寄托在序幕和尾声之外，也显示在侍萍的形象中。她的出现，本来就是来为儿女们承担罪责的，正如基督降临就是为了代替人类受难一样。"他们是我的干净孩子，他们应当好好地活着，享着福。冤孽是在我心里头，苦也应当我一个人尝。……真有了什么，也就让我一个人担待吧。"在这段独白的光芒的反衬中，不仅周朴园、鲁贵黯然失色，便是蘩漪、周萍等人，也成了拯救的对象。从这段独白中，我们读出了

---

① 《〈雷雨〉序》，《曹禺全集》第1卷，第14页。

② 据谭锡均的博客，《b小调弥撒曲》在巴赫死后184年的1934年才由柏林歌唱协会第一次演出（http://blog.sina.com.cn/s/blog_5e40d1e10100k8g4.html）。莫非剧本单行本在出版之前受到了相关信息的影响？

③ 前些年有论者对侍萍作了基本否定式评价，认为她"把'妾妇之道'的妇道牌坊当做赖以生存的全部意义"（朱君、潘晓曦、星岩：《阳光天堂——曹禺戏剧的黄金梦想》，第51页，广西师范大学出版社2006年版）。这种观点殊难理解。

④ 《〈雷雨〉序》，《曹禺全集》第1卷，第7页。

耶稣基督的精神气质，读出了个性解放的先驱们勇于背负因袭的重担，把年轻的一代引到光明的地方去的牺牲精神。当《b小调弥撒曲》的歌声在全剧“尾声”再次响起，它已将侍萍的声音融入其中。

已经有学者指出，“走”与“留”是曹禺早期作品悲剧冲突的特殊表现形式；悲剧主人公如果能够冲出樊笼，就能改变悲剧的命运。但是，正因为这种樊笼是命运织就的，所以他们也就只能在挣扎中走向死亡。虽然曹禺用现实主义精神对这些人物的历史走向作出了无情的判决，但笔底未必不流露出温情——包括对某些悲剧的制造者。因为在他的创作视角中，人类社会的秩序和混乱，都是由一个被称作“上帝”、“命运”或“自然法则”的主宰管辖着。所以，作为《雷雨》悲剧的直接制造者的周朴园似乎逃脱了惩罚，八个人当中，只有他还清醒地活着。但是，死者长已矣，精神失常者也可以随意地表现精神的痛苦，从这个角度看，在死人和疯子间清醒地活着，难道不也是来自上帝的一种惩罚吗？

［作者简介：周靖波，中国传媒大学戏剧戏曲研究所］

论《雷雨》两种版本的叙述策略

胡馨丹

前　言

曹禺的《雷雨》自1934年发表以来，至今历演不衰。这部在中国戏剧史上一开始即发出闪耀光芒的剧作，因为曹禺对艺术完美的执著追求，或者性格上的严谨小心，在历史过程中经过多次的增删修改。其中改动最大的一次，是1951年出版的《曹禺选集》，收入了包括《雷雨》在内的三个剧本。本论文旨在讨论《雷雨》第一个单行本(亦可说是至今最广为接受的版本)，与1951年的版本之间不同的叙述策略。前者当时由文化生活出版社出版，以下称之为文化版；后者则由开明书店出版，称为开明版。

《雷雨》于1934年7月起开始发表在《文学季刊》上，包含了一至四幕及序幕、尾声。1936年文化生活出版社出版了单行本，它在1934年的原作上作了小小的修改，比如增加了一些人物动作说明的舞台指示，并略删冗长台词，另稍补充细节，此外还附上一篇长长的序文①。1951年，这个版本遭到大幅改动，不仅砍去了序幕、尾声，修改了第一、二、三幕，并且将第四幕整个改写，除了改动人物，也变换了结局，导致整个戏剧思想主旨完全不同于原作。此后第四幕又恢复原来结局，其中历经多次较小幅度的增删，然到了1984年以后，曹禺将《雷雨》的印行恢复到1936年的文化版(而非1934年的原初版本)。笔者以为文化版是《雷雨》刊行的第一个单行本，也是曹禺最终回归选定的一个版本，因此择此版本作为与开明版相对的讨论对象。

自亚里斯多德将史诗与悲剧作为两种文类加以区分，一般文学概论的书籍多将叙述的(narrative)与戏剧的(dramatic)视为截然二分的概念。前者为叙述体书写，重点在“讲述”(tell)故事；后者乃戏剧之特性，其神髓在“呈现”(show)故事。然而历来不仅是西方戏剧，特别是东方戏剧，于呈现的过程里，总是掺杂了讲述的成分。此外，正如王梦欧曾经指出的，叙事的本质可以“归结到古老的‘动作的模仿’，同时用它来兼括小说的叙事与戏剧的叙事”(162)，也就是说，戏剧中从一开始到最后情节的推展本身，事实上即为叙事之属。诚如纪蔚然所言，所谓戏剧里的叙述策略，“包括的层面既多且广，举凡故事的起始、情节的铺陈、故事的收尾、使情节合理化之基本前提、语言的属性与风格等等都涵盖于内”(10)。

---

① 关于《雷雨》版本的讨论，见陈乐山《〈雷雨〉版本笺评》、谢国冰《〈雷雨〉初版是曹禺“一生不改的版本”吗?》。

在心为志，发言方而能为诗，是不是一首好诗重点不在心中的那点材料、想法，而在以语言文字传达出来后是否为读者视为佳作。原始的材料在胸腹之中，然而这个故事要怎么说才能说得精彩、说得吸引人，要怎么传达才能将作者心中的思想深刻地表现出来，以感动人心，除了主题思想的层次、高度，很大一部分取决于作者用以表现主题思想的叙述策略。一位作家完成一部作品，其叙述策略运用得当与否，将影响其作品的成败，所有的文类里面，创作形式受时空限制、创作成果与时代观众关系密切的戏剧特别是如此。曹禺因《雷雨》的发表而被视为中国剧坛上的第一天才，而其1951年的改写却被视为一大败笔，本文将尝试探讨《雷雨》的叙述策略，一窥文化版筹划谋略之缜密精到，并述及开明版对原策略之破坏，从叙述策略的角度，一探《雷雨》两个不同版本其成败之所以然。

文化版的叙述策略

成规的遵循

曹禺曾说写作《雷雨》并不是从头至尾按顺序书写的：

> 我先写的是最吸引我的一些片段：如第三幕四凤对母亲发誓和以后周萍推窗进入四凤卧室的戏，又如第一幕中喝药以及第二幕中鲁侍萍和周朴园相认的戏。后来如何穿插，又费了一番思考，才组织成这样一个剧本。（曹禺〈简谈《雷雨》〉，67）

确实，一个戏要如何起始，如何收尾，中间要怎么铺陈，这都是颇费思量的叙述策略问题。在《〈雷雨〉序》里表明最推崇观众的曹禺(8)，被誉为中国剧作家中“最懂得观众、最尊重观众，也最了解观众的剧作家”(宋宝珍，215)，他后来写作《日出》，于《〈日出〉跋》中更清楚指出：“一个弄戏的人，无论是演员，导演，或者写戏的人，便欲立即获有观众，并且是普通的观众。只有他们才是‘剧场的生命’。”(394)作者知道读者在注视着他及故事，知道有注视者在场，显然会影响作者的行为模式。一位知道读者如何反应的作家，能够将他们的性情嗜好考虑在内，并且可以试图控制他们体验文本的方式。而曹禺很明白中国惯看传统戏曲、喜观传奇的普通观众“要故事，要穿插，要紧张的场面”(388)。

因此，曹禺给《雷雨》设计了一个曲折离奇的通俗剧式故事内容、佳构剧式的情节安排，以及符合三一律的结构方式。《雷雨》剧情缠绕纠葛、跌宕起伏，完全符合通俗剧的形态。全剧交织着“过去的戏剧”(周朴园与侍萍“始乱终弃”的故事；作为后母的蘩漪与周家长子乱伦的故事)与“现在的戏剧”(蘩漪与周朴园的冲撞；蘩漪、周萍、四凤、周冲之间的情感纠葛；周朴园与侍萍的相逢；周朴园与大海的冲突)，同时展现着下层妇女(侍萍)被离弃、上层妇女(蘩漪)个性受压抑、青年男女(周萍、四凤)得不到正常爱情、青春幻梦(周冲)破灭、劳动者(鲁大海)反抗失败等种种悲剧，可谓“层峦叠翠”，一点都不平凡。

为紧紧抓住观众的心，全剧集佳构剧“巧合”、“悬念”、“冲突”、“发现”、“突转”等编剧技巧于一身。结构上它奉行了亚里斯多德三一律中的“时间整一”和“情节统一”两律，把周家在三十年间发生的事件，集中到从“一个夏天的上午”到“当天半夜两点钟的光景”这不到一天之内来写，从而使矛盾冲突集中尖锐。剧中运用了易卜生《群鬼》的结构技巧，在其戏剧前史之中，矛盾和危机已经凝聚起来,等待着总爆发的机缘:两年没在家的周朴园,在戏剧情节展开的前两天回到了周公馆;周萍怀着某种不可告人的秘密,准备出走,这又使得多时不曾下楼的蘩漪走下楼来;在外地做佣人的侍萍,一下车就被蘩漪招到周公馆;鲁大海也因矿上的风潮,找到周家来。就这样,与作品有关的几个主要人物,在作者的精心设计之下,"巧合"地汇聚到一起来,"以便"种种矛盾和冲突的开展。待冲突发展到最高潮,剧中人发现了彼此的血缘关系,剧情突转急下,重要人物死的死、疯的疯、失踪的失踪,只留下始作俑者周朴园,在人间苟延残喘。

此剧可谓善尽通俗剧、佳构剧"巧合"的运用,除了以上所言,它还有许多更不可思议的巧合:三十年前,侍萍被周朴园糟蹋了,三十年后,不管周家如何搬迁,侍萍之女四凤都能够"恰巧"到周家帮佣,以致侍萍鬼使神差地与周朴园再度重逢。不仅如此,四凤还"恰巧"重蹈母亲的覆辙,同样爱上周家少爷,更"恰巧"的是,四凤的情人正是她的同母异父兄长。而与周朴园作对的矿工代表,还"恰巧"是他三十年前抛弃的儿子鲁大海,鲁大海并且"恰巧"和他母亲侍萍同一天到周公馆来同时揭发周朴园的罪恶。作者曹禺自己曾说:"一部《雷雨》全都是巧合。"(王育生《曹禺谈〈雷雨〉》,179)这是实话。少爷与侍婢私通、后母与继子乱伦、实业家行龌龊勾当等事件,在这世界上并不是没有,然而将这些题材做一充满巧合的集中,形成的实是"人生中千百年难得遇到的一次悲剧。"[①](吕荧《曹禺的创作道路》,269)

成规的打破

在文学经验中,对习惯性期待的遵守相当重要。历来对传奇故事有瘾的中国读者和观众,十分乐意将其意识借予这种特殊的阅读或者欣赏经验,他们大抵不会被文化版《雷雨》内含的通俗剧、佳构剧、三一律等文学成规所扰,实际上,"一般读者"和"普通观众"还经常会对偏离成规感到不满。不过,华莱士·马丁(Wallace Martin)《当代叙事学》指出,对观众习惯性期待的破坏自有其意义,我们可以说,破坏成规与对成规的遵守同样重要,而且这种破坏对于文学与生活的关系往往具有重要意义(17)。一般通俗剧里面的人物,大多善恶分明,而且善有善报、恶有恶报,就是冤屈而亡,死后要不有清官为之平反,要不鬼魂亲自上阵报冤补恨,以符合读者和观众的正义观,这在中国传统通俗文学戏曲中可说是一个通则,就是到了文明戏,或者曹禺以前的现代剧作家的作品之中,亦多未能逃离这个成规。但是谙熟这些通则的曹禺,在戏剧中复杂人物的塑造,以及人物下场的安排,却完全打破这个成规。

以剧中被称为"最'雷雨的'性格"的蘩漪为例,她的诸多行为一般来说是被认为"罪大恶极"的:作为妻子,不忠贞于丈夫;作为母亲,放弃其神圣的天职;作为继母,冒天下之大不韪将继子作为自己的情夫。按传统父权社会男性视野下的文学成规,蘩漪必然被打入潘金莲一类的淫妇之流,无法翻身。但是作者却没有径以世俗道德的眼光来谴责这个女子的"罪行",而

① 黄芝冈《从〈雷雨〉到〈日出〉》一文中说:"《雷雨》周萍和母亲姘上了是一个偶然,但他又和妹子爱上了却再来一个偶然;一个有儿子的母亲被逐了却在无意中做了前夫听差的妻子是一个偶然,她生的女儿又在她前夫家里做婢女和少爷哥哥爱上了却再来一个偶然;这里,便有了两个偶偶然了。偶然是社会上偶然会有的事,但偶偶然却很难有;一个偶偶然便偶然会有,但两个偶偶然会在一道却太奇了。……故事的戏剧性越多,离事实却更其远了。"(815)。事实上,《雷雨》远不只有黄芝冈所论述的两个偶偶然。

是以深切的同情让观众了解其罪行背后的成因，这是以通俗剧为框架的《雷雨》能不受通俗情节所限之处，避传统通俗剧之俗烂，既遵循又创新，既使读者易于接受，又能令其感受到新意。戏剧一开场，借由周家屋中的陈设，周朴园早已"死去"的"前妻"的幽魂无处不在，显得蘩漪在周家无立足之地。当第一幕周朴园一出场，就以专横、自是的姿态威逼蘩漪喝药，又请来德国脑科专家给她看病，硬要她承认"精神有点失常"，把蘩漪在周家的压抑屈辱和险恶处境表露无遗。在这样的境遇中，她对丈夫的不贞使人不忍责备，她对周萍不顾一切的爱让人感到有些可怜，她所有"矛盾"和"极端"的爱、恨、反抗、破坏，反成为那颗强悍的心"火炽的热情"的表现，使观众能在其乖戾、阴鸷的性格中透视她原所拥有的"美丽的心灵"，而最终原谅了她。作者悲悯的态度，使观众对这个"落在火坑里，情热烧疯了她的心"①的"雷雨典型"人物，具足了同情的了解，与她拉近了距离。

再如周朴园，一个罪恶的实业家，发的是"绝子绝孙的昧心财"，在家中又是一个专制的暴君，意见如律令，任何人均不得违抗。但是作者在揭示他的虚伪、残暴、专横的时候，也挖掘了他还没有完全泯灭的人性。他对侍萍始终感到有些内疚，尽管当侍萍真的出现在他的面前，威胁到他的利益和尊严时，他惊慌异常："你来干什么？"接着威逼利诱、软硬兼施，最后："好！痛痛快快地！你现在要多少钱吧？"(101、103)显出其伪善的面目。但是这样的人物毕竟是一个"人"，他亦有其内心世界。第四幕开场作者深刻地刻画出他的寂寞，在这深夜的孤寂中，作父亲的他对周冲展现了与白天完全不同的慈爱，而当父爱得不到反馈时，他明显地展露出失望之情。借由这短暂的心灵一瞥，作者让观众感受到这个人物心灵脆弱的一面。一个有"心"的人，在他的伪善当中，亦不能不有所挣扎。最后当侍萍再次出现在周公馆，他以为周萍的身世真相被揭发时，终于悔恨沉痛地表现了忏悔之情，一方面要周萍认母亲，一方面要求原谅，一方面跟侍萍提出补偿。曹禺并没有将这位集罪恶于一身的专横暴君一棒打死，作者展露了周朴园脆弱、人性化的一面，故而使这个人物显得真实可信②。

这个具通俗剧外观的剧作，其人物塑造成规的破坏，来自曹禺生活的真实体验，他笔下的人物是从他的时代所见的社会众生相而来的。曹禺曾说："《雷雨》中的每个人物都有真实的影子，但又不是一个人，而是集中了很多人的特点，再加以我的创造。"(曹禺《简谈〈雷雨〉》，67)曹禺乃旧式家庭出身，对那环境的人情有深刻的了解，创作《雷雨》时，对剧中人物自然地怀有深刻悲悯之情，而不施以主观的批判，这恐怕是文化版《雷雨》里的人物之所以被认为"真实"的主要原因。作者的同情，面对被压迫的人物如侍萍，纯洁无辜的角色如四凤、周冲等自不必说，即如周朴园、蘩漪这样罪恶、极端的人物，作者亦将其行为背后的心理成因做了纵深开掘，致使读者能够深入这类复杂人物的内心，能悲悯其人性之弱点。

---

① 以上"火炽的热情"、"美丽的心灵"、"落在火坑里，情热烧疯了她的心"等皆为曹禺《〈雷雨〉序》中对周蘩漪的形容用语。(10)

② 关于周朴园和侍萍相见一段，对周朴园伪善面目的揭露，钱谷融《你忘了你是怎样一个人啦！——谈周朴园》一文，有相当精详的论述，颇具参考价值。但对于剧末作者让周朴园表现出"天良发现"般的悔恨沉痛之情，钱谷融却认为是因为曹禺当时受"民主主义与人道主义的思想"局限所致。钱氏认为周朴园"决不是什么值得同情的好人，而是一个应该被批判、被否定的人物"，曹禺却在"鞭打"他的时候手软，给予他某种程度的"曲宥"，显现了作者当时思想上的弱点(530－534)。关于这一点，笔者在此与钱氏的观点完全不同。

这些人物虽从曹禺的生活中来，不过，我们却不能将这些“状似真实可信”的人物视为“日常生活”意义上的真实，他们是“集中了很多人的特点”再加以创造完成的。整体来看，“极端”和“矛盾”乃剧中人物的基调，据曹禺的说法，即是渗透了作者“性情中郁热的氛围”。比如蘩漪，作者说“她是一个最‘雷雨的’性格，她的生命交织着最残酷的爱和最不忍的恨，她拥有行为上许多的矛盾，但没有一个矛盾不是极端的”（曹禺《〈雷雨〉序》，9）。虽非善恶分判，但是这种“状似真实可信”的“极端”、“矛盾”人物，其属性搭配通俗剧式的情节，配合上情感张放的“动作—性格型”台词，却形成一种水乳交融的风格样貌。

成规的融合

文化版《雷雨》的人物对话历来颇受称道，其艺术成就在中国话剧史上确实具有划时代的意义。从文明戏到左翼戏剧，相当多剧作的人物语言不是从剧中人内心出发，而是作者代讲的。语言千篇一律，以宣传代替艺术，标语口号盛行，人物动辄来上大段台词，作者借此放进许多当时流行的政治宣传。文化版《雷雨》台词的杰出贡献在于它习得西方戏剧语言的精髓，既是个性化的，同时具备人物心灵的动作性，蕴含丰富的潜台词，韵味绵长，施旭升将之归类为“动作—性格型”的语言（162）。然而，由于极端的人物性格、非比寻常的戏剧情节以及佳构剧式的结构设计，其戏剧语言不避情感的张放，非实际生活语言的精确再现，而是熔铸了剧作家强烈情感的语言表现，其台词的情感强度颇类中国戏曲唱段的抒情传统，可以说形成一种涵融中西戏剧语言特性的独特语言。而其台词的相关指示或说明词，也对读者的想象起到辅助的作用，帮助读者了解人物在表达语言时的情感、心理和态度。

戏剧无可避免的是一种修辞形式，即它必然包含着从作者（或隐含作者）到读者群体之间的交流，而它用以保证效果的各种不同方法，不可能脱离语气、态度、潜在的评价，以及人物和读者之间的各种不同程度的态度、距离这些问题来理解。在这种修辞的处理上，除了台词，我们要说说这个剧作在人物介绍上的表现。文化版《雷雨》在每个人物出场以前，几乎对他们都有一长篇详尽的描述，这描述不仅止于上下场或动作的指示，对人物的形容样貌、个性心理都予以说明披露，其用语清楚地显示作者对人物的观点和评价。拿周萍那占了整整两页半的人物介绍来说，作者秉持精准剖析的眼光，怀着温柔悲悯的情怀，以充满诗意的优美叙述文字，既讲明他的面相外貌，又剖析他的精神、性格在生活遭遇上的状态和变化，写他与继母发生不伦关系的心理，也写他与四凤在一起的因由，显示他的可悲，又描绘他的可怜，让我们同作者一起深入周萍的内心世界，使我们在人物上场之前，就无法只是批判他而不同情他。

剧中这样的人物介绍，尽管不是小说中使用第一人称“我”的直接介入叙述，但是基于其讲述的风格和方式，我们很清楚地感受到一个感情鲜明的“隐含作者”（implied author）的存在，尽管他并不出现，但整个叙述中显示着他本人有关剧中人物的知识、情感和好恶，这在在影响着读者对人物的观感。而从《〈雷雨〉序》看来，此剧的隐含作者和作者曹禺之间可说是毫无距离。我们可以说，其人物介绍充满情感、议论、评价的那种强烈介入的叙述，使读者在某个人物尚未出场时，就与作者具备了同样的感受，有了相同的态度，与不同剧中人产生了和作者一样的心理距离。

许多学者都指出《雷雨》与易卜生《群鬼》的关系，然观易卜生的几个社会问题剧，我们看不到这样的人物介绍，人物出场前舞台指示的文字仅止于动作说明。所以我们可以说，这是文化版《雷雨》不同于易卜生《群鬼》的文字特色。这样的特色，当然亦可视为叙述策略的一部分。或许有人会认为文化版《雷雨》中的人物介绍是作者企图控制我们对一个故事的感受所进行的操弄，这种看法不能说不对，但与其说是操弄，不如说是策略考量，因为考虑到当时的中国的观众，其观剧心理是否已能接受西方写实主义戏剧表现人物那种比较不露声色的方式，恐怕是一个问题。中国的观众在剧场中向来不是惯于冷静思考体会的，当他们面对像文化版《雷雨》这样一个不完全遵循成规的剧作，若得不到作者有关他所描绘的人、事、物的意见或任何暗示时，恐怕会茫然无措，难以体会人物心理诸细节，不知道故事究竟意味着什么，以及如何去评价它。故而，人物介绍中这种充满情感、剖析、议论、评价的介入的叙述，对当时中国的读者及观众的口味而言，成为文本与读者间交流成功所需要的存在，而为人们所接受。

策略与目的之间

成规的滥用会叫读者失望，成规的破坏又会叫读者不满。然而我们可以说，在文学成规的遵循与破坏之间，曹禺精准地拿捏到一个既能抓紧观众口味（遵循），又能表现时代人物典型（破坏），还能涵融中西戏剧语言特性（融合）的叙述策略，笔者以为这是文化版《雷雨》之所以成功的秘密之钥。不过叙述策略本身毕竟不是目的，而是实现某些效果的手段。事实上，我们无法了解一个叙述策略，除非我们知道它完成了什么。阅读一部作品时，我们通常会觉得作者是在向我们说话，而我们则针对我们所读到的东西，通过提出和回答有关的问题（即使是无意识的），而使一个故事获得生命。而且尽管读者和作者的目的各有不同，但这些目的都与价值和意义问题密不可分。前面分析了文化版《雷雨》这个故事原来是怎样说的，接着我们要问，这个这样说的故事，其旨在表达什么？

因此，我们不禁要问：作者为什么选择这样一个十分偶然而且离奇的故事来写他的悲剧？六十几年前，吕荧就曾经发问道：四凤为什么和周萍相遇而且相爱？为什么有一颗“强悍的心”的蘩漪会爱上“一棵弱不禁风的草”的周萍？为什么侍萍偏偏又在三十年后走进周朴园的家，眼看自己的女儿重蹈自己命运的覆辙？为什么四凤向她妈妈立了“天上的雷劈了我”的誓，后来她就真死在电火的灼击里？为什么一切如此毫无差池的、不可避免的发生了？（272）作者意图显示的是什么呢？参照曹禺的《〈雷雨〉序》，作者在《序》中说他写《雷雨》是“一种情感的迫切的需要”，《雷雨》一剧是“一种情感的憧憬，一种无名的恐惧的表征”，《雷雨》所显示的是作者所觉得的“天地间的‘残忍’”（7－8）——这宇宙“主宰”的“真实相”的一面，是作者在《雷雨》中所欲传达的主题。也就是说，文化版《雷雨》注入了作者个人的情感和哲思，曹禺意图在这充满巧合的故事里，显示他所认识的宇宙“主宰”的“残忍”与“冷酷”。为了展现这个主题，作者编写了一个十分离奇的情节，介入笔下人物的命运，并且操纵了他们的生死。

《〈雷雨〉序》中表明这“天地间的‘残忍’”，不是因果报应，是“宇宙里斗争的‘残忍’与‘冷酷’”，这背后是有一主宰力量的，希伯来人称之为上帝、古希腊戏剧家称之为命运、近代人称之为自然法则，然因其大及复杂，曹禺对它的真实相表示了无以名之的困惑（7），亦即剧作家面对的是一个人类亘古的迷思。落实在文化版《雷雨》剧中的情境，这“天地间的‘残忍’”表现为时代环境的限制、现实人生遭遇的机遇(chance)和偶然(accident)、冲突冲撞时因人性本能和人物性格而发展出的必然(the necessary)和可然(the probable)。具体地说：在无垠的时空中，剧中人物恰好就生在中国封建尚未完全解体、新时代解放观念已然生发的清末民初，在这个时空点上，接受新思想者欲冲出封建的牢笼，受传统制约者却仍然活在因血缘关系而来的阶级制度中；而因为机遇和偶然的巧合，剧中人面临了阶级和血缘的“双重错位”①，因而落在宇宙残酷的井里面，“怎样呼号也难逃脱这黑暗的坑”(曹禺《〈雷雨〉序》，8)；加上剧中人物相遭遇时，因遗传生就及环境影响下的自身性格，还有人性的本能，于冲突斗争中遂发展出各自必然和可然的下场和结局。

在所有与作者(或者作品)对答的疑问里，关于人物的下场，许多人最要问的是：为什么最为无辜的周冲最后会死于非命？罗斯·钱帕斯(Ross Chambers)指出，很多文本都会为隐含读者准备一个“言及自我处境的(situationally self－referential)”角色，通过这个角色来达到读者与文本之间的种种必要理解(25－26)。笔者以为文化版《雷雨》里的周冲就是这样一个角色。前面我们问，“这个这样说的故事，其旨在表达什么？”在了解了曹禺所欲呈现的主题后，针对周冲这个角色下场的相关疑问，或者我们应该倒过来提问：“曹禺为了展现他设定的主题、旨趣，如何利用周冲来说这个故事？”也就是说，作者欲显现这“天地间的‘残忍’”，在结局设定了周冲的死亡，然而作者要如何安排才能借由这个角色的经历及其死亡事件，让读者深切体会其主旨？

周冲是个受了新式教育的十七岁大孩子，充满理想。剧中安排他两度对旁人诉说他的理想，一次是第一幕跟他的母亲蘩漪说明他跟四凤求婚，并且想分一半学费出来让心上人也能受教育，一次是第三幕在鲁家向四凤吐露他理想世界的心声。作者把这样一位心地纯良、乐观温顺、喜爱平等、想为人类谋幸福的织梦者放在剧中，先是作为一位旁观者，让他看见了父亲与母亲、父亲与大哥的关系，破坏他心中的平衡。然后让他无辜地介入其他人物的冲突之中，在这些冲突里，父亲专横地强逼母亲喝药，伤害了他温柔纤细的感情；遭到鲁大海粗暴的拒绝，打破了他平等的友谊观；大哥与四凤的关系，粉碎了他纯美的爱情梦幻；为爱情发了疯以致将儿子放到祭坛上的母亲，最终谋害了他最宝贵的母子亲情。读者看到仿如浪漫主义式的纯美梦幻，处于严酷的现实之中，被无情地、血淋淋地击碎、撕裂。周冲乌托邦的精神已死，肉身遂成不具价值的皮囊。他的死亡——在中国封建的那个时空点上、在阶级与血缘双重错位的黑暗的坑里、在他自身性格遭遇他人的冲撞中——形成一个必然。把这样一个“可爱的生命”投到现实的丑恶中，使之“简短而痛楚地消逝”，仿佛将无抵抗力的婴儿丢到狼群中去。

① 王晓华《曹禺前期戏剧的深层结构》一文中指出：“(阶级错位和血缘错位)双重的错位造成了一个死结，使剧中人面临着(更确切地说，深陷于)几乎无法解决的二律背反之中：他们要维护家庭血缘制度(鲁侍萍和周朴园实际上是夫妻，四凤和周萍是亲兄妹，周萍和鲁大海同为周朴园和鲁侍萍的孩子)，就要破坏阶级制度(上等人和下等人之间出现平行关系)；他们要维护阶级制度(上等人和下等人之间不可逾越的界线)，就要破坏家庭－血缘制度(否认实际存在的亲子关系)。由于阶级制度和家庭制度都是不能破坏的，所以处于错位状态中的人……没有出路、无法获救。”(144－145)。

透过这样的安排操作，读者对这个“必然”定会发出和作者一般沉痛的控诉：“这确是太残忍的了。”（曹禺《〈雷雨〉序》，12）作者因之成功地以其叙述策略达成了他的目的，明确地传达了戏剧的主题。

曹禺创作时确实无时无刻不想着他的观众。为了让观众接受这远离现实的“巧合的狂想”和“宇宙残忍的惊吓”，曹禺因此特地安排了“序幕”和“尾声”：十年后，周公馆变成了教会医院，楼上、楼下分别住了两位疯了的老妇（蘩漪与侍萍），旧年腊月三十这一天，一位孤寂的老人（周朴园）来到医院看望她们，彼此却没有一句话；偶尔撞进医院的年幼的姊弟俩目击了这一切，接着像听“古老的故事”一般听人们谈起了十年前的往事。曹禺期望以这样的序幕与尾声的框架，造就“欣赏的距离”，使观众一方面能像听远古故事一般的接受剧中的“狂肆的幻想”，一方面能用俯视的“悲悯”的眼光将剧中的郁热、愤懑、恐惧消解殆尽，离开剧场时心中能流荡着“诗样的情怀”（曹禺《〈雷雨〉序》，14）。

开明版的叙述策略

目的改变与策略转移

曹禺在政权转移、中共建国后，于1950年发表了《我今后创作的初步认识》，文中反省道：

> 我的作品对群众有好影响吗？真能引起若干进步的作用么？这是不尽然的。……我以个人的好恶，主观的臆断对现实下注解，做解释的工作。这充分显出作者的无知和粗心，不懂得向群众负责是如何重要。（60）

他认为自己的剧作未能明白追究罪恶的根源，也无法恳切追求思想的意义，以“悲天悯人的思想歪曲了真实”，“没有阶级观点，看不见当时新兴的革命力量”（曹禺《我今后创作的初步认识》，60－61），“剧本没有写对而又给人扮演在台上，便危害不浅”（曹禺《〈曹禺选集〉自序》，8）。这与他当年为“一种情感的迫切的需要”而写作《雷雨》的目的已经不同，其主题也不再表现为他个人的情感和哲思所灌注的“天地间的‘残忍’”（谓“主宰”的“真实相”的一面），目的一改而为对观众影响的思考，主题一变而成表现无产阶级新兴的革命力量。政治风向对曹禺的创作产生了主导作用。

关于1951年的改写，曹禺后来在田本相的访谈中曾经有这么一段话：

> 建国初期，周扬的话我佩服得不得了，我修改《雷雨》和《日出》，就是开明书店出版的那本剧作选，我基本上是按照周扬写的那篇文章改的。（田本相《苦闷》，37）

1936年当曹禺的第二部剧作《日出》一刊载，即引起四面八方的瞩目，并招来许多方面评论的意见。当时虽然有些负面的看法，但是正面的评价并不算少。不过负面的意见中，黄芝冈《从〈雷雨〉到〈日出〉》一文却是十分委屈了曹禺。周扬紧接着发表了一篇评论文章《〈论雷雨〉和〈日出〉——并对黄芝冈先生的批评的批评》，文中先以不容置疑的语气批判黄文对曹禺的过分评论，接着口吻体贴地给予曹禺意见并作出建言，关于《雷雨》的部分条列如下：

> （曹禺）觉得宇宙如同一口残酷的井，他的现实主义在这里停了步，没有贯彻下去。如果说反封建制度是剧本的主题，那么宿命论就成了它的Sub－Text（潜在主题），这大大

地降低了《雷雨》这个剧本思想的意义。

在帝国主义的扶植下，封建势力在中国还占着优势，只有下层人民的革命，才能最终推翻封建主义和帝国主义。

工人鲁大海写得太过粗暴、蛮横、不近人情，形象不真实且僵冷，应当把他描写成不单在名义上，而也在性格甚至血统上都是工人的代表。

周朴园家庭的破裂应在社会斗争（罢工）的背景下展开；周朴园和鲁大海的矛盾应在两种社会势力相搏的冲突上去发展，而不应当将兴味集中在血统上的纠缠。

利用"序幕"和"尾声"把观众的情绪引入宽弛的平静的境界，不如让观众受此罪恶惊吓，而欲求一次震撼一切的雷雨。(570－572)①

曹禺认为"当年，他（指周扬）写的批评《雷雨》、《日出》的文章，是很有分量的"（田本相《苦闷》，37)，《雷雨》因此就按周扬的意见进行修改。按周扬的意见，"序幕"和"尾声"必须砍去，展现"天地间的'残忍'"的主题要代换掉，剧中被压迫的下层人民要起来革命，以推翻周朴园这样的封建者和其背后的帝国主义势力，此中要超越血缘关系，让代表封建势力的周朴园跟代表工人阶级的鲁大海展开冲突，而且鲁大海当具工人代表的典型性格。

在这样的前提下，《雷雨》第四幕几乎整个重写。原作是蘩漪央求周萍回头无效，恳求周萍带她离家又遭拒绝，得知周萍将与四凤私奔，因为对周萍与四凤血缘关系的无知，绝望之中，对鲁妈、四凤、儿子周冲宣布自己与周萍的情人关系。周冲也爱上四凤，曾向四凤求婚，蘩漪此时趁机挑拨周萍和周冲兄弟感情，无奈周冲"忽然发现"自己好像"并不是真爱四凤"。蘩漪为了复仇，已不顾一切，招来周朴园，欲弄个两败俱伤。周朴园出场后，致令隐瞒了三十年的真相大白。四凤得知周萍是自己的亲哥哥之后，触电自尽；周冲为救四凤，随之身亡；周萍于痛苦中用枪自杀；鲁大海后来离家不知去向；得了疯病的蘩漪与精神完全麻木的侍萍虽生如死；周朴园将住宅卖给教堂附设的医院，在痛苦、孤独、寂寞中度其风烛残年。开明版改写为蘩漪整个看透了周萍玩弄感情的虚假，"要看看儿子同父亲有什么不同"，特意将四凤引进家中与周萍相见，然得知周萍欺骗四凤要带她一同走，却自己一人偷偷要从后门开溜，遂将周萍拦下，推他到周朴园和鲁妈面前说出周萍欺负四凤的真相。表里不一的周朴园假门假势地要周萍向四凤认错、向"四凤的母亲"赔不是，鲁妈一怒之下，大爆冷门，说出自己就是侍萍的事实，痛骂周家父子两人。正闹得不可开交之际，外面枪响，鲁大海因为便衣队要抓他放枪逃走了。鲁妈决定带着四凤去找鲁大海，向周朴园放话说："这件事是不能了结的。"带着四凤昂然离去；蘩漪则决定留在鲁家，等着看周朴园和周萍"这两个东西是怎么死的"。最后，省政府的乔参议冲进门来，告诉周朴园英国顾问的家被砸，矿上工潮扩大，弹压不住，别处工潮也会起来，戏剧遂在周朴园颓然自语"是啊，是啊，这样也是不能了结的"话语声中落幕。

开明版《雷雨》为了教育观众认识无产阶级新兴的革命力量，结尾异军突起的两位女性——上层阶级的蘩漪与下层阶级的鲁妈——同作为被压迫者而起来反抗封建家长周朴园和踵足其后的周萍；工人代表——周朴园不打算相认且欲将之抓到狱中的儿子鲁大海——作

① 这是将周扬的文字整理节录后，予以分门别类，尽量以他书写的文字呈现，但非原貌。

为被剥削者将到矿上带领工人持续反抗买办官僚周朴园。在这里,“上等家庭”的大家长周朴园和他嫡传的儿子周萍作为压迫者,与被压迫者的“下层人民”鲁妈、鲁大海,以及从上层阶级觉醒的周蘩漪(从被周朴园压迫、压迫四凤,转而为反抗周朴园、帮助鲁四凤)形成对立的两方,尤其周朴园被设定为封建社会和买办官僚的代表,戏剧发展为两方社会势力的对抗。主题既不再是表明“天地间的‘残忍’”,很显然文化版中为读者准备的“言及自我处境的”角色周冲就不再身负重任,第四幕他完全没有出现,既没有粉碎他的爱情,也没有谋害他的母子亲情,更没有因此将他逼上死亡之途。剧中所有的人物没有死亡的,没有发疯的,当然也就不需要“序幕”和“尾声”来造就“欣赏的距离”。

开明版目的不同,主题变化,情节因而改动,但此中却产生叙述策略上严重的瑕疵。受辱三十年性格隐忍的鲁妈,到了第四幕忽然成了英勇的战士,不再顾虑子女情爱、血缘乱伦;原来爱着周萍,想方设法要将他留下,并因此辞退情敌四凤的周蘩漪,甚至因妒忌而在雷雨交加的夜里,跟随周萍到鲁家去,到了最后却似乎变成正义捍卫者,站在受害的四凤一边为她讨公道。二者的个性和情感表现从第四幕起断为两截,仿佛不是同一个人。这两个原剧中被痛苦折磨以致疯狂的女人,在这里变成剽悍的使者,当面痛骂周氏父子,完全没有纵深心理的表现。而第三幕结束后周冲就这样倏然消失,原具的凸显主题之策略功能消失,可以说是被腰斩,无疾而终。如此的安排,综观全剧,我们几乎找寻不到这个角色之所以存在的意义,以及他之所以必须存在不可的理由。此外,被周扬赋予重任的鲁大海,被写成了一个思想觉悟性高、斗争性强的工人代表,与上世纪三十年代工人的真实样貌因此产生距离①。而因为对这种新兴的理想人物不熟悉,曹禺恐怕还无法拿捏分寸,第四幕只能让鲁大海在幕后放枪,显示一种与周朴园对立的工人势力的爆发,而没能为他保留舞台表现的空间。

文学成规的矛盾

曹禺在改动戏剧的结尾以符合新的创作目的和主题的过程里面,也对前三幕加以修改,包括:具“极端”、“矛盾”性格的复杂人物被改写为扁平人物,大段具强烈情感的个性语言被删除或修改,叙述者主观介入的人物介绍也被删除等等。一个结局改变了,必须在时间回溯当中去修改它的过去,这在剧作者方面是必要的考量。为了表现两种正负社会势力的对垒,开明版进一步强调周朴园负面的封建性质——既与政府官方勾结,又是帝国主义者的哈巴狗。他回家几天来都到省政府开会,会的客不是参议员就是警察局局长,对矿上工人罢工的态度极为强硬,勾结警察厅长派警察在矿上镇压工人,不顾父子亲情要将亲生儿子鲁大海抓进狱中,还说出:“‘有奶的便是娘’,英国人出的钱,不照办也行不通。”文化版中原来表现周朴园孤独及忏悔之情的段落全被拿掉,原来深入人物内心的同情被无产阶级的革命要求所取代,将他从一个矛盾、有血肉的人物,改写成一个绝对的恶人,并且善恶有报,让他面对一个无法了

① 开明版第二幕鲁大海对周朴园说:“我们要求严惩凶首,赔偿受害工人的全部损失,向全体工人正式道歉,并且答应我们要求的经济条件。”“这是什么政府,什么法律。”“什么洋人的资本?帝国主义的资本!你们这些不要脸的买办官僚,还是把你们的洋爸爸又抬出来了。”(90、92)陈乐山认为开明版鲁大海的某些台词“出自二十年代一个普通工人之口,就使人感到缺乏历史感”(陈乐山《〈雷雨〉版本笺评(上)》,51)。

结的结局。善恶对立的人物、善恶有报的观念，可说是对通俗剧成规的进一步遵循，如此一来，人物的真实性被取消了。

蘩漪亦然。为了让她处于周朴园的对立面，除了前后判若两人以外，周蘩漪“最雷雨的性格”的台词多遭修改，例如第二幕和第四幕与周萍的对话，而其中第四幕因为改写，整整四页半表现蘩漪情绪起伏的精彩台词完全消失，台词感性深度降到最低。还有许多表现周冲善良、平等、理想的台词也被取消了，比如第一幕只写周冲跟蘩漪说他喜欢四凤，想让四凤上学，没写他跟四凤求婚遭拒；第三幕只写他恨强权、讨厌被压迫，删掉他热爱平等、想为人类谋幸福的意思，而他跟四凤说的“天空”、“海上”、“帆船”、“白云”那一大段既傻气浪漫又理想乐观的台词则全部消失。这么做虽然使这个角色看似平实些，思想不再那么高空梦幻，但如此一来，其身上许多可爱美好的质素随着台词的删去而不复得见。开明版的台词跟文化版比较起来，尽量避开作家强烈的情感，较不见蕴含人物心灵动作性的潜台词。这一方面是曹禺为除掉个人主观好恶的呈现，一方面显然是结局改变为两种力量的冲撞，在目的上为了给观众予“好的影响”，那些表现小资情结“错谬的心灵语言”只好赶紧收拾起来。极具曹禺情感特性、诗意优美的人物介绍，亦被大段删除，考量的恐怕也是同样的理由。

文化版《雷雨》最精彩的舞台语言被压抑，具创造意义的复杂性格人物变扁平，最后剩下的，只保留其外观通俗剧式、佳构剧式和三一律则的结构方式。开明版《雷雨》破坏了文化版的叙述策略，取消了文化版对过去文学成规的创造和融合，只剩下对过去文学成规的遵循（而且是更进一步的遵循），实在相当可惜。在前后相较之下，可说失了赞叹只余错愕，让看过文化版的读者和观众难以接受。

周扬对文化版《雷雨》的“指点”，依据的是社会主义现实主义理论。“社会主义现实主义”其命名本身就预示着它不是一种纯粹属于文学艺术意义上的理论。其特征或原则大致可分为两个方面：一方面是艺术性的或美学的；一方面是政治性的。前者由“现实主义”一词所派生，后者从社会主义这种意识形态对文学的要求而产生。“社会主义现实主义”其文学成规的实践与政治成规的要求之间，有一道无法跨越的鸿沟，其矛盾性在命名中已经露出端倪。社会主义本身就是一种富浪漫色彩的人类理想社会的构想，而这种浪漫色彩主要表现为乐观向前的世界观和建立新人新事物的目的，其中带有强烈的主观性和想象特质。因为与社会主义这个憧憬人类美好将来的意识形态相关联，“社会主义现实主义”把“革命浪漫主义”纳为创作方法的组成部分，要“努力于强化人的意志，唤起对于现实及其一切压抑的强烈的反抗心”①，将“现在”和“将来”结合起来，也就是将现实的斗争与胜利的远景结合起来，而典型人物——尤其是英雄人物——的创造，是达到这一结合的主要方法。可以说，社会主义现实主义的浪漫主义色彩，主要来自“社会主义”这个非文学的因素。从美学的角度来看，写实主义所要求

① 这里“革命的浪漫主义”并不等同于西方十九世纪上半叶所盛行的浪漫主义。周扬引用高尔基的观点，将浪漫主义区分为“消极的浪漫主义”和“积极的浪漫主义”两种——前者“徒沉潜于自己个人内面的世界，而且引人回到过去”；后者则“努力于强化人的意志，唤起对于现实及其一切压抑的强烈的反抗心”——而“后一种浪漫主义正是我们目前所需要的”（周扬《现实主义试论》，96）。以这种“积极的浪漫主义”去创造社会主义的革命英雄，乃周扬所谓“革命的浪漫主义”。

的“客观的、真实的、具体地”描写现实，与革命浪漫主义所崇尚的“主观地、理想地、幻想地”描写对未来的向往之间，实在充满了矛盾[①]。

若将社会主义现实主义视为一种文学成规，这种文学成规自身的矛盾昭然若揭，曹禺改写所必然造成的问题从此中已可以预见。文化版《雷雨》与“乐观向前的世界观和建立新人新事物的目的”可说相距十万八千里，为了“努力于强化人的意志，唤起对于现实及其一切压抑的强烈的反抗心”，蘩漪和鲁妈的个性已经产生前后无法统一的矛盾，戏里的八个人物当中，还有谁能担负“将现实的斗争与胜利的远景结合起来”的典型“革命英雄”呢？鲁大海或许略具资格，但他不是原来推动剧情的主要人物，在改写上实有困难。而且就算将鲁大海推到幕前担负重任，社会主义现实主义先天的矛盾性恐怕也只能造就出公式化、教条化的情节与人物。强将文化版《雷雨》与周扬的意见结合起来的结果，致使曹禺的创造性被社会主义的意识形态所消融，人物深刻的真实性叫政治性所替代，而具体的描写则为召唤革命英雄与教育广大人民的任务所破坏。

结 语

自亚里斯多德有关悲剧“开头、中间、结尾”的论述以来，对叙述的认识就形成“有其因必有其果”这种时间上的线性发展，但是一位作者创作时则通常基于一种逆向的因果关系的思考。换句话说，根据结尾来决定开头，以及因为结尾而影响中间铺陈的思维方式，一直牢牢跟随于创作者的整个创作过程之中。如果我们意识到作品中被叙述的最早的事件，仅仅是由于后来的事件才具有自己的意义，并成为后事的前因，那么对于一部已经完成的成功剧作，为更臻完美而略作增删尚为可行，重新改写则显然是一件吃力不讨好的工作。倘若还要改写它的结尾，变更它的主题，那开头和中间必然需要进行相对的大幅改动，这已经不是一个戏，而是不同的两个戏，它必要破坏原来的叙述策略，会有不同的叙述策略产生。而且这个新的叙述策略将会受到原作光环的笼罩，受到观众审美恋旧感的审视和挑战。

曹禺创作文化版《雷雨》无时或忘他的观众，但目的在吸引、感动而不在影响或教育。翻开这部作品，它漂亮的叙述策略，使我们为自己意识到的情境所震动，根本想象不到翻开下一页时会出现什么样的真相大白，但当它出现后，我们意识到这是必然的，它抓住了我们历来就了解的，不论是如何朦胧了解的某种经验的真相。它因此抓住读者的心，让我们感动，叫我们沉思。作者不是神灵附体的录写员，写下不属于他自己的生活，而是经验的读者和解释者。当我们把开明版这一种文本和文学成规置于文化版旁边时，我们认识到开明版的语言和文学

① 周扬社会主义现实主义理论，见《关于“社会主义的现实主义与革命的浪漫主义”——“唯物辩证法的创作方法”之否定》，该文原署名周起应。他后来的《现实主义试论》全文在“社会主义现实主义”理论的论述上则更为周详。陈顺馨在《社会主义现实主义理论在中国的接受与转换》书里的《社会主义现实主义理论的接受带来的影响与困惑》一节中指出，社会主义现实主义文学公式化和教条化问题无法解决的根源，事实上出在“党性原则”上(409)，在文学服务于政治的前提之下，正如韦勒克所说：“‘社会主义现实主义’中，这种矛盾是完全公开的：作家应该按社会现在的状态描写它，但他又必须按照它应该有或将要有的状态来描写它。”(韦勒克《文学思潮和文学运动的概念》，236)“社会主义现实主义”本身即存在无法消融、无法解决的内在矛盾。

成规是矛盾的，或者说是存有偏见的，它的改写粉碎我们的，不仅仅是我们原来借给故事的，而且是已经给予了故事的信任，因此我们可能会感到，作者并不是简单地犯了个错误，而是背叛了我们的信任。

这种背叛，起因于历史的罪咎。前面我们说过，读者的在场会影响作者的行为模式，很显然建国后曹禺所意识到的“读者”已经大异于三十年代的读者，其监督性质掩盖了创作的本质。在时间推移后的今天，针对两个剧作叙事策略的比较，让笔者注意到制约着作品的文学成规和意识形态框架。对曹禺这样具有天才的作家而言，文学成规易破，意识形态的箝制难除。但是能只怪曹禺吗？当我们从产生文本时的历史和意识形态环境中的那些角度去思考，这是整个时代政治影响文学的共业，许多人都难以逃离其掌握①。自四十年代毛泽东《讲话》一出，即确立了文艺方向的权威理论，其“人民性”与三十年代周扬至苏联取经回中国提出的社会主义现实主义理论两两互相呼应。作为中共文艺界领导人之一的周扬，身为社会主义现实主义理论的旗手，夹《讲话》之威，曹禺对其旧作改写的行动，我们不仅可以理解，实则更可以同情。

引用书目

Chambers, Ross. Story and Situation: Narrative Seduction and the Power of Fiction. Minneapolis: University of Minnesota Press, 1984.

王育生。《曹禺谈〈雷雨〉》。《曹禺研究资料(上)》。田本相、胡叔和编。北京：中国戏剧出版社。1991 年。页 172－186。

王梦欧。《中国文学理论与实践》。台北市：里仁书局。2009 年。

王晓华。《曹禺前期戏剧的深层结构》。《曹禺研究论集——纪念曹禺逝世周年学术研讨会论文集》。田本相等主编。石家庄：花山文艺出版社。1998 年。页 143－155。

田本相、刘一军。《苦闷的灵魂——曹禺访谈录》。南京：江苏教育出版社。2001 年。

吕荧。《曹禺的创作道路》。《曹禺研究资料(上)》。田本相、胡叔和编。北京：中国戏剧出版社。1991 年。页 268－320。

宋宝珍。《残缺的戏剧翅膀——中国现代戏剧理论批评史稿》。北京：北京广播学院出版社。2002 年。

周扬。《现实主义试论》。《中国新文学大系(1927－1937)：文学理论集一》。上海：上海文艺出版社。1987 年。页 86－96。

周扬。《论〈雷雨〉和〈日出〉——并对黄芝冈先生的批评的批评》。《曹禺研究专集(上册)》。王兴平等编。福州：海峡文艺出版社。1985 年。页 565－576。

周扬。《关于“社会主义的现实主义与革命的浪漫主义”——“唯物辩证法的创作方法”之否定》。《周扬文集(第一卷)》。北京：人民文学出版社。1984 年。页 101－114。

施旭升。《中国现代戏剧重大现象研究》。北京：北京广播学院出版社。2003 年。

---

① 五十年代以降，许多名家都对的自己的名作进行过修改，例如巴金的《家》、老舍的《骆驼祥子》、茅盾的《子夜》、李劼人的《死水微澜》、丁玲的《太阳照在桑干河上》等等。

纪蔚然。《现代戏剧叙事观:建构与解构》。台北市:书林出版有限公司。再版。2007年。
韦勒克。《文学思潮和文学运动的概念》。北京:中国社会科学出版社。1989年。
曹禺。《〈日出〉跋》。《曹禺全集·第一卷》。田本相、刘一军主编。河北:花山文艺出版社。1996年。页380-397。
曹禺。《〈曹禺选集〉自序》。《曹禺选集》。北京:开明书店。1951年。页1-159。
曹禺。《〈雷雨〉序》。《曹禺全集·第一卷》。田本相、刘一军主编。河北:花山文艺出版社。1996年。页5-15。
曹禺。《我今后创作的初步认识》。《曹禺研究专集(上册)》。王兴平等编。福州:海峡文艺出版社。1985年。页60-62。
曹禺。《简谈〈雷雨〉》。《曹禺全集·第五卷》。田本相、刘一军主编。河北:花山文艺出版社。1996年。页67-68。
曹禺。《雷雨》。《曹禺全集·第一卷》。田本相、刘一军主编。河北:花山文艺出版社。1996年。页16-188。
陈顺馨。《社会主义现实主义理论在中国的接受与转换》。合肥:安徽教育出版社。2000年。
陈乐山。《〈雷雨〉版本笺评(上)》。《惠阳师专学报(社会科学版)》。1986年第2期。页47-55。
华莱士·马丁(Wallace Martin),伍晓明译。《当代叙事学》。二版。北京:北京大学出版社。2006年。
黄芝冈。《从〈雷雨〉到〈日出〉》。《曹禺研究资料(下)》。田本相、胡叔和编。北京:中国戏剧出版社。1991年。页809-820。
钱谷融。《你忘了你是怎样一个人啦! ——谈周朴园》。《曹禺研究资料(上)》。田本相、胡叔和编。北京:中国戏剧出版社。1991年。页522-534。
谢国冰。《〈雷雨〉初版是曹禺"一生不改的版本"吗?》。《湖北师范学院学报(哲学社会科学版)》第25卷第3期。2005年3月。页129-130。

[作者简介:胡馨丹,(台湾)慈济大学东方语文学系副教授]

从家庭论的角度看《日出》

中山　文

前　言

《日出》是曹禺于1935年完稿，1936年6月在《文季月刊》上连载，同年11月由上海文化生活出版社出版的。其处女作《雷雨》发表于《文学季刊》上的时间则为1934年7月。可以认为，在这短短的两年中，曹禺的创作视野得到了飞速的拓展。《雷雨》，是希图通过一个家庭的悲惨遭遇来揭示封建制度之罪恶的。而《日出》则通过对世道不公的强烈抨击，以及苦苦挣扎于物欲横流、人性堕落的都市和资本主义社会中的小市民的描写，对萌生如此不公的社会结构进行了揭露。应当说，这种题材和视点的变化，正确地反映了二十世纪三十年代初期中国在社会方面的状况。《大公报》以《日出》作为该年度的最优秀作品而授予了文艺奖，曹禺的剧坛第一人的地位，也可以说由于此部作品而得以确立。

一、《日出》的背景

1929年，全球的资本主义遭遇了极大的金融恐慌。作为其影响之一，日本企求从对中国的侵略中寻找出路，1931年启衅于柳条湖事件而挑起了满洲事变。经过1932年的上海事变，日中间的战争状态在不断扩大。中国的经济危机日益加深，工厂次第破产、工人失业、农村凋敝。对天津和上海等沿海大都市的影响更甚，商业萧条而门可罗雀、银行倒闭、房地产暴跌。

另一方面，蒋介石的国民政府强化了对中国共产党的清剿，在避免与日本的武装侵略全面对抗的同时，把重点放在了经济建设上。为此目的，蒋介石通过从帝国主义列强贷款和发行公债来筹措资金，特别是公债的发行额急剧增加。在北洋军阀时代的15年间的发行总额为6亿2000万元，但在国民政府的10年间（1927～1937）上升到了26亿元。由于公债附有6％～7％的利息，加之承担发行的银行可以获得利息额度的3～5成，所以银行的收益极大。高达86％的公债都被用作了军费。

随着公债发行额的激增，证券交易所也几乎变成了公债交易场所而热闹非凡。当时，战争正未有穷期，市场的变数很大，加之出现了有意操纵市场的投机者，公债成了取代股票的极佳投机对象。不仅证券业界把公债视为谋取暴利的敛财工具，银行业界也将投资的首选放到了公债上。

以正统的方法已经无法经营下去的中国民族资本家们，为了公债这种投机性的买卖而奔波，殚精竭虑地参与了这种金钱的博弈。既有一个晚上成为百万巨富的事情，也有第二天就变得一文不名的情况。据说潘月亭随时准备只要公债下跌，就将手枪对准自己做自杀，这在当时并不鲜见。此外，并没有多少资本的城市小资产阶级们，也瞄准了这一攫千金的机会，怀揣发财的美梦投身到了公债买卖的热潮中。

关于三十年代在中国大都市中所发生的公债投机热潮和金融机构的混乱状态，在比《日出》早出版三年的茅盾的小说《子夜》中有着详尽的描写。这部作品对于曹禺"损不足以奉有余"(《日出》跋)的社会认知和纪实性的创作风格，可以说是直接的范本[①]。

出生于天津的曹禺，当时在位于天津的河北女子师范学院执教，目睹了身边"烂熟了的都市生活苦乐"[②]和糜烂颓废的社会形态，以及被金钱的博弈所驱使的阔佬和受他们摆布的穷人们。在不时发生的悲剧面前，年轻的曹禺并未压抑愤怒的呼声而麻木地打发日子。读了《日出》剧本的茅盾，说"将这样的社会题材搬上舞台，以我所见，《日出》是第一回。……我渴望这剧本能够早早排演"[③]。就其引人瞩目之处给予了高度的肯定。然而，想要实现"早早排演"却并非易事。

在曹禺《日出》脱稿的1935年前后，夏衍的《赛金花》和《自由魂》、陈白尘的《太平天国》、宋之的的《武则天》等多部历史剧相继问世。那是因为国民党蒋介石颁布了"维持治安紧急办法"，加强了对出版和演出界的控制的缘故。反映抗日救国的作品受到严格的取缔，作者被投入监狱。为此，作家们避开现代剧，改用历史剧的体裁嘲讽蒋介石政府。鲁迅当时也为了掩饰身份，使用了好几个笔名，在多种杂志上发表晦涩难懂的文章。尽管用心如此良苦，《赛金花》在南京演出的时候还是遭到了国民党的阻挠，随后被明令禁演。

《日出》就是在这样沉闷的空气中发表的，八个月之后终于实现了首演。

二、《日出》里的新女性形象

《日出》通过陈白露这个交际花的命运而刻画了"大鱼吃小鱼、小鱼吃虾米"的时代，所以发表后马上就成了热议的对象[④]。从解放前开始直至现在，虽然以话剧、电影、电视剧等形式无数次上演过，但对任何一个剧团来说，都觉得这是一部不是那么好演的特殊作品。陈白露一角的扮演者有白杨、谢芳、张瑞芳、方舒等不同时代的明星，但对演员来说，这部作品都无法不使她们感到一种特别的紧张。

陈白露这种女性形象是在什么样的历史潮流下产生的呢?

20世纪初有人对传统中国女性的生活方式提出了疑问。此时面对国家存亡的危机摸索着富国强兵方略的男性知识分子，对迄今为止一味依附男人的传统女性形象大加批判，主张女子也应接受学校教育，成为对国家有用的"贤妻良母"。

"五四"新文化运动提倡女性也应具备独立的人性和自主的精神，并倡导走出家庭进入社

---

① 田本相:《曹禺剧作论》，中国戏剧出版社1981年版。
② 沈从文:《伟大的收获》，《曹禺研究资料(下)》，中国戏剧出版社1991年版。
③ 茅盾:《渴望早早排演》，《曹禺研究资料(下)》，中国戏剧出版社1991年版。
④ 陈思和:《说不清楚的〈雷雨〉》，http://www.wansongpu.com/wsp/show.asp?id=14661，2008年4月7日，万松浦书院主页。

会的女性形象。在此潮流中《新青年》在1918年推出易卜生专号，致使《玩偶之家》在社会上引起大论战。

到了20世纪20年代，女性自己也开始摸索"新女性形象"。出版女性杂志的热潮便是具体的表现。在20世纪初的十几年间，以女性读者为对象的杂志多达百种以上。出现这种热潮的一个重要原因是接受教育的女性数量在迅速增加。

从19世纪后半叶到20世纪初，在各地现代女子学校相继建立。1920年，北京大学实现了男女同校。自20世纪中叶开始，接受中等以上教育的女性数量急速增加(1916年为8千人，1929年为5万8千人，1932年为10万7千人)。然而，具备进入社会的素质和意识的年青女性层的数量虽然增加了，但现实中作为女子的职业却只限于教师、医生、接生医、护士、女工等。她们实现经济自立的概率很低①，多半人成了中层家庭的主妇。进入家庭的这些女子便成了女性杂志的主要读者层，她们在杂志中寻找着自己将要构建的理想家庭形态的模式。

曹禺生活的天津，在20年代出版发行了名叫《快乐家庭》，以普通女性为读者的杂志(自1923年起发行为半月刊，共发行了18期)。这个杂志刊登小型论文、小说、时装、室内装饰、家务秘诀、育儿、菜谱及烹饪方法等，就女性与家庭相关的问题做过广泛的探讨。小型论文的多数提供了读者成为更好的主妇，构建更幸福家庭的方法。并且在每期的封面上都刊登着在中西结合的室内装饰中，一对和睦的夫妻在逗幼儿的图像。在视觉上提供着一种"充满爱意的新型家庭生活模式"。

在《快乐家庭》创刊号的刊头论文《快乐家庭之真义》中，论说了构建幸福家庭的艰难，指出了中国人的家庭正处在过渡期，并就构建新型家庭制度提出了相反的方案。该杂志的基本精神在于将"重视儒教伦理观念的传统思维"和"以相爱为婚姻的小型核家庭思想"相融合。在这里描写的是"作为家长的男人起着新型家庭的中心作用"，"他抛弃了旧式观念和习惯，与妻子共同承担着家庭的责任，相敬相爱"的人物②。

在发生了世界金融危机的1929年，蒋介石占领北京统一了国家，并试图再次将民众统一在一党统治之下。因此，教育女子的目标就是培育均衡的"贤妻良母"，妇女解放运动也因此发生了大退步③。

1930年代中叶，发生了"妇女回家"论战。一方认为在家庭中做贤妻良母是妇女的天职，为国家民族做贡献是最佳之路；另一方则提出异议，一再反对，为此论战不休。在论战中，虽众说纷纭，但被称之为"摩登女郎"的年轻女子群体却成为一致被双方严厉非难的对象。

她们被指责为导致"个人人格堕落、家庭丧失幸福、败坏社会风气"的"社会消耗者、家庭寄生虫"、"女性运动的障碍"。言论界几乎如出一辙，用同样的辞藻"堕落、享乐、安逸、寄生、颓废、虚荣、奢侈、感情用事、洋奴、性的商品化、变形娼妇"等来非难她们。

---

① 江上幸子：《中国贤妻良母思想与〈摩登女郎〉——由1920年中期的"妇女回家"论战说起》，《东亚的国民国家形成与性》，青木书房2007年版。

② Linda Grove：《在传统与现实的夹缝中——试论1920年代在天津所发生的关于女性与家庭的言论》，《东亚的国民国家形成与性》，青木书房2007年版。

③ 陈姃湲：《东亚的贤妻良母论》，劲草书房2006年版，第247页。

然而，与言论界的共同非难相对照的是，自1920年代末摩登女郎被丁玲和新感觉派写进了小说，在30年代成了电影《新女性》的主人公，从而大受欢迎。根据江上的研究，丁玲在她的一系列作品中表现的是上述非难言词中所看不到的摩登女郎的奋斗和苦闷。她们在都市似乎是在享受着自由和快乐，然而实际上她们在焦躁、在苦恼并万般无奈。面对得不到男女双方平等互爱、得不到对自己对社会有价值的职业，她们因没有与之共同斗争的伙伴而一直苦闷着①。

陈白露靠男人的金钱过着住饭店的生活。她身穿旗袍或时装，疲奔于舞场和酒会，包括精神状态，她不正是作为摩登女郎的代表被描写的吗？况且，她那享乐的每一天中所隐藏的孤独感、焦躁感、不安感，这些对于现代日本的女性来说，绝不是没有关系的。

从这个观点来看，2008年王延松执导的《日出》的现代性是非常值得注意的。王延松说：在《日出》里有两个隐形结构，一个是由金八、潘月亭这些强势的人所代表的男权社会，另一个是陈白露、小东西和翠喜这三个放在一个生命轴线上轮回的女性形象②。我非常同意他的看法。

三、别种解读的可能性

1981年，剧团民艺将《日出》（内山鹑翻译并导演）搬上了日本的舞台。当时饰演陈白露一角的真野响子在和凤子的交谈中，曾经说过："陈白露孤独的内心世界，我十分清楚……换句话说，和现在中国的年轻人相比较，对于这部作品，我们这些人也许更容易理解些"③。在21世纪的今天，对于30年代的中国历史一无所知的外国观众来说，难道就没有将这部作品当做一个家庭的故事来读解的吗？

纵贯各幕的一个关键词语是"父亲"。主要的女性登场人物（陈白露、小东西）渴望有一个强势有力、能成为靠山的父亲，而男性登场人物（潘月亭、李石清、黄省三、方达生）则因不足以当一个强势的父亲，而遭到了失败。

（1）《日出》中的女子

陈白露曾经是个大学生，她自由恋爱、结婚、生孩子、女儿早夭、离婚、当过舞女并演过电影、成为交际花、最后沦为潘月亭的情人。她从十八岁到二十三岁的华丽经历，可以说是"受到'五四'思潮影响的知识女性走上社会而最后无路可走的精神痛苦和精神悲剧"④的悲情的不归之路。

她的幸福源于有一个当大学教授的、钟爱她的父亲，而父亲的死去就是她那不幸噩梦的开始。她成为女大学生多半出自她父亲的意愿，大概是当时幸运女子很自然的发展。在学生时代就结了婚是她情人的要求，生孩子也是她丈夫的强烈要求所致。眼下的生活没有一件事

---

① 江上幸子：《现代中国的〈新妇女〉话语与作为"摩登女郎"代言人丁玲》，《中国现代文学研究丛刊》109页，2006年3月。

② 王延松：《王延松新解读〈日出〉排演后记》，《幕》第67期，2008年10月。

③ 真野响子：《值得一演的名著〈日出〉之舞台》，《日中文化交流》，第312期，1982年1月1日。

④ 田本相、宋宝珍：《曹禺剧作现代审美性的舞台展示——观总政话剧团演出〈日出〉》，《幕》，第67期，2008年10月。

情是出自她自己的意愿，时刻都有人想帮助她。

她从来没有为了实现自己所确定的目标而做出过努力。因此，尽管存在着什么事情都有成功的可能性，但结果却总是一事无成。她每天在饭店生活和高消费中追求“慰藉”和“刺激”，却找不到人生的成就感，她经常感到心灵被孤独和空虚所萦绕，从而对生存失去了活力。

支撑着陈白露生活的，是年轻和美貌这样危险的资本。使她为了满足物欲而趋附奔走的，难道不是那种对于自身的存在感到发自心底的“恐怖和不安”，以及“精神上的父亲并不存在”所强加于她的“强烈的回溯意识”吗？她所企求的，既不是心心相印的恋人，也不是向往新世界的火热情怀，而是能够将自己从备受折磨的空虚中解救出来，给自己以走向未来之希望的强势有力的父亲。在第一幕中，将为小东西提供了救助的潘月亭称之为“老爸爸”。这对寻求父爱的陈白露来说，正是再贴切不过的真情流露。

在无力自拔，只能等待父亲的救助这点上，陈白露和小东西是同样的人物。她所梦寐以求的是，一个“比黑三有劲多了，又高又大，他要看见黑三把我下了窑子，他一拳就会把黑三打死”（第3幕）、能将自己从苦海中救拔出来的父亲的英姿。作为一个女子，小东西由于不具备陈白露那样的资本而没能成为另一个陈白露，只得呼唤着父亲的名字悬梁自尽。也可以说，陈白露是一息尚存、苟延残喘的小东西。曹禺给求生无望的女主人公安排了两次死亡。

在除了出卖女性的色相之外别无赖以生存的资本这一点上，翠喜和这二人也属于同一类的人物。然而，翠喜是一个自己“做事”的女性，在这方面又是与她们完全不一样的人。她既未求助于虚幻中的父亲，也未求助于现实中的丈夫。她工作的房间就是“做事”的场所。在那里，与卖春的淫靡相比，充斥于其中的更多的是悲惨“做事”的艰难。

她对于在别人面前展示自己的肉体卖春这样的“做事”，即使怀有一种耻辱感，也并不认为是屈辱。她的勇敢和坚韧，源自她需要钱，而那些钱是她除了用自己的肉体、用自己的“做事”之外无法挣来的，所以她认为是正当的，加之这种正当性又得到了“自己所爱的家庭成员”的肯定。正是“谁不愿意往家里捎个块儿八角，三块两块的？家里孩子大人，都喜欢！”（第3幕）的心境，使她硬撑着从事这份十分艰巨的职业。

对于翠喜来说，最为头疼的烦恼是顾客在减少。那是因为自己的资本——青春正在逐渐逝去，且无改善的希望。自己所挣的钱也在不断减少。对于这种情况会导致什么，她心里十分清楚而感到意乱心烦。家庭内嫌隙渐起，不得不直面自身之不幸的日子正在一天天地向她走来。

在她的生意比较兴隆的时候，她丈夫从来没有打过她。现在，她那瘸子男人之所以来到她做事的地方，喝命跟他回家去，并殴打她，是由于她所挣的钱在减少，而从现实的利害出发，作为一个“靠老婆吃饭”的丈夫，在面子上已无法挂得住的缘故。对于由于他自己不工作而导致贫困的事实，她男人从不认账，却将不幸的原因都归咎于妻子。已挣不了什么钱的她，连丈夫在精神上的脆弱和没有骨气也不得不咬牙承受。

与这未醒悟、无意识、无能为力的三人形成鲜明对照的是，顾八奶奶拥有亡夫的遗产这样现实的资本。因此，她放纵自己，把女人的贪欲表现到了极致。她把自己设想成一个无私、纯情、柔弱的“生活在情爱中”的女子，并为了打造那种形象而不惜花费钱财。胡四只不过是使想象中的这种自身形象能够活生生地树立起来所必要的道具而已。那种想象中的形象和现实中的姿态之间的乖离受到了周围的讪笑，但她并不在乎，坚信自己是一个有魅力、悲情而幸福的女人。她是一个用自己的钱财实现自己梦想的人物。换一个角度看，全然是一种清高的生活方式。

她的失败，在于她对赖以支撑自己贪欲的经济方面的命脉管理失当，全部托付给了潘月亭一个人的缘故。财产的分散处置，对于现代的有产者来说虽然是一种常识，但她并没有那样做。通过她这个人物所刻画的是，对于自己的资本处于危险之中却毫无察觉的，不成熟的小市民阶层的不幸。

(2)《日出》中的男子

这部作品中涉及"是一个父亲"的情节相当多。与陈白露对父亲的渴望相呼应，剧中的男子都想当这个"父亲"。

第一幕中的潘月亭，丝毫也看不出是一个仗着有钱而围着年轻女人转的好色之徒。对于称呼自己为爸爸、把小东西认作养女、将方达生作为表哥介绍的陈白露，有着"哦，是一家人！"(第1幕)给予了认可的豁达大度和宽容。这是因为他察觉到那样做正是孤独的陈白露所希望的缘故。

他对陈白露从来没有高声叫嚷过。即使在金钱的博弈中遭遇失败，颓势已经十分明朗之时，也竭力不在陈白露面前显露自己的无奈与无助。由于公债暴跌，深感不安以至于随身带着手枪这样的事情，也是在感到危机已经过去的时候才说出来的。原著中的潘月亭绝对不是把她作为"自己的私有财产"、"性的伙伴"对待的，直到最后还在力图呵护她。在离别之际，他给陈白露留下了"好好保重，多多养自己的病，以后凡事要小心，爱护自己"(第4幕)的口信。他对自己不能再作为她的父亲而存在感到哀伤，他是在担心着她的未来离她而去的。在潘月亭的身上，无疑是拥有成为陈白露父亲的资格的。

与此形成鲜明对照的是，方达生既没有供养她奢侈生活的经济实力，对她的心境也缺乏足够的体谅和理解，只是想把她推上自己认为是光明的道路，劝她跟自己走。他没有做父亲的资格，却在心理上想成为一个引导柔弱女子的父亲。她遭到陈白露的拒绝，却想成为小东西的养父，这象征性地表现了他与自己所喜欢的女性之间的关系。然而，他最后连小东西也未能成功地保护并救助。他在"救助女性"即"当一个父亲"这件事情上，遭遇了两次失败。

李石清一心想成为支撑家庭的顶梁柱，为出人头地，甚至不顾儿子的死活。她在向妻子吐露自己真情方面，虽然使人感到了一种具有现代感的夫妻关系，然而，他根本听不进去妻子的意见。看不到迫在眉睫、亟待处理的事情，认为只要自己取得了成功就一切都会好起来而强求家人忍耐。这也是一个未能成功营造现代家庭的父亲形象。

具有讽刺意味的是，直到最后还是和孩子息息相关，算得上一个真正的父亲的则是黄省三。在穷困潦倒妻子离他而去的情况下，他还是守护着三个孩子。即使在由于贫穷而招致精神错乱之际，所想的也是要尽到作为一个父亲的责任。他出自一个父亲的判断而杀死了孩子们，并为了尽到父亲的责任而决定自杀。但是，社会连这种愿望也没能让他实现。"我要活着！我为着我的孩子们，为我那没了妈的孩子们我得活着！"(第2幕)、"现在他们死了，我要死了，我要死，我求你们叫我死，可是你们又偏不要我死。"(第4幕)，这些话，都是"对于想要做一个父亲的自己，并不为社会所接受”的悲叹。对于一心要成为一个好父亲的黄省三，曹禺两次安排了让他死亡的情节。亦即，一次是作为一个杀死了孩子的父亲，另一次是作为一个要死而未能死成的父亲。

后　记

过去《日出》被读作对资本主义罪恶的揭露，对革命势力诞生的讴歌，从而得到很高的评价。然而，在《日出》的背景中，并不仅仅是金钱的问题，在很大的程度上横亘于其中的则是现代家庭所应有的形态。剧中的人物，并不是为了营造带有封建色彩的大家庭，而是在希图组建以强势有力的父亲为中心的、新型的由夫妇和未婚子女组成的小家庭方面遭到失败的。除了男子成为一个给女儿以指导的父亲，女子成为一个只是等待帮助的女儿这一点之外，就再也没有别的幸福的家庭形态了吗？只要有了钱，就谁都能成为一个强势有力的父亲，无论男子或是女子，就都能营造一个幸福的家庭了吗？从这部作品中，正如当时的资本家们对于资本主义还不甚了了一样，可以看出，普通的男女在建立自由的人际关系和营造幸福的现代家庭等的方面也远未成熟。

这可以理解为是曹禺的独创。不过“妇女回家”论战，不正是他所处的时代状态和言论流行所形成的独创性土壤吗？当我们再次认真地审视当时的女性论和家庭论，或许能看出以往研究者所忽视了的曹禺的潜在意识。

那么，究竟什么样的家庭关系才能给人们以幸福呢？当下，女性的社会自立、男性的生活自理、老人照顾老人、家庭暴力和虐待幼儿等问题日益严重，对生活在这样的二十一世纪的我们来说，这个问题也绝非是一个早已解决了的问题。

＊本研究得到了科研资助(22520163)

［作者简介：中山 文，(日本)神户学院大学教授］

《北京人》人物形象小考

——试图寻求袁圆真切形象

白井启介

一、开场白

曹禺剧作五十年来名声宏达，戏剧演出和文学创作两面都享有极高的声誉。其剧本以描绘详实逼真著称，不仅台词语言之切实如真，而且舞台指示描写栩栩如生，令人赞叹不已。

这里我们将着眼于剧本中舞台指示描绘，通过进一步探讨《北京人》人物形象塑造的成就和解读实际人物形象，由此来探索其中一部分人物的具体切实活象。

此外，我们还认为，看戏剧人物形象不应该只孤立地看剧作家对他的描写，而应该同其他领域的艺术形象结合起来看，这样才能对艺术形象有更为切实丰富的理解，这也是本文将要阐述的另一个方面。

二、西方剧本中的舞台指示

戏剧一般而言，构成剧本的两大部分是台词和舞台指示。在戏剧悠久的历史之中剧本的舞台指示是后起的，其历史远远不及台词。从戏剧学理论来看，舞台指示可以分为两种：一种是表示舞台地点、时间、场面等基本情况，我们可以把它叫做场面指定。另一种是指定人物出入，描绘人物形状或人物特性（包括心理状态）的叙述，我们可以把它叫做叙述指定。这种叙述指定可分为两种，一是出入指定，二是人物指定。

舞台指示一般认为是能把戏剧作品划入近代戏剧范畴与否的标志之一，因为戏剧剧本的历史，是由简短向详细具体方向演变而来的。古代戏剧一般只有台词，比如希腊戏剧剧本只有台词或诗词根本没有舞台指示。中世纪以后戏剧开始有简单的人物出入指示或人物动作方式的描绘，譬如莎士比亚、莫里哀剧本除了台词以外还有一点点的人物出入指定，但基本上还没有对人物服装、年龄、所处状态等的描绘。莎士比亚名著《哈姆雷特》，主人公哈姆雷特出场时的描写只有出入的行为指定：

(1)a　Enter Claudius King of Denmark, Gertrude the Queen, Hamlet, Polonius, Laertes, and his sister Ophelia, Lords attendant.（Act 1, Scene 2）

(1)b　王，后，哈姆雷特，菩娄尼阿斯，赖而蒂斯，浮而蒂曼德，考内里乌斯，贵族们，及侍从等上①。

近代戏剧大师亨利克·易卜生的剧本中舞台指示开始还不多。举例说，在中国最有名而且最有影响的《玩偶之家》(又名《娜拉》，写于1879年)中，开幕时对娜拉所赋予的叙述也只不过这样简短几行：

(2)a　A bell rings in the hall outside. Presently the outer door of the flat is heard to open. Then Nora enters, humming gaily. She is in outdoor dress, and carries several parcels, which she lays on the right-hand table. She leaves the door into the hall open, and a Porter is seen outside, carrying a Christmas-tree and a basket, which he gives to the maidservant who has opened the door. ②

(2)b　外厅门铃响。等一会儿听得见门开了。娜拉从外走进来口里哼哼着调子极高兴的样子。身上穿着出门的衣服拿了几个小包放在右边桌上。再推开客厅的门进去了。同时大门外有一个挑夫拿了一株圣诞树(西洋的风俗当耶稣圣诞的第一夜家家有二株圣诞树。树上点着灯烛。凡一家人互相馈送的东西都挂在树上待个人亲自去拿。)和一个篮儿给那开门的伊妈。③

由此可看到《娜拉》剧本中的舞台指示基本上只描绘她行为的状态和服装、道具等形状。

再来看一下中国话剧在发展历程中受过一定影响的萧伯纳所著的《华伦夫人之职业》(写于1893年)的例子。第一幕开始对华伦夫人的女儿薇薇其人的介绍也就只有简洁的数行。

(3)a　She is an attractive specimen of the sensible, able, highly-educated young midlle-class Englishwoman. Age 22. Prompt, strong, confident, self-possessed. Plain business-like dress, but not dowdy. She wears a chatelaine at her belt, with a fountain pen and a paper knife among its pendants.

(3)b　薇薇的样子，正是英国中等社会聪明能干、受过高等教育年轻女子的代表。年纪22岁。敏捷果敢，从容坚定。衣服虽极平常简易，却绝不散漫。腰间带上挂着许多零碎物件，其中有支自来水笔同一把裁纸刀④。

这些对薇薇的人物指定描写，除了对年龄的指定，22岁一语稍微可见作者的独特见解以外，其他几乎都没有任何可观的描写。基本上基于人物外貌客观表现来指示其人属性、行动形式，这些属于比较普通的手法，只是笼统地赋予人物性格分类概念。这些指示还称不上个性鲜明，尚无由任何类似人物代替的具体的、特性显著的描绘。华伦夫人本身的描绘也大致相同。

创作《华伦夫人之职业》时期的萧伯纳，还停留在这样的阶段，只描写外貌和人物形状，后来逐渐增加的详细无备而带有戏谑意趣的描绘在这里还表现得不显眼。

---

① 译文据梁实秋《莎士比亚全集》第十集，台湾远东图书公司1995年版，第20页。

② 英译据 William Archer. *A DOLL'S HOUSE A Play in Three Acts*, first ed. 1890, Thomas Nelson and Sons, Ltd. London & Edinburgh, p. 7.

③ 译文据罗家伦《娜拉》，《新青年》第四卷第六号，1918年/上海书店影印本第四卷，1988年，第508页。

④ 译文据潘家询《华伦夫人之职业》，《新潮》第二卷第一号，1919年/上海书店影印本第二册，1986年，第106页。

下面再举一例来看看舞台指示的演变过程。这是在中国现代话剧发展历程中有一段时期备受欢迎的奥斯卡·王尔德的《温德米尔夫人的扇子》(初演于 1892 年)的例子。它第一幕开始时描述温德米尔夫人的人物指示只有这样短短的几句话：

(4)a　LADY WINDERMERE is at table R., arranging roses in a blue bowl.

(4)b　温夫人方在案上一蓝色盆中理玫瑰花。①

《温德米尔夫人的扇子》本身根本没有写人物属性和她所处的境遇等关系到人物形象塑造的描绘，把王尔德原著改译(或可说本土化)成全部中国化的《少奶奶的扇子》里面，洪深却在同一个场面给少奶奶更详细更深刻的，而且具有人物定性所属性的描绘：

(4)c　徐少奶奶年纪约二十来岁，相貌秀丽，穿一身紫色印度绸的衫裙。她的举动，活泼中仍有规矩。她的仪态，和蔼中带点凛严，尚未脱女学生的身份，曾受过甚优美的教育。现在伏着书桌忙写信封。②

“和蔼”的“凛严”、“尚未脱女学生的身份”、“曾受过甚优美的教育”这些描绘，我们从中可以了解人物所属的范畴，不过还抓不住其人其时特有的心理状态，换句话说，这些描绘只提供类型分类的依据，没有涉及人物的心理处境。

在写《华伦夫人之职业》之际，对舞台场面指定和人物描叙未花很多篇幅的萧伯纳(参看上面例(3)ab)，后来逐渐采用详细具体、人物有个性显著的描绘，还插入出自剧作家角度的评语。譬如他在最著名的 *Pygmalion*[中译题目《卖花女》/著名音乐剧 *My Fair Lady*(窈窕淑女)的原作，(初演于 1913 年)]中，对主要人物之一息金斯教授出场时的人物指定已经足以发展到像小说一般的人物描绘，还从剧作家角度对其人品剖析加上了具有戏谑意趣的评语。

十九世纪末年所创作的这些剧本，人物指定主要是对人物外貌、服装、年龄、所需行为等客观表现进行描绘，尚未发展到写出人物内心心理生成来源的地步，也没有写出人物思想感情形成的根源。从上面萧伯纳的例子可知，跨入二十世纪后，剧作家所描绘的人物指定愈加详细，逐渐形成类似小说的叙述方式，并占据舞台指示的主流地位。尤其对心理表现的描叙越来越多，譬如美国尤金·奥尼尔(1888—1953 年)那一类表现主义派多用富于浓厚象征性的描绘来指定舞台陈设和人物指定。他剧作生涯的中期作品《榆树下的欲望》(写于 1924 年)，开幕就有极富于老母亲象征的描绘来表现笼罩整个房子和舞台空间环境的场面指定。

(5)a　Two enormous elms are on each side of the house. They bend their trailing branches down over the roof. They appear to protect and at the same time subdue. There is a sinister maternity in their aspect, a crushing, jealous absorption. They have developed from their intimate contact with the life of man in the house an appalling humaneness. They brood oppressively over the house. They are like exhausted women resting their sagging breasts and hands and hair on its roof, and when it rains their tears trickle down monotonously and rot on the shingles.

① 译文据潘家洵《扇误》,《新潮》第一卷第三号,1919 年/上海书店影印本第一册,1986 年,第 475 页。

② 《洪深文集》第一卷,中国戏剧出版社,1957 年/再版 1988 年,第 107 页。

(5)b　农舍的两侧各有一棵硕大无朋的榆树。那弯曲伸展的树枝覆盖着屋顶，既像在护卫它，又像在压抑它。这两棵树的外表，使人感到一种不祥的、充满妒意和企图征服一切的母性心理。由于和这屋里人相处久了，居然令人吃惊的有了灵性。它们层层叠叠地笼罩着屋子，将他压得透不过气来，就像两个精疲力竭的女人，将她们松垂的乳房、双手和头发都耷拉在屋顶上。遇到下雨的日子，她们的眼泪便单调地噗噗往下掉，顺着瓦片流失[①]。

西方近现代戏剧从十九世纪到二十世纪，剧本结构中的舞台指示逐渐占据重要地位，向人物指定的描绘愈加详尽、从外面客观描叙到深挖心理深层的表现愈加尖锐的方向发展。正当西方戏剧剧本人物指定描叙向心理剖析充足方向发展之时，中国话剧开始走上其历程。

三、现代中国话剧与舞台指示

跨入二十世纪才出现的中国话剧，在戏剧全球互动的环境下，部分作品无法避免地受到了西方和日本的影响，剧本创作的结构和写法，无论台词构词还是舞台指示都或多或少地受到了种种影响。不过二十世纪初创作的中国话剧剧本，并非全都受到外来形式的影响，也有一部分是汲取了中国传统戏曲剧本写法的手法[②]。

二十世纪二十年代现代话剧刚走上上海等大都市的舞台时，创作出来的剧本还无法满足需要。当时洪深把西方名剧引进并且改编为十全十足的中国式故事情节，丰富了舞台、满足了中国观众的需求。

这个时期的欧阳予倩、田汉、洪深被称为三大戏剧家，他们的写剧手法各有特点。

首先以洪深为例。洪深所编剧本的舞台指示，也具有详细具体的描绘，不过他涉及人物内心心理状态的表现比较谨慎，持客观观察的视点来显示人物。他基本上通过描绘人物的外表状态和处境，来掌握其人物应有的心理状态。他的主要特点是扎实描写出人物行为和观察所得来的差异，很少表白自己对人物的主观性判断、剖析。他的第一篇创作剧本《贫民惨剧》，在舞台指示方面没有特别值得可提的成就。他回国后执笔的第一篇“改译”剧(或可说本土化的作品)《赵阎王》(写于 1922 年)充分显示出他对舞台指示的非凡见识和应有的技巧。他在此剧对人物的指定基本上用实际具体行为来显示其身份、性格和处境。赵大——赵阎王刚出场时就有这样的描绘：

(6)右手的门，猛地开了，走进一个人来：身上穿的灰色军服又旧又脏；褂子上的纽扣，有好几个早已脱落；腿上也无扎布，只散着脚管；一双老棉鞋，当差的日子久了，前面有点张口。他弯着背，耸着肩，满脸都有纹路，鬓边微微灰白。他没精打采，很是疲倦；虽只四十来岁的人，然而世上的风波经得多了，看来却像五十出外。(以下行为指定省略)[③]

① 译文据汪义群《榆树下的欲望》，载于《奥尼尔剧作选》，人民文学出版社 2007 年版，第 110 页。

② 春柳社所编《不如归》里面的舞台指示明显地吸收了传统戏曲的描叙方法。详细考证请参看拙著《文明新戏与现代话剧之剧本——中国话剧史研究札记(2)》(《爱知大学文学会论丛》第 71 辑，1982 年)第 149—168 页。

③ 《洪深文集》第一卷，中国戏剧出版社，1957 年/再版 1988 年，第 62—63 页。

其次看田汉剧本的例子。田汉写舞台指示，无论场面指定还是人物指定都是相当简短的，他似乎认为只要写了地点、时间、人物外貌，剧作家的任务就完成了。他的早期名作《获虎之夜》(写于1922年)里面，主要角色莲姑出场时赋予的人物指定仅有以下的寥寥几字：

(7)莲姑，十八九岁，山家装束而不掩其美，将泡好的茶用盘子托着先奉其祖母，次奉其父，然后走出"火房"送给她家的佣工们。①

这里只说明她十八九岁，穿着山家装束，后面加上的"不掩其美"也可看做是剧作家主观性的判断而不是客观表现。其余的几乎都是对扮演者要求的人物行为指定。尽管如此，通过对演员要求的行为就可以看到这个人物的属性和人性。她把泡好的茶，按顺序依次奉献，没有弄错顺序，说明她已经是一个懂事的姑娘，而且还是一个在传统规范方面规规矩矩的姑娘。

最后来看一下欧阳予倩舞台指示的特点。欧阳予倩的剧本与洪深同属一类，他也常用人物行为来显示其人物属性和特性。他的早期话剧《泼妇》(写于1922年)里面，对主人公"泼妇"于素心出场时的人物指定是这样叙述的：

(8)忽报少奶奶来了。大家失色，便让姨奶里面去。红烛搬开。于素心上，手里抱着儿子，后面娘姨提着一个手巾包。进门的时候，满屋的人你看着我，我看着你，笑笑。于素心觉着有些奇怪，却也不在意。吴氏接着小孙子，抱在怀里叫"乖乖"。大家都依次叫了一声。陈慎之拿出雪茄抽着。丫头、老妈子面面相觑，好像很不自然的。于素心接过手巾包，解开，取出一双鞋子，一件衣服，对吴氏说。②

这些描绘基本上是对人物要求的行为指定，而不是对人物心理和人物处境的描写。例(8)舞台指示里连人物外貌(包括个子、打扮)都没有描绘，只描写对人物出场时所要做的行为和在场人物所需要的反应。值得一提的是，于素心这个后来被迫转变为反抗的妇女，当初是以送给婆婆自己缝制的衣服和鞋子这些行为来显示她本来是属于传统规范方面的孝顺媳妇，而她的这些特性都是用具体行为来表现出来的。

与上述二十年代的大家相比，就舞台指示而论曹禺剧本显然有了很大的发展，而且还开创了新的叙述方法来指定剧中每个人物。无论描写舞台场面和陈设，还是人物指定都由基于深刻透彻的观察来赋予活生生的叙述，致使人物形象与舞台上行为(包括台词发话)完美结合，为读者和演出人了解人物、塑造人物形象提供了十分可靠的依据。

钱谷融先生早已提出令人信服的看法：作者为帮助演员掌握人物说话时的动作和语调而写的一些舞台指示，也极为出色。这些指示是和人物的台词不可分割的，它们本身就是台词的延伸，台词的一部分。有时，要没有这些指示，我们就很难领会人物台词的含义和情味③。

北大孙庆升教授也曾经肯定过这一点，他指出：曹禺的"舞台指示"比一般剧作家写得详细具体，特别是对人物，从外貌到内心，从性格到环境都能做总体的介绍或深得要领的描绘，并且文笔优美，情文并茂，一方面可以帮助读者理解剧情和人物，一方面也增强了剧本的可读

---

① 《田汉全集》第一卷，花山文艺出版社2000年版，第181页。

② 《欧阳予倩全集》第一卷，上海文艺出版社1990年版，第42—43页。

③ 《曹禺戏剧语言艺术的成就》，原载《社会科学战线》，载于《曹禺研究资料·上》，中国戏剧出版社1991年版，第425页。

性和吸引力。曹禺的剧本拥有广大读者,这同他在语言上达到的成就是分不开的[①]。

最近有一些中国学者开始注意到曹禺剧本中舞台指示功能和描述特点,还有一些学者开始对西方戏剧剧本中舞台指示进行深入的研究,这里不一一介绍[②]。舞台指示详细丰富不一定是好戏,同样的,舞台指示寥寥数语也不一定都是不成功的作品。同上面所概观的二十年代剧作家相比,曹禺剧本中舞台指示以极为详细具体且带有文学性叙述见称的特点值得进一步探究。下面我们就对《北京人》的舞台指示做一个具体分析。

四、《北京人》中人物指定

现在人们都认为,《北京人》毫无疑问是曹禺剧作中最为杰出的一部剧本。它同时也是中国现代话剧作品中不可磨灭的高峰。正如田本相教授早已评价过的:"《北京人》是曹禺解放前戏剧创作的高峰,无论他的思想还是艺术都标志着曹禺剧作的最高成就。"[③]

就中国现代文学史而论,《北京人》同张爱玲所著《金锁记》并称为四十年代文学的最高成就之一,它是在抗战后期出路不明朗的历史阶段,人们因心理压抑而转为对自己内心世界进行沉思时期的产物。因为随之抗战初期的火热浮躁心情的镇定,加上抗战四年还见不到胜利的曙光,还有国共分裂等社会动荡,导致作家、知识分子面临着重大的生存危机,从面临"国难"竭诚贡献,再到未曾有的个人生存的危机,知识分子不得不对自己生存的历史渊源、自己所要摆脱而摆脱不了的传统观念、生活方式等一一做深刻的检讨。曹禺从《蜕变》到《北京人》的历程,集中表现了这个历史阶段中高低沉浮的知识分子的心理逻辑。

曹禺在《北京人》里描写他最熟悉的人物,而且表现出他最心爱的而又最痛恨的老北京的生活方式和文化气息。他的这种二律背反的思想都注入戏中各个人物里。

第一幕开幕时,首先有曾家房屋内部的详细描绘。这描绘是不下于3000字的特大场面指定,其描绘大都是曾家客厅的造型和现况,还描写了其历史来源、往年的盛况。这些描绘还包括暗示戏剧展开的方向,因而抱有敏锐眼光的读者(观众除外)也许会预先觉察到故事结局。

> (9)如今过了几十年了,这间屋子依然是曾家的子孙们聚谈的所在。因为一则家世的光辉祖宗的遗爱都仿佛集中在这块地方,不肖的子孙纵不能再像往日敬德公那样光大门第,而缅怀已逝的繁华,对于这间笑谈坐息过王公大人的地方,也不免徘徊低首,不忍遽去,再则统管家务的大奶奶(敬德公的孙媳)和她丈夫就住在右边隔壁,吩咐和商量一切自然离不开这个地方。……所以至今虽然家道衰微,以至于连大客厅和西厢房都不得已让租与一个研究人类学的学者,但这一面的房屋再也不肯轻易让外人居用。这是曾家最后的一座堡垒。369-3[④]

---

① 孙庆升:《曹禺论》,北京大学出版社1986年版,第200页。

② 参见安刚强:《人物"指掌图":谈曹禺剧作中的角色介绍》,《南京政治学院学报》第26卷(总第150期),2010年第2期;陈立华《论奥尼尔戏剧的舞台指示语》,《外国文学研究》2001年第4期。

③ 田本相:《曹禺剧作论》,中国戏剧出版社1981年版,第185页。

④ 《北京人》剧本引自《曹禺全集》第二卷,花山文艺出版社1996年版。后加数码为其页行数。

由此可见场面指定如此详尽细腻，还可看出稍微与奥尼尔所著的《榆树下的欲望》里老母亲形象笼罩其房的舞台指示(参见例(5)ab)相似的带有象征性的叙述。下面对剧中人物指定加以具体的分析。

剧本开头首先列举剧中全体人物，这种排列顺序也是值得注意的。这个人物表不是按人物出场顺序排列的，而是按照中国以往有之的老规矩，从上到下，自近至远的，也就是说以曾家里所占位置为准的次序来列举的。因此首先自然是曾皓，其后是曾文清与曾思懿夫妻、曾文彩与江泰夫妻、曾霆与曾瑞贞，按照家里的辈分顺序排列。结果剧中扮演十分重要角色的愫方却被安排在曾家人物末尾才出现。陈奶妈和其孙儿小柱儿、张顺，还有袁任敢和袁圆父女等，不属于曾家家系的人不言而喻都排在后头。

这里所列举的人物中除了张顺、"北京人"、警察和寿木商人其形象不太明了或简直是个性不足以外，曾家人大都描绘详尽，人物来历、心理形成渊源叙述非常具体鲜明。下面是人物描绘的具体情况。

曾皓在剧中是曾家人物中最后才出场的人物。对他赋予的人物指定却有长达 1200 多字的描绘，剧作家用如此庞大的篇幅所表达的信息，可归纳如下：

1. 曾皓没务过正业，靠家产过着舒适的日子。

2. 他现在处境坎坷，家道不如意，感到困苦。

3. 子女不可靠，所以百般懊恼。

4. 他吝啬，自私，非常怕死，独自一人吃补药浪费财产。

5. 他非常讲究士大夫的繁文缛礼，以求提高在家里的威严。

6. 他怕长媳，对她总不放心。

7. 他非常厌恶女婿江泰。

8. 他最大的担心是家产亏空后遭子孙抛弃。

这个人物指定描叙文里突出表现出来的是，这位名门大宅的家长想要维持家道盛旺，却无法阻止衰败，因此他虽想保持家长的威严，然而其基础已经处在十分脆弱的状态。

曾皓害怕的曾家当家大奶奶曾思懿，曹禺费尽笔墨详细而生动地描绘这位旧式家庭里成长而且还在掌管快要衰退的大宅门的大奶奶。

(10)她绝不仁孝(她恨极那老而不死的老太爷)，还夸口是稀见的儿妇，贪财若命，却好说她是第一等慷慨。暗放冷箭直成了癖性，而偏爱赞美自己的口德，几乎是虐待眼前的子媳，但总在人前叹息自己待人过于厚道。有人说她阴狠，又有人说她不然。骂她阴狠的，是恨她笑里藏刀，胸怀不知多么褊狭诡秘；看她不然的，是谅她胆小如鼠怕贼，怕穷，怕死，怕一切的恶人和小小的灾难，因为瞥见墙边一颗弱草，她不知哪里来的怨毒，定要狠狠踩绝了根苗，而遇着了那能螫噬人的蜂蛇，就立刻暗避道旁，称赞自己的涵养。总之，她自认是聪明人，能干人，利害人，有抱负的人；只可惜错嫁在一个衰微的士大夫家，怨艾自己为什么偏偏生成是一个妇道。371－19

曹禺要描写这位自小在士大夫家庭里熏陶出来却无法大显身手，只会安分管家的自尊心极强的妇女，非常巧妙地把两个对立面兼并在一个人的身上，成功地塑造了人物的复杂属性。

既“阴狠”“笑里藏刀”，又“胆小如鼠”“怕贼、怕穷、怕死”。这位管家太太同时具有这两方面的心性，而且这两个心性是难以调解的。描写这样错综复杂的人物，上面例(10)的人物指定可称是恰如其分。不过，演员要照这个详细到顶的人物指定演出，而且要百分之百地完美塑造这个人物实在不是一件容易的事情。

曾思懿的丈夫曾文清的描绘也可说是细腻到无法以别的表现代替的程度，令人有哀愁凄凉之感。

(11)又是从小为母亲所溺爱的，早年结婚，身体孱弱，语音清虚，行动飘然。小地方看去，他绝顶聪明，儿时即有“神童”之誉。但如今三十六岁了，却故我依然，活得是那无能力，无魂魄，终日像落掉了什么。他风趣不凡，谈吐也好，分明是个温厚可亲的性格，然而他给予人的却是那么一种沉滞懒散之感，懒于动作，懒于思想，懒于用心，懒于说话，懒于举步，懒于起床，懒于见人，懒于做任何严重费力的事情。种种对生活的厌倦和失望甚至使他懒于宣泄心中的苦痛。懒到他不想感觉自己还有感觉，懒到能使一个有眼的人，看得穿：“这只是一个生命的空壳”，虽然他很温文有力的，时而神采焕发，清奇飘逸。这是一个士大夫家庭的子弟，染受了过度的腐烂的北平士大夫文化的结果。他一半成了精神上的瘫痪。383－11

这里很少夹杂着剧作家的主观性判断和武断，而是根据人物的处境和精神状态由此延伸描绘其应有的后果，换句话说，是通过描写人物成长中积累的种种因素和机制用来合理赋予因之而来的人物性格性质。为了说明曾文清现在“活得是那无能力，无魂魄，终日像落掉了什么”的根源和来历，曹禺细腻描写他“从小为母亲所溺爱的，早年结婚”，还有“染受了过度的腐烂的北平士大夫文化的结果”等来历根源。这里集中表现出曹禺描绘塑造人物上的一个特点。

下面是愫方的描绘。

(12)伶仃孤独，多年寄居在亲戚家中的生活养成她一种惊人的耐性，她低着眉头听着许多刺耳的话。只有在偶尔和文清的诗画往还中，她似乎不自知地淡淡泄出一点抑郁的情感。她充分了解这个整日在沉溺中讨生活着的中年人。她哀怜他甚于哀怜自己。她温厚而慷慨，时常忘却自己的幸福和健康，抚爱着和她同样不幸的人们。然而她并不懦弱，她的固执在她的无尽的耐性中时常倔强地露出来。399－18

曾家人物中，曹禺笔下最有留情的人物算是愫方。她被塑造成为具有“惊人的耐性”而“温厚而慷慨，时常忘却自己的幸福和健康，抚爱着和她同样不幸的人们”，这样一个百分之百可敬可亲的人。她能诗会画，就是中国传统文化的优良继承者。因为是否具备传统文化就是鉴定中国人的十分重要的标志，中国人谁能否定这样一个具备中国文化精髓的杰出人才呢。她不仅品德无比高尚，又有深厚的文化素养，这样的人物在实际生活中实属罕见，就像是天上的白云一样，是一个可望不可即的理想中的人物。不仅在中国人心目中，而且在东方人心目中也是一个人们翘首企望、人见人爱的人物。

上面我们已了解到，对于曾家人物的塑造，曹禺花费大量笔墨详细生动地描绘了每个人物，而且这些描绘富有技巧。曾家每个人物是从传统文化生活方式里面熏陶出来的，因而难以适应现代生活方式，与世无争、深居简出，仿佛成为世外隐士。因此有些人觉得曾家人既无骨气又活力不足，甚至认为他们已被现代社会淘汰，应该唾弃。不过，曾家人虽然确实已经活力颓丧，奄奄一息，但他们还有他们独特的而且不被任何人所代替的人品。譬如，曾皓尽管“吝啬，自私，非常怕死”，但还具有“曾家人通有的清秀之气”，也有像“他想最稳妥的方法是‘容忍’，然而‘容忍’久了也使他气郁”这样令人感到哀怜之处。曾文清同样也是具有多层面的人物，他即便是“一个士大夫家庭的子弟，染受了过度的腐烂的北平士大夫文化的结果，他一半成了精神上的瘫痪”，但“小地方看去，他绝顶聪明，儿时即有‘神童’之誉”[参见例(11)]，是一个不可厚非的人。

很多读者和观众都把同情的眼光集中在愫方的身上，她除了有惹人哀怜的地方，还有依依不舍、踌躇不前的，让人着急的摇摆不定的一面(这也造成她最后是否走出曾家戏中心理纠葛的根源)。

一般认为最被人讨厌的曾家女婿江泰也有正反两面。他虽有“好吹嘘，总爱夸显过去他若何的阔绰豪放，怎样得到朋友们的崇拜和称赞”的可鄙的一面，同时也有“很率直，肯说老实话，有时也很公平”的可爱的一面。

这样，曾家人每一个都有被人否定的一面，同时也有让人谅解甚至哀怜的一面。除此以外，还有涉及到很多人性面的因素，这正是《北京人》人物塑造方面成功的理由之所在。

五、袁圆人物塑造

在《北京人》的人物当中，同上面提及的曾家人物相比，人物配置上位于远离在天涯海角之地的袁圆最具异彩。一边是成熟到顶已走下坡的曾家人，另一边则是一尘不染、留有原始生命力的“野”姑娘，这两者之间的对比非常鲜明。

对袁圆给予的人物指定也相当周至，为深挖其心理提供了依据。对她的描叙要点如下：

(13)论身体发育，十七八岁的女孩也没有她这般丰满；论她的心理，则如夏午的雨云，阴晴万变。正哭得伤心，转眼就开怀大笑，笑得高兴时忽然面颊上又挂起可笑的泪珠，活脱脱像一个莫名其妙的娃娃。393－11

(14)她一切都来得自然简单，率直爽朗，无论如何顽皮，绝无一丝不快的造作之感。393－15

(15)她幼年丧母，哺育教育都归思想“古怪”的父亲一手包办。393－17

(16)当着袁博士正聚精会神地研究原始“北京人”的头骨的时候，在他的圆儿的想象中，小屋子早变成四十万年前民德尔冰期的森林，她持弓挟矢，光腿赤脚，半裸着上身，披起原来铺在地上的虎皮，在地板上扮起日常父亲描述得活灵活现的猿人模样。393－19

例(13)是对她外表形状和行动机制的描叙，由此显露出曹禺心爱的健康活泼、不拘老规矩的新人形象。例(14)似乎是在这些行为上要添加的调味品一般，剧作家对人物要求附上的一些色彩。例(15)是说明她行为机制从何来的种种因素之一，也是构成她错综复杂多面心理的来源之一。例(16)是假借故事一般的幻想情节来烘托袁圆会做出的行为，这也表示她多面性质之一，也表示异想天开的袁圆其人的特性。这里连一般属性所得归纳起来的行为机制都没有显示，比如《华伦夫人之职业》里面赋予薇薇的“英国中等社会聪明能干，受过高等教育年轻女子的代表。年纪 22 岁。敏捷果敢，从容坚定”那样的描绘，根本没有提到过。因此，塑造袁圆这一新人物时，我们一点线索都没有，茫无头绪的。曾家人物，因为有历史遗留下来的很多参照物，或者老北京可能到处都有的是，所以猜想其形象也有一定的依据。可是袁圆这个人物，就因为她是超出常规而从来没存在过的新人物，那么其真人实相要到哪里去寻找参照才好呢？

曾家人物，描绘非常具体细腻，而且总带有历史遗留下来的一些影子以助我们建立其形象。恰恰相反，袁圆这个新生人物是前所未有，无处寻找具体参照物，这就是袁圆人物形象探索上的最大问题之所在。袁圆人物形象总觉得难以领会，塑造其具体形象也不容易完成。这就是《北京人》人物指定描绘中最为遗憾的美中不足之处。

六、尾声：寻找袁圆真人实相

上面已提到过，袁圆人物形象在《北京人》人物中难以领会，形象最不具有具体真实性。那么，她的真人实相真的绝对无法寻找吗？我们的看法是：在当代北京少女及年轻妇女当中，肯定无法寻找。但是如果回溯到三十年代摩登世面上寻找的话或许能得到答案。

三十年代中国国产电影在塑造“新女性”形象上提供了多彩多样的类型。譬如有胡蝶所扮演的类型，还有阮玲玉所塑造的既摩登又质朴、既华丽又哀愁的形象，这些“新女性”形象必定给当时的观众和年轻人提供新时代生活中的新的参照物。这些女性形象中，我看最近乎《北京人》袁圆形象的是黎莉莉所塑造的形象。她在《体育皇后》[①]中塑造的林璎，给我们提供非常生动的形象。电影开头那一系列镜头（参看电影片断），既活泼又健康，既有“身体发育，十七八岁的女孩也没有她这般丰满”的体态，又有“心理则如夏午的雨云，阴晴万变。正哭得伤心，转眼就开怀大笑”、“活脱脱像一个莫名其妙的娃娃”的神情和举止。

袁圆这个人物在《北京人》剧中似乎只是一个带有机制的角色，就是引导瑞贞和愫方冲破曾家牢笼的作用，角色明确，但她本身的具体形象略微不够完美。我们认为跨越艺术界线从邻近领域借取参照物，再回到自身的领域进行解读，这是一个可以突破目前尚无法跨越的难关的办法。我认为把黎莉莉所塑造的林璎形象作为参照物用来解读袁圆人物形象实相，将会为我们带来意料不到的收获。

［作者简介：白井启介，日本文教大学］

① 联华影片公司 1934 年出品，1934 年 4 月 4 日首演于上海金城大戏院。罗明佑制片，孙瑜编导，裘逸章摄影，黎莉莉、张翼、尚冠武等出演。

《明朗的天》的戏剧问题与曹禺的“原初生命”

卢伟力

前言：曹禺创作的困局

曹禺（1910—1996）的创作轨迹，前后对比很大，既因文化史共性，亦因生命史个性，很值得探讨。本文通过分析建国后他第一个作品《明朗的天》（1954）的戏剧问题，来看他建国后创作的困境，并提出“原初生命”的概念来解释。

青年时代的曹禺，以旺盛的创作力投身中国现代戏剧运动，成就是巨大的。大学毕业前后短短几年，他马不停蹄地写，《雷雨》1934年横空出世之后，五、六年之间，陆续完成了《日出》（1935）、《原野》（1936）、《北京人》（1940）等影响巨大的戏，三十年代中以来经常公演，对国内、港澳居民、东南亚华文族群的文化产生很大冲击。他亦于1939年写了反映人们在抗日环境中变化的《蜕变》，1941年把巴金（1904—2005）影响一代人的小说《家》改编成舞台剧本。

成年时期的曹禺，创作力明显减退，三十一岁以后，只有《桥》（1945）、《明朗的天》（1954）、《胆剑篇》（1961）、《王昭君》（1978）四部作品，平均每十年才有一部。这几个戏的艺术性亦没有初出道时强。

所以，曹禺大部分作品是在抗日战争结束前完成的，而他最重要的四部作品甚至是在他三十岁之前就完成了。

曹禺创作成就在时间上如此集中，是很值得探讨的文化现象。

为什么一个年青时创作力如此旺盛的作家，在三十岁以后大半个世纪，经历战争、和平、革命、浩劫，滚滚长江，逝水漫漫，他只能怀着再攀创作高峰的欲望与尝试，悠悠一生？

中国1966年到1976年发生史无前例的“文化大革命”，大部分作家、艺术家都受到冲击，曹禺自然不能幸免。他挚爱的妻子方瑞又不堪折磨于1973年病逝，心力几乎耗尽了。

所以，要探讨成年曹禺为何没法超越青年曹禺这问题，也许要看从抗战胜利到“文革”这段时间，要看他生命中间的这二十多年。

由三十多岁到五十多岁，正是人生的成年期，既有创作积累，又有社会网络、时代巨变，曹禺的创作热诚很大，然而，这时期他的作品并不能超越初出道时的自己。

有人会从意识形态角度看，认为这是“社会主义现实主义”造成的。[①]那么，这是属于那个时代的共同问题。《蜕变》、《明朗的天》“两剧都是为它的时代任务服务，在当下的时空均短暂

① 陈素云：《曹禺戏剧与政治》，台北文史哲出版社2007年版。

放过一阵璀璨光亮，但是都仅是昙花一现，即消失得无影无踪了"[①]。这两个戏与《王昭君》都被论者认为是失败之作，"是政治干扰文学的最佳例证"[②]。

此外，亦有人提出是曹禺的社会地位影响他。画家黄永玉对他直接地批评："我不喜欢你解放后的戏，一个也不喜欢。你心不在戏里，你失去伟大的灵通宝玉，你为势位所误！从一个海洋萎缩为一条小溪流，你泥溷在不情愿的艺术创作中，像晚上喝了浓茶清醒于混沌之中。命题不巩固，不缜密，演绎、分析得也不透彻。过去数不尽的精妙的休止符、节拍、冷热、快慢的安排，那一箩一筐的隽语都消失了。"[③]

黄永玉提出曹禺"为势位所误"，亦有一定根据。建国后，曹禺确实担任了戏剧界的领导工作，出任中央戏剧学院副院长、北京人民艺术剧院院长等职。解放前与解放后，曹禺的创作状态是不同的，之前是由生活出发，但《明朗的天》则是先有任务，是曹禺和党的一位领导同志谈话之后，才决定要写的[④]，于是这个戏与一般平庸作品容易犯的错误一样，都是主题先行的。

尽管如是，曹禺毕竟还是在实实在在地创作。如果说《蜕变》写成于抗战期间，是曹禺带着强大爱国热情而几乎一挥即就的话，《明朗的天》则是在新社会环境之下，曹禺背负着人们的期望，虚心地做过社会调查与观察，细心设计，并一再修改的作品。据说，1952 年他就构思这个戏，并到了北京协和医院蹲点三个月，参加教师的思想改造运动，记下了二十多本笔记。

所以，与其说曹禺是"为势位所误"，毋宁说他是困囿于某些内在因素，以至未能突破自己。或许我们要由作品本身与作家的内在联系去看这个问题。

"这个戏就是企图讲一讲中国的知识分子在这大变动的时代中如何改造思想，逐渐放下旧思想的桎梏，终于开始向新知识分子的道路上变化着。"[⑤]曹禺在剧本中开宗明义地说。他说他也是一个未改造好的知识分子，并未体验过新时代知识分子思想的变化，所以剧中人物的性格并未塑造好。[⑥]

这说法，涉及个人的主体性（subjectivity）问题，似乎，曹禺创作的困局，可以用法国马克思主义哲学家亚尔道锡（Althusser，1918－1990）意识形态理论（Theory of Ideology）去说明。他作为拥护共产党的作家，把一套外在的意识形态内化为自己的价值，并且处处臣服于外在的主体，以其为自己一切思想行为的领导。于是，所有问题都是自己认识不足，思想改造未彻底，或对党的信任不够。确实，1956 年 4 月曹禺入了党，反而拘束愈来愈多，常常怕出错。

所以，对《明朗的天》进行戏剧分析，或许会让我们了解曹禺的心态、创作的意识形态背景，以及戏剧盲点，并为建国之后曹禺为什么只能怀着再攀创作高峰的欲望与尝试悠悠一生而提供一些参考。

---

① 陈素云：《曹禺戏剧与政治》，台北文史哲出版社 2007 年版，第 44 页。

② 马森：《曹禺研究》序，见陈素云《曹禺戏剧与政治》，台北文史出版社 2007 年版，第 3 页。

③ 引自陈素云：《曹禺戏剧与政治》，台北文史出版社 2007 年版，第 359 页。

④ 辛宪锡：《新的开拓与新的危机——〈明朗的天〉在曹禺创作道路上的地位》，王兴平、刘思久、陆文璧编：《曹禺研究专集》下册，海峡文艺出版社 1985 年版，第 438 页。

⑤ 田本相、刘一军主编：《曹禺全集》第四卷，花山文艺出版社 1996 年版，第 9 页。

⑥ 田本相：《曹禺传》，十月文艺出版社 1988 年版，第 180 页。

《明朗的天》的历史评论

《明朗的天》写成于1954年，是中华人民共和国建国后曹禺的第一个创作。这个戏以北京协和医院为模型，写一所医学研究院科研人员在解放前后的思想状况，主题在说美国文化特务在中国知识界的影响。在五十年代“抗美援朝”战争烽烟刚散时首演，得到极大成功，由1954年12月12日起，连演了两个多月，直到1955年2月25日，天天都满座。在1956年第一届全国戏剧观摩中，获得了剧本、演出、导演一等奖。不过，这个戏其实有很多艺术处理上的不足，加上题材关系，有些论者认为现在“已不宜上演”。①

这部戏比起《雷雨》、《日出》、《原野》、《北京人》等四部早期作品，亦相对地不能吸引评论者的兴趣。例如，香港学者刘绍铭1970年出版的《曹禺论》，就只集中讨论上述四部作品②；在纪念曹禺逝世一周年的学术研讨会中，大部分论文都是谈他前期作品的。③

曹禺一生创作并不多，可以预见，《雷雨》、《日出》、《原野》、《北京人》，甚至改编自巴金小说的《家》等曹禺早期作品仍然会重演④，仍然有评论，而《胆剑篇》、《王昭君》两部历史剧偶尔还会有讨论，但《明朗的天》现在已变成大家都不想提起的曹禺的作品了。

这亦正是我之所以要写这篇文章的原因。

《明朗的天》的戏名，也许来自解放前后一首很流行的歌《解放区的天》：

> 解放区的天是明朗的天，
> 解放区的人民好喜欢，
> 民主政府爱人民呀，
> 共产党的恩情说不完。
> 呀呼嗨嗨，一个呀嗨，呀呼嗨呼嗨，
> 呀呼嗨嗨嗨，呀呼嗨嗨一个呀嗨。
>
> （刘西林作词记谱）

在那个新旧交替的年代，人们是颂唱着这首歌，欢迎解放军入城，经验政治变天的。大型音乐舞蹈史诗《东方红》(1964)里就有这场面。

在曹禺的戏剧世界中，天亮的意象非常重要，《日出》与《北京人》结尾，天开始亮了，甚至有第一线阳光了，只是主角陈白露、曾文清都没有活下去的欲望，所以解放后的第一个戏《明朗的天》在天色上的比喻，在感觉上是呼应的。

第一幕第一场，共产党正在要打进北平，是政治上最黑暗的时候，这场结尾，几个国民党

---

① 倪宗武：《试论曹禺建国后的戏剧创作》，刘勇、李春雨编《曹禺评说七十年》，文化艺术出版社2007年版，第310页。

② 刘绍铭：《曹禺论》，香港文艺书屋1970年版。

③ 田本相、刘绍本、曹桂方编：《曹禺研究论集》，花山文艺出版社1998年版。

④ 就香港来说，七十年代有“曹禺戏剧节”，二十多个业余剧团参加；“香港话剧团”于1980年排演《日出》，1989排演《北京人》，近年则推出过《雷雨》（改编版）、《日出》（折子改编版）、《原野》（折子）、《北京人》（折子英语版）；“香港影视剧团”在九十年代先后多次演过《雷雨》、《家》、《日出》；在今年纪念曹禺诞辰一百周年的活动中，香港的剧团会演出《正在想》、《日出》，田本相、陈敢权创作的《弥留之际》，卢伟力编排的朗读剧《曹禺——一个世纪的声音》。

特务来到医院拘捕已加入地下党的何昌荃,极尽霸气,刚巧又停电,主角凌士湘很愤慨:"黑暗极了!乱极了!作为一个中国人,我看不见一点前途"。他渴望"明朗的天"。

曹禺在舞台处理上用了强烈的对比,第一幕第二场,幕再打开,"窗外是一片阳光,天空蓝得像海",已经解放了。

所以,在曹禺的戏剧世界,解放前的戏,以黑夜为主,天亮时戏也就结束了;解放后的第一个戏,由政治上最黑暗的时候开始,第一幕下半场就迎来明朗的天了。解放与明朗的天与共产党,全部对应着。这是意识形态的编码。

《明朗的天》首演后,即时的反应是热烈的。不过,当年的评论,虽然以社会主义意识形态为主导,肯定这个戏,但对剧本的不足,还是有一定艺术见解,颇可参照的。

张光年(1913—2002)从角色塑造角度,看到曹禺对工人赵树德、赵铁生的描写,情感真挚,"歌颂了他们优良的阶级品质",与此同时,亦看到曹禺努力地塑造医院支部书记董观山,以无限敬爱的心情描画人民志愿军的党员干部庄政委,这些都是新型人物,"在曹禺的创作中还是完全崭新的东西。虽然他们还没有达到呼之欲出的完美的程度,但却是一个重要的开始"①。张光年是以现实的尺度去量度剧本的人物塑造,于是曹禺写出了对工人阶级的热爱,就要肯定。这是以解放后的社会意识形态作为评论的基础。幸好,张光年除了肯定"《明朗的天》的现实主义,……显然有别于批判的现实主义,而是属于社会主义现实主义的范畴",②在评论后段亦从戏剧角度作出对《明朗的天》这个戏的艺术点评,亦有一定见解。例如在讨论角色的戏剧功能时,他会认为,董观山虽然是曹禺戏剧世界的新人物,但他嫌曹禺对这个角色描写不够:"遗憾的是,董观山究竟没有被投入剧情冲突之内,没有展示他的心灵活动的机会;而且对于第二幕第二场的不恰当的描写,在损害凌士湘的同时,也多少损害了董观山这个人物……"③

张光年看到主角凌士湘思想转变在戏剧中简单化的处理,吕荧(1915—1969)亦看到这一点。第二幕第二场,张光年指出这场凌士湘是被动的,从他女儿、学生到党的书记董观山,一个又一个人来找他,或与他辩论,或尝试说服他。吕荧则指出这些都是抽象的辩论,他从形象创造的角度批评:"凌士湘是一个突出的科学家,但是作者并没有在舞台上表现他从事科学工作、追求科学真理的庄严,观众在戏里的前半部也几乎只看到他的固执的一面。戏剧的主人公既然没有以动人的生命出现,他的思想斗争就不免减少了彩色……当斗争主要地不是在生活基础上进行,而是在思想概念中进行的时候,戏剧中的风暴就不容易最有力地震动观众的心弦了。"④

张光年与吕荧的评论,是很有分量的,分别发表于《剧本》(1955年3月)及《人民日报》(1955年5月20日)。可以看到,曹禺对他们的评论非常重视,自己亦反省过《明朗的天》的艺

① 张光年:《曹禺的创作生活的新进展——评话剧〈明朗的天〉》,王兴平、刘思久、陆文璧编:《曹禺研究专集》下册,海峡文艺出版社1985年版,第420页。

② 同上,第425页。

③ 同上,第419页。

④ 吕荧:《评〈明朗的天〉》,王兴平、刘思久、陆文璧编:《曹禺研究专集》下册,海峡文艺出版社1985年版,第431页。

术问题。1955 年 8 月，他接受《文艺报》访问，谈剧本的不足。在访问中，曹禺是相当真诚和坦率的，他谈到他处理凌士湘、江宗道、董观山等人物的未如理想。报道中有一段很重要的话："曹禺同志说，许多剧作家，包括他自己在内，都在处理人物的思想转变时感到困难，认为这是剧本创作中最难解决，但又是必须很好地解决的问题。正因为这一缘故，他们常常在揭露这些人物的丑恶时心怀顾虑。不敢放手地让人物生活在自己的生活里，让他们按照自己的发展规律去思想、行动，却由作家来支配、指使和限制他们，使他们过着四平八稳的生活。"①

曹禺在这篇访谈中，是交心的，也是谦虚的，吻合那个时代许多知识分子对新社会的感情。后来，《明朗的天》亦有所修改，现在的版本是三幕六场，简短了，减去凌士湘妻子容丽章一角，但始终"没有把握应该怎样处理董观山对江宗道的态度，所以在整个剧本里，他一直避开了让他们两个人直接碰面"②。现在版本的江宗道的语言是很值得研究的，多少反映一个复杂灵魂在当时处境中真实的一面。

今天再看《明朗的天》的戏剧问题

今天看《明朗的天》，我们有了历史与时代距离，再分析它的戏剧结构与戏剧行动（dramatic action），或许可以为曹禺当年（乃至一生）未解决的戏剧问题（dramatic problem）找到一些思考点。

首先必须指出，"主题先行"、"为完成任务而创作"并不就是问题的本质。此外，"文革"不久后 1981 年辛宪锡（1937—2006）提出的"题材涉及斗争，因而远离了生活"亦不是问题。辛宪锡认为，"各种社会政治运动中，尤其思想斗争，不宜以戏剧来表现"。③这说法当然要商榷，关键是如何把社会政治运动化为人物的具体行动。所以分析《明朗的天》，必须分析它的戏剧问题，而非以现实作为比照。

《明朗的天》的戏剧行动（dramatic action）建基于很多戏剧设定，包括：

> 美国是敌人，一直以来通过学校、医院等在中国进行文化侵略；
>
> 没有出场的美国医学研究专家贾克逊是特务头目，在中国实质上是搜集战略情报，包括科研成果，他的秘书也是特务；
>
> 中国科研人员被骗了三十年，还一心唯美国马首是瞻，部分甚至借医学研究之名，做出损害病人的卑鄙行为。

曹禺的主题是要写知识分子的思想改造，并以只问科研、不问政治的细菌学专家凌士湘为主角，尝试处理他在解放后的思想状况。从戏剧结构角度看，第一幕是建立氛围，最黑暗的日子与明朗的解放蒙太奇在一起，于是第二幕一开始凌士湘的认识之跟不上时代就成为问题。

---

① 《文艺报》1955 年 17 期。

② 同上。

③ 辛宪锡：《新的开拓与新的危机——〈明朗的天〉在曹禺创作道路上的地位》，王兴平、刘思久、陆文璧编：《曹禺研究专集》下册，海峡文艺出版社 1985 年版，第 443 页。

曹禺在处理凌士湘的认识改变上，似乎是依靠现实参照，多于把其化为戏剧行动。就现在的处理来看，曹禺把问题的关键放在凌士湘对贾克逊的态度上，第二幕第二场，首先由凌士湘与凌木兰两父女关于对贾克逊判断的辩论展开，凌士湘接受不了贾克逊是美国文化特务，女儿指出他是受江道宗影响。这处理本身是一个理性的、逻辑性的结构，女儿代表一般医院中的进步群众，医学院新院长董观山代表共产党的革命领导，无论是争论、说服，都改变不了凌士湘。后来，曹禺安排被损害受侮辱的袁仁辉带来人证，证明贾克逊确实曾经为得到一副软骨标本，不惜杀害中国百姓。这是类似法庭把证据呈堂的做法，很吃力。

因此，一个本来以主角的思想改造为戏剧行动的戏，只能处理为别人积极改造主角的思想。所以，《明朗的天》的主题，没有在戏剧中正式展开，可以说是零度的戏剧行动。

其实，从外部形态来看，曹禺要处理的，除了是揭露美国对华文化侵略系统之外，也要处理建设新社会的一群人，包括抗美援朝的军人、医院党的领导、专业医生、底层工作员、工人，然而，他忽略了处理“不问政治”的凌士湘在新社会的一般社会生活认知。

由“不问政治”到以自己的专业参与政治，是更重要的命题，比起认识美国的文化侵略更重要，但是，现在曹禺只着眼在确认贾克逊真正的身份是特务，他为搜集标本，不惜杀掉软骨病人，他亦参与策划细菌战。不过所有这些都是作为资讯，告诉剧中人物与观众的。如此一来，戏剧问题的化解（resolution），就仿如希腊戏剧时代所笑称的“上天搭救”（deux ex machina）。

通过外在的丑来认识丑，与透视外在的美来认识丑，前者是一条容易的路，后者才是真正的创作之路。如果要批判美国文化侵略，从戏剧学角度，把贾克逊设定为特务是大败笔，亦没有必要以其种种卑鄙行为作为证据。引申下来，贾克逊秘书刘玛丽的形象、江道宗的形象，都是把对人物的批判外化，对建立真正的认知没有好处。

这情况，就好比通俗电视剧要说明一对情人感情变化就引入第三者，把一个复杂的问题，变为受外人破坏，而我们都知道，外因只是变化的条件，内因才是变化的根据，真正的戏，得审察那对情人本身的情感如何变质。

严格来说，既要处理美国的文化侵略问题，也要合乎戏剧规律，要呈现它的本质上的渗透性以及要对所谓的资产阶级医疗思想作深度的探讨。在《明朗的天》中曹禺只是简单地通过好几位专业人员的觉悟程度与立场，建立一个坐标，并不理想。他对特务的心态并不了解，亦不了解中间人物，而觉悟人物的层次亦很单薄。

是否引入了阶级分析所以影响了曹禺对人物的认知？

其实建国后曹禺本身亦经验思想的改造，他身边大量爱国知识分子也有相若的经历，只要他放开怀抱，面对自己魂灵深处，他应该有很丰富的感性材料。所以，凌士湘第二幕结尾时的结论式报告思想转变，如果说是曹禺对这种人物不了解，不如说是他没有把内心的感觉流露。

把一个本来是正剧（drama）要处理的戏剧问题，作了两次元的简化，成为通俗剧（melodrama），使《明朗的天》的信服力，在离开了当年的历史氛围后就大大减弱了。

原初生命的萎缩

《明朗的天》写医科大学里专业人士在新旧时代的变化，今天看是缺乏说服力的。戏中人物很多，似乎是在大量资料搜集的基础上的一幅时代众生相，但那时的曹禺，能描述他的人物，批判、同情他的人物，却未能以戏剧方式处理他们的思想：有前后对比，而欠发展过程。

曹禺一心呈现在新社会中知识分子的思想转变，但这戏剧行动却是缺席的。

几年前我提出“作家的原初生命”这概念，或许能解释为何有这缺席。

一个作家的“原初生命”或许可以由作品的复现母题（leitmotif）、核心意象、内在结构来考察。

曹禺成长的年代，新旧交锋。那是一个衰败破落的环境，但亦出现了新的因素。从戏剧主要人物的行动塑造来看，《雷雨》、《日出》、《原野》、《北京人》几个他最好的作品，都着重写人们的去与留的问题：

> 《雷雨》：周萍要离开，蘩漪不惜一切要他留下来，四凤希望他带她走；
>
> 《日出》：方达生到来，希望陈白露离开沉沦的空间跟他走，陈白露也决心离开，但没有跟他走，她自杀了；
>
> 《原野》：仇虎回来复仇，之后他带金子离开，长长的第三幕，写他们迷失于黑漆漆的原野，最后仇虎中枪死去，而金子离开了；
>
> 《北京人》：曾文清一生不能离开自己的处境，更借吸食鸦片来逃避，苦了为他守着这空间的愫方，他走了，又回来了，愫方心伤透，决定跟年青的瑞贞离开。

离开还是留下，是这几个戏剧中人处境的母题（motif）。曹禺悲哀他笔下的人物，但亦不一厢情愿地让他们成功地走出困局，走出苦闷。周萍开枪自杀、陈白露服安眠药自杀、曾文清走了又回来，后来吞鸦片自杀，他们最后是离开了，但他们并不是解脱，并非走去外面的世界，而是陷落到更深沉的夜。马俊山把这重复出现的状况，概括为“反出走”结构。[①]

当然，曹禺亦着力塑造渴望走向光明的人：周冲、方达生、仇虎、金子、瑞贞、愫方，他们虽然有不幸死去的，有自我牺牲而死的，但成功离去，往往是整个戏收结的意象。曹禺后来说瑞贞、愫方是去延安的，而在那个时代，受共产主义影响的青年人都以“黄金铺路的地方”来暗喻共产主义社会，所以，年青的曹禺是带着对新社会的憧憬去写自己熟悉的苦闷的旧世界。

解放前曹禺的戏剧世界，生存空间在压迫人，离开与否是戏剧问题，因而亦有两种人，曹禺同情的投射，是那些走不出的人。

“太阳出来了，但是太阳不是我们的。”他对陈白露这对白极有共鸣；从创作来看，这对白亦概括憧憬新社会的他在社会主义时期的景况。

从这角度看，作为剧作家，曹禺的“原初”生命，是属于中国由旧到新的时代。因此，在新时代真正到来时曹禺“原初”生命反而萎缩了。

当曹禺并非写他“原初”的生命感觉：苦闷、压抑、憧憬，而是去写喜悦、解放、认知，他的生

---

① 马俊山：《曹禺：历史的突进与回旋》，中国工人出版社 1992 年版，第 259 页。

命感觉必须转化，才能有好的作品。

中华人民共和国建国后，政治的热情使他自觉去写反映新时代的戏，但却下笔艰难。这是可以理解的，尤其是对一位认真的、忠于自己生命感觉的作者来说。时代的氛围与他"原初"的生命感觉有矛盾。

以下比较曹禺"原初"期与解放初期的创作：

	原初期	解放初期
戏剧问题	能否离开困囿的空间	能否思想觉悟
戏剧发展	走向新社会现实	确认社会主义现实主义
主要人物	被损害受侮辱 作为个人存在	受旧思想影响 作为阶级存在
类型	悲剧、正剧	通俗剧
作者生命感觉	感受和观察大于立场 释放创作动力	立场大于感受和观察 内在动力磨损

曹禺开始写作时，虽然很年轻，但由1910年到1930年，他体验了二十年在不事生产的旧买办家庭的生活，生命里强烈地要写中国由旧到新的种种人，以悲悯之心呈现滞闷空间中忧郁的一群，以客观眼睛看这空间如何使人心灵受损，于是发生种种乱伦、胡闹、沉沦、残忍、谋杀、自杀、荒唐、愚昧的事件。所以他最初几年的创作，在生命经验上是驾轻就熟的，反而，1949年中共建国后，对社会主义的认识与体会，需要时间，可惜建国后种种运动、斗争接踵而来，短短十多年后就遇上"文革"了。

当生命感性与时代状态结合，创作能量是无可估计的，容易有真正的作品；反之，当时代的共性掩盖着个性，创作能量只会萎缩。

曹禺是真诚的，他爱国，拥抱新时代，但内心深处未理清的，甚至他自己也不觉察的思绪，或许在建国不久就已幽幽地积累着疑惑。

[作者简介：卢伟力，香港浸会大学传理学院电影学院副教授]

曹禺在1950年代初期是如何“改造”的

——以《明朗的天》的写作、修改为中心

刘卫东

与其他“国统区”的作家并无不同，1949年前后的曹禺也经历了一个“改造”的过程，并于1954年推出了《明朗的天》，可谓一份“答卷”。这部可称曹禺创作分水岭的作品显然带着一定的与当时政治形势“保持一致”的成分，但是，也保留着曹禺“改造”过程中的一些需要仔细发掘的思考和实践。曹禺此后再未创作过“反映现实”的作品，与此次“经历”不无关系。晚年的曹禺也不看好这部戏，更加深了关于《明朗的天》“没有什么好谈的”[①]的印象。此前的研究成果有一个问题，就是大多数研究者将曹禺的“改造”及其结果归结为外部政治因素，忽略了曹禺本身在艺术逻辑上的主动“追求”。因此，仅把《明朗的天》视为曹禺“心灵的翅膀受到外界信息的暗示之后自觉敛垂”[②]是简单和片面的。曹禺1949年后的创作被称为“后期”，但是学界却缺乏对这部“后期源头”作品的深入分析。

一、事与愿违

写作《明朗的天》，不是出自曹禺自己的需要，而是源于一位“领导”的“指示”。在1955年接受记者采访的时候，曹禺讲了选题的由来。“曹禺同志曾经参加过治淮工程，参加过土改斗争，一直到一九五二年初他和党的一位领导同志谈过话以后，他才决定要写一个以知识分子思想改造为主题的剧本。这位领导同志认为这个主题很重要，很值得写，同时他也知道曹禺同志对知识分子的生活一向比较熟悉，写起来有驾轻就熟的方便。”[③]不仅如此，“曹禺同志列举了很多党的领导同志的名字，他们都曾就这个剧本的创作和他谈过话，给过他政治思想上和艺术表现上不少帮助。”[④]当年曹禺这么说，可能有一定的借此说明领导对自己关怀和爱护的意思，但是暴露了他这部作品的明显缺陷：命题作文且束缚太多。“曹禺现象”后来被反思，研究者多从这一角度入手。一旦此问题被落实，曹禺的《明朗的天》似乎就不足观了。实际上，这不是只发生在曹禺身上的个别现象。当然，曹禺并未表示对这种行为的不满，即便有不满，他也不能说出来。但是需要着重说明的是，曹禺不是“傀儡”，此时已经是一个有充分经验的作家，他是不可能任由“领导”摆布的。因此，“改造”过程就意味深长了。

---

① 田本相、刘一兵编著：《苦闷的灵魂：曹禺访谈录》，江苏教育出版社2001年版，第48页。

② 董健、丁帆、王彬彬主编：《中国当代文学史新稿》，人民文学出版社2005年版，第189页。

③ 《曹禺谈〈明朗的天〉的创作》，《文艺报》1955年第17期。

④ 同上。

曹禺能够说出来的，是他"改造"的决心。1949年，他在参加第一次文代会时说："我们是在毛泽东思想领导与新民主主义旗帜之下团结起来的。这是我们的原则。我们要努力学习毛泽东思想，研究、认识新民主主义与今后文艺路线的关系。从思想上改造自己，根据原则发挥文艺的力量，为工农兵服务，为新中国文化建设服务，这是我们每个人应该解答的课题。"① 对于曹禺来说，这些并非套话。曹禺没有流露出任何质疑或者犹豫，他是驯服的，也是配合的。但是，有些问题他不是没有想到。在《明朗的天》中，凌士湘表示了对"共产党"的宣传的反感："人是可以不死的，病也是可以治好的，而不是成天谈话，谈话，宣传，宣传！""我告诉你，我满意现在的政府，我也拥护共产党，可是我实在不愿听你的宣传！"曹禺借凌士湘之口，表达了知识分子的普遍疑问，同时，需要找到"驳斥"这种观点的根据。但是这"根据"何尝又不是自己也很想得到的呢？肯定需要"改造"。曹禺想的是，自己能够"改造"成功，写出来他认为更好的，能够配得上时代潮流的作品。

问题是，怎么"改造自己"？早熟的曹禺在1949年前就已经是一位艺术修养上几近炉火纯青的剧作家了，但是，按照"讲话"的要求，他仍然需要"改造"。他认为自己的缺点是："没有历史唯物论的基础，不明了祖国的革命动力，不分析社会的阶级性质，而贸然以所谓的'正义感'当作自己的思想支柱，这自然是非常幼稚，非常荒谬。"②除了一些大帽子外，从"非常幼稚"、"非常荒谬"的用语来看，曹禺对自己的旧作基本是全盘否定。他几乎是从头开始，以蹒跚学步的姿态来重新创作。是一种什么样的力量，把曹禺几十年积累起来的艺术观念和创作自信毁于一旦，而且让他如此心服口服？"新"观念。在"新观念"的促使下，曹禺在50年代初的主要工作是修改自己以前的作品，他对自己作品下手之"狠"令人震惊，但是结果并不成功。③ 曹禺空有改造自己的热情，但是，却没有找到合适的"点"，因此，盲目否定旧作，试图跟上形势，却成为艺术上的不大不小的败笔。

"修改旧作"仅仅是曹禺"改造"的一面，曹禺是把"改造自己"和《明朗的天》的创作结合在一起的，二者之间几乎可以互换。《明朗的天》直指知识分子的要害：专业重要还是思想改造重要。曹禺没有选择"改造"的主要对象人文知识分子，而是独辟蹊径选择了技术知识分子，可谓"创新"。如此这般，却凸显了专业知识分子思想改造中的尴尬：医生与病人之间的关系与阶级斗争思想无关。虽然剧中想说的是，即便是医生（非常去政治化的职业）也应该进行思想"改造"，否则就沦为"人民的罪人"。但是，在剧本的结尾，曹禺还是让凌士湘拿起显微镜去战斗，显示了知识分子的"特殊性"。为了将这个道理讲圆满，曹禺设计了帝国主义国家的"文化特务"，可谓煞费苦心。因为事件没有普遍性，所以凌士湘的"改造"并无多少说服力。曹禺认为，自己的"改造"是不成功的，因此，凌士湘的"改造"也无从谈起："我写《明朗的天》的时候

---

① 曹禺：《我对于大会的一点意见》，《曹禺全集》第5卷，花山文艺出版社1985年版，第505页。

② 曹禺：《我对今后创作的初步认识》，《曹禺全集》第5卷，第45页。

③ 研究者对曹禺的"修改旧作"的评价是："这种大删大改基本上使作品偏离了原来的轨道，由一种具有深刻内蕴的象征型艺术转化为仅具宣传教化功能的社会问题剧，而惟一得到'提高'的是作家的思想认识水平。"李扬：《现代性视野中的曹禺》，人民文学出版社2002年版，第172页。曹禺很快（1954年）也认识到改动的害处，说"还是保持原来的面貌好些"。曹禺：《〈曹禺剧本选〉前言》，《曹禺全集》第5卷，第51页。

觉得很难写，我在协和收集了不少素材，但是怎样提炼这一大堆材料，很吃力。你要知道，我也是要思想改造的，我也是'未改造好的知识分子'喽。那么，我写别的知识分子怎么改造好了，实在是琢磨不透彻。有人说凌士湘、尤晓峰的思想转变没有写好，写得不深刻。你想，连我自己都没有体验过这样一个思想转变的过程，要想写得很深刻，那怎么能行呢！"[①]完全是无奈的感觉。说到底，《明朗的天》意在写知识分子的"改造"，却成为一个在外部操作和内部逻辑上都"事与愿违"的作品。

二、凌士湘的塑造问题

《明朗的天》从题材上说并不讨巧，甚至有些棘手。曹禺《明朗的天》发表于1954年，正是戏剧创作轰轰烈烈的时候。粗看一下，写"工业建设"和"工人斗争"的作品有《在新事物的面前》、《不是蝉》、《考验》、《幸福》、《刘莲英》等，写"农村的生活和斗争"的有《春风吹到诺敏河》、《春暖花开》、《妇女代表》等，写"革命历史"的有《战斗里成长》、《战线南移》、《万水千山》、《钢铁运输兵》等。很少有知识分子题材的作品，《明朗的天》堪称凤毛麟角。如何写知识分子？大家都不知道。可以说，直到杨沫的《青春之歌》，才找到了"完美"的书写知识分子命运的模式，即首先意识到"半封建半殖民地的中国知识分子有什么出路？今天，我们首先就要求得中华民族的解放，然后才有我们个人的出路和解放"[②]，而唯一的方式就是"与工农相结合"。曹禺没有参加过"革命工作"，没有经历过党的"培养"，因此，是无法找到《青春之歌》这样的路径的。他只能凭自己的感觉摸索。

与具有较强自传色彩的《青春之歌》不同，曹禺《明朗的天》更多带有理论探索的性质。曹禺是敏锐的：需要"被改造"的知识分子在思考自己的方向和道路。《明朗的天》就是针对这一非常难缠、却不得不面对的问题。《明朗的天》以1949年前后一所医院的变化为舞台，推出了凌士湘这样一位学者型的医生，表现他从"两耳不闻窗外事"到投入反对细菌战的战斗中去的过程。在这部人物杂乱但是情节简单的戏中，凌士湘的戏份并不多，性格也不鲜明，人物不出彩，更重要的是，没有能够提供知识分子改造的"道路"。在知识分子"如何改造"这个核心问题上没有"创新"和"突破"，《明朗的天》基本被评论认为是一部失败之作。在曹禺为数众多的回顾自己写作生涯的场合，也基本不谈论这部作品。

问题出自凌士湘的"转变"上。曹禺在第一幕第一场中明确地说："这个戏就是企图讲一讲中国的知识分子在这场大变动的时代中如何改造思想，逐渐放下旧思想的桎梏，终于开始向新知识分子的道路上变化着。"[③]毫无疑问，比起"现实主义"和"革命历史"题材的作品来，曹禺选择了一个"硬骨头"。"旧思想"是什么？如何"改造"？何为"新知识分子"？可以说，曹禺是当时为数不多的敢于碰触这个题材的作家。虽然毛泽东已经就此有过阐述，但是曹禺能在何种程度上接受？"终于开始向……的道路上变化着"这个句式反映了曹禺疑虑和不确定。

① 梁秉坤：《在曹禺身边》，中国戏剧出版社1999年版，第18页。
② 杨沫：《青春之歌》，人民文学出版社1961年版，第114页。
③ 曹禺：《明朗的天》，《曹禺全集》第4卷，第9页。

剧本体现着这种疑虑和不确定。既然是"改造",就要写"改造前"是多么的不好,对比"改造后"是多么的好——曹禺也是这样做的。但是,他无法把"改造前"的凌士湘写得更差,也无力把改造后的凌写得更好,因此,这场"改造"就是"识破了暗藏的坏蛋",显得不痛不痒,缺乏力度。评论和曹禺自己都不能满意。

曹禺当年对《明朗的天》说了一些话,基本属于自我批评,从中可以看到他的"心结"在什么地方。《明朗的天》的选题和写作的详细过程,经过记者的采访,以《曹禺谈〈明朗的天〉的创作》为题,发表在1955年的《文艺报》上。除了一些不得不说的应景的话外,值得注意的是,曹禺对记者说到了自己写作过程中因为"马克思主义修养和生活经验不够"而出现的"困惑"。文章这样说:"曹禺同志说,许多剧作家,包括他自己在内,都在处理人物的思想转变时感到困惑,认为这是剧本创作中最难解决,但是又必须很好地解决的问题。"[①]说"必须解决",是因为人物的转变是作品的主要目的,而"最难解决",就暴露出政治要求和艺术实践之间的冲突。曹禺明白,"只有充分地揭露了这些人物在旧社会里的丑恶,一旦当他们在新社会在党的教育下得到思想转变,这才能更有力地说明新旧社会的不同,说明党的英明伟大"[②]。但是,他们是怎样转变的,或者说,思想有何内在逻辑?曹禺并不能解决。实际上,曹禺必须要搞清楚:新旧社会究竟区别在什么地方?虽然有理论作支撑,但是毕竟还无法从实践上给出"答案"。谈论"思想改造"是困难的,相对来说,写"社会改造"就容易得多(比如《龙须沟》)。问题也有解决的办法:把凌士湘塑造为一个"社会主义新人"。周扬在第一次文代会上的报告《新的人民的文艺》中指出:"我们是处在这样一个充满了斗争和行动的时代,我们亲见看见了人民中的各种英雄模范人物,他们是如此平凡,而又如此伟大,他们正凭着自己的血和汗英勇地勤恳地创造着历史的奇迹。对于他们,这些世界历史的真正主人,我们除了以全副热情去歌颂去表扬之外,还能有什么别的表示呢?"[③]党在文艺界的"领导"周扬做报告的时候,曹禺在场。

如前所述,曹禺的"困惑"是真实而具体的,他怎么做都是错。应该说,这是曹禺"改造"过程中的"软肋"。曹禺是如何处理的?在《明朗的天》中,与其他当时的流行作品也没有什么区别,曹禺塑造了一位"闯入者"党委书记董观山。曹禺对这个人物并不满意,他认为自己没有写出董观山在恶劣环境中是如何完成"任务"的,他自己批评自己说:"我们所看到的主要只是:"董观山如何来往在大夫们中间,温和地劝导他们,帮助解决思想上的某些问题,批判一下运动中某些党员的急躁冒进情绪;他的言谈多于行动,待人处世四平八稳,既没有非常强烈的爱,也没有非常强烈的恨。"[④]刚刚写完,就自我检讨。不过,如果让曹禺重写,他也不一定能够完成任务。塑造"新人"和"英雄"的问题,是社会主义文艺理论中的核心问题。曹禺在这方面"先天不足",但是也并未努力去弥补,这本身就是一种对"改造"的暧昧态度了。

---

① 《曹禺谈〈明朗的天〉的创作》,《文艺报》1955年第17期。

② 同上。

③ 周扬:《新的人民的文艺》,《人民文学》创刊号。

④ 《曹禺谈〈明朗的天〉的创作》,《文艺报》1955年第17期。

三、“初版”与“修改版”之间的不同

《明朗的天》有两个版本，相隔两年，对照一下，可以看出曹禺在风云激荡的1954到1956年之间的“改造”成果。1954年，《人民文学》和《剧本》发表的四幕七场剧《明朗的天》，到了1956年被改为三幕六场。曹禺在“改造”剧本，同时也是“改造”自己。曹禺一直在拿捏着分寸，试图找到艺术表现和现实宣传之间的平衡。曹禺认真地歌颂新政权，但是难免有“不到位”和“过火”的地方，这从他对《明朗的天》的修改中就可以看出来。除了凌士湘的年龄等“硬伤”外[①]，曹禺的“修改”值得仔细分析。

曹禺的“大局观”显然加强了。1956年版本在第一幕开始就有一段很长的时局描述。[②]这段舞台提示与戏剧几乎毫不相干，在1954年版本中也没有，是曹禺后来修改时加上去的。不难知道，这段与《新民主主义论》论调一致的话正是曹禺加强“学习”的结果。从中可以看到，曹禺的“政治意识”增强了。应该说，虽然显得有些生硬，但是这段增加的提示是必要的，因为非如此不能让读者理解这场发生在医院这个远离政治的场所的激烈斗争。或者干脆说，这也是曹禺在当年能够表现出的最高“思想觉悟”了。一些不恰当的议论也被删掉了。比如第一幕中刘玛丽对共产党的议论：“反正一进城，共产共妻，谁也舒服不了。”虽然是反面人物说的，但是比较“恶毒”，有“借他人之口诋毁”之嫌，所以删去。还有凌士湘对何昌荃参加共产党的议论：“我告诉他，叫他不要多管事情，不要参加我们这些科学家管不了也不需要管的事情！我们一辈子就是为实验，实验的目的就是救人，还有比这个对人类有更大益处的事情吗？”这是凌士湘在“改造”前的真实想法。什么是对人类更有益的事情？就此来说，反驳起来也很困难，甚至还会产生理论上的混乱，所以也删去了。可以说，这些删减基本都不是基于艺术上的考虑，而是服从于“政治标准第一”的时代号召。曹禺在政治上越来越谨小慎微不是没有道理。查1954年发表《明朗的天》的《人民文学》，编委里胡风的名字赫然在列，但是1956年，作为“反革命集团”的首犯的他已经成为阶下囚了。

值得注意，同时让人纳闷的是，曹禺在1956年删除了一些人物的“进步”的语言和行动。不是越“进步”越好吗？1954年版本中，曹禺完全是以主题先行，个人思考“缴械投降”的态度来写《明朗的天》的。他明白，这是自己“改造”后的答卷，文坛看着哩。在塑造凌士湘的形象的时候，为了让他在解放后显得进步些，曹禺安排他去了朝鲜战场。既然不能与工农结合，去朝鲜锻炼也是不错的选择，而且当时许多知识分子的确去过朝鲜战场采风。凌士湘回国后激动万分地说：“前天夜晚，车过了鸭绿江，我看见祖国的灯光，那和平繁荣，我恨不得就穿了这

---

① 1954年版本的《明朗的天》中，开头的人物介绍说凌“六十二岁”，正文的人物提示说他“五十三四岁”，二者不一致。

② 1956年版本《明朗的天》中这段提示抄录如下：“自从抗日战争结束以后，美帝国主义继续同国民党勾结起来，想把中国变为美国的殖民地。他们便下了决心，进行反共内战，不顾人民对和平民主的愿望，撕毁了保障国内和平的协议，向全国人民寄托着最大希望的解放区发动全面的进攻。在战争期间，全国人民逐渐觉悟到，从被美帝国主义控制的蒋介石政权手里，是得不到和平、民主和独立的。在中国共产党用了极大的努力和耐心使人民认清这一点后，大家才彻底了解必须打倒蒋介石，驱逐美帝国主义，并且完全依靠一直正确地为和平努力的中国共产党，才能得到生存。”

件军装，再回到前线保卫我的国家！"凌士湘是进步了，但是却不再是科学家凌士湘了。这么写，同行会暗中笑话的。凌士湘可以"进步"，但是这么进步似乎太"过"，可以抒情，但是这么矫揉造作也没有必要，这几句，在1956年版本中被删除了。同样的，在1954年版本的结尾，赵树德的眼睛被治好了，恢复了光明，他睁开眼，大声喊"看到了"，大家以为他是说眼睛好了，没料到会错了意——他说的是"看到了"毛主席的画像。接着耳边出现了工农群众高亢的歌声。1956年，曹禺没有继续使用这个结尾。

能够想象得到的是，1956年版本加强了对董观山这个人物的塑造。在1954年版本中，曹禺对董观山有一段很长的"人物提示"，董观山被描述为一个带有传奇色彩的人物：他是知识分子出身，领导学生运动被捕入狱，出狱后参加了游击战争，解放后做过地委书记和宣传部长。但是，董观山在戏中的出场次数较少，解决问题的能力没有被突出出来。显然，作为党代表，董观山发挥的作用需要加强。在1956年版本中，曹禺删去了初版中两个比较活跃的人物。一是凌士湘的妻子、妇产科主任容立章；二是进步的知识分子陈亮。他们的戏份和作用，都给了董观山。但是，令人惊奇的是，1956年版本的《明朗的天》中竟然删去了对董观山的人物提示。连刘玛丽、徐慕美、袁仁辉这样的次要人物都有，却偏删去了主要人物董观山的，着实是个值得追问的问题。曹禺为什么这么做？即便1954版本的董观山的人物提示有的地方不合适，他怎么不修改一下或者换一个呢？必有玄机。他自己没有说过，也不便妄加猜测。但是，有一点可以肯定，对自己作品精益求精的曹禺当然不是遗漏了，而是经过一番应该是绞尽脑汁一样的思考后，才决定不要了。

曹禺还有一些比较大胆的"设想"没有实施。1955年，他修改《明朗的天》的时候，记者转述曹禺的想法说："曹禺同志最近正在准备着手修改《明朗的天》，其中最重要的一点，就是要把江道宗改为暗藏的反革命分子，描写他在解放后一直和美帝国主义保持密切联系，进行反革命活动。曹禺同志所以要这样修改，他倒不是由于主观愿望硬要这样来改造江道宗，以配合今天的斗争，而主要还是由于人物本身的性格规律这样规定了的。"①设想归设想，曹禺也知道怎么"配合"，但是，在1956年推出的新版本中，曹禺还是保留了以前的江道宗的原貌，并没有像设想那样将其写成"暗藏的反革命分子"。如果真是这样，《明朗的天》固然矛盾更尖锐刺激了，但是"知识分子改造"就成闹剧了。曹禺还是有自己的谱的。

《明朗的天》的写作及其修改过程明确反映出曹禺一方面考虑到政治标准，另一方面又考虑到艺术标准，而对于两个标准的把握，他却始终摇摆不定。他总是在否定自己。写完《明朗的天》，曹禺并没有"改造"后的轻松，写作道路也并不"明朗"，而是背上了更多的"困惑"，进入了长久的停笔阶段。

［作者简介：刘卫东，天津师范大学文学院］

① 《曹禺谈〈明朗的天〉的创作》，《文艺报》1955年第17期。

尊重与摆脱的调和

——历史剧《胆剑篇》再解读

闫立飞

1961年，历史剧《胆剑篇》(曹禺、梅阡、于是之编剧，曹禺执笔)在《人民文学》第7、8期连载。这是曹禺创作的第一部历史剧。抗战期间，曹禺有过创作历史剧的计划，先后为历史剧《三人行》与《李白和杜甫》做过准备，但前者只写了一幕就放弃了，后者则始终没有动笔。《胆剑篇》的完成，不但在曹禺的话剧创作中具有特别的意义，它标志着曹禺在历史剧创作上突破了限制，进入了一个新的境地，而且也是当时众多的"卧薪尝胆"戏中成就最为突出的一部，"即使到现在它也经历住了时间的考验"①。尽管后来谈及解放后的创作，曹禺"总是摇摇头，摆摆手，不愿提及它"②，但还是可以看到他的努力与创造，发现作品对主流意识形态的顺从、规避与反抗，以及由此展现出新编历史剧的问题。因此有必要对这部作品进行再解读，以历史的角度阐释它的意义与启示。

一、从细节开始

曹禺建国后的话剧创作一个明显特征就是首先明确创作的"意图"与"主题"之后再进行写作，这和他过去只是依靠"一两段情节，几个人物，一种复杂而又原始的情绪"③激发的兴趣写作剧本的方式有着明显的不同。《明朗的天》是曹禺和"党的一位领导同志谈话以后"才决定要写的，写作之前就"明确了自己写作的思想意图，明确地认识到知识分子必须在党的教育下进行思想改造。在这样一个总的意图下，他对作品中的每一个人物和情节都加以仔细的思考和推敲，尝试着用马克思主义的观点去分析它们，以达到用社会主义精神教育读者的目的"④。《胆剑篇》则是"领导上给他下达的任务"，"但却也有他的现实的感受"⑤。谈到《王昭君》的创作，曹禺明确指出"这个戏是敬爱的周总理生前交给我的任务"，"周总理指示我的基本精神是：民族团结，文化交流"，因此，"我现在想写的王昭君，是力图从'有利于民族团结'的精神去考虑的"⑥。

---

① 乌韦·克劳特：《戏剧家曹禺(1980年10月)》，《人物》1981年第4期。

② 田本相：《曹禺传》，东方出版社2009年版，第525页。

③ 曹禺：《雷雨·序》，《雷雨》，文化生活出版社1936年版。

④ 曹禺：《曹禺谈〈明朗的天〉的创作》，《文艺报》1955年第17号。

⑤ 田本相：《曹禺传》，东方出版社2009年版，第442页。

⑥ 曹禺：《关于〈王昭君〉的创作》，《人民戏剧》1979年第12期。

尽管《胆剑篇》是“领导出题目”的产物，但作家对困难时期的现实感受，以及由此激发出的主体性意识，使其突破了“意图”与“主题”的束缚而力图在“卧薪尝胆”这个古老历史故事中寻求新的艺术创作空间。注重细节的创造就是实现这一目的的入口。合作者梅阡回忆说，“在开始构思阶段，就不是就历史而写历史，曹禺就是想写人物，写勾践，写夫差，写伯嚭，写范蠡，写伍子胥……琢磨人物性格，以人物性格写出历史来，这恐怕可以说是‘以人带史’吧！他先不急于搞提纲，他总是让我和是之先想细节”，“他总是让我们设想尽可能多的细节来，他不愿意听那些大而无当的意见”①。

《胆剑篇》中的人物，分为有史料记载和作者虚构两类。对于有史料记载的人物，剧本基本上以“尊重历史”②的方式塑造。第一幕伍子胥上场时作者有这样的说明：“他为人精诚廉明，但又专横残暴；倔强忠直，却又骄傲自负，不能忘怀他为吴国立下的丰功伟业。”这一说明，准确地把握住了伍子胥的性格特征，“可以说是《伍子胥列传》所描画的伍员形象的令人信服的发展”③，剧中关于伍子胥的场景，就是围绕着这一复杂性格展开的。他看到越国虽被战败，但民气不衰，于是感叹：“吉、凶、祸、福！吉常常是凶的开端，福常常是祸的根芽。如果不能及早消除这个致命的祸根，我怕今天吴国这场轰轰烈烈，未必不是来日一场凄凄惨惨的开头啊！”出于敏感和对吴国的忠诚，伍子胥在这场轰轰烈烈的胜利中看到了导致将来失败的“致命的祸根”，于是他企图采用先斩后奏的方式杀掉勾践，灭掉越国。但他以功臣自居的耿直、骄横与自负，不仅屡屡冲撞吴王夫差，而且也引起伯嚭的嫉恨。如太宰伯嚭建议在大禹庙前立碑勒功，伍子胥立即表示，“事没有成，先就夸功，这个碑早晚要掘掉的”，并强谏夫差：“臣立过战功，而且不小，也见过强敌，那时大王还很年少。先王临终的时候，嘱托老臣，要把吴国放在永远不败之地。刀悬在头上，要知道危险；路走迷了，要知道回头。奸佞的言语不可信，误国的计谋不可听。话已说到尽头，老臣向大王告罪。”并一怒而下。夫差将北上会盟，伍子胥痛心疾首地对夫差表示，“越国将兴，吴国将亡”，并讽谏夫差与其会盟称霸，不如“今天大王就带领伯嚭，解去衣冠，在勾践门前，长跪不起，叩头请罪，俯首称臣”，这样，“也许还能保住大王的性命”。最后，即便被夫差赐死，并要挫骨扬灰时，伍子胥还上谏：“大王，就听老臣死前的一句话吧！越王勾践，爱民敬贤，肯听忠言，此人不死，必成大事！越王勾践，寝不安席，食不兼味，此人不死，必得其愿！越王勾践，整军经武，立志灭吴，此人不死，必为大敌！”尽管剧中伍子胥的戏份并不多，只在第一、五幕中出场两次，却完整地展现了一个功高遭馋、忠贞见戮的悲剧性格形象。这和当时有的“卧薪尝胆”戏略去伍子胥，或者把他当做反面人物的做法形成了鲜明的对比。

伍子胥性格的完成，是剧作者对这一人物进行了历史的还原，还其一个“本来面目”，并通过细节对其性格特征做了补充和丰富的结果。《史记·伍子胥列传》称伍子胥是“弃小义，雪大耻，名垂于后”，以“隐忍”成就功名的“烈丈夫”④。但他的“倒行逆施”的性格也导致了他的

---

① 田本相：《曹禺传》，东方出版社 2009 年版，第 443—446 页。

② 森鸥外：《尊重历史与摆脱历史的束缚》，《森鸥外精选集》，高慧勤选编，北京燕山出版社 2005 年版，第 543 页。

③ 茅盾：《关于历史和历史剧》，《文学评论》1961 年第 6 期。

④ 司马迁：《史记》，岳麓书社 1988 年版，第 507—509 页。

日暮途穷。据《吴越春秋》记载："子胥归，谓被离曰：'吾贯弓接矢于郑楚之界，越渡江淮自致于斯。前王听从吾计，破楚见凌之仇，欲报前王之恩而致于此。吾非自惜，祸将及汝。'被离曰：'未谏不听，自杀何益？何如亡乎？'子胥曰：'亡臣安往？'"[①]忧患中人的伍子胥最后已是英雄末路，他的逃亡之所只能是"死"。《胆剑篇》两次以细节的形式表现了伍子胥的忧患意思，如第一幕他进庙搜杀勾践被范蠡舍身阻拦，"这时伍子胥却忧思如潮，抑制不住地焦灼不安起来。他仰天长望。一旁的被离望着他，也若有所失"；第五幕伍子胥被剥夺了兵权，谏阻夫差北上黄池会盟，"这时，伍子胥上。他须发皓白，精神矍铄，但眉宇之间透露着内心的忧思"。这种如影随形的忧思不仅支配了伍子胥的行为，而且也展示了他复杂的内心世界，并预示了他悲凉的人生结局。伍子胥因细节的刻画成为剧中一个具有丰富内涵和高度历史感的个体。正如茅盾指出，"剧作者明白地看到伍子胥性格的复杂性，而这是司马迁以后塑造伍子胥形象的人们未曾看得那样清楚的"[②]。《胆剑篇》中的伍子胥不仅达到了这一历史高度，而且他以艺术形态的完整和情感力度的饱满给人留下了深刻的印象，成为曹禺笔下又一个成功的话剧人物形象。

二、写实与虚构

《胆剑篇》中，勾践与苦成是最为突出的两个人物，前者为史料记载的历史人物，后者则为作者所虚构。这两个人物不仅在剧中的分量远远超过了伍子胥，而且也代表了写实与虚构的两极。他们的身上体现出剧作者结构剧本、塑造人物所达到的认识与艺术水准。

对于勾践来说，剧作者也是以"尊重历史"[③]的方式来塑造。据《史记》记载，"吴既赦越，越王勾践返国，乃苦身焦思，制胆于坐，坐卧即仰胆，饮食亦尝胆也。曰：'汝忘会稽之耻邪？'身自耕作，夫人自织，食不加肉，衣不重采，折节下贤人，厚遇宾客，振贫吊死，与百姓同其劳"，指出越王勾践卧薪尝胆，与百姓共度艰难的同时，也指出其不足之处，"越王为人长颈鸟喙，可与共患难，不可与共乐"[④]。《胆剑篇》从发展的角度表现了勾践的性格特点，在第一幕，作为亡国之君的勾践不甘受辱，打算以死谢罪，因而夫差让他谢不杀之恩时，他说："大王兴兵侵伐越国的疆土，杀光了我们的五城三镇，连黎民百姓一年辛苦种的稻子，也一火烧尽。这样的暴兵是千古少见的。勾践不知有什么恩！"但在第五幕，已做好反攻吴国的勾践说，"二十年来，寡人别无长进，听取忠言，寡人学会了"，因而面对吴王夫差要求勾践嫁女作为人质时，即便他为此握断了玉圭，勾践仍然答应了。这说明经过失败的惨痛教训，勾践已经从盲目冲动、不计后果的青年君王成长为运筹帷幄、隐忍坚毅的有为之君，他的性格已经成熟。《胆剑篇》一方面展示了勾践的作为，如他致力于发展生产，"减赋税，省刑罚，开沟洫，选贤能，轻徭役，叫百姓先富足起来"，并铸造兵器，操练兵士，表明"宁可作那笔直折断的剑，不作那弯腰屈存的钩"的决

① 赵晔：《吴越春秋》，江苏古籍出版社 1999 年版，第 76 页。

② 茅盾：《关于历史和历史剧》，《文学评论》1961 年第 6 期。

③ 森鸥外：《尊重历史与摆脱历史的束缚》，《森鸥外精选集》，高慧勤选编，北京燕山出版社 2005 年版，第 543 页。

④ 司马迁：《史记》，岳麓书社 1988 年版，第 346－348 页。

心,“卧薪尝胆”,以期雪会稽之耻。另一方面也表现了勾践作为君王的独特心理,如文种劝谏勾践要“天高听卑”,虚心接受百姓的批评时感叹,“文种的话说得太重了。‘要买民心’? 他的话是很不入耳的。(沉吟)人真难用啊! 正直能干的往往不驯顺,(皱着眉头)不驯顺! 可是在患难中要有容人之量啊! ……但是一个百姓竟然说我没有骨气,这真是难以耐下啊!”。第四幕他又自白说:“我卑鄙,我怯弱,象一只惊弓之鸟,一见猎人的影子,就钻入天去。我只知退缩。抢牛,我不敢回手;搜剑,我不敢回手;连拆城我都不敢回手。这一鞭一道血痕,打在我的心上。我就是厚脸皮,就是不知痛。在群臣面前,在范蠡、文种这样难驾驭、不能长居人下的大夫面前,站着我这样一个不成器的君王!”由于契合了史书的原貌,还原了勾践的历史面目,因而既没有把勾践“装扮成现代的殖民地解放战争的民族英雄”,也没有把他“写成了意志薄弱的无能之人,什么都是人民在推动他,在教导他,越国人民好像是在直接当家作主了”[①],而是较为真实地展示了作为越国君王的勾践形象及其历史作用。

对于苦成,则是剧作者努力“摆脱历史的束缚”[②]的产物,这也是《胆剑篇》中虚构人物的主要创造方式。苦成是见于史实的越国五大著名的大夫之一,如《吴越春秋·勾践入臣外传》中苦成自述明志说:“发君之令,明君之德,穷与俱厄,进与俱霸,统烦理乱,使民知分:臣之事也。”[③]但在《胆剑篇》中,苦成却成为既具有“姒姓,与勾践同宗”的贵族血统,又是“此地的乡贤”并“通习六经”的“有学问的庶民”,除了借用了苦成大夫的名字以外,二者没有任何的相同,是一个没有任何史料依傍的虚构的人物。由于摆脱了历史的束缚,剧作者充分发挥了自己的想象,在展示历史可能性的同时,注入了自己的激情和对新时代的感受,创造了这个高大完美的劳动人民形象,并在他的身上凝练出剧本的主题。如第三幕他向勾践提出“非自耕者不食”的建议,使勾践看到复国图强的前景:“自强不息! 这四个字真像天上的响雷一样,可以震撼天地,叫万物都随着它的声音生长起来。(振奋的)对,靠自己,图自强,自强不息,非自耕者不食。真是有志气的百姓啊! 有这样的百姓,我还有什么忧虑,有什么畏惧。”第四幕向勾践献胆时说:“胆。胆能明目,它叫人眼亮。大王要看清哪! 一时强弱在于力,千古胜负在于理。”他殉难的地方被称作“苦成崖”,成为越国父老经常教诲砥砺子弟地方的同时,苦成老汉也成为被人祭拜的“神”。有评论家指出,“在这个人物身上所花的笔墨,甚至是超过文种、范蠡的,多方面地刻画了他的英雄性格和富于智慧的精神面貌。作者也是从大禹的精神里照耀出这个古代人民的英雄形象,并在他的形象里集中体现了《胆剑篇》的主题——悬胆持剑,艰苦奋斗,同仇敌忾,英勇不屈。冒着吴兵的剑把烧焦稻穗献给勾践的是他,拔下夫差的镇越宝剑的是他,宁可饿死不吃吴米、大胆地责备勾践没有骨气的是他,献辟荒兴农复国良策的是他,献苦胆要勾践自励的也是他,最后这个老人是为了保住复仇的刀剑挺身而出英勇殉难了。就这个艺术形象来看,它确实是概括地表现了越国人民顽强不屈的性格,虽并非史实所载,在当时的越国人民中间,是有虚构这样一个人物的生活基础的”[④]。苦成老汉的形象的确有些

---

① 茅盾:《关于历史和历史剧》,《文学评论》1961年第6期。

② 森鸥外:《尊重历史与摆脱历史的束缚》,《森鸥外精选集》,高慧勤选编,北京燕山出版社2005年版,第543页。

③ 赵晔撰:《吴越春秋》,江苏古籍出版社1999年版,第110页。

④ 李希凡:《〈胆剑篇〉和历史剧——漫谈〈胆剑篇〉的艺术处理和形象创造》,《人民日报》1961年9月6日。

“过于理想化”[①],不过,这也正是剧作者的目的所在,他对这一虚构人物的浪漫化处理,使其成为一个象征性代表的同时也构成剧本中虚构的一极,并成为越王勾践的一个必不可缺的补充。

三、尊重与摆脱

剧作者在苦成的身上用去了很多笔墨,也有很多出彩的地方,但这个人物形象整体上并不很成功。茅盾认为,人物性格的描写,是《胆剑篇》的优点之一,但相对于伍子胥、勾践、范蠡、文种、夫差、伯嚭等实有的历史人物形象而言,作为虚构的人民英雄的苦成“还缺少个性”,“苦成的戏不少,也很动人,可是不知为什么,他给我的印象不深,没有特点。也就是说,他的个性不明显”。[②] 凤子从演出的角度指出了苦成的问题,“苦成是农民还是隐士?表现这个人物应该更多点泥土气息,还是更超脱一点呢?……从效果看,苦成却感人不够深,是演员未能很好理解、体现作者的意图呢,还是作者下笔时情感太饱满,感情太挤,弦一开头就定的太高,使得人物无法很好地再现呢?”她解释道:“写苦成的用心是可以理解的,问题是不是写得略过一点,略多一点,因而,舞台处理上,演员表演上就难免有累赘、负担的现象。四幕二场,苦成决定牺牲自己,所以心情反而平静安定,演员这样处理是经过深思熟虑的。但苦成一幕一上场就处在国破家亡、国仇家恨的沉重的感情负担中,演员一直压抑着自己的感情,一直到牺牲的时刻,就造成了一种错觉,似乎感情缺少变化,人物似无发展。拿苍松翠竹来比拟这个英雄人物的话,苦成的形象是沉稳有余,挺拔不足的。”[③]实际上苦成问题责任还是在作者一方。

相对于学者、演员对《胆剑篇》总体肯定,但也指出细节不足的做法,周恩来总理的意见就严重了许多,他在大会上说,“《胆剑篇》有它的好处,主要方面是成功的,但我没有那样受感动。作者好象受了某种束缚,是新的迷信所造成的”[④]。周恩来的意见,传达了这样的信息,即《胆剑篇》作为领导交办的“任务”,曹禺并没有很好地“完成”,没有像《明朗的天》那样虽然表现得“不深刻”,却“把帝国主义办医学院的反面的东西揭露出来”那样具有明确的主题和现时性的教育意义。曹禺“写《胆剑篇》也很苦恼”,但在领导看来这个剧本并没有对现实起到应有的作用。曹禺的“胆小”与谨慎束缚了剧本介入现实的深度与力度。因此,《胆剑篇》在当时七八十种“卧薪尝胆”戏曲本子中虽然最为有名,但它却处在“领导”不认可,专家、演员有意见的尴尬境遇中。

《胆剑篇》的尴尬显示了剧作者抉择的困难,以及力图在这一抉择中进行艺术创造的努力,曹禺的“胆小”与谨慎反而拯救了《胆剑篇》,使其具有相对较高的艺术成就。

依照阶级论的观点,春秋末期的吴越时代正处在奴隶社会,“当时,奴隶经济虽仍占主要地位,而生产比较发达的国家如鲁国则已有了封建地主经济制度的萌芽”,“勾践时代的越国,

---

① 吴晗:《略谈〈胆剑篇〉》,《中国青年》1961 年第 16 期。

② 茅盾:《关于历史和历史剧》,《文学评论》1961 年第 6 期。

③ 凤子:《〈胆剑篇〉演出浅谈》,《人民日报》1961 年 12 月 9 日。

④ 周恩来:《对京的话剧、歌剧、儿童剧作家的讲话》,《周恩来论文艺》,人民文学出版社 1979 年版,第 112 页。

如和当时的齐、晋、鲁等国比较,经济上是落后的。我们钩稽先秦典籍的有关越国的资料,还看不到当时的越国已经存在着像齐、晋等国的正在发展着的封建地主经济。因此,当时越国的统治阶级中也还没有强有力的封建地主阶层。因此,当时越国的社会结构,一方是世袭的奴隶贵族阶级(这是统治阶级),又一方是奴隶、农奴、手工业者的被统治阶级"①。阶级分析的结果,就是对除了农民战争的领袖以外,大部分都采取否定的态度。戏剧方面同样如此,当时绝大多数"卧薪尝胆"剧本作者持有一个共同的看法,"以为勾践既然是国王,他不是奴隶主,也必定是封建主,不会是个好东西,办不了好事。但勾践实际上又做了好事,怎么办呢?于是就抬出人民群众来为他出主意。卧薪也罢,尝胆也罢,都是老百姓叫勾践做的。这样,勾践就成为接受人民群众意见,甚至于被人民群众所领导着走的国王了"。② 曹禺也必须在这一阶级图景中结构剧本,这就是他虚构"苦成"这一人物并极力渲染的原因。尽管他在塑造苦成过程中摆脱了历史的束缚,但无法逃脱现实的限制,因而导致苦成这一人物在剧中的失衡和学者、演员的批评。

苦成的护剑、献胆,虽然使其成为"剑"与"胆"的象征,成为人民群众力量的集中体现,但真正卧薪尝胆主导越国复兴是勾践,《胆剑篇》在展现以苦成为代表的人民力量的同时,也恰当地表现了勾践作为"有为之主"的历史作用。这就使得《胆剑篇》不仅突破了统治阶级与人民群众之间的阶级对立,而且在"写实"与"虚构"的基础上调和了虚实对立的两种历史剧观念。吴晗在《谈历史剧》一文指出,"历史剧和历史有联系,也有区别。历史剧必须有历史的根据,人物、事实都要有根据……人物、事实都是虚构的,绝对不能算历史剧。人物确有其人,但事实没有或不可能发生的也不能算历史剧。在这一点上说,历史剧必须接受历史的约束,两者是有联系的"。"同时,历史剧不同于历史,两者是有区别的。假如历史剧完全和历史一样,没有加以艺术处理,有所突出、夸张、集中,那只能算历史,不能算历史剧……反之,历史剧的剧作家在不违反时代的真实性原则下,不去写这个时代所不可能发生的事情,而写的是这个历史人物所处的时代完全可能发生的事情,在这个原则下,剧作家有充分的虚构的自由"③。辛宪锡则表示不同的意见,他指出,"过去时代,只有统治阶级有历史,帝王将相有历史,被压迫阶级、劳动群众是没有历史的,虽然他们创造了历史。他们的生活,他们的斗争,也有被写进历史的,那往往是被篡改了的、歪曲了",所以,他认为,"仅从历史与文学的关系或是从文学与历史的关系,从它们的比较去衡量历史剧,是不能解决问题的",而是从"历史发展的可能性"的角度"去综合生活,丰富生活,虚构创造历史事实,塑造出符合历史发展可能性的人物形象来,从而达到历史的真实"④。吴晗与辛宪锡对历史剧的不同看法,实际上展示了历史剧发展的两条路径:前者要求以史实为依据,在历史的约束中进行艺术加工和必要的虚构,代表了历史剧务"实"的一面;后者则摆脱了历史的束缚,通过虚构来展示所谓的"历史的真实性"与"可能性",代表了历史剧务"虚"的一面。两者本无高下之分,但在强调为现实服务的背景下,

---

① 茅盾:《关于历史和历史剧》,《文学评论》1961 年第 6 期。

② 吴晗:《论历史人物的评价》,《人民日报》1962 年 3 月 23 日。

③ 吴晗:《文汇报》1960 年 12 月 25 日。

④ 辛宪锡:《文汇报》1961 年 1 月 12 日。

前者由于历史的庇荫而具有较为丰富的内涵和艺术性，后者则往往沦为影视现实的摹本，从而导致历史剧背离“历史”的同时也失去了艺术生命力。

《胆剑篇》在史料记载的人物创作上采取“尊重”历史的写实和在无史料记载的人物创造上采取的“摆脱”历史束缚的虚构相调和的方式，实际上是看到历史题材创作“据旧史即难以抒写，杂虚辞复易滋混淆”[1]的悖论后的一种创造。从这点来说曹禺是深谙历史剧创作三昧的，只是受当时语境的限制而难以更进一步地发展。这不仅是《胆剑篇》的遗憾，也是当代历史剧创作的一个重大损失。

［作者简介：闫立飞，天津社会科学院文学研究所］

① 鲁迅：《鲁迅全集》第9卷，人民文学出版社2005年版，第135页。

剧场篇

经典《雷雨》:从话剧到苏州评弹

——纪念曹禺百年诞辰

朱栋霖

一

戏剧大师曹禺百年诞辰之际,根据同名剧作改编的苏州评弹《雷雨》先后献演于北京大学、清华大学、南开大学和长安大戏院、梅兰芳大戏院,评弹表演艺术家盛小云、徐惠新、施斌、吴静、陈琰联袂弹唱。戏剧影视学家黄会林观后评价:“编导和表演都很到位,出乎意料的棒!使经典又一次鲜活起来。”钱理群教授评为:“这个戏完成了从话剧到评弹、从30年代到21世纪今天的两个转变,既演出了爱情的真挚和复杂,又刻画了人性更深层次的东西,更符合现代年轻人的审美情趣。”戏剧理论家童道明认为:“阐释精准,学术性强。”

将话剧经典《雷雨》改编为地方曲艺——苏州评弹,殊非易事。尽管自1934年曹禺的这部经典作品问世以来,电影、电视剧、京剧、沪剧、越剧、黄梅戏、歌剧、舞剧等剧种的改编版时有尝试,但是有创意的成功改编并不多见,将话剧场面、台词转换成戏曲场面、唱词仅是移植,未见得就是体现了原著精神。评弹本是大众通俗艺术,将《雷雨》通俗化、娱乐化显然有悖经典价值,电视剧《雷雨》在这方面已是失败的先例。对《雷雨》主题内涵与人物内在精神复杂性的深刻把握,才是衡量改编成功与否的关键。

我们的改编工作始于对经典《雷雨》的重读,重新阐释《雷雨》原典精神。

这是一部古今以来无与伦比的家庭悲剧。曹禺通过血缘伦常纠葛与爱恨情仇的悲剧冲突,探索人性复杂性与人的命运。戏剧集中于一天时间两个舞台背景(周家客厅、鲁家住房),从周朴园家庭内、外各成员之间历史的错综纠葛中深入进去,写出了封建家庭中人性的悲剧。话剧《雷雨》有三组重要冲突和戏剧冲突线:周朴园与梅侍萍的冲突,由于梅侍萍偶然间重返旧地,挑出了30年前历史的悲剧;周朴园与蘩漪的冲突,封建家长周朴园的专制冷酷造成了对蘩漪的压抑与痛苦;蘩漪抓住周萍不放,周萍要摆脱蘩漪远走高飞,形成了两人的激烈冲突。《雷雨》问世70年来,时代思潮的变化影响到《雷雨》的阐释、对《雷雨》深刻复杂性的认识,对该剧主题与主要冲突的把握也在变化中,强调《雷雨》主题的某一重点,就突出其中某一组冲突。上世纪50、60年代强调阶级分析与阶级斗争,突出周朴园和鲁妈的冲突是戏剧的主要冲突;80、90年代注重反封建主题,自然就认定蘩漪与周朴园的冲突是戏剧的主要冲突。其实,在剧中蘩漪与周朴园的关系已经固定化;在冷漠家庭关系中蘩漪爱上了周萍,又因为周萍要弃她而去,她才拼命抓住周萍不放,引发了一连串激烈的冲突。蘩漪抓住周萍不放,不是为了去反抗周朴园,而是她自己心灵的渴求。剧中,蘩漪与周萍的正面冲突就有七次之多,蘩漪最后叫出周朴园引爆了高潮,但那不是要反抗、对付周朴园,而是为了阻扰周萍、四凤。即使蘩漪不在场,如开场鲁贵对四凤说"闹鬼",其内在情节也是直指蘩漪、周萍关系的。杰出的作品都不能用通常的一般戏剧理论规则去套解。在《雷雨》中,周朴园处于几组人物关系的中心地位;但是,就戏剧的情节结构看,蘩漪与周萍的冲突才是《雷雨》的主要戏剧冲突。蘩漪是剧中最"雷雨"性格的人。

我们确定,评弹版《雷雨》以蘩漪与周萍冲突为主线,以蘩漪为第一主角。苏州评弹的特点是细腻抒情,擅长将剧中情节细说慢唱,刻画人物的内心情感。一部中篇评弹两个多小时要将四个多小时的话剧经典《雷雨》全部搬上书坛是不可能的,只能撷取蘩漪与周萍这条线索上的典型情节。经过反复斟酌,大胆取舍,确定全书三回。第一回"山雨欲来",重点表现蘩漪被逼喝药后以情留萍;第二回"夜雨情探",蘩漪跟踪周萍,在四凤家窗外窥听周萍四凤热恋;第三回"骤雨惊雷",蘩漪在绝望中爆发。我们从全剧四幕 50 多个戏剧场面中,撷取了六个"桥段",为的是充分发挥评弹说、噱、弹、唱和心理刻画优势,集中刻画蘩漪与周萍的冲突。原剧中一些很出彩的场面,如周朴园与侍萍相认、四凤被逼发誓,因时间篇幅限制只能放在书中穿插交代。如在第二回周萍"夜雨情探"开头有五分钟的书,给予交代"相认"这场戏中的周朴园与梅侍萍。我们借用戏曲中打背供的手法,用白口"表"来描述两人相认后的心理活动。

朴园表:(感慨地)人生当中初恋是很难使人遗忘的。照片上的梅侍萍是我铭心刻骨的心上人;她连我衬衣上那朵梅花,还记得这样清楚! 侍萍没有变。三十年了,人生如梦啊!

侍萍表:周朴园完全变了。——我曾经把我的终身托付给周朴园。他衬衣上的这朵梅花,还有旁边绣了一个"萍"字,就是我刻骨铭心的一夜,从此有了萍儿,周朴园给他取名"周萍"。凭心而论,他人不坏。当年的周朴园温文儒雅,体贴入微,他是真心欢喜我。我为他生了两个儿子。一个女人求什么呢? 他真心待我,我情愿服侍他一辈子。

朴园表:我从来没有把她当佣人看待。侍萍身上有无数优点,以至于她消失之后,三十年我觉得再没有一个女人能替代她。蘩漪? 差远了!

侍萍表:我一心想为周家生儿育女,相夫教子,偏偏他们就是容不下我。

朴园表:是啊,周家对不住她!

我们希望此时周朴园、侍萍的心理活动内容包含了原剧中"相认"这场戏的心理分量,以及它对蘩漪周萍冲突发展的影响。邹红教授评为:"以蘩漪与周萍为主线取舍创作得当,人物心理刻画细腻感人。"评弹《雷雨》尊重原著不是照搬原作,而是在原有主要情节基础上深挖细抠,体现与阐释原著精神和人物的内在精神。

蘩漪是评弹版《雷雨》的核心人物,也是体现我们重新阐释曹禺原典精神的灵魂。

蘩漪的舞台形象一向被定格为在压抑中反抗、报复的悲剧女性,她反抗周朴园的专横(喝药),她与周萍不断冲突,指责对方始乱终弃。在话剧的经典演出中,蘩漪被塑造成在绝望中抗争、爆发的悲剧女性,她的阴鸷忧郁、她的歇斯底里在这个定型中被渲染得淋漓尽致。这个形象定型的理论支撑是强调《雷雨》主题的反封建意义,强调蘩漪形象强烈的反封建性,蘩漪是现代中国的“娜拉”，是“反封建的斗士”。在《雷雨》问世后的一个特定历史阶段这样的阐释也许有其可理解性。在解放后的政治文化环境中，《雷雨》主题与蘩漪形象的反封建性被政治化与强化，周朴园与梅侍萍（还有鲁大海）的关系被强化为阶级压迫与阶级斗争，周朴园与蘩漪的冲突被政治化为反封建斗争，蘩漪就是为了反对周朴园作为封建家长的专制独断，周萍之于蘩漪也是资产阶级纨袴子弟所为。尽管近年来这些政治化的内涵在逐渐淡化，但是一个抗争爆发、在舞台上斗来斗去的女性已被定型。

尽管我从 1978 年在南京大学以曹禺戏剧研究作为我的研究生学位论文，至今 30 年间不断品读这部经典，但这次我荣幸地被聘为苏州评弹《雷雨》顾问，指导改编，我还是向演员与执笔者强调重读原典，重读 1936 年《雷雨·序》，从原典作品的重读中提炼我们的创意。从 2008 年 6 月至 2010 年 9 月两年多的评弹版《雷雨》改编过程，就是一个不断重读原典的过程。

我们很快取得共识：抛弃《雷雨》研究与演出中的阶级斗争观点与庸俗社会学，阐发《雷雨》原典作品人性的光辉。戏剧大师以悲悯情怀，让一群被时代扭曲了人性的人们，在雷雨滂沱、电闪雷鸣烛照之下痛苦地寻找。周公馆中连绵三十年的爱恨情仇，三十年的情欲与泪水，铸就了一场悲天恸地的人生悲剧。所有的人都在纠缠着，挣扎着，本想主宰自己，却被不可知的命运所主宰。极端的痛苦与情热在一天中强烈地碰撞，善良、真诚、爱怜、忏悔的心灵被反复撕裂，最终的悲剧无可避免。

评弹《雷雨》塑造的是一个痛苦的、为渴求爱而挣扎的蘩漪，而不是通常所见一个抗争的女性、一个反封建斗士。舞台上斗来斗去、吵个不休的女性不易获得悲剧的同情。蘩漪在挣扎，但挣扎是表象，痛苦是她的内心，她因为痛苦、无爱而挣扎、爆发、歇斯底里。苏州评弹艺术的特点是充分人性化，长于刻画人物内心情感，细腻抒情，富有人情美。评弹《雷雨》塑造的蘩漪是一个在痛苦压抑中挣扎、渴求爱的女性。在 1936 年文化生活出版社初版《雷雨》第四幕高潮，蘩漪面对众人有一大段独白，这是蘩漪的“自我宣言”：

> 蘩漪　（高声）你的母亲早死了，早叫你父亲压死了，闷死了。现在我不是你的母亲。她是见着周萍又活了的女人，（不顾一切地）她也是要一个男人真爱她，要真真活着的女人！
>
> （揩眼泪，哀痛地）我忍了多少年了，我在这个死地方，监狱似的周公馆，陪着一个阎王十八年了，我的心并没有死；你的父亲只叫我生了冲儿，然而我的心，我这个人还是我的。（指萍）就只有他才要了我整个的人，可是他现在不要我，又不要我了。

在解放后流行甚广的人民文学出版社 1961 年版、1978 年版《曹禺选集》中，原版中蘩漪表述自我的核心语言被删去了：“她是见着周萍又活了的女人，（不顾一切地）她也是要一个男人真爱她，要真真活着的女人！”

其实这正是蘩漪在本剧贯穿动作的心理动机。周朴园的专横冷漠使她陷入无爱的困境，“然而我的心，我这个人还是我的。”她接受了周萍的不伦之恋，而周萍要弃她而去。剧中，蘩漪与周萍的冲突争执不断、波澜起伏，其实她不是为吵而吵、为斗而斗，而是她太爱周萍、太在乎周萍，她不能没有他，失去周萍她就失去了生存的一线希望。她对周萍诉说：“你知道我没有你在我面前，我已经很苦了。”“这家我再也忍受不住了。”当然软弱的周萍终于无法接受蘩漪超常的爱，蘩漪灵魂的呼唤没有获得另一半灵魂的回音。周萍不是一个值得蘩漪爱的人，接受蘩漪超常的爱需要同样一颗反叛的、强劲的灵魂，周萍不具备，但是在那样的环境蘩漪只能遇合如此的爱情。我认为，蘩漪是由于对爱的热切渴望而在心灵中把周萍美化了，与其说她爱周萍这个人，不如说她更眷恋自己心中爱的渴望。

蘩漪与周萍究竟是怎样相爱的？或者说，三年前他们究竟是怎么回事？蘩漪指责："是你引诱了我！"周萍辩解："你知道当时的情形怎么样？"这是把握蘩漪、周萍冲突的一个起点。在这些方面，话剧本提供了情节的空白，惟其空白、模糊才含蓄，给读者提供了想象的空间。但评弹叙述故事的特点是需向听众一一交代明白，尤其是编导、演员自己心中要明白，唯其如此，才能进入剧中人心灵，演得深透。

蘩漪姓什么？从何而来？为何她与周朴园夫妻关系如此僵持、冷漠？我们设定，蘩漪姓顾，无锡人。顾氏是无锡名门望族，祖上顾宪成耿介正直，为明代东林党领袖。28 年前周朴园迎娶的"那位有钱有门第的小姐"就是顾家大小姐，也是蘩漪的大姐。但那时候新婚的周朴园一颗心全在遇难的梅侍萍身上，他冷落新娘，彼此没有什么感情，顾大小姐抑郁寡欢，与周朴园没有生育，终于离开人世。蘩漪是周朴园的续弦，已故周夫人的小妹。蘩漪从小受父母宠爱，富有才情，生性孤傲、任性。周朴园不是不关心这位年轻的妻子，但是作为封建家长的独断专制的个性，使他与蘩漪夫妻情淡，蘩漪终年抑郁寡欢。一次机缘，她与年轻的周萍擦出火花。

在曹禺剧本和话剧《雷雨》的经典演出中，蘩漪出场手中总是执一柄团扇。我们就从这柄团扇上生发新的情节。三年前周萍大学毕业从无锡来到天津，他知道太太蘩漪喜欢江南风物，特地从苏州买了一对精美的团扇送给蘩漪作为见面礼。由此，我们设计了两人看昆曲《游园惊梦》、画扇题诗的情节。近几年昆曲青春版《牡丹亭》的流行，使观众对"游园惊梦"的情节和杜丽娘的情感世界十分熟悉，以此来激发与映照蘩漪的痛苦与渴求，观众容易理解。一曲《惊梦》情恍惚，蘩漪感慨身世，在团扇上画下杜丽娘自况。周萍看到了蘩漪的内心痛苦与孤独，藉题写李清照《声声慢》词表达对蘩漪的同情。演员徐惠新表演的创意是，将"寻寻觅觅，冷冷清清，凄凄惨惨戚戚"三句 14 字，让周萍分四次题写，每写下四字，激起蘩漪有一种反应——心理活动，周萍写完"戚戚"，"滴滴"蘩漪滴下眼泪。我们希望用这个情节填补话剧中三年前蘩漪、周萍不伦之恋情节的空白，阐释两人不伦之恋的情感起点：蘩漪的孤独痛苦和爱的渴求，周萍对蘩漪的同情与赞赏。这就为评弹版《雷雨》主线蘩漪、周萍不伦关系的重新阐释与演绎，提供了一个新的、明确的情感起点。

这样的虚构还是有一点由头。按照剧情提供的年代，蘩漪、周萍初欢是在 1921 年。那时北方昆弋荣庆社于 1918 年在北京初兴，引起蔡元培、吴梅等北京大学师生的赞赏与热捧。荣庆社也极有可能赴天津演出，地点应在广东会馆，这是当年梅兰芳、杨小楼来津演出场所，也是当年少年万家宝（曹禺）常随母亲看戏的地方。《游园惊梦》是荣庆社台柱名伶韩世昌、白云生的看家戏。我最近注意到一则资料，曹禺创造蘩漪的原型，是他同学的一位嫂子，那位女子与那同学发生了私情。偏那女子会唱昆曲，她家是昆曲票友世家。曹禺原剧中，蘩漪能诗善画，"有她对诗文的爱好"，她还曾要赠扇画给冲儿。

这段新增添的书情，我们把它放在蘩漪被逼喝药之后，痛定思痛，她决定要以情相留周萍。于是蘩漪故意将团扇落地，逗引周萍回忆三年前第一次亲密接触。在沉重压抑的剧情后有一段轻柔的诗意抒情戏。用闪回的方式，两位演员连说带表，演绎这段前情。在北京、天津、苏州的大学演出，熟悉剧本的大学师生都颇感兴趣，欣然接受了这段新增情节。

发挥苏州评弹细腻抒情的艺术特点，中篇浓墨重彩刻画两位剧中人的内心世界。话剧《雷雨》的重头戏“喝药”通常在周朴园与蘩漪的拉锯战中展开，而且这一切仅靠剧中人几句台词，角色的心理活动是蕴含其中不外露的。评弹《雷雨》开场三分钟立即进入周朴园命周萍跪劝“喝药”，我们设计戏剧冲突表现的重心，不在蘩漪与周朴园声声威逼之间，而在蘩漪与周萍之间心灵的交锋。周朴园一声：“跪下，请母亲喝药！”把周萍吓得魂飞魄散。接着在四个回合的对唱中一层层展开两人心理交锋。蘩漪唱：“凝双眸，思绪纷繁…… ”周萍唱：“皱双眉，步履艰难怎面对？”蘩漪唱：“求你母亲两字休出口”，周萍唱：“父权严威”、“父命难违”……

第三回末蘩漪面对众人大段唱腔，是评弹版《雷雨》蘩漪形象塑造的核心，也表达我们对蘩漪形象的阐释。在曹禺剧作第四幕蘩漪的大段独白，是蘩漪的宣言。评弹版《雷雨》的“蘩漪之歌”统摄全剧。蘩漪面对众人，拿出与周萍定情之物团扇，坦陈自己心灵：“母子相爱在三年前，一夜恩爱胜千年。”这段唱共有三个层次。第一层次是蘩漪诉说自己与周朴园的关系，她在周家的痛苦：“朴园啊，蘩漪非是你笼中鸟，她乃是渴求爱怜一红颜 。”“在周家我一举一动须服从；一言一行要收敛；若是违反半点点；你就说我疯狂说我癫；我做人还有啥尊严。”第二层次是诉说与周萍的关系：“哀大莫过于心已死，是萍儿秋水相扶这枯萎的莲”，“我今朝无怨更无悔，我窃喜一段真情见了天。”“抬起你的头来看着我，再说一回当年信誓旦旦的肺腑言。——你这虚情假意的胆小鬼！”第三层次是面对周冲的：“我问心有愧独欠你；对不起冲儿！对不起冲儿！我要说上千万遍”。这段唱词直感形象，层次清晰，阐释深刻，情感浓郁，字字血泪，荡气回肠，是评弹《雷雨》塑造蘩漪形象的浓墨重彩点睛之笔。

二

艺术蕴含深厚的《雷雨》为导演与演员提供了展示才华的空间。《雷雨》是戏剧学院培训演员的最佳教材，更有一代又一代艺术家在《雷雨》舞台上崭露头角，一举成名。1937 年马彦祥在南京导演《雷雨》，曹禺亲饰周朴园粉墨登场，成为《雷雨》演出史上佳话。上世纪 40 年代中国旅行剧团唐槐秋以沉痛深情的表演演绎周朴园，为中旅剧团赢得巨大声誉与票房；北京人艺表演艺术家郑榕以内心体验深刻、人物内涵深厚复杂的表演塑造了一个内心世界复杂、令人难忘的周朴园形象，他的表演成为周朴园形象的范本，影响了半个世纪《雷雨》的舞台演出。电影艺术家孙道临自导自演电影《雷雨》，他演周朴园注重表现周的沉痛忏悔。北京人艺表演艺术家朱琳以声情并茂有诗情韵味的念白与自然浑朴的表演塑造了一个朴实而脱俗、内心高洁的鲁侍萍形象，成为至今无可企及的高峰。1961 年香港电影《雷雨》受大陆阶级斗争文艺观念的影响，以冷酷专横的资本家演绎周朴园（鲍方饰），以意志坚强、反对资本家的劳动妇女演绎鲁侍萍（龚秋霞饰），以玩弄女性的资产阶级纨绔子弟演绎周萍，成为那一时代的历史存在。北京人艺沈默饰演的鲁贵受到曹禺高评，中国青艺雷恪生以内敛、复杂和一双“会说话”眼睛在电视剧《雷雨》中将内心卑琐复杂的鲁贵刻画得活灵活现。

蘩漪这位深刻独创的悲剧女性形象，尤其以其强烈的爱恨交织的心路始终吸引着许多艺术家要在舞台上展示风采。成功地塑造蘩漪形象，成为许多女演员梦寐以求的艺术目标。自1934年《雷雨》问世以来，已不知有多少剧团搬演过《雷雨》，也不知有多少艺术家为在舞台上塑造蘩漪而倾注了心血。中国旅行剧团赵慧深从头到尾以阴郁低沉的声音、压抑的形象处理蘩漪形象，只是在最后才爆发，她的独特演绎颇令人回味。北京人艺版《雷雨》强调主题的反封建专制性，从上世纪50、60年代到80年代吕恩、谢延宁等人艺前辈艺术家饰演的那位在痛苦中反抗、爆发的蘩漪，曾成为中国话剧舞台上蘩漪形象的定型。其后人艺第二代、第三代蘩漪扮演者尽管对蘩漪舞台形象的斗争性有所淡化，但基本还是这个表演框架。陈薪伊导演的上海明星版《雷雨》，潘虹以深深的内心体验将蘩漪在痛苦中歇斯底里爆发、绝望的心理宣泄得淋漓尽致。潘虹扮演的蘩漪，可以作为北京人艺演绎的蘩漪形象舞台表演创路的一个集大成与高峰。由于历来演出《雷雨》的话剧团都选用演艺水平高、舞台经验丰富的演员扮演蘩漪，而这些知名演员的年龄一般都偏高，事实上是将一个偏于中老年的蘩漪硬推到观众面前。于是哪怕再丰富的舞台表演经验，也难于避免将一个挣扎于爱欲火坑的中老年女性演成一个怪女人。正是由于这个原因，1985年曹禺向孙道临推荐在电影《雷雨》中起用年轻美丽、气质高贵的顾永菲饰演蘩漪，一下获得广大观众的认可，并且因此使观众们对剧中为爱而痛苦的蘩漪有了真切的理解和同情。上世纪60年代著名表演艺术家丁是娥在同名沪剧中扮演蘩漪，熟悉旧家庭中这类女性的丁是娥以柔弱婉转、忧郁的念白与演唱表演蘩漪一角。她塑造了一个忧郁苦闷、韵味醇厚的舞台形象，在众多的蘩漪形象中完成了一个韵味独特的舞台审美创造。

盛小云的表演清新细腻、婉约灵动，以传神地刻画女性人物内心情感见长。她师从弹词名家蒋云仙，单档弹唱《啼笑因缘》，一人多角刻画书中沈凤喜、樊家树、何丽娜、刘将军、王妈、沈三弦等人物，都个性鲜明。尤其是她塑造的沈凤喜在《啼笑因缘》弹唱史上是一个新的艺术创造。盛小云说书不是照前辈依样画葫芦，她注重书中人物的分析，体验内心情感。她理解的沈凤喜已不再是仅仅为了钱财或天真单纯无知的姑娘，她的前辈大都是这样处理沈凤喜的，盛小云理解的这位天真纯洁的贫家姑娘是深情地爱着樊家树的，当然她的爱与富家小姐何丽娜爱樊不同，沈凤喜是一个底层卖唱的姑娘，她爱樊家树是不由自主地爱上真诚的樊家树，是真情的吸引，但对方是大学生，沈凤喜是由下往上仰视的。所以盛小云弹唱沈凤喜天桥卖唱“初遇樊家树”，细致地刻画了这位天真纯洁的卖唱女在不由自主中、在怯生生状态中与樊家树交流。盛小云表演拿捏很有分寸，她的说白总是轻轻的，断续的，脸面微低，不正视对方，又悄悄地侧过脸来欲看樊家树。因为她演的沈凤喜首先是希望对方多点几段唱，但沈是青春少女，不好意思开口，像那些跑码头的老江湖。在这样地与樊家树点点滴滴的交流中，沈的真纯可喜，樊的真诚纯朴和细致入微的同情心，双方互相吸引了。这回书情节简单，只是樊家树点唱，盛小云没有编排一些外插花来挑弄情节，她只是抓住了沈凤喜这位卖唱的贫家少女的性格特点，惟妙惟肖地表现她的心理活动，就将这回书说得娓娓动人。盛小云在《武松》选回《大郎做亲》、《叔嫂初逢》中也是重点刻画潘金莲的内心世界。她深深投入潘金莲的内心,浓墨重彩刻画潘金莲的情感变化,以情动人。潘金莲在花轿之内的喜悦,独坐洞房等候时的冲动,发现武大时的惊诧、痛苦、怨愤、绝望,都在盛小云的边说边唱边做中得到浓重的表现与渲染。这回书的最后,武大当然无可奈何,说愿意让潘走,潘在一连串紧张的考虑后决定留下来,这样复杂的心理变化过程,盛小云没有再以唱一曲了之,因为再唱就重复累赘了。盛小云完全用一连串的心理表白来演绎潘金莲的心理,在丰富的内心情感世界的展示中完成了潘金莲的去留决定。

评弹本是叙述性的说唱,演员较少投入书中人物内心。盛小云根据时代的审美变化与观众的欣赏心理的变化,吸收了话剧、电影重内心体验的艺术,她的弹唱加强了对书中人物的感情投入,人物心理刻画丝丝入扣,以情动人。在评弹蘩漪形象的塑造中,尤其发挥得深情曲折、淋漓尽致。

《雷雨》中的蘩漪是一团感情的化身,当然这个角色适合盛小云的表演路子,我也知道许多年来她一直希望出演这个角色。但是演好这个人物不容易。蘩漪,她做了所谓"罪大恶极"的事——抛弃了神圣的母亲的天责。在什么意义上她"是个最动人怜悯的女人"?她的生命交织着最残酷的爱和最不忍的恨,她拥有行为上的许多矛盾,没有一个矛盾不是极端的。曹禺说,她的可爱在她的"不可爱"处。蘩漪,与评弹中的传统女性又绝不同,这对盛小云无疑具有挑战性。也许正是剧中角色深刻的矛盾和情感的深邃,激发了盛小云艺术创造的欲望。在两年的创作过程中,盛小云逐渐深入曹禺作品,领会文学原著精神,与剧本创作人员一起剖析剧中人之间的复杂关系——蘩漪与周朴园的关系,蘩漪与周萍的关系,探索剧中人的前情往事,挖掘和体验蘩漪的内心世界。她以自己的聪颖、领悟与投入在心中形成了一个蘩漪形象。那是她自己心灵能够深深贴入、体验的"蘩漪"。她的蘩漪"心偏天样地高",痛苦压抑而有火炽的热情,敢冲破一切的桎梏,做一次困兽的斗。她明确摈弃了舞台上那个传统的抗争、反抗的"反封建"的蘩漪形象。她的蘩漪具有女性的爱与柔的常情,她要爱,因为无爱而痛苦着、挣扎着。蘩漪与周朴园、蘩漪与周萍的关系,都由此获得解释。

蘩漪是评弹版《雷雨》的灵魂。盛小云饰演的蘩漪优雅而清傲、痴情而压抑、艳丽而乖戾、叛逆而痛苦绝望,在众多的蘩漪舞台形象中魅力独特。

盛小云是江南佳丽,水乡芙蓉,她的气质蕴含水乡清丽与古典美的韵致。她心灵敏感,一开书就能很快投入剧中人心灵。这是盛小云表演的一个特点。评弹《雷雨》第一回开始也是"喝药",蘩漪出现在客厅。在这段书中,蘩漪在想什么?她抱着什么想法为何到客厅来?在《雷雨》的话剧演出中,这对扮演蘩漪的演员是一个小小的掂量。话剧导演一定要求演员把角色内心的行动想清楚,主角不能茫然无目的地上场,她的内心视像与心理行动线应该清楚。但是评弹的叙述特点、演员在叙述中之于书中角色要跳进跳出,所以一般对此不是像演戏那样很强调。但是盛小云从开始就体验书中角色,她对蘩漪出现在客厅时的心理活动考虑得很深入。她认为,周朴园归家三天夫妻不见面,说明他们的夫妻关系已然紧张与僵化。蘩漪推说身体不好。盛小云猜测这种情况是第一次发生。蘩漪心里猜想,周朴园是否已经知道她和周萍之间的隐情了。当然蘩漪也已做好了最坏的打算。盛小云认为,这段时间蘩漪的内心状态主要是:紧张而烦躁。终于蘩漪出于礼节不能不下楼,但她内心按捺不住的想法还是要探测周萍对自己的态度究竟如何，因为最近一段时间她已经觉察到周萍一直在躲避自己，而周萍的态度对自己是至关重要的。

有着这样深入的内心体验，于是我们看到盛小云身着一袭绿旗袍宛如一朵出岫绿云飘然出现在书坛上，飘逸雅致、美艳端庄中透出紧张烦躁与压抑的痛苦。接下去的演出，是她在心灵的投入与体验中自然而然引出了一连串表演的细节：她斜坐书坛，细执纨扇，举手轻掠鬓角，那种怨妇的惆怅与痴情，又在尽量克制着自己紧张而烦躁感情的心灵状态立即幽幽感染了观众。她始而皱眉低首而端坐（对周朴园），继而怀抱琵琶而扬眉凝视（对周萍），忽而斜身起立而窥听（对四凤），她的一笑一颦，一个眼神，一次皱眉，都在细细传送出人物的内心。随着一声吟板“凝双眸，思绪纷繁”，忧郁痛苦的眼光直射向周萍的内心。蘩漪的这些微小的表演细节都是自然而然地连绵呈现，但其实都是盛小云精心设计的。就像她在《武松·大郎做亲》中饰演潘金莲，每次上台她都要带一方红手帕，红手帕是新娘方巾，她又用手绞红手帕来表达潘金莲内心的喜悦、紧张、痛苦与权衡。潘金莲这方红手帕在这回书中传情达意，十分醒目，这是盛小云在充分体验人物内心后，为角色寻找到的一个独特的细节——道具与手面。然而盛小云饰演蘩漪的这些带有细节的、丰富表情的表演都是有分寸、有控制的，它不是演戏，她还是在“说书”，是在叙述中增加了情感表演的成分。她塑造书中人物以情动人。

第三回蘩漪恳求周萍带她走，周萍拒绝，狠心说道：“我恨不得你死！”此时的蘩漪彻底绝望了。盛小云没有紧接这句台词，她眼睛一闭，停顿了好一会，就像一把刀刺在心上的感觉，然后轻轻地、慢慢地表出：“现在的蘩漪彻彻底底地绝望了”，把蘩漪的那种绝望、发疯前的冷静表现出来。然后说：“好，请你等一等”，这句台词她几乎是从牙缝里一个字一个字地迸出来的，把蘩漪心底压着的火一般的激愤宣泄出来，因为接下来，她就要做惊天动地的事情了。

三

盛小云唱俞调婉转幽雅、清丽圆润，她的演唱以情行腔。传统的正工俞调在三回九转的行腔中包含了许多小腔、声调高低回环起落等精雕细刻的处理，犹如昆曲的行腔与演唱（俞调本就受昆曲影响），是以腔含情，情随腔显，情在腔中，以致于腔胜于情。这本是评弹作为传统说唱艺术的一个特点。这是一种歌唱，歌者（评弹演员）无需像演戏那样投入地唱，演员一竞唱功。徐丽仙、邢晏芝都在评弹演唱的情感投入方面作了发展。清丽圆润的嗓音加上字正腔圆的唱功，能够使盛小云的演唱脱颖而出。但是盛小云以其敏感的心灵投入书中人物，她要表现人物的内心情感，她以情行腔、以情托声，情胜于腔，在演唱中充分表达书中人物浓厚的情致。于是她不是拘谨地一板一眼唱求工整，那样会显得刻意，她行腔的快慢舒疾、高低收放呼应着情感的喜怒哀乐、心灵的紧张收放，她的演唱既在比较自如的运腔中表达俞调的精雕细刻、细致工整，又在轻柔灵动中以委婉曲折的情感抒发动人。她在《雷雨》中担纲蘩漪的四段唱充分表现了她的演唱才情与风格。

“喝药”一段，周朴园突然命周萍跪劝“母亲”喝药，蘩漪猛然一惊，双目突转向周萍，在幽幽的、细长的吟板中轻轻唱出：“凝双眸，思绪纷繁 ……”，其音如一缕春蚕吐丝、两三幽泉滴珠，在幽幽中表现出蘩漪此时心中的紧张、惊讶、疑虑、探询的复杂内心。这一段与周萍的对唱中，盛小云以忧怨的、泣诉的柔声演唱俞调，意在表现蘩漪恳求周萍："求你母亲两字休出口"。这段唱在全书的一个作用是重点表现蘩漪在周家受压抑的痛苦。

第二段唱是蘩漪以情留萍："我是脱水荷花心已枯，你似阳光清泉来滋润我。一曲《惊梦》梦恍惚，《声声慢》里找回了我。"盛小云将委婉细腻的俞调唱得清新灵动，如行云流水格外含情脉脉。接着她与周萍发生争吵，从蘩漪反击周萍开始："你最最对不起的那个人，是你曾经引诱过的痴后母。"上下手以蒋调、俞调轮番对唱五个回合，愈演愈激烈。她的蘩漪从柔情、压抑到爱恨交织、语言尖锐犀利，内心转换自然，曲调衔接转折充分表达出蘩漪的内心痛苦，被观众赞为将曹禺笔下的蘩漪演活了！

第三回盛小云一人分饰两角，侍萍历经风霜，苍老些，盛小云的表演动作也相应地质朴与粗放些。她演唱侍萍，需要分清侍萍与蘩漪两个不同女性的音乐形象与内心痛楚。她以自然嗓、中低音居多，基本音区在"1、3、5"，镶嵌一些丽调的声腔和唱法，"俞夹丽"调，表现侍萍这位忍辱负重的女性经受的巨大的心灵挣扎与撕扯。当侍萍最痛楚时唱："我要撕开天网让他们双双去，……哪怕千刀万剐磨骨扬灰，这地狱轮回由我承担。"此时盛小云一改前面低沉的唱腔，用了一个高音"3"的延持音，运腔悲痛踉跄，字字含泪，把绝望的气氛和心情渲染充分。

蘩漪面对众人的大段唱是评弹《雷雨》的高潮，也是塑造蘩漪形象的核心唱段。盛小云深深地投入与理解了蘩漪的心。盛小云激情饱满，表情、眼神、手面互为呼应，演员与角色融为一体，盛小云就是蘩漪，蘩漪就是台上的盛小云，盛小云的蘩漪形神具备。这孤傲艳丽的花在雷雨交加中的绝恋绽放。她被囚禁的、枯竭的心灵在茫茫寻找中迸发出血艳火花，在周萍身上交织成了最残酷的爱和最不忍的恨。她用火炽的热情和一颗强悍的心，做一次困兽的斗。她用似唱非唱、似说非说的唱法——这正是评弹弹唱的特点——来表达人物的情感，缩短乐器弹奏音乐过门，以情托声，以声传情，酣畅淋漓唱出了蘩漪十八年的孤独与痛苦，渴望与追求，唱出了蘩漪的无奈与无悔，唱出了她绝望的叛逆："母子相恋在三年前，一夜恩情胜千年。""我不是你的后母，是你的姐。""我今朝无怨更无悔，我窃喜一段真情见了天。"

在原剧中，蘩漪为了阻止周萍与四凤出走，拉出周冲来破坏。周冲不愿，蘩漪就骂他："你不是我的儿子；你不像我，你——你简直是死猪！""你真是糊涂虫，没有一点生气的。"对此，盛小云不赞同。她依据女性自身的体验，认为这不近人情，这使蘩漪不能获得观众同情。不管发生什么事，蘩漪对儿子始终是深爱的，她不愿伤害亲儿。根据盛小云的意见，在全剧最后蘩漪对周朴园、对周萍的大段唱后，周冲哭叫"妈妈，求求你！看在冲儿的面上，你就别说了！"执笔增加了一段对冲儿的唱："一声妈妈心似绞，泪眼模糊竟看不清冲儿在哪边？……我问心有愧独欠你；对不起冲儿！对不起冲儿！我要说上千万遍；面对娇儿口难言。"盛小云用一句痛楚的高腔唱"千万遍"，唱出了蘩漪心中的愧疚，然后又转为低回婉转、如诉如泣："我是面对娇儿口难言。"这段唱充分抒发了蘩漪的人性与母爱，对于蘩漪的爆发与挣扎之心是一个极好的丰富，将悲剧情感推向高潮。

［作者简介：朱栋霖，苏州大学文学院教授］

经典解读与现代叙事

王延松

引子:在曹禺先生去世十周年的时候,我有幸开始在2006、2007、2008年连续导演了曹禺大师的经典“三部曲”。

在导演曹禺经典“三部曲”的二十年前,我曾在《戏剧艺术》上发表了《面对当代观众的导演艺术》一文,我的主要观念是,戏剧是一种为观众所制约的运动形式。导演首先要确立一种眼光,即运动的眼光,用运动的眼光看戏剧,一刻也不能停留。

关注戏剧与当代的关系,是我一直以来的观念。经典戏剧演出文本的解读与创新,是戏剧作为一种永恒的运动形式的需要,是建立新型的戏剧与观众关系的需要,是面对剧场艺术建构现代叙事的需要。

下面谈谈我导演的《原野》、《雷雨》和《日出》。

一、新解读《原野》:我要把故事变一个演法

曹禺先生曾经说过,职业剧团演《雷雨》一定成功,演《日出》一定成功,演《原野》一定失败。这勾起我想排《原野》的最初欲望。成功与失败我想就是指观众的接受程度。

《原野》要成功,要征服观众,要用新招儿。

导演第一步要会读剧本。研读剧本是导演一生要修炼的功夫。

我是先研读过了《雷雨》、《日出》,然后再去读《原野》的。我希望能在这三部作品的创作轨迹中找到一些令我兴奋的东西.我感叹曹禺大师的对白是顶好的,他是那么善于用对白刻画人物。曹禺先生的对白有一种能够控制观众的恒久魅力。

但是,你读到《原野》第三幕的时候,你会觉得怎么回事?象征主义的“黑森林”一发而不可收,曹禺连写了五场戏。而且那五场戏里面用了贯穿的鼓声,这个鼓声是和前两幕没有关系的。天降鼓声。后来评论家就说这个第三幕“黑森林”的鼓声很像奥尼尔的一个作品,曹禺自己也说模仿了奥尼尔。我的想法是,这个鼓声我可以不用,还有侦缉队的枪声我也可以不用,凡是像奥尼尔的东西我都不用,我看看这个《原野》能不能立得住。

不仅如此,我还要通过新的解读与叙事去揭示文字背后隐藏的、通常是观众企盼的东西。

《原野》是曹禺先生1937年写的剧本,85000字,我改的演出本32000字。因为,表现《原野》里人性的困境,除了对白,我们应该还有今天的新手段,我称之为现代叙事。

我认为“黑森林”的意象到第三幕才出现晚了。我要让这种“黑森林”的象征力量一开始

就出现。我的方法是:用“古陶类形象”替换“黑森林”。我要用“古陶类形象”开场并贯穿全剧,并在新的叙事方法中游刃有余。

艺术家的生命系统里都有一种属于自己的感受力。我用“黄土烧结的古陶”解读曹禺创作《原野》的情怀,我要把故事变一个演法。想传达什么呢?

当我找到特定的导演叙事手段,我往往会问自己这样一些问题。

在我看来,原野上的人一出现便够“恶”的,以至令人不安到最后。《原野》中人性的困苦是什么?是生之仇恨!是死之恐惧!是永恒欲望的试探!是不死灵魂的捆绑!因为,令人震惊的不是仇恨本身,而是仇恨的不可避免!

我不仅用了莫扎特的《安魂曲》,我还用了大提琴参与现场表演,这是怎样的导演美学的思考呢?在所谓经典戏剧的现代性上,我要强调这种不同文化的价值比较。

我用了《安魂曲》,用了大提琴,我要向当下发出感叹:在曹禺先生笔下的,《原野》实际上是仇恨、嫉妒、诡诈给人性的捆绑。这种捆绑,甚至于要毁灭那些无辜者的生命。这不仅在1937年曹禺《原野》笔下的人物身上发生,在后来更长的时间里,在人类的各种人性恶的争斗中,它都在不可避免地发生着。

最后一幕,仇虎的动人之处在于他要解脱自己。人的罪在人的心里,人无法逃脱。仇虎不惜用死作为洗刷灵魂的代价。

而焦母是不知道悔罪的。焦母始终在想尽办法搬虎子的山,与天理对抗。

小黑子到底是谁杀的?是焦母杀的?是仇虎杀的?与其说是仇虎杀的,不如说是焦阎王杀的,更不如说是焦家早已定下了焦大星、小黑子无辜生命的毁灭。排《原野》结尾时,我认为花金子离开仇虎,那金子铺路的地方她是去不得的,是完成不了的。所以,我用了比较写实的蒸汽机车轮辗碎她的梦想,是为了引发更多的现代思考。

二、新解读《雷雨》:新面目,经过一番怎样的删改

曹禺早在1936年曾直截了当地说:“《雷雨》确实用时间太多,删了首尾,还要演上4小时余,如若再加上‘序幕’和‘尾声’,不知又要观众厌倦多少时刻。我曾经为着演出‘序幕’和‘尾声’想在那四幕里删一下,然而思索许久,毫无头绪,终于搁下笔。这个问题需要一位好的导演用番功夫来解决,也许有一天《雷雨》会有个新面目,经过一番合宜的删改。”

2007年,话剧百年诞辰纪念,我将《雷雨》原剧本84800字删改为演出本的33000字,其中包含了很少与观众见面的“序幕”和“尾声”。

1.重新建立《雷雨》叙事多面体

我要重新建立《雷雨》经典故事的多面体,决定新的戏剧元素的配置,目的就是要把《雷雨》从旧有的意识形态中解脱出来,能够在美学意义上注入更加现代主义的视觉和听觉的设计。使《雷雨》经典故事的多面体变得更加激动人心,这就是我的方向。

重新解读《雷雨》的故事主线是我的新发现。我发现《雷雨》讲的是,一个男人和先后两个女人情爱故事的循环再现。悲情的“循环再现”,就是指父亲周朴园、侍萍、蘩漪的情爱关系以

及儿子周萍、蘩漪、四凤的情爱关系。

《雷雨》在悲剧精神方面更像一出古希腊的戏剧，而在导演综合手段的控制上则完全是一出现代主义的戏剧。新解读的文本，将沿着“一个男人和先后两个女人情爱故事的循环再现”的故事主线，透视其中人性的作为。

我先用周萍开场，说出他内心的隐秘，他因为与继母偷情而深陷罪恶感之中。新解读《雷雨》的“现代叙事”从一个问题切入。于是，这屋子那一天夜里连男带女死过的三个人的故事开始了。

2. 视觉文本与听觉文本的表现主义叙事

创新《雷雨》演出文本，不是复制阅读者的一般经验。我认为，创新《雷雨》演出文本还将包括视觉文本和听觉文本的表现主义叙事。

我期待观众不仅被故事本身感动，更被故事的叙述方式所吸引。《雷雨》视觉的全新设计，在整体上为故事的叙述方式创造空间的便利。使出现在《雷雨》中的人性状态，获得一种诗意叙事的自由。

因此，四凤与周冲的死亡遭际，他们自己并无过咎。而那个儿子鲁大海的悲剧在于他甚至不知道自己是谁。

还有，更具现代意义的蘩漪性格的魅惑。曹禺说：“她的生命交织着最残酷的爱和最不忍的恨”，这使我想到别林斯基把悲剧称作“人在失败中的伟大”。

以音乐语言在叙述、推动戏剧发展的过程中，仍需要找到恰当的诗意的文学内容作依托。为此，我找到曹禺中学时代写的一首诗：“不久长，不久长，乌黑的深夜隐伏，黑矮的精灵儿恍恍，你追逐在我身后，啾啾在我身旁。父啊，不久我将冷硬硬地睡在衰草里。我的灵儿永在，深林间为你歌唱。”我们想象《雷雨》的视觉效果时，主导图像还是悲情的循环。“不久长”的诗意和神秘，确立了听觉文本的象征意味，而在视觉上，如何扩展这种诗意的神秘氛围，在于如何表现情爱、死亡、重生的戏剧主题。

在视觉方面，建立一种功能与意味双重复合的空间。除去屋内富丽的局部陈设，我增强了空间的开放性，《雷雨》因此不再是一出现实生活的“客厅戏”。这种空间语言的构成象征着一种死亡后的重生，一种主题的诗意表达。这是一幅全剧结尾的画面。这个环境有三层。第一层是台面，比较像剧本里面所提示周公馆的氛围。这里也有法国的落地窗、柜子、沙发，后面还有些油画，这些写实的元素构成了这个层面里比较容易进行故事表演的氛围；第二层，既是蘩漪的病房，也是出现看护者（唱诗班）形象和具有神秘意象的舞台构成；第三层是最后结尾的时候，穹顶打开了，天上的阳光投进来，出现了戏里面先后死去的三个人——周萍、周冲、还有四凤。落幕的时候，我让他们出现在最接近上天的地方。在同一个画面里，老的还活着，而死去的三个年轻人令人顿生怜悯。

《雷雨》之残酷，在于展开这些人性中的挣扎！透过“死亡”，看见“重生”，正是我们看现代主义《雷雨》的眼光。对生命而言，悲伤与欢乐同等真实。关于生命，我欣赏这样一句话：生命本质上是追求更多的力量。这也许是人类在现代化进程中最终要找到的东西。

三、新解读《日出》:揭示陈白露"内心生活"的真相

我是在《原野》、《雷雨》之后开始做《日出》的,因此,我想要做得更放开才行。导演手记中,我选了西班牙现代绘画大师 luiroyo 的一幅插图,是我想做《日出》的最初感觉。

《日出》之"日出"到底指的是什么?《日出》的故事讲得非常现实,可是《日出》的答案却非常隐晦。似乎有一种可能出现的象征性,隐蔽在这个非常现实的故事背后。

因此,我努力寻找一种能够契合主人公心灵的象征语言,努力寻找一种新的叙述方式,为的是有力揭示出主人公陈白露的"内心生活"的真相。

在对《日出》解读中,我发现与《雷雨》、《原野》不同的是,曹禺先生《日出》的这种"横断面式的描写",其用意在于构筑主人公陈白露唯物质的生活境遇。《日出》最后归结于陈白露之死。

我想到中国近代大学者梁漱溟老人一段精彩的话:"生命是心,是心表见在物上的,是心物之争。历史(宇宙史)一直是心对物之争,一次一次无数次,一步一步无数步,征服了物,凭借物,利用物,表演出来的。"

陈白露可以不被"阴暗"生活所俘获吗?她对"阴暗"生活的向往就像她的漂亮一样,给她带来最初的自信;她心存侥幸,一再挣扎,好使自己有一天能够人在其中又独善其身,她就像盼"日出"一样等待着这一天的到来;这个不仅面庞美丽而且内心始终也不肯放弃"日出"的女孩,在最后一刻做出了不被"阴暗"的生活所俘获的选择——陈白露之死,是一个年轻美丽女孩"心灵救赎"的生命自觉——美被自我毁灭,恰是留住美本身。

陈白露可以不走进"阴暗"生活吗?"阴暗"生活就像伊甸园中的那狡猾的蛇,引诱那女人吃下不该吃下的果子;陈白露的"原罪"早已定下,正如她在《日出》中的鲜亮出场……因此,陈白露的悲剧不只属于她自己。

"太阳升起来了,黑暗留在后面",这是当年青年曹禺对理想社会的呼唤,因此,我更喜欢用明朗的心态解读陈白露"但是太阳不是我们的,我们要睡了"的深长意味。新解读《日出》结尾处,我取曹禺大师晚年的文字,演绎出陈白露在睡梦中的憧憬,我想,这是我们今天更愿意释放的积极的生命立场。

> 陈白露:我睡得并不安稳,时醒时梦,仿佛我又回到十二三岁的时候,在树林里一个人走来走去。当然有树木、有花,有阳光从树梢里透下来,甚至听见各种好听的鸟鸣,还闻见一片青草的香。我高兴,居然要唱,躺在好大好大一片青草地上,望着蓝天白云,几乎要笑起来。我正要唱出世上最美的歌,忽然我怎样用力,甚至于嘶喊,也没有声音。只感到痛,不知什么地方痛,就醒了。你曾梦过有颜色的梦么?我的梦都是彩色的,比最好的电影都好,因为我身在其中。

一出戏的"腰"要壮,否则在大格局上有"塌腰"的危险,而《日出》的"腰"是第三幕。我想借用曹禺先生说过的一句话:"情感上讲,第三幕确已最贴近我的心的。"新解读《日出》除去全剧开头和结尾陈白露在故事叙述方面的新作为,我让陈白露先后三次穿插出现在第三幕,这在以往的版本里是没有的。新解读《日出》的"腰"要壮,不能没有陈白露在第三幕的新作为,我为此的确是费了一番脑筋的。

新解读版《日出》演出以后，第三幕的穿插大家比较认可。事实上，曹禺先生是非常讲究穿插的。用人物进行穿插、用问题进行穿插，曹禺的戏好看常常与他有效地运用穿插有很大的关系。过去，有人认为《日出》的第三幕是可以被拿掉的，但我恰恰认为不仅不能拿掉，而且要做足文章。

如果觉得《日出》就是所谓的客厅戏，第三幕交代一下就可以了。因为原剧本一共9万4千字，我要删掉6万字，如果我没有新的视点、新的角度、新的结构就进不来，那么这6万多字怎么拿下去呢？这不是一个简单的平面剪裁，那样我就会无从下手。要进行新的穿插，否则，就谈不上新解读意义上的立体重构了。新解读要用新叙述，新叙述要用新穿插。

曹禺先生说，《日出》的第三幕是不能删的，它是《日出》的"心脏"。

我的新视点是：当我们把陈白露、小东西和翠喜这三个生动的女性形象放在一个生命轴线上来进行考量的时候，就会发现这个"心脏"在全剧结构意义上的新价值。

原本在第三幕里是没有陈白露的。现在有了陈白露，而且要不断用陈白露来推进小东西和翠喜的叙事。开场上来是方达生来寻找小东西。事实上目前方达生的这段台词原本是曹禺先生在第三幕开场前的一段舞台提示，而陈白露让方达生再去找小东西原本又是第四幕开头的戏，我把这些用到了现在第三幕做连续的穿插。由方达生来引发，再把陈白露切入进去。

这不仅是新的文学叙述，同时也造就了新的舞台样式。我们通过舞美设计把第三幕的表演分为上半区和下半区，当陈白露在上半区讲述自己内心惶恐的时候，底下就是翠喜、小东西的出场。不仅在第三幕，在新解读《日出》里，从文本到演出，我把这种隐形结构叫做"柱式结构"。就像交响乐一样，构成一种诗意的和声关系。

第三幕结尾，当小东西不堪黑三毒打一声惨叫过后，陈白露默默地出现在外悬梯的最高处，而"宝和下处"帐幔后面的翠喜还在与胡四卖笑，接下来是小东西上吊，陈白露用独白煞尾。陈白露说：我救不了她，如同我救不了自己……这句话连向舞台场面深深地把第三幕，正如曹禺先生所说是全剧的"心脏"，它的能量，通过陈白露、小东西和翠喜三个女性形象，通过一系列的穿插叙事，构成了对新解读版《日出》整体演出格局的有力的支撑。

我同意这样的说法，小东西走了一个女人生命的小轮回，陈白露走了一个大轮回。翠喜看似没有轮回，但实际上她已经结束了，早已是"活在死中"的。我给演员讲戏的过程中一再强调的，我希望我的演员不演糊涂戏，知道自己和对手除去对白，还有一种表演背后的隐喻力量。

附：

继成功地导演了曹禺先生的剧作《原野》和《雷雨》之后，王延松以其对经典的严肃态度导演了先生的另一部剧作《日出》。该剧由解放军总政话剧团出品，在落成不久的国家大剧院首演，受到观众和专家的热烈欢迎和称赞，人们认为只有这样的演出才可以和这么气派的剧院相匹配。自此，作为导演王延松也完成了自己的宏愿，即透过现代的审美视角，在重新解读、诠释的基础上，将曹禺先生早期创作的三部经典剧作全部搬上了舞台。

——田本相、宋宝珍：《曹禺剧作审美现代性的舞台展示》，《中国戏剧》，2008年7期

［作者简介：王延松，沈阳师范大学戏剧艺术学院教授］

试论曹禺作品在延安的演出

濑户宏

曹禺创作的戏剧作品全为话剧剧本。话剧的观众基本上是“知识分子以及稍微欧化的上层市民”(夏衍)①,尤其是在曹禺代表作《雷雨》、《日出》、《原野》、《北京人》发表的民国时期。换句话说,话剧是城市的艺术。

抗日战争时期,曹禺的作品无论是在重庆等国统区,还是在上海等沦陷区,都持续着非常活跃的演出。同时在地处农村的延安,曹禺作品也被搬上舞台并大受欢迎,从而引发了所谓的“大戏热”。延安的“大戏热”成为中共中央和毛泽东 1942 年 5 月召开延安文艺座谈会的重要背景。然而延安文艺座谈会以后,曹禺作品却再未出现在延安的舞台上。

有关曹禺作品在延安演出的情况至今还没有得到充分的研究,因此本文将围绕曹禺作品在延安演出的过程、反响和意义进行一些探讨。

一

曹禺作品首次出现在延安舞台上是由边区剧协工余剧人协会演出的《日出》。

1939 年 10 月 31 日的《新中华报》第一次刊登了有关边区工余剧人协会(以下简称工余)的报道。《新中华报》是当时的中共中央以及陕甘宁边区政府机关报,即当年延安最有代表性的媒体。

据该报《工余剧协筹演“大雷雨”,介绍世界名著提高艺术水平》报道,组织工余的目的是“集体地创造反映这伟大时代的剧作,同时介绍世界戏剧名著,进行实验性演出,来培养艺术干部和提高延安戏剧艺术的水平。”戏剧家及各机关各学校代表等三十余人在 10 月 21 日商讨了组织以及以后的工作问题,决定 1940 年元旦演出奥斯特洛夫斯基《大雷雨》,并选出了常委②。“本想演出中国的现实剧构,但经多次商讨,总不能选出适合目前需要的,所以便选定了这以反封建为主题的《大雷雨》。”

当时,在延安上演的戏剧基本上是自己创作的、反映抗战现实的话剧作品。这些作品大部分艺术水平不高。抗战进行了两年多,大家对这些话剧愈感到不满,于是从延安各机关院校的演职员中选拔人才并组织了工余,计划演出名剧。

12 月 6 日,工余的相关报道又出现在《新中华报》上,题目为《工余将改演〈日出〉〈大雷雨〉

---

① 夏衍等:《移动演剧座谈会》,《光明》第 3 卷第 3 期,1937.7。

② 常委名单如下:艾思奇、江青、张庚、钟敬之、徐一新、田方、陈明、夏革非、抗大代表。

移三八节演出》，其中报道改演的理由是“重要演员生病。排演工作不能迅速进行”。很显然，这不是改演剧目的真正理由。四十多年后，改演的真正理由得以公开，后文将会进一步探讨。

另外，12 月 16 日《新中华报》刊登了于敏发表的《介绍“工余”的〈日出〉公演》。该文事先用半个版面的篇幅详细介绍了演出内容，目的在于引起读者的兴趣。于敏当时是《新中华报》戏剧记者，这篇文章实际上阐明了工余演出《日出》的意图。文章首先介绍了《日出》的故事和人物：“我们看到，虽然是‘日出’，写的却是一群鬼魂。他们有的凶恶狰狞，有的阴险狡猾，有的愚庸昏沉，有的发出绝望的呼叫，有的在火炕中辗转呻吟。正如台词中的一句：‘太阳出来了，可是太阳不是我们的’，这一群鬼魂是见不到光明的。当然，像方达生，他可以远远地望见光明，但书呆子是没有能力去迎接光明的。”同时指出《日出》的意义：“《日出》希望献给观众的应是一个鲜血滴滴的印象，深刻在人心里的也应为这‘损不足以奉有余’的社会病态。”“对于‘幸福的’延安观众，自然不用在这个问题上唠叨不休。在‘日出’的血腥图画之前，他们将更加意识到自己的力量，也将更加觉察到浴在太阳里面的光辉地位。”

既然如此，为何还要在延安上演《日出》？文章在最后回答了这个问题，即“曹禺是一位写得比较好的作家，而《日出》则是他底创作中比较好的一部戏”。那么《日出》好在哪里？“《日出》的上演，将给延安的观众——特别是生长在内地的同志们，揭开更宽广的视角境界。半殖民地半封建的中国社会，在都市生活中特别鲜明地映照出来。”

当然，上演《日出》还有别的理由：“从延安有了演戏以来，便泛滥着抗战演戏的巨流，而且一天天在涨大着。《日出》的公演，应该是而且不能不是一条支流的开始……没有疑问，《日出》的导演人，演员，舞台装置人将从工作过程中增多自己的经验。经验的积累是最可贵的东西，没有这种经验的积累就不会把延安的演戏活动引向灿烂的远景。”

工余选拔了延安最好的演员和戏剧家。导演王滨，主要演员为：陈白露一李丽莲，方达生一张成中等。①

为促成演出获得成功，中共中央组织了一个临时党支部，参加的演员都要在这个支部里过组织生活。据张庚回忆，演职员不用参加自己所属单位的政治活动，可以专心排练②。这样，他们进行了一个多月的排练。正式演出前，中央审查了彩排，扮演顾八奶奶的颜一烟还回忆了当时周恩来关心演员的轶事③。

工余的《日出》从 1940 年 1 月 1 日起正式演出，演出确实可谓大获成功。据报道，“八天中观众近万人，演出效果甚佳，获得一致好评。”④

1 月 24 日《新中华报》刊登了于敏《评〈日出〉公演》，该剧评也高度评价了这次公演。“这部‘大戏’的演出，测验了我们戏剧工作者的能力，也测验了延安观众的欣赏水准：这个测验是

① 曹树钧：《曹禺剧作演出史》，中国戏剧出版社 2006 年版。以下延安演出的曹禺作品导演、主要演员根据《曹禺剧作演出史》。

② 张庚：《延安十年戏剧图集》序言，上海文艺出版社 1982 年版。

③ 颜一烟：《从演〈日出〉到写〈秋瑾〉》，《延安鲁艺回忆录》，光明日报出版社 1992 年版。

④ 《〈日出〉公演八天，观众将近万人》，《新中华报》1940. 1. 17。颜一烟《从演〈日出〉到写〈秋瑾〉》错误记述为“八天中观众将近八万人”，之后王培元《延安鲁艺风云录》等一些书籍写到这次《日出》演出时也记述为“观众将近八万人”，显然是不对的。按当时延安的人口、剧场条件来看，公演八天不可能达到八万观众。

被八个挤满了剧场的夜间，和一般的观众肯定地答复了。这个答复增加了我们沿着这条宽广的道路前进的勇气和信心。最重要的是，在文协表扬大会上，毛泽东同志、王明同志、洛甫同志对于这部戏曲的一致肯定和对于曹禺先生的倍加赞许，使我们更加深刻地认识到《日出》的'反资本主义的倾向'和曹禺先生的远大前途。中共领袖们的赞誉，以及一般观众的热烈欢迎，证明一切富有正义感并能够正视现实的艺术家和他们的作品只有在延安才能得到应有的尊敬和适当的评价。"

观看了这次演出的观众，到八十年代还说："几十年来看过多少剧团演出的《日出》，总觉得延安那台最好。"①

工余兴高采烈地马上给在四川江安的曹禺发去电报，告知此次《日出》演出的圆满成功。2月14日《新中华报》刊登了电报全文：

四川江安国立剧校转曹禺先生：敝会已选定先生之《日出》为第一次公演剧本，业于本年元旦起上演，地僻道远，未克先期奉闻，万望原谅。所有敝会关于此次演出之纪念册，总结文字等件，一俟印就，当即奉寄，望能赐予教言，先生如有新作，祈早赐寄，以慰渴望，此候　撰祺！

全国剧协陕甘宁边区分会工余剧人协会启皓

不过工余万万没有想到，这封电报后来给曹禺带来不少麻烦②。在此不作进一步展开。

此后，工余的大部分演员进入鲁艺。1940年9月6日，鲁艺举行庆祝百团大战胜利的晚会，上演《日出》，这实际上是重演工余的《日出》。

这次演出也获得了成功，并迅速影响了延安其他的艺术团体及各个根据地，形成了所谓的"大戏热"。1941年春节，连地处深山的晋察冀边区也上演了《日出》③。

二

关于延安的"大戏热"，已经有很多研究，本文目的也不在于全面分析延安"大戏热"，而是探讨《日出》以后，曹禺作品在延安演出的情况。

曹禺的其他作品在延安也属于"大戏"，《日出》演出成功后，他的其他作品陆续被搬上延安的舞台。

《日出》演出结束半年后，西北青年救国总会剧团演出了《雷雨》，首演时间是1940年8月

---

① 颜一烟《从演〈日出〉到写〈秋瑾〉》、于敏《普及的〈兄妹开荒〉和提高的〈白毛女〉》(《延安鲁艺回忆录》)

② 参阅田本相《曹禺传》，北京十月文艺出版社1988年版，第二一章《同巴金的友谊》。

③ "那是一九四一年春节的前一天，也就是除夕了。……这天司令部举行会餐，我和汪洋参加了。……有人找汪洋，说：'司令员请你。'……汪洋兴冲冲地回来说声：'有任务'，拉起我就走，一边走一边跟我说："聂司令员一看见我，就说：'汪洋呀，给你个任务。'司令员指了指在座的同志说：'你看他们经常战斗在敌人心脏里，'他们是来自冀中、平西、平北、冀东几个军区的领导同志，……司令员说：这次他们来开会，三天以后，仍然回到他们的战斗岗位上去，下次再开会，就不知谁能来谁不能来了。他们要看出一出好戏，我不能不答应他们，戏是黄敬同志点的，要《日出》。'几个同志齐声说：'我们都同意。'司令员对我说：'这个任务只能完成，不能强调困难。'我说：'司令员放心，我们一定完成。'司令员说'那好，三天以后，我们看戏。'这可真没想到，三天，连台词也背不下来呀！"(肖无《战斗的〈日出〉》，刘佳、胡可等《抗敌剧社实录》，军事译文出版社1987年版。)

上旬[①]。导演为吴雪，演员为吴雪、陈戈、雷平等。青年救国总会是共青团为适应抗战环境改组的青年群众组织。西北青年救国总会剧团则在1941年9月23日正式改组为延安青年艺术剧院，简称青艺，中华人民共和国建国后改名为中国青年艺术剧院。

这次《雷雨》演出也是成功的。1940年8月27日，《新中华报》在第五版用几乎整个版面刊登了署名叶澜的剧评《关于〈雷雨〉的演出》。编辑部的按语说“《雷雨》于本月上旬由青救总会剧团演出，前后公演达一星期，常常满座，颇得延安一般人士的好评。”

叶澜剧评首先指出《雷雨》的意义：“《雷雨》和《日出》，作者取材不同，但基本上，作者的眼光皆犀利地搜寻在中国旧社会制度没落崩溃的黑暗面。在《雷雨》里暴露了大家庭的罪恶，在《日出》里暴露了商业买办社会的罪恶。这些罪恶都是中国旧社会制度存在下必然的结果。——这些罪恶一直到今天还依然存在并没有消灭。……这黑暗——正如作者在剧中把观众引导着看向那旧社会制度最后是走到一条必然没落，崩溃，死亡的道路，代之而起的则是那新生的，光明的一面。这一面在《雷雨》里寄托在出走的工人鲁大海的身上，在《日出》里则最后是迎着太阳而洪亮的工人的歌声。作者在作品里表现了略带理想主义的气味，来为光明画下了一个轮廓，虽然这个轮廓还是模糊的。”这种评价延续了30年代周扬等人的观点：暴露封建大家庭的罪恶。

叶澜还指出在延安演出《雷雨》的意义：“有人说最好是能多演一点与抗战有关的剧本；有人说现在是闹剧本荒，就搬着过去的东西来演了。其实，《雷雨》既是一个具有现实性的作品，在中国这样暴露过去旧社会黑暗的作品，就是在抗战的今天来讲也依然有介绍给广大读者与观众的价值与必要。”

叶澜对青救总剧团的舞台演出也给予很高的评价：

> 青救总剧团这次演出《雷雨》，在个人努力与集体努力两方面获得到相当大的成功，这次演出的阵容一般的是齐整的，是令人满意的。剧中角色的配备，尚无偏颇之弊，而每个人都能表现着自己的努力，扮演神经质的角色，演员内心极度紧张的情绪，与畸形的情感的掌握，以及给予观众强烈的感染，是一件很吃力的事，——当然，在演出技巧上尚有待于专家之批评——然，他们认真的忠实于自己所扮演的角色的态度，已使他们基本上造成了成功的条件。……
>
> 青年人是富于创造性的。青救总剧团在这次演出中表现了他们创造与苦干的精神。边区的物质条件是困难的，想排演比较大的戏，就要花掉很多钱，但依然限于物质条件，还不能尽如人意，如道具灯光的简陋。像在这样困难的条件下，戏剧工作者很刻苦地从事于自己的工作，只有在自己的创造与苦干中，才能来求得比较满意的成绩。……
>
> 这次《雷雨》连演七场，每场拥挤着上千的观众，这应当是对青救总剧团一个很大的鼓励！

当天的《新中华报》还登载了《青救总剧团公演〈雷雨〉义卖一天　票价收入四百二十元

① 报道这次《雷雨》演出的文章（《新中华报》1940.8.27）只写道“于本月上旬由青救总剧团演出”，《新中华报》上没有演出广告，所以在此只能说“首演是1940年8月上旬”。

悉数捐助绥德灾胞》为题的报道，我们根据这条报道得知这次青救总剧团演出的性质是卖票的演出，而不是依靠团体送票组织观众。

另外，1941年元旦，延安机关休假五天，为配合假期，青救总剧团再次上演了《雷雨》。据说朱德、林伯渠观看了演出。1941年9月23日，延安青年艺术剧院成立。同年11月8日，剧院应边区银行之请演出《雷雨》。11月20日，作为边区参议会招待节目同样上演了《雷雨》。①

《雷雨》之后，还相继出现了陕北公学文艺工作队的《蜕变》。该演出始于1940年9月19日，导演史行，演员张云芳、黎虹等。陕北公学是1937年8月中共中央为培养抗战干部创立的大学，中国人民大学的前身。

叶澜在《新中华报》(1940.11.10)上发表了剧评《略谈〈蜕变〉》。叶澜认为《蜕变》的意义是："曹禺先生的《蜕变》应该说这是一部产生于抗战烽火中的有力剧作，它不但较之过去的《雷雨》《日出》和《原野》具有更大的现实意义，而且更有主要的政治意义，它对于腐败现社会的总结，确实做到了无情暴露的地步。同时，从这部剧作中，我们又看到了曹禺先生在今日显著的进步，在《蜕变》中，曹禺先生不仅是简单地暴露了抗战中存在的阴暗面——正如和其他前几部作品采用暴露手法是一样的——而且，很显然的，在这个剧本里，曹禺先生已经开始在着手企图解决这些黑暗面了。"

《蜕变》也取得了成功，叶澜比较了《蜕变》被禁演的重庆说："《蜕变》这样的好剧本，只有在追求真理与爱护真理的延安才能上演了十一天之久"。然而此后延安却再没有上演过《蜕变》。

总之，1940年在延安相继演出的曹禺作品都是成功的，尤其是《日出》和《雷雨》。

不久，《北京人》也登上了延安的舞台。众所周知，中央青年社于1941年10月24日在重庆首演《北京人》，文化生活出版社于同年12月出版了剧本单行本。首演半年后，西北文艺工作团在延安上演了《北京人》。据《解放日报》1942年1月15日刊登的《西北文艺工作团将演曹禺之〈北京人〉》报道，这次《北京人》演出原定于3月份举行，而结果却拖到1942年5月1日②，在参议会礼堂演出。导演张季纯，演员林丰、朱丹、苏一平等。西北文艺工作团1940年成立，是陕西省歌舞剧院前身。

4月27日，《解放日报》大概为了宣传演出，提前介绍了《北京人》的内容，刊登了江布的《读曹禺的〈北京人〉》。江布的这篇评论批判地分析了《北京人》，例如剧中"北京人"的形象和概念缺乏真实性等等。江布的结论是："《北京人》指出着这样一个所谓有礼教的旧家庭，已届临到了他的风烛残年，不得不归于破灭，并且提出了从这阴暗的坟墓里走出去这样的问题。作者底心灵和情热，可以得而望知。但是这里缺乏着一段路程，认识的路程。否则便会流于空想；亦只有这样，作品的艺术价值才能获得更高的评价。"③

此时的延安已经形成了批评"大戏热"的气氛，延安文艺座谈会在《北京人》首演的第二天

① 均为《新中华报》报道。

② 艾克思：《延安文艺运动纪盛》，文化艺术出版社1987年版。

③ 《解放日报》1942.4.12报道《〈北京人〉五一上演》。

召开，目的是纠正“大戏热”为代表的各种延安文艺界的问题。从《解放日报》的报道可知，《北京人》5 月 4 日再次演出①，但《解放日报》未再刊登《北京人》的演出信息、剧评等，演出的具体情况也就不得而知。

三

在中共中央召开延安文艺座谈会之前，《解放日报》4 月 22 日刊登了程中的《所望于延安剧坛的》，该文已经开始批评“大戏热”：“这时又产生了另一方面的新的偏向，这种偏向就是只顾到争先介绍外间富有艺术价值的名剧，这些名剧所反映的内容，大多因为时代和地点的关系，同我们底现实生活较为疏远，它底作用不能使这里底多数观众切身锐敏地感受和领会，以增高他们底斗争情绪；它不能给我们底现实生活以直接反映、刺激和推动。自然，它从反面或间接给予观众底启示和教育作用是不容否认的，而且这样东西我们同样是需要的，笔者并无异议。问题却是对于更能反映我们现实生活，直接给现实生活以揭发、刺激和推动的东西反而极为少见，这样的事实不能不说是一个缺憾吧？”

程中的文章发表以前，有人已经对演出大戏提出过意见。例如沙可夫 1942 年 1 月指出：“今年正月间在庆祝边区政府成立三周年纪念的连续演出《母亲》《婚事》《日出》等剧以后，发生了所谓‘演大戏’问题。剧协当时召开了一个座谈会，提出了这个问题，希望边区戏剧工作者，注意防止‘演大戏’的倾向。不错，‘演大戏’本身并没有什么坏处……那么，为什么在这里会成为问题而被提出呢？这是因为‘大戏’不通俗，不能普及，如果个别剧团老是‘演大戏’，或大家都大演其‘大戏’，甚至有些剧团或剧人非演大戏不过瘾，那么，这势必大大影响边区戏剧大众化的工作，使戏剧活动限制于狭小的圈子里而脱离了广大群众。这样的‘演大戏’的倾向当然是不容许的。”（沙可夫《回顾一九四一年展望一九四二年边区文艺》，《晋察冀日报》1942.1.7）

文艺座谈会以后，延安广泛开展了文艺整风运动，相关戏剧界人士纷纷发表了检讨。工余《日出》演出负责人之一的张庚说：“两年以来，自从延安演了《日出》之后，演出‘大戏’成了一时的风气。所谓‘大戏’，乃是外国的名剧和一部分并非反映当时具体情况和政治任务的戏，而这些戏，又都是在技术上有定评，水准相当高的东西。演这些戏的目的，主要着眼是在提高技术，对于内容方面的着眼点是附带的……我们从事戏剧工作的人，忘了在剧作上积极地想出办法来提高水平，鼓励创作，而一味演出‘大戏’，这不能不说在剧运上形成了一种严重的偏向，造成了下面一些不合理的现象：专门讲究技术，脱离现实内容，脱离实际政治任务来谈技术的倾向，对于活泼生动的边区现实生活不发生表现的兴趣，失去了政治上的责任感……”（张庚《论边区剧运和戏剧的技术教育》，《解放日报》1942.11.12）

延安文艺座谈会和在此发表的毛泽东《讲话》确实改变了延安戏剧的面貌。座谈会以后，延安戏剧界再也没有演出曹禺作品。那么，延安的一般观众是怎样接受这些“大戏”的？在此要引用何其芳一段有名的评论：“比如曾演过果戈里的《婚事》，在我们这类观众中，这个戏是

① 《解放日报》1942.5.3 报道《西北文艺工作团上演“北京人”》

成功的，然而听说老百姓看了这个戏，却不大发生兴趣，说是傻子招亲。当时我们不能从这类事实感到其中包含一个严重的问题，却反而当作笑谈材料。”（何其芳《关于艺术群众化问题》，《何其芳文集》第四卷，1983）延安的一般观众看了曹禺的戏剧后又有什么感想？很遗憾，目前还没有发现相关的记录。

所谓的“大戏热”实际上有着积极和消极两方面的作用。积极面表现在其提高了延安戏剧的技术水平等，消极面则在于跟农村地区民众的爱好、欣赏水平之间存在很大的距离等。中华人民共和国建国以后，尤其是1958年以后，片面强调其消极作用的评价越来越多。张庚也在1963年说：“拿戏剧方面来说，抗战初期那种下农村、下部队的蓬蓬勃勃的热情逐渐衰退了；创作的抗战题材的戏演的少了；以提高为目的，这时的舞台上另换了一套与抗战没有多大关系、和陕北这种内地农村生活完全无关的描写大城市生活的戏和一些外国古典戏。我现在还能记得起来的一些剧目，不论鲁艺或是鲁艺以外的，就有：《雷雨》、《日出》、《钦差大臣》、《结婚》、契柯夫的小戏等等。其中有一个戏，是我亲自导演的，脱离实际、脱离群众、关起门来提高的倾向最为突出。”（张庚《回忆延安鲁艺的戏剧活动》，《中国话剧运动五十年史料集·第三辑》，中国戏剧出版社1963.4）

这种批评倾向在“文化大革命”时期到达顶点。1972年，为纪念毛泽东《讲话》三十周年发表的一篇文章说：在这些反动的资产阶级艺术观指导下，在培养文艺干部方面，周扬把延安鲁迅艺术学院培养“为民族解放事业而奋斗”的“艺术工作者及干部”这一正确方针，篡改为培养“文学理论创作各方面的专门人才”的方针，强调所谓“正规化”，引导学生脱离群众，关门提高，大搞名、洋、古，封资修的东西充斥课堂，图书馆结出的图书比例，这类作品占绝大多数。在文艺演出方面，他们演出《日出》、《雷雨》、《钦差大臣》、《结婚》等脱离当时现实的东西，曾经一时大、洋、古成风。对于反映民族斗争、阶级斗争、生产斗争的短小节目看不起，名之曰“小玩意”、“豆芽菜”。（秦燕生《〈在延安文艺座谈会上的讲话〉发表前后文艺界的一些情况简介》，《文物·革命文物特刊》1972.5）文章虽然没有直接指出《日出》、《雷雨》等作品是“资产阶级文艺”，但跟批判“反动的资产阶级艺术观指导下”的艺术运动这样的文字连在一起，很容易使读者以为《日出》《雷雨》也是这个运动的一部分。

然而，“文化大革命”结束后，一个事实得以公开：1940年在延安上演《日出》的主要推动人是毛泽东。

据笔者了解，第一次公开这个事实是1982年5月发表在《新文学史料》1982年第2期的钟敬之的《延安鲁迅艺术学院概貌侧记》。为纪念毛泽东《讲话》四十周年，《新文学史料》发表了几篇回忆文艺座谈会和当年延安文艺运动的文章，钟敬之的文章是其中之一。文章说：“就在那时，鲁艺的同志们和延安其他的戏剧工作者联合演出了‘五四’以来优秀剧作，曹禺所著话剧《日出》，便是得到毛泽东同志的倡议和支持的（那时是以延安剧协‘工余剧人协会’名义演出的）。据当时负责组织这次工作的张庚同志回忆说：毛主席曾亲自把他找去，说延安也应当上演一点国统区名作家的作品，《日出》就可以演。他还说这个戏应当集中一些延安的好演员来演，为了把戏演好，应当组织一个临时党支部，参加的演员都要在这个支部里过组织生活，以保证把戏演好。可知他是特别关心这工作的。”（《新文学史料》1982年第2期）

张庚本人也记述:“记得在三八至三九年,我们在延安只演抗战题材的戏,而且几乎都是在延安的作者创作的。到了四〇年演《日出》,才算是第一个上演抗日根据地以外的剧目。我记得上演这个戏是毛泽东同志提议的。他说,延安也应当上演一点国统区名作家的作品,《日出》就可以演。他还亲自把我找去,说:这个戏应当集中一些延安的好演员来演,为了把戏演好,应当组织一个临时党支部,参加的演员都要在这个支部里过组织生活,以保证把戏演好。他对于这件事的如此重视,我们这些参加工作的人当时虽然不完全了解其深意,却都加倍认真地从事这个工作,都决心把戏演好。”(张庚《延安十年戏剧图集》序言,上海文艺出版社 1982.12)

毛泽东为什么希望工余演出《日出》? 毛泽东在 1940 年 1 月,即和工余演出《日出》几乎同时发表了《新民主主义论》,高度评价了包括戏剧在内的“五四”以来的新文化。毛泽东大概认为中国共产党统治的边区应该演出“五四”以来的优秀戏剧作品,同时大家也都觉得曹禺作品是“五四”以来最好的剧本,而《日出》末尾有工人的歌声朦胧地表示光明,所以比《雷雨》更好、更进步。

可是后来毛泽东缘何批评“大戏热”? 也许毛泽东虽然推动了《日出》在延安演出,他却没有想到《日出》引发了后来的“大戏热”? 这个问题暂时还无法讨论,留作今后的课题。

四

综上所述,1940 年 1 月至 1942 年 5 月,曹禺作品在延安演出并受到欢迎。我们从中窥知以下一些事实:

第一,观众问题。延安地处农村,而曹禺作品的观众基本上不是农民而是知识分子。毛泽东在《在延安文艺座谈会上的讲话》中说:“根据地的干部,单是在延安能看书的就有一万多。”工余《日出》“八天中观众近万人”①,平均每天有一千多人观看。青救总会剧团的《雷雨》则“连演七场,每场拥挤着上千的观众”②,在数量上和《日出》旗鼓相当。陕北公学文艺工作队《蜕变》是在“延安才能上演了十一天之久的”③,观众数量或许稍多于《日出》和《雷雨》,但总数也在一万左右。也就是说,在延安观看曹禺作品的观众数量跟毛泽东《讲话》中说到的延安知识分子、干部的数量基本一致,他们中的大部分是第二次国共合作开始后从大城市转移到延安的。

第二,演出反响问题。上文介绍了《日出》、《雷雨》、《蜕变》的剧评。延安的剧评跟三十年代上海等大城市演出《雷雨》《日出》的剧评,以及抗战时期重庆演出曹禺作品的剧评在内容上没有太大区别,没有所谓的“延安特色”。就连延安观众对曹禺作品的理解和感受也和上海、重庆观众对曹禺作品的理解和感受基本上一致。换言之,延安的曹禺作品观众和上海、重庆观众的艺术素养大致相同。

---

① 《〈日出〉公演八天,观众将近万人》,《新中华报》1940.1.17。

② 叶澜:《关于〈雷雨〉的演出》编辑部按语,1940 年 8 月 27 日《新中华报》。

③ 叶澜:《略谈〈蜕变〉》,《新中华报》1940.11.10。

第三，延安没有上演《原野》。众所周知，《原野》是曹禺唯一的以农民为主人翁的作品。延安观众接受城市色彩浓厚的《日出》、《雷雨》、《蜕变》，却没有要求演出有农村色彩的《原野》。原因是否是延安的知识分子们认为《原野》是毛泽东所说的“衣服是劳动人民，面孔却是小资产阶级知识分子”的作品呢？

第四，延安文艺座谈会以后，虽然延安没有演出曹禺作品，但在其他根据地、游击区仍然继续上演曹禺作品（参阅末尾的解放区曹禺作品演出表）。这个事实似乎表明曹禺作品取之不尽的艺术魅力。

第五，延安文艺座谈会以后，虽然延安暂时没有演出曹禺作品，但是通过演出曹禺作品，延安戏剧工作者积累了艺术经验、获得了成长。中华人民共和国建国后，参与延安曹禺作品演出的戏剧家，如张庚、吴雪、于敏等在戏剧、电影界发挥了重要的作用，他们的成长和曹禺作品是分不开的。

附：解放区曹禺作品演出表①

1940年1月1日	边区剧协工余剧人协会《日出》
8月10日	西北青年救国总会剧团《雷雨》
9月19日	陕北公学文艺工作队《蜕变》
9月6日	鲁艺《日出》
9月11日	西北战地服务团《雷雨》（晋察冀边区）
冬～次年三月	八路军一二〇师挺进剧社《雷雨》（排练）
1941年1月1日	西北青年救国总会剧团《雷雨》
1月	抗敌剧社《日出》（晋察冀边区）
春节	抗大总校文工团《雷雨》（河北）
3月	战地剧团《雷雨》（山东）
春	西北战地服务团《雷雨》（河北）
5月	八路军一二九师政治部先锋剧团《雷雨》
	抗敌剧社《雷雨》
	冀中军区火线剧社《日出》
6月	战斗剧社《雷雨》（晋西北边区）
初夏	抗大二分校文工团《雷雨》
8月	八路军一一五师战士剧团《雷雨》
9月	先锋剧团《雷雨》（晋察冀边区）
秋	晋冀鲁豫军区宣传队《日出》

① 制作演出表时，除了笔者的调查以外，还参阅了以下书籍：曹树钧《曹禺话剧中国话剧舞台上演出纪事》（收入《曹禺剧作演出史》）、钱理群《曹禺戏剧演出年表》（收入钱理群《大小舞台之间》，浙江文艺出版社 1994.10）、田本相、张靖编著《曹禺年谱》，南开大学出版社 1985.9）。

11月8日、11月20日	延安青年艺术剧院《雷雨》
1942年5月1日	西北文艺工作团《北京人》(延安)
秋	新四军战地服务团《雷雨》
1943年1月	抗敌剧社、西北战地服务团《日出》(晋察冀边区)
春	新四军苏北一师服务团、苏南六师十六旅《蜕变》
夏	新四军一师、二师文工团《蜕变》
7月	五师战士剧社《日出》
8月	陕北中学生集训队艺委会《北京人》
9月	太岳军区二分区宣传队、决死一旅宣传队《雷雨》《日出》
1944年初	战友剧社等《雷雨》(冀南)

[作者简介:濑户宏,(日本)摄南大学]

进步文艺的示范:战后初期曹禺剧作于台湾演出史探析

徐亚湘

一、前言

曹禺为中国杰出的戏剧家,是中国话剧的奠基人之一,其剧作如《雷雨》、《日出》、《原野》、《北京人》等为中国剧坛历演不衰的名作。曹禺剧作演出史的相关研究成果在大陆已多有积累,但在台湾的部分则一直乏人关注,无论就中国话剧史抑或台湾戏剧史研究,此部分的补白及其分析实有其必要性与重要性。

战后初期,①台湾省行政长官公署(以下简称"长官公署")及之后的台湾省政府,为达"文化重建"(cultural reconstruction)的目的,②引进多个大陆话剧团体来台演出,如"新中国剧社"(1946)、"上海观众戏剧演出公司旅行剧团"(1947)及"国立南京剧专剧团"(1948)等,加上来台之外省剧人所组织之业余剧社、军中话剧队及热络的校园演剧活动,大批"五四"以降及抗战时期的中国优秀剧作得以展演在台人面前,这里面当然包含曹禺的《雷雨》、《日出》、《原野》及《北京人》等作品。据台湾前辈剧人吕诉上言,他们的演出"是含有'示范'的意谓,使台湾剧人和观众看到符合大陆话剧演出水准的戏"。③

曹禺的剧作因战后初期两岸的分合际遇及进步文艺的"示范"之姿,曾短暂地于台湾的舞台上惊鸿一瞥,之后则因两岸的政治对立隔绝而不为台湾民众所熟知长达四十余年。本文即以 1945—1949 年为研究时间段落,以当时各报相关报道、评论为主要研究资料并参考当代相关研究成果,试图厘清当时曹禺剧作在台湾演出的情形为何?对台湾戏剧发展有何影响?当时台籍剧人、观众对曹禺剧作演出的接受情形?彼时之时局与文艺政策对曹禺、左翼剧作得以搬演可能有何作用力?透过曹禺剧作演出的国族想象等诸多问题。期盼透过本文的讨论,对台湾战后戏剧史、中国话剧史及曹禺研究的补充与深化有所助益。

---

① 对于此一历史段落,台湾学界普遍认定为 1945 年 10 月 25 日国民政府正式接收台湾,至 1949 年 12 月国府因国共内战败退到台湾为止的期间。此期间又可以行政组织重编为界,区隔成台湾省行政长官公署时期(1945—1947)和台湾省政府时期(1947—1949)两个阶段。

② 关于战后初期国府在台建立以中国文化为中心的"文化重建"诸多作为的讨论,可参阅黄英哲《"去日本化""再中国化":战后台湾文化重建(1945—1947)》一书。

③ 吕诉上:《台湾电影戏剧史》,第 365 页。

二、战后初期曹禺剧作于台湾演出概况

1945年至1949年的战后初期四年间，台湾的戏剧演出活动相对热络，除了文化取向的知识分子演剧因剧本审查制①及“二二八事件”②而受到严重的挫折与打击之外，无论是娱乐取向的民间职业新剧演出、大陆话剧团的旅台演出、军中演剧队演出，以及民间业余话剧团及校园演剧等相关活动，③皆呈现出一种回归中国后“新生”的蓬勃气氛。

为使甫脱离日本殖民的台湾人能尽早认识祖国文化、学习国语，话剧亦成为彼时国府在台文化施政“去日本化”与“再中国化”之“文化重建”的一环与利器。透过来台之大陆话剧团、业余剧人及教师、学生，当时大陆知名剧作家如曹禺、田汉、陈白尘、沈浮、黄佐临、吴祖光、宋之的、杨村彬、阿英(郑如晦)、于伶、顾一樵、李健吾、黄宗江等人的作品，④都在战后四年中被引介来台演出，并借校园演剧在高中及大专院校中散播开来。其中，又以曹禺的作品演出比例最高，而其中又以《雷雨》和《日出》二剧最常被搬演，《原野》和《北京人》则有零星的演出纪录。

1.搬演次数最多的《雷雨》

曹禺剧作在台的最初面世其实是电影而非在舞台。1946年7月，有电影《原野》在台湾短暂上映，⑤不过，当时片名被电影院老板改为“似是而非，未免有点滑稽的”《脱狱》，而且宣传看板上竟标上“广东实事奇怪复仇篇”这样偏离事实，但又颇合当时台湾观众喜观改编纪实新闻之戏剧审美趣味的广告用语。

光复一年以来的台湾剧界发展，除了“圣烽演剧研究会”、“人剧座”各一档的知识分子演剧之外，⑥余皆为娱乐取向的职业新剧团、歌舞剧团之商业巡演及台语业余演剧。在当时对台湾戏剧传统不甚了解的来台大陆文化人眼中，普遍认为彼时台湾的“话剧”发展“沉闷得很，剧

---

① 长官公署时期台湾的剧本审查制度相关讨论，可参阅徐亚湘：《管制下的复苏：台湾省行政长官公署宣传委员会的戏曲相关法规分析(1945.11—1947.3)》，《民俗曲艺》165，第5—45页。

② 1947年2月27日因查缉私烟失当而引发的台湾民变，其根本原因在于国民政府接收台湾后诸多不当措施所累积的民怨所导致，后随军队的来台镇压，加上其后的绥靖、清乡，终使“二二八事件”成为台湾的政治禁忌及之后岛内省籍摩擦的重要源头。

③ 战后初期台湾现代戏剧的发展概况，可参阅庄曙绮：《台湾战后四年(1945—1949)现代戏剧的发展概况》，《民俗曲艺》151，第185—251页。

④ 如曹禺之《雷雨》、《日出》、《原野》、《北京人》，田汉之《南归》，陈白尘之《结婚进行曲》，沈浮之《金玉满堂》、《重庆二十四小时》，黄佐临之《梁上君子》，吴祖光之《牛郎织女》、《文天祥》、《少年游》，宋之的之《新县长》，宋与老舍合编的《国家至上》，杨村彬之《清宫外史》，阿英之《明末遗恨》(《葛嫩娘》)、《海国英雄》，于伶之《大明英列传》，顾一樵之《岳飞》、李健吾之《这不过是春天》、黄宗江之《大团圆》等。

⑤ 《一周影评》，《台湾新生报》，1946年7月27日，第六版。该片导演岳枫(1910—1999)，亦曾导过曹禺之另一剧作《日出》，而仇虎、金子由银幕夫妻王引和袁美云分别饰演，严雯饰焦大妈，韩兰根饰白傻子。

⑥ 1946年6月9至13日“圣烽演剧研究会”于台北市“中山堂”演出《壁》、《罗汉赴会》；1946年9月29日至10月3日“人剧座”于台北市“中山堂”演出《医德》、《罪》。关于此二档演出之研究，可参阅蓝博洲《宋非我》及石婉舜《林抟秋》二书。

坛上也冷冷清清的,荒聊极了"。是故,在1946年9月台北市外勤记者联谊会[①](以下简称"外联会")成立之初,即为"推动台湾的话剧运动"、"鼓起台湾新的剧运浪潮"、"筹募外联会基金"等目的,[②]而首度将《雷雨》一剧搬上台湾舞台。11月4—6日,由新闻界的外省戏剧爱好者联合外省人所组之业余剧团"青年艺术剧社",在台北市"中山堂"演出三场,这是曹禺之名为台人认识、熟悉的开始。

以祖国一流剧作家之代表作,向台湾人展示祖国话剧艺术坚实的典范,是"外联会"演出《雷雨》的重要意义所在。时任长官公署宣传委员会电影摄制场场长的白克[③]即在报端言及:

> 台湾光复已经一年,话剧运动却一直贫乏得很,以量说,公演次数不到五回,在质方面,水准实在也太差。一年来,先后从内地来的干戏朋友已不少,大家谈起来,总希望能够把台湾沉闷的戏剧空气搅得热闹些,……以"雷雨"这样一个坚实的戏来和台湾观众见面,实在是件十分可喜的事。[④]

或因参与者的新闻专业背景,或因享誉中国内地的《雷雨》首次在台演出,当时各公民营报纸竞相针对该剧之剧作家、剧本、演员、"外联会"演出该剧之意义等进行报道,甚至国防部宣传处发行之《和平日报》还有整版的"雷雨演出特刊",[⑤]之后亦有数篇相关剧评登载。[⑥]"台北的文化界人士、戏剧爱好者,尤其是外省同胞大享了眼福",[⑦]因《雷雨》在台北的成功演出,接着受台中市记者公会之邀,于月底赴台中演出三场,尽管"一般本省人虽以言语(按:国语)不能完全领略"[⑧],但演出成绩依然不错而再展延加演一天。

继"外联会"和"青艺剧团"支援的业余演出之后,1947年12月26—31日、1948年1月2—3日,受台湾糖业公司邀请来台的"上海观众戏剧演出公司旅行剧团"(以下简称"上旅"),在台北市"中山堂"演出了第三档戏《雷雨》。[⑨] 因该团为抗战期间中央宣传部中央电影制片场

① 1946年9月14日由派驻台北的外勤记者和本省记者杨静明、余涤之、姚冷、蔡荻、吴漫沙、林世璋等15人为"联络情感、研究学术、交换新闻、融合本省外省记者情感"而发起成立。(姚冷《外勤记者的大结合》,《大明报》,1946年9月23日)

② 《外联会演出〈雷雨〉的意义》,《和平日报》,1946年11月4日,第四版。

③ 白克:1915—1964,福建厦门人,厦门大学毕业,台湾光复受聘担任长官公署宣传委员会专员兼电影摄制场场长,后于电影导演及影评多有表现,1964年死于白色恐怖。

④ 白克:《开展台湾的剧运——祝〈雷雨〉的演出》,《和平日报》,1946年11月6日,第四版。(底线为笔者所加)

⑤ 《新世纪》专栏第八十五期,《和平日报》,1946年11月25日,第四版。

⑥ 梦江:《观客芜言——观〈雷雨〉上演后》,《和平日报》,1946年11月27日,第四版;星帆,《〈雷雨〉演出第一夜》,《和平日报》,1946年11月27日,第四版。

⑦ 吴克泰:《吴克泰回忆录》,第178页。外省同胞大享眼福之因在于该剧的舞台语言为国语,演出形式为他们熟悉的话剧表演。

⑧ 《〈雷雨〉演出成绩良好/各界要求展期一天》,《和平日报》,1946年11月27日,第三版。

⑨ 前两档戏为《清宫秘史》(编剧杨村彬、导演刘厚生)和《岳飞》(编剧顾一樵、导演洗群、刘厚生),《雷雨》之后该团尚演出《爱》(原名《续弦夫人》,编剧洗群、导演刘厚生)、《万世师表》(编剧袁俊、导演刘厚生)。另,该团之《雷雨》一剧于12月26日在台北市"中山堂"正式对外演出之前,24、25日两晚分别为台湾糖业公司及中国国民党台湾省党部专场演出。(见《"观众"剧团/赶排〈雷雨〉》,《公论报》,1947年12月17日,第四版)

的“中电剧团”（张骏祥领导）与抗战胜利后之上海“苦干剧社”（黄佐临领道）合组的职业剧团，[1]团中名演员如林，有耿震、沈扬、阳华、路曦（杨露茜）、张立德等，他们精湛的演技让台湾观众得以一睹《雷雨》的职业水准演出。后该团往中南部旅行巡演时，亦将《雷雨》演于台南的麻豆“电姬馆”、车路墘糖厂招待所礼堂及屏东等地，扩大了该剧在台湾的影响范围，台湾前辈剧人吕诉上即曾言该团在台旅行演出的重大意义乃显现于此：

（上旅）又再到中南部虎尾、新营、屏东等地糖厂巡回公演，深得各地观众欢迎，有许多地方尚未看到过大陆的话剧演出，所以看到他们精巧的布景、洗练的演技、变换的灯光，深表欢迎，这次旅行演出有重大的意义。[2]

1948年为《雷雨》在台演出频率最高的一年。继“上旅”在台北市“中山堂”公演后，4月初，台湾省立屏东师范学校（现屏东教育大学）为推进师教运动，经过短促时间排练并得军中剧队——青年军“新青年剧团”的辅导演出了《雷雨》；[3]紧接着是“上旅”至中南部巡回的多次演出、6月“澎湖业余剧团”演于“澎湖剧场”，[4]以及青年军31军“新青年剧团”在8、9二月分别在高雄“大舞台”和“台中戏院”演出该剧。

1949年5月，有本地职业新剧团“艺友”演出《雷雨》的纪录，[5]因该团的演员和演出直接面对的观众皆为台湾人，所以，该次极有可能是使用台语演出。7月，则有外省剧人所组之业余“醒狮剧队”演于“彰化戏院”，[6]是为国府迁台前最后一次的《雷雨》演出。

2. 国语的《日出》与台语的《天未亮》

“外联会”演出《雷雨》之后两个月，曹禺三部曲之二——《日出》亦由在台北刚成立的业余“文化交流剧社”于1947年元旦假省立师范学院（现台湾师范大学）大礼堂演出三天，[7]该剧社是《大公报》来台记者、台湾大学兼任讲师之诗人孙艺秋[8]，结合台湾省立师范学院和高中之教职员、学生所组成，因是校园演剧，当时并未引起太大的注目。普遍认知《日出》一剧在台湾的首演，乃是受长官公署宣传委员会之邀的“新中国剧社”于1947年1月22日起的第三档戏演

---

① “上海观众戏剧演出公司”于1946年9月成立于上海，具体负责人为刘厚生、耿震，后该团转向电台播音演出，1947年10月，在中共地下党支持下，就改称“观众戏剧演出公司旅行剧团”到台湾旅行演出数月。据刘厚生言，此名是受“中国旅行剧团”（中旅）的启示而仿行的。（见《序》，《话剧殉道者——中国旅行剧团史话》，第5页；李晓主编《上海话剧志》，第112—113页）

② 吕诉上：《台湾电影戏剧史》，第363页。

③ 同上。

④ 《澎湖业余剧团/排演〈禁止小便〉》，《公论报》，1948年7月6日，第三版。该剧团乃由澎湖县政府职员、马公要塞司令部官员及澎湖县学生所组。

⑤ 庄曙绮：《台湾战后四年（1945—1949）现代戏剧的发展概况》，《民俗曲艺》151，第205、207、246页。

⑥ 同上，第238页。

⑦ 张南雷：《雷雨以后的台湾剧潮》，《和平日报》，1946年12月20日，第四版。

⑧ 河南安阳人，诗人，西北大学中文系毕业后，于1946年以《大公报》记者身份赴台湾采访，并于台湾大学兼课，一年后返回大陆任教于中原工学院、嵩华文法学院，1949年后曾参加解放军，后任教于兰州大学、西北民族大学。

出。[1] 随行的该剧导演欧阳予倩,同时也是《日出》于1937年在上海首演的导演,[2]别具意义。

"新中国剧社"原本安排的第三档演出剧目为奥斯特罗夫斯基的《大雷雨》,但到台湾之后不知何故改成《日出》。[3] 此冒险的决定使得该剧的排练时间压缩到前后仅有八天,所幸"由于演员对这个戏并不陌生,加以极度紧张的努力",这出长达五个小时的四幕完整演出,最后"演起来相当整齐,并不显得生硬"地颇受好评,[4]其演后剧评数量也是该团此行带来的四个剧目中最多的一个。[5]

1948年,台湾省立师范学院英文系学生蔡德本于学校成立"台语戏剧社",并本着"介绍祖国名作"的心情,[6]着手改编《日出》为台语剧本《天未亮》(一名《没有太阳的街》[7])。为考量演出的可能性,如演员人数、第三幕的复杂性处理、换景,以及能否被其他学生剧团复制演出等诸多问题,蔡德本决定朝着编出一本学生"容易演出,喜欢演出的剧本"的方向努力。[8] 最后,较大明显的更动是因饰演"小东西"一角的女学生难寻和免去换景的技术问题而将第三幕删除。[9]《天未亮》一剧从1948年2月到隔年1月,以"朴子学生联谊会"[10]和省立师院"台语戏剧社"的名义至少在朴子、嘉义、台北有过四回的公演(参见附表),对曹禺剧作在台的校园演剧及战后台语话剧的推动上,该剧是有其重大意义的。

3.昙花一现的《原野》与《北京人》

曹禺曾指出:"对一个普通的专业剧团来说,演《雷雨》会获得成功,演《日出》会轰动,演《原野》会失败,因为太难演了。"[11]曹禺三部曲在战后台湾的演出命运,似乎呼应了曹禺自己对其剧作商业性演出的评估结果。

相当巧合地,《原野》一剧与曹禺三部曲的创作顺序相同,是继《雷雨》、《日出》之后第三个

---

① 前两档戏为郑如晦(阿英)原著、齐怀远改编的《郑成功》与吴祖光的《牛郎织女》,导演俱为欧阳予倩。《日出》之后,该团尚演出欧阳予倩编导之《桃花扇》。

② 《日出》的首演一般认为是1937年2月2日由原"复旦剧社"社员所组之"戏剧工作社"删除第三幕的演出,亦有论者认为真正的首演为同年6月至7月"中国旅行剧团"在上海"卡尔登大戏院"完整的四幕演出。两次演出的导演俱为欧阳予倩。(参见黄忠煌:《话剧殉道者——中国旅行剧团史话》,第126—130页、杨新宇:《复旦剧社与中国现代话剧运动》,第146—151页)

③ 白克:《〈日出〉观后》,《台湾新生报》,1947年2月1日,第六版。

④ 见欧阳予倩:《三个戏》,《文艺春秋》5(1),1947年7月15日。转引自苏关鑫编:《欧阳予倩研究资料》,第330页。

⑤ 林曙光:《曹禺〈日出〉观后记》,《国声报》,1947年1月25日,第三版;白克:《〈日出〉观后》,《台湾新生报》,1947年2月1日,第六版;心如:《看〈日出〉以后》,《台湾新生报》,1947年2月1日,第六版;陈诉:《〈日出〉观后》,《中华日报》,1947年2月3日,第四版;陈炽:《看〈日出〉》,《台湾新生报》,1947年2月8日,第六版。

⑥ 蓝博洲:《天未亮:追忆一九四九年四六事件(师院部分)》,第257页。

⑦ 该名取自日本无产阶级作家德永直(1899—1958)1929年的同名小说。

⑧ 朱实:《写在〈天未亮〉演出以前》,《台湾新生报》,1949年1月15日。

⑨ 《〈天未亮〉演出座谈会》,《台湾新生报》,1949年1月23日,第四版。

⑩ 1947年由本籍嘉义朴子的近60名大学生和100多名高中生在故乡所组的联谊团体,会长蔡德本,副会长庄玉坤,会中有多人因加入共产党而于后被捕或逃亡,1949年"四六事件"后解散。

⑪ 田本相、张靖编著:《曹禺年谱》,第43页。转引自黄忠煌:《话剧殉道者——中国旅行剧团史话》,第134页。

在台湾演出的曹禺剧作。1947年9月，甫于台湾复团的"实验小剧团"①（以下简称"实小"）首次将《原野》搬上台北市"中山堂"舞台，导演陈大禹，并由"圣烽演剧研究会"会长宋非我于演出时担任剧情讲解。

该次的演出由台湾文化协进会②主办，延续该团于1946年12月首次搬演莫里哀喜剧《守财奴》分国语、台语二组的演出模式，虽然带着文化人深切的期许③及对演员的肯定，很遗憾地《原野》的演出并未得到观众的热烈支持，报载"全剧过于冗长、沉闷"是卖座欠佳的主要原因，④而导演陈大禹则自承演出成绩的有欠理想，与"主事人的昏庸，把一切事务搞得一团糟"不脱关系。⑤ 显然，《原野》在制作、演出及票房方面并不顺利。

同年12月14日，"实小"在"台湾艺术剧社"的主催下，再度于台北市"新世界"戏院演出该剧。据目前资料显示，"实小"的《原野》演出，是台湾战后四年中第一次也是唯一一次的演出。

与《原野》相同，曹禺于1940年创作的《北京人》在战后四年的台湾，亦仅见省立台北女子师范学校（现台北市立教育大学）于1948年12月2—3日在台北市"中山堂"的一次演出。不过，早在1946年4月4日，直属国民党中央宣传部的台南《中华日报》即曾于其日文版文艺栏刊出朱有明介绍《北京人》的文章。⑥ 省立台北女子师范学校的《北京人》作为该年"台湾省博览会"演出节目之一，乃由"上旅"留台演员金姬镏担任导演。⑦

三、战后初期曹禺剧作于台湾演出意义分析

战后四年尽管短暂，但却是近百年来两岸戏剧交流史上极其重要的关键。日治时期的台湾，除了上海文明戏曾对其有过短暂的影响之外，⑧"五四"以来中国话剧的剧本亦曾透过留学

---

① 该团的前身为成立于1937年的福州"实验小剧团"，当时有成员吴英年、陈大禹、王绍清、吴亮、陈新民、姚少沧、郑秋子、凤飞等人。抗战胜利后，陈大禹、姚少沧等"实小"旧团友复员到台湾，后结合一批从东南各省来台和台湾本地的剧友辛奇而重整旗鼓。（见沧江：《实验小剧团简史》，《自由日报》，1947年12月；另，关于"实验小剧团"在台演出情形，可参阅邱坤良《陈大禹》一书）

② 成立于1946年6月16日，理事长为台北市长游弥坚，以"联合热心文化教育之同志及团体，协助政府宣扬三民主义，传播民主思想，改造台湾文化，推行国语国文"为宗旨，发行有机关志《台湾文化》，该会为台湾省行政长官公署推动其战后台湾文化重建工作与建立新的文化体制之重要外围机构。

③ 长期支持赞助"实小"的台北文化人、"山水亭"主人王井泉和一读者殷冲认为，该团《原野》的演出，勇于在"二二八事变"后突破戏剧滞闷的状态，令人不禁对戏剧演出又燃起一线希望（王井泉：《我的感想》，《台湾新生报》，1947年9月19日；殷冲：《写在〈原野〉演出之前》，《台湾新生报》，1947年9月19日）；一投书报纸的观众郑铁民亦言，在当时通俗剧场充斥"大侠"、"飞金刚"、"艳舞"等节目内容的情况下，《原野》的演出是一件值得兴奋的事（郑铁民：《看〈原野〉》，《台湾新生报》，1947年9月24日）。

④ 《影剧坛》，《中华日报》，1947年9月29日，第四版。

⑤ 陈大禹：《破车胎的剧运——三十六年元旦到三十七年元旦》，《台湾新生报》，1948年1月1日，第六版。

⑥ 黄仁：《台北市话剧史九十年大事记》，第33页。

⑦ 庄曙绮：《台湾战后四年（1945—1949）现代戏剧的发展概况》，《民俗曲艺》151，第243页。

⑧ 1921年6月上海文明戏班"民兴社"受聘来台演出，台湾受其影响有过"台湾民兴社"、"黎明新剧社"两个文明戏班的短暂演出。

祖国的学生及《台湾民报》零星地被引介到台湾，[①]中日战争之前，知识分子演出的文化剧也曾以台语搬演过胡适的《终身大事》、田汉的《火之跳舞》、欧阳予倩的《泼妇》及侯曜的《复活玫瑰》等作品，[②]当时祖国话剧对台湾的影响实则有限，且具民间性、局限性的特色。而1949年两岸分治后，随着戒严令的实施，[③]台湾除了民间流行的台语通俗新剧之外，国语话剧相当程度上为反共抗俄的右翼戏剧所主导，所有在大陆的剧作家的作品一概被归为“左”、“红”而在禁止之列，此一割裂现象，造成1987年台湾“解严”前数十年台湾民众对于中国话剧的陌生与无知，但也因此发展出台湾自身的现代戏剧特色及脉络。

曹禺可以说是战后四年台人相对较为熟悉的中国剧作家，其三部曲及《北京人》皆曾于台搬演，其中尤其以《雷雨》的演出频率最高，而《日出》和《原野》二剧更曾被改编及使用台语演出，对于台语话剧发展曾经发挥过阶段性的刺激作用。

1. 中国话剧艺术典范的展示

战后曹禺剧作的引入台湾及演出，实际上，主要是透过行政机关、来台之外省剧人、教师、学生及剧团所促成，此可算是大陆话剧活动的在台延续与展示。而背后的支撑力量在于国府文化施政上“去日本化”、“再中国化”文化重建思维的实践。

鉴于台湾人已久为日本文化所“奴化”，将此毒素清除并注入中国文化是重塑台湾唯一的规范，也是回归祖国后必然的施政作为。于是，把祖国优秀的文化艺术果实展示于台人面前，以增进对中国文化的认识了解并进而产生尊荣感，这是当时来台接收台湾的国府官员及文化人士普遍的认知与作为之一，这其中实则隐含了某种的优越感与指导性。福建籍的白克一席话很具代表性：

> 台湾遭受日本军阀统治了五十一年，对祖国的文化完全隔膜，不用说五千年传下来的文化，不会得到研究和了解的机会，即使中国新文化的启蒙运动——“五四”以后的一切文学作品，台湾青年朋友们也极少有阅读的机会。光复以后的台湾，我们文化工作者的唯一中心任务应该是刷除半世纪来根深蒂固的日本文化，以拓荒的精神，把祖国优秀的文化果实移植过来。[④]

在戏剧方面，既对台湾过往的戏剧发展缺乏理解，而又尚未得见祖国优秀的话剧在台演出，外省文化人自然对台湾的“戏剧空气”、“话剧运动”感到沉闷与荒聊，而亟欲“想要把台湾沉寂的戏剧空气搅得热闹些”和“推动台湾的剧运”。其实，当时台湾的剧场里自有其台语新剧与文化剧的戏剧演出气味，而几无建立在国语基础上的话剧传统，再加上当时台湾人仍以

① 据台湾戏剧学者石婉舜的整理，《台湾民报》刊载转载自中国报刊的剧本有《终身大事》（胡适）、《说不出》（陈大悲）、《我不自由》（桃心）、《新时代的男女（一）～（四）》（汪静之）、《溪边——野外的故事（胡也频）、《平民的天使（上）（下）》（吴江冷）、《蜜月旅行（上）（下）》（炎华）等七个。（石婉舜：《搬演“台湾”：日治时期台湾的剧场、现代化与主体性》，第219页）

② 吕诉上：《台湾电影戏剧史》，第298—314页。

③ 1949年5月20日台湾省戒严令颁布实施，1987年7月15日蒋经国宣布解除长达38年的戒严令。

④ 白克：《开展台湾的剧运——祝〈雷雨〉的演出》，《和平日报》，1946年11月6日，第四版。（底线为笔者所加）

日语及台语为主要生活语言的现实，[①]若无视于此而仅徒具热情，必然无益于在台湾的话剧艺术推动及对中国文化的认识。

《雷雨》即是在上述的背景下，以祖国话剧艺术典范之姿登上了台湾的舞台。当1946年11月“外联会”演出该剧时，有《和平日报》记者“梦江”表达他对《雷雨》一剧在台湾演出意义的看法：

> 第一它可以改变本省人过去对祖国文化的印象，不以为中国的文化都是旧垃圾，……“雷雨”的演出，总算是提供了中国新艺术的一面，使本省同胞注意并且觉得值得作为榜样。第二就剧本的内容说，它暴露出中国旧封建家庭的黑暗，很可以给本省同胞作一面镜子。[②]

身为中国话剧代表的曹禺剧作在台演出，是否达到了预期文化交流、典范展示的实质目的是令人存疑的，其中主要原因还在于语言所衍生的接受度问题。日治时期的台湾人对于文化剧、新剧的接受度，不若歌仔戏、京戏、福州戏等戏曲剧种的观赏来得高，后于战争期虽有青年剧、皇民化剧的观赏经验，但其为日语为主、台语为辅的舞台语言模式，对于战后方见的国语话剧，其语言、剧情内容及文化背景其实是极其陌生的。于伶在“新中国剧社”出发来台演出前，于报端上表达祝福之意的同时，曾对该团提出了对台人语言使用及观剧习惯等问题的善意提醒：

> 你们预备带去给台胞的戏，要是由于他们的语言，他们过去所接受的艺术是“东宝”歌舞，民间故事影片及单调的闽剧，而不能马上接受内地大众尚在模糊中的舞台艺术时，你们将如何做第二步打算？这我不是泄气，我希望你们能够想得多一点，准备得更多一点，只能成功，愿你们胜利，凯旋回来！[③]

虽然于伶对当时台湾人广义的戏剧喜好有认知上的局限性，但他能注意到台湾重归中国之初的话剧交流必须严肃面对语言、文化差异的问题，已属难得。事实上，“外联会”《雷雨》和“上旅”《日出》的演出，观众皆以在台外省人（包括公务员及其家属、教师、学生等）为主而较少是本省人，[④]但是，“实小”的台语版《原野》、蔡德本改编自《日出》的台语本《天未亮》的多次搬演和“艺友”新剧团的台语《雷雨》演出，则将曹禺剧作真正地介绍给了一定数量不（尚未）具备国语能力的台湾观众，实质地将中国话剧艺术的典范——曹禺创作，展示在本省观众面前并对台湾剧界有过短暂的影响。

2. 对台语话剧实验的刺激

想要透过国语话剧达到宣扬祖国文化、介绍祖国国情，并进而增强民族意识、廓清“奴化”

---

① 二战结束前台湾的日语普及率约为70%，当时台湾的人口约600万，因此日语的使用人口保守估计亦达420万。（黄英哲：《“去日本化”“再中国化”：战后台湾文化重建（1945－1947）》，第38页）“实小”演出《原野》为便利台人理解，节目册之本事为中文、日文对照。

② 梦江：《观客芜言——观〈雷雨〉上演后》，《和平日报》，1946年11月27日，第四版。（底线为笔者所加）

③ 于伶：《壮〈新中国〉台湾之行》，《和平日报》，1946年12月31日，第四版。

④ 星帆：《〈雷雨〉演出第一夜》，《和平日报》，1946年11月27日，第四版；钱塘江：《一点小希望》，《中华日报》，1947年1月13日，第五版。

思想的目的，对于当时尚不甚解国语的台湾人而言，是单求速效、不切实际的做法，因为理解情节及背后文化的媒介——国语的能力程度是为关键。① 所以，少数来台的职业剧团难有商业票房支持而仅能点状式演出，外省业余剧团的属性及演出频率亦使影响变得有限，比较能起作用者反而是本地职业、业余剧团和校园演剧的台语话剧演出。

战后初期台湾人学习国语是积极热情的，而长官公署的国语推行政策亦采提倡恢复本省方言与学习国语并进的方式进行，主张以台湾话与国语的对照比较作为国语的学习入门，此将收事半功倍之效。② 民间关心戏剧者，亦有同此之呼声，对使用国语、台湾话演出以为剧运之推动视为同等重要：

> 为了介绍国家文化，贯通民众与政府间的感情，台湾的剧运是迫切期待推行，无论以闽南语演出也好，以国语演出也好，都有它的重大价值。以闽南语演出，一般台胞均听得懂，在剧本中所要传达的意识全部可以接受。以国语演出可以使当前正在学习国语的台胞，做一册活动的国语课本，而引起他们学习与运用的兴趣。③

1946 年底成立的"实小"，自创团作《守财奴》起所实行的国语、台语二组演出制，更在实际作为上呼应了官方的语言政策，而此作法受到本外省剧人的欢迎：

> 他们真是绝顶的聪明，会想到国语台湾话并用，分日夜场演出。这不但在票房价值上有精明的打算，也可以使热心学习国语的台籍同胞，先看了日场再往晚场，听听国语，这在有意对台胞更亲密的外省人也是一样。④

曾赞誉"实小"是"基础建立在台湾民众身上"的台湾剧界前辈王井泉，在肯定该团台语《守财奴》的同时，更期待即将以台语演出的"国内著名曹禺先生的杰作《原野》"：

> 这是台湾文化再生的呼唤，由于这次演出，我们又生发了无限的希望，因为所谓文化交流，绝不是把自己任人冲洗的解释，我们必须要有说明自己存在的机会，这种机会，主要的是维系在继续不断的表现上，……让台湾文化在祖国文化的怀抱里发扬光大，这才是我们最希望的。⑤

由该团本省剧人使用台语演出曹禺的名作，是王井泉认为能达到文化交流与再生目的的良策，亦即唯有把握创作的主体性，经过文本、表演等方面诠释消化后舞台实践的艺术"言说"过程，再使用与省民沟通无碍的台语演出，这才能在当时更为有效的发扬台湾文化与认识祖国文化，而这其中所起桥梁作用者恰为曹禺的《原野》。

省立师范学院"台语戏剧社"社长蔡德本的台语话剧改编本《天未亮》的演出，更是曹禺剧作《日出》对台语话剧实践更进一步的影响。尽管蔡德本当时还是一名大学生，戏剧编导经验也还有限，但他能对"祖国名剧"《日出》批判性地接受，盱衡实际演出的可能性与观众的接受

① 当时亦有一读者于报纸表达艺术表现可超越语言限制，并鼓励台湾人进剧场学习国语的看法。（陈知青：《请您不要说："国语话剧我们听不懂"》，《台湾新生报》，1946 年 12 月 21 日，第七版）

② 黄英哲：《"去日本化""再中国化"：战后台湾文化重建（1945—1947）》，第 49—62 页。

③ 陈春江：《谈此时此地的剧运》，《和平日报》，1946 年 12 月 19 日。（底线为笔者所加）

④ 张南雷：《雷雨以后的台湾剧潮》，《和平日报》，1946 年 12 月 20 日，第四版。（底线为笔者所加）

⑤ 王井泉：《我的感想》，《台湾新生报》，1947 年 9 月 19 日，第五版。（底线为笔者所加）

度，在尽可能把握剧旨的同时对文本进行必要的删节与调整，让《日出》得以在地化成为台语话剧的重要里程。

演员全部由台湾学生担任，……这不是改良戏，也不是所谓新剧，是台语话剧，可说是现代剧，因为系写实主义的技法、内容、布景、道具、布置、对白语调以至演技等，无不与向来的新剧有所不同。……演员虽是业余的，但全部都是大学生，当时大学生不多，素质都很优越，使人耳目一新场场爆满。有人称赞说："这是第一次以写实主义手法演出的台语话剧。"①

除了获得本省观众的欢迎，因为这个剧本是描写贫富差距、阶级问题的悲剧，属于无产阶级文学，听说当时校内的"左倾"学生还大为叫好。② 虽然我们现在无法得见曹禺剧作改编为台语话剧的剧本、图像等相关资料，但不可否认的，《原野》、《日出》二戏确实在台语话剧的发展历程中有过正面的刺激与影响。

3. 现实意义的呼应

尽管曹禺的三部曲以迄《北京人》的发表集中在1934—1941年，剧作描述皆为中国一地封建社会背景下之阶级、人性等诸多问题。但是，战后曹禺"四大名剧"——《雷雨》、《日出》、《原野》、《北京人》的在台演出，观众仍在观剧的同时找到了与台湾现状的现实呼应，并加深了艺术的感染力，此在观剧当下超越时空的情感对话、思想交流，亦间接证明曹禺剧作的普世价值。

"外联会"于台中演出《雷雨》后，当地《和平日报》记者"梦江"随即于该报发表他对该剧在台演出的意义及观后感，尤其他在忧心旧中国的低级、庸俗文化在新生地台湾找到新地盘并开始猖狂时，《雷雨》一剧的适时演出尤显其不可估计的意义：

它暴露出中国旧封建家庭的黑暗，很可以给本省同胞作一面镜子。因为本省虽曾走上了资本主义的殖民地化的道路，就是因为殖民化的缘故，到今天仍旧还残留很多的封建家庭和封建道德。③

1947年就读于省立师范学院史地系兼高雄《国声报》台北通信员的林曙光（1926—2000），经历了前一年"圣烽演剧研究会"第二次在台北市"中山堂"公演《壁》一剧被禁事，④当他在同一地点观赏了"新中国剧社"所演的《日出》时，见戏中因阶级造成"被压迫"与"绝望"的情节，不禁使他联想并感触深刻：

从前在台北发生了《壁》禁演的事件，而这个《壁》是本省现状的反映、中国社会的表现，所以今般在《壁》禁演的中山堂，能够观《日出》是很有意义，又有此地此时的感觉，……我们怎么能不悲哀，不痛心呢？而能够不奋起，不慷慨呢？⑤

---

① 林曙光：《难忘的回忆——记台语剧运先驱蔡德本》，《文学台湾》19，第20页。

② 蔡德本：《蕃薯仔哀歌》，第45页。

③ 梦江：《观客芜言——观〈雷雨〉上演后》，《和平日报》，1946年11月27日，第四版。

④ 《壁》为简国贤所著，首演于1946年6月，对于当时社会贫富差距提出严厉的批判，7月再演时被禁。关于《壁》的创作、演出、禁演事宜，可参阅钟乔《简国贤》一书。

⑤ 林曙光：《曹禺〈日出〉观后记》，《国声报》，1947年1月25日，第五版。

而在经历了日本五十年殖民后的台湾,当"实小"在"二二八"悲剧事件发生后六个月演出《原野》时,亦有读者将剧中仇虎受压迫的抗争、复仇行动与台湾的历史命运相联结:

> 没有任何迹象,说今天人们依然停留在落后的,如同《原野》中的焦阎王的压迫世代;但有各种理由,说明今天依然要求着如同《原野》中的仇虎,在原始的蛮强所支持的反封建意志下的抗争。那么,《原野》的演出,在经历五十年来日本的奴役统治的台湾,显然具有深刻的意义:民族的解放应当以人性的解放为终点。……在经历"二二八"事件的台湾,这里也将不能不是提供了大的意义。[①]

四、结语

战后四年两岸的统一状态,使得中国1930年代以迄抗战胜利的优秀话剧作品得以大量地在台湾演出,其中即以曹禺的作品被搬演的次数最多,最为台人所熟悉,亦因其为中国剧作范式的地位,被官方及民间积极地引介及舞台实践,甚至高比例地被改编以台语演出,对台语话剧艺术有过正面的刺激作用。

虽然曹禺的四大名剧皆曾在战后初期的四年间演出,但是,对于彼时台湾人或剧界影响较大的是《雷雨》及《日出》二剧。首先,《雷雨》带来的是中国话剧艺术的典范意义,可惜,因为彼时国语尚不为台人所熟悉,以致影响相对有限,但仍有走通俗商业路线的新剧团"艺友"曾尝试演出该剧,这表示其剧情编排及人物刻画有其艺术魅力及潜在的商业价值,而"上旅"的全台巡演,则扩大了该剧的影响范围。其次,《日出》被改编为台语的《天未亮》,是台语话剧实践的关键之一,更是曹禺所代表的中国话剧经典在移植到台湾的过程中本土化尝试的重要经验,同样可惜的是,随着政局的丕变,由此延伸的诸多可能因此中断。

战后初期台湾的剧团管理及剧本审查虽然严格,但依据1946年8月颁行的《台湾省剧团管理规则》规定,只要不违反三民主义、不违反国民政府政令、不违背时代精神及不妨害风化等四项原则,[②]对于上演剧目的限制其实并不大。所以,1949年12月国府迁台前,之后长期被禁的曹禺及左翼作家的剧作皆可在台演出。在此战后四年,先是百花齐放后则渐渐紧缩的短暂中国话剧在台演出史中,曹禺的剧作无论在祖国进步文艺的展示,抑或借此欲形塑的国族想象与认同,还是对于台语话剧发展曾经有过的正面刺激等方面,都曾对台湾有着不凡的意义。

参考资料

于善禄。2008。《影视京话:从台湾看曹禺剧作的断层与折射》。《美育》163:70-77。左莱主编。1994。《中国话剧史大事记》。北京:中国艺术研究院话剧研究所编印。

田本相主编。1996。《台湾现代剧场概况》。北京:文化艺术出版社。

田本相、石曼、张志强编著。2005。《抗战戏剧》。开封:河南大学出版社。

---

① 殷冲:《写在〈原野〉演出之前》,《台湾新生报》,1947年9月19日,第五版。(底线为笔者所加)

② 徐亚湘:《管制下的复苏:台湾省行政长官公署宣传委员会的戏曲相关法规分析(1945.11-1947.3)》,《民俗曲艺》165,第33页。

石婉舜。2003。《林抟秋》。台北:国立台北艺术大学。
2010。《搬演“台湾”:日治时期台湾的剧场、现代化与主体型构(1895-1945)》。台北:国立台北艺术大学戏剧系博士论文。
李晓主编。2002。《上海话剧志》。上海:百家出版社。
吕诉上。1954。〈光复后的台湾剧运:台湾省行政长官公署时期〉。《台北文物》3(3):74-89。
1961。《台湾电影戏剧史》。台北:银华。
何义麟。1996。《战后初期台湾报纸之保存现况与史料价值》。《台湾史料研究》8:88-97。
吴克泰。2002。《吴克泰回忆录》。台北:人间。
邱坤良。2006。《陈大禹》。台北:文建会。
林曙光。1994。〈难忘的回忆——记台语剧运先驱蔡德本〉。《文学台湾》19:15-24。
胡叠。2009。《上海孤岛话剧研究》。北京:文化艺术出版社。
洪忠煌。2004。《话剧殉道者:中国旅行剧团史话》。杭州:浙江大学出版社。
徐亚湘。2000。《日治时期中国戏班在台湾》。台北:南天。
2009。《管制下的复苏:台湾省行政长官公署宣传委员会的戏曲相关法规分析(1945.11-1947.3)》。《民俗曲艺》165:5-45。
徐秀慧。2007。《战后初期(1945-1949)台湾的文化场域与文学思潮》。台北:稻乡。
曹禺。1993。《雷雨》。台北:远东图书公司。
1988。《日出》。台北:文帅出版社。
不详。《原野》。澳门:戏剧出版社。
陈兆熙等著。2010。《陈仪的本来面目》。台北:印刻。
许雪姬总策划。2004。《台湾历史辞典》。台北:文建会。
庄曙绮。2006。《台湾战后四年(1945-1949)现代戏剧的发展概况》。《民俗曲艺》151:185-252。
黄仁。2002。《台北市话剧史九十年大事记》。台北:亚太图书。
黄英哲。2007。《“去日本化”“再中国化”:战后台湾文化重建(1945-1947)》。台北:麦田出版。
贾亦棣、封德屏总编辑。1999。《剧专同学在台湾》。台北:中华文化复兴运动总会。
杨新宇。2006。《复旦剧社与中国现代话剧运动》。桂林:广西师大。
萧富隆等编。2005。《台湾省行政长官公署职员辑录(一)》。南投:国史馆台湾文献馆。
蔡德本。1997。《蕃薯仔哀歌》。台北:远景。
钟乔。2006。《简国贤》。台北:文建会。
蓝博洲。2000。《天未亮:追忆一九四九年四六事件(师院部分)》。台北:晨星。
2006。《宋非我》。台北:文建会。
苏关鑫编。1989。《欧阳予倩研究资料》。北京:中国戏剧出版社。
《大明报》
《公论报》
《国声报》

《台湾新生报》

《中华日报》

《和平日报》

《自强报》

《自由日报》

《全民日报》

附表：战后初期(1945—1949)曹禺剧作在台湾演出一览表

剧目	演出团体	演出日期	演出地点	导演及主要演员	备注
雷雨	台北市外勤记者联谊会	1946.11.4—6 (7：00pm)	台北市中山堂	道演：蔡获 舞监：姚冷 鲁贵：艾俚(新生报记者) 四凤：白凤(青艺剧团演员) 周冲：姚冷(大明报记者) 蘩漪：蓝星(青艺剧团演员) 周萍：巴仑(青艺剧团演员) 周朴园：席另(和平日报记者) 鲁侍萍：凯尼(青艺剧团演员) 鲁大海：燕树(青艺剧团演员)	青年艺术剧社(青艺剧团)协助演出。 该次演出目的为该联谊会筹募基金。
雷雨	台北市外勤记者联谊会	1946.11.25—28	台中	同上	台中市记者公会邀演
日出	文化交流剧社	1947.1.1—3	省立师范学院大礼堂		《大公报》记者、台湾大学兼任讲师孙艺秋，结合师院及高中的教职员所组之业余剧社。
日出	新中国剧社	1947.1.22起 (7：00pm)	台北市中山堂	导演：欧阳予倩 陈白露：苏茵 方达生：费克 张乔治：席以文 福升：赵一诚 小东西：吴梅 潘月亭：高博 黄省三：许秉铎 顾八奶奶：李苓华	票价为20、40、60、100元四种
原野	实验小剧团	1947.9.19—24 (19—22夜场国语组演出、20、21日场、23、24夜场台语组演出)	台北市中山堂	导演：陈大禹 仇虎：庄镜贤、苏乙民(前为国语组、后为台语组) 焦大星：石山、蔡启东 金子：悄泛、徐丽娜 焦母：卢理齐、周萍 常五：剑秋、赖文进 白傻子：郭辅义、李叶	·台湾文化协进会主办。 ·分国语、台语二组演出。 ·该剧为实验小剧团推出的第二档戏(第一档为1946.12.17—19之莫里哀《守财奴》)。

续表

剧目	演出团体	演出日期	演出地点	导演及主要演员	备注
原野	实验小剧团	1947.12.14	台北市新世界戏院	导演:陈大禹	台湾艺术剧社主办
雷雨	上海观众戏剧演出公司旅行剧团	1947.12.26—31 1948.1.2—3	台北市 中山堂	导演:洗群 鲁贵:阳华 四凤:洪纬 周冲:田广才 蘩漪:路曦、支溪泽 周萍:耿震 周朴园:张立德 鲁侍萍:崔小萍 鲁大海:王杰	·该团受台湾糖业公司邀请来台。 ·洗群(第一届)、耿震、阳华(第三届)、崔小萍(第六届)、沈扬等俱为国立剧专毕业生,张立德曾任中国旅行剧团副团长。
日出(天未亮)	朴子学生联谊会"青云剧社"	1948.2	嘉义朴子荣昌戏院	导演、改编:蔡德本(省立师范学院台语戏剧社社长、朴子学生联谊会会长) 黄省三:蔡德本	·该次演出为游艺会性质,表演合唱、舞蹈、戏剧等节目,戏剧演出除《天未亮》外,尚演出田汉之《南归》。演出盈余充作贫困儿童之救济金。 ·该剧以台语演出《日出》,改编后称为《天未亮》或《没有太阳的街》。 ·该次演出经当地警察局核备,剧本事先并送检阅
雷雨	台湾省立屏东师范学校	1948.4初	屏东		青年军新青年剧团予以辅导演出
雷雨	上海观众戏剧演出公司旅行剧团	1948.4.27—28	台南麻豆电姬馆	同前	台湾糖业公司总爷糖厂主办
雷雨	上海观众戏剧演出公司旅行剧团	1948.5.2	台南车路墘糖厂招待所礼堂	同前	台湾糖业公司车路墘糖厂主办
雷雨	上海观众戏剧演出公司旅行剧团	1948.5	屏东	同前	屏东市业余戏剧研究会于5/7于屏东第七酒场礼堂举行茶话会招待该团,刘厚生、张立德、耿震并针对演出发表谈话。
雷雨	澎湖业余剧团	1948.6	澎湖剧场		该剧团由县政府职员、马公要塞司令部官员及澎湖县学生所组。

续表

剧目	演出团体	演出日期	演出地点	导演及主要演员	备注
日出(天未亮)	朴子学生联谊会“青云剧社”	1948暑假	嘉义中山堂	导演、改编:蔡德本 黄省三:蔡德本	·台语演出 ·该次演出经当地警察局核备,剧本事先并送检阅
雷雨	青年军31军新青年剧团	1948.8.7起(8:00pm)	高雄大舞台	导演:东山	为筹募《巨人月刊》基金而演
雷雨	青年军31军新青年剧团	1948.9.3	台中戏院	导演:东山	
北京人	台湾省立台北女子师范学校	1948.12.2—3(7:30pm)	台北市中山堂	导演:金姬镏(上海观众戏剧演出公司旅行剧团留台演员)	“台湾省博览会”演出节目之一。
日出(天未亮)		1948.12	台湾大学法学院	导演、改编:蔡德本 黄省三:蔡德本	台语演出
日出(天未亮)	台湾省立师范学院台语戏剧社	1949.1.15—16	师院大礼堂	导演、改编:蔡德本 黄省三:蔡德本	·台语演出 ·该次演出经过该校训导处及警察局核备
雷雨	醒狮剧队	1949.7.7	彰化戏院	导演:朱冠一	

资料来源:《大明报》、《公论报》、《国声报》、《自由日报》、《中华日报》、《和平日报》、《自强报》、《台湾新生报》、《天未亮》、《台湾电影戏剧史》。

[作者简介:徐亚湘,(台湾)中国文化大学戏剧系教授]

曹禺与日本

铃木直子

序

代表中国现代话剧的剧作家曹禺(1910－1996)在他的一生中曾到过日本三次。把访问日本的感受写成文章,这篇文章就是《三访日本》(1982)[①]。《三访日本》是曹禺的第三次访日实现的时候写成的。是1982年10月他作为中国戏剧家代表团团长来日本,包括前两次的访日经验,对于日本印象的回忆。1982年10月22日他来到早稻田大学,那年正好是迎接早稻田大学创立一百周年的一年,他顺便到我们坪内博士纪念演剧博物馆来参观。在演剧博物馆的定期刊物《演剧博物馆馆报》第49号上有这个时候的记录。[②]

回顾曹禺的访日,1982年以前的两次访日,按照《三访日本》看,首次来访是1933年的春天,第二次是1956年的夏天。1933年的访问正好在清华大学时代的春假,1956年的访问目的是参加第2届原水爆禁止大会。那么,本论首先考证曹禺的三次访日之中首次访日的日期,以及介绍曹禺与日本戏剧的关系等等。

曹禺的首次访日

有关曹禺的首次访日,有几篇文章。先让我们看看上述举的《三访日本》。

朋友们,我们是最近几年来日本访问的第三个中国戏剧家代表团。一九八〇年于伶先生曾率领一个代表团到这里来过。(略)

我曾到过日本三次。一九三三年,我在大学就要毕业,放春假时,来到这里。那时我才二十三岁,一句日语也不会讲,但是像我一样年轻的日本大学生们,跟我用笔,用半通不通的文字,开怀畅谈,交谈得十分热烈。我想起那满目浓艳的樱花,好像一片片彩云,真不知那些脚踏木屐、穿着裙子式的学生装的同学们,现在在哪儿?在做什么工作?他们会不会还记得我吗?当然,我们都老了。可是在我的脑海里,他们永远那么年轻。

第二次到日本是一九五六年的夏天,我四十六岁,十几天的访问仿佛一瞬。我遇见了千田是也、杉村春子、龙泽修、木下顺二、山本安英各位先生,结识了许许多多话剧界的

---

① 原载于《光明日报》(1982年11月3日)。本论参照《曹禺全集》(花山文艺出版社1996年)第6卷收录的(303页—305页)。本论引用的曹禺文章根据《曹禺全集》。

② 《演剧博物馆馆报》第49号(1983年5月发刊,15页)。

朋友。(略)①

还有一篇曹禺的回忆。《今日送来长相欢——热烈欢迎日本歌舞伎访华使节团》(1979)②里他说:

一九三三年我在东京时,曾看过当时歌舞伎的名优尾上菊五郎演出,剧名叫《义经千本樱》。

从这个记述,我们知道他首次来访日本的时候观看过歌舞伎的演出。

还有其他资料,《曹禺研究资料》③"1933年24岁"的项目如下:

1933年 24岁

春假,参加由钱稻孙带队的清华大学赴日本旅行团。游览了东京、神户、横滨、大阪、京都、奈良、日晃等地。年轻的曹禺一句日语也不会讲,但是用笔通过半通不通的文字和日本大学生们进行了热烈的交谈。在那里,他第一次看歌舞伎。在《义经千本樱》中,他看到菊五郎举着纸伞从花道上低回徐缓的舞过来,那凝练的美使之神往。到东京后的第三天,他和同学孙浩然曾冒雨摸到筑地小剧场看戏。曹禺回忆当时的情景道,那天演出的是北欧剧目《好望号》,我们听不懂日语,却被演员们真实、诚挚、干净的表演紧紧抓住。戏演完后,我们和日本观众一起为他们鼓掌。日本话剧的现实主义传统,从那时起一直使我萦怀不止。

《曹禺研究资料》上的记述,原来是根据曹禺本身的回忆,所以上述的三篇文章全部以1933年为曹禺的首次来访的年头,没有差别。不过曹禺的年龄有"23岁"和"24岁"两种,不一致。

从上述的内容,尤其曹禺的看戏体验,我怀疑1933年的访日。那时曹禺看的戏是歌舞伎《义经千本樱》及筑地小剧场的《好望号》,曹禺春天来到日本。可是我查歌舞伎和筑地小剧场的演出记录,找不到这两场戏的演出记录④。

筑地小剧场演出的《好望号》的作者是荷兰剧作家海耶曼(Herman Heijermans, 1864.12.3—1924.11.22),日语的剧名叫做《帆船天佑丸》。海耶曼是荷兰著名的剧作家及小说家,他的笔名有英语的 Samuel Falkland 等。曾做过新闻记者,发表了戏剧《优太人区》(1899)、《好望号》(1900)等三十一部作品。他的作品当时欧洲各地演出过。日本翻译的《好望号》即《天佑丸》,1928年久保荣翻成日语,《白耳义·和兰(比利时·荷兰)近代剧集》(世界戏曲全集刊行会)收录了。《天佑丸》的原名是荷兰语的"Op Hoop Van Zegen",Francica de-Graf 把这部作品翻成德语,德语的剧名意味着"向庆祝的希望",久保荣翻译时参考德语版和 Christpher St. John's 的英文版。

筑地小剧场的《天佑丸》有1934年4月的演出记录。这个记录根据早稻田大学坪内博士

① 《曹禺全集》,第303—304页。

② 原载于《北京日报》,1979年1月8日。《曹禺全集》第6卷(254页)参照。

③ 田本相、胡叔和编,中国戏剧出版社1981年。

④ 我查的资料:歌舞伎演出目录、有关筑地小剧场的演出参照《筑地小剧场》(东京 不二出版 1986年)《我的筑地小剧场 续编》(浅野时一郎 续我的筑地小剧场刊行会遍 1981年9月)等。

纪念演剧博物馆的近代戏剧演出数据库，我们知道演出时间从 1934 年 4 月 10 日至 4 月 22 日，八田元夫导演、久保荣翻译，作为新筑地剧团五周年纪念公演演出。数据上有资料备注，应该存在有关资料宣传单、说明书、戏票，但是太遗憾的事情，现在这些资料不知在哪里。

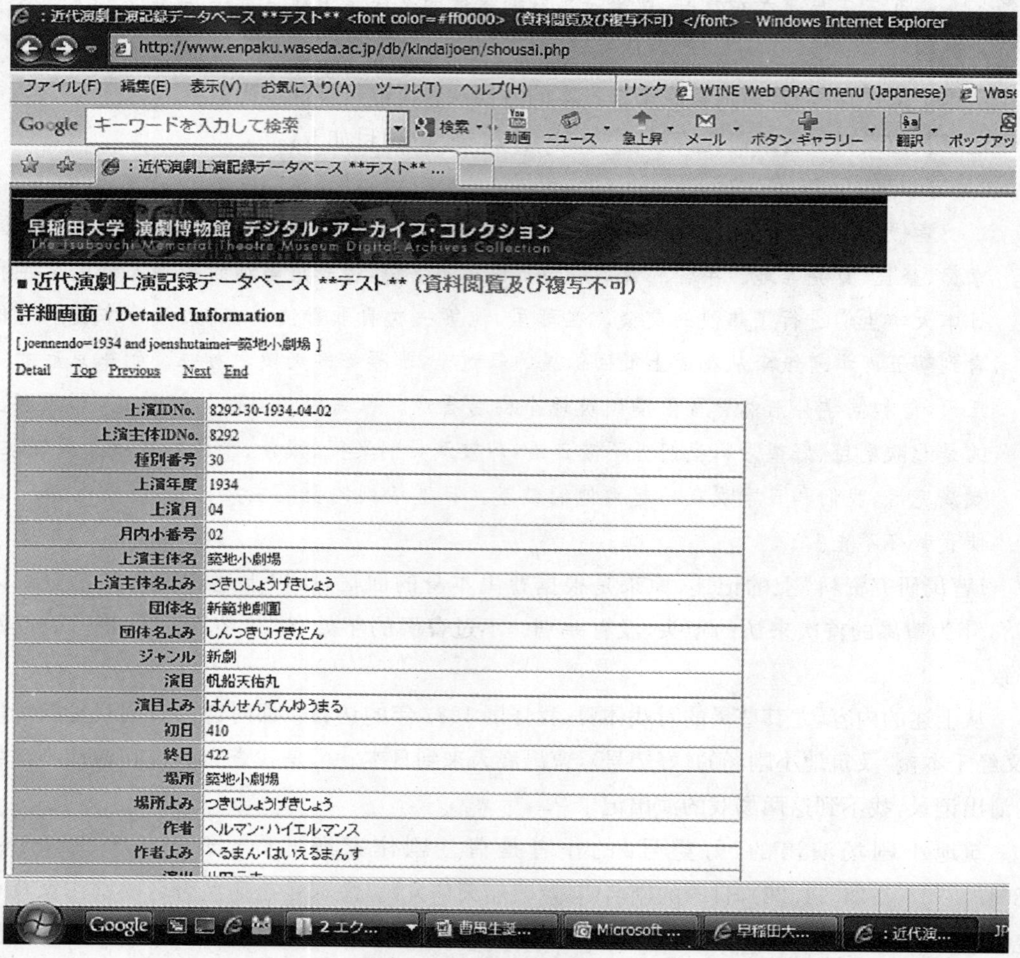

图 1　近代戏剧演出数据库

从《天佑丸》的演出日期来看，可以推测曹禺的首次访问不是 1933 年，实际上是 1934 年。当时的报道也证实了这个推测。下面看看 1934 年的清华大学学生的来访消息。

1934 年 4 月清华大学学生来访的消息登载于《读卖新闻》《东京朝日新闻》《帝国大学新闻》上。《读卖新闻》晨报上刊登“支那大学生参观团来朝”：

北平清华大学学生访日参观团一行卅三名日语讲师钱稻孙率领，坐八日进港的大阪商船长城丸登陆神户。至四月廿日大约两周，预定考察京阪、东京方面。

《东京朝日新闻》晨报上刊登“日本再认识支那学生来朝”：

北平清华大学男女学生三十二名钱稻孙讲师率领，利用三个星期的春假来到日本考察。八日到了神户，九日上午十点十五分到达东京站，抵达神田三崎町日华学会。至今

七千二百二十九號　（第三種郵便物認可）

日本再認識に
支那の學生が來朝

北平の清華大學男女學生三十二名は錢稻孫講師に引率されて三週間の試驗休みを利用して日本觀察にやつて來た、八日神戸に着き九日午前十時十五分東京驛着、神田三崎町日華學會に入つた、これまで北平大學その他はしばしば見學に來たが排日的色彩濃厚だつた關係から清華大學としては今度最初の見學旅行で、この三週間の間に日本を味はひ大いに認識を高めようといふのである

第一日の九日は午後二時から明治神宮に參拜してから「銀座漫歩」にのし出した

【寫眞は訪日の清華大學生】

图 2 《东京朝日新闻》

北平大学其他屡次来参观，为了排日色彩浓厚的关系，清华大学此次首次的参观旅行，这三个星期之间体验日本，大大地提高对日本的了解。第一天的九日从下午两点参拜明治神宫，出发街道漫步。

《读卖新闻》与《东京朝日新闻》的报道上，来访人数（三十三名、三十二名）不一致。

还有一个消息，《帝国大学新闻》第 524 号（1934 年 4 月 16 日）上刊登“清华大学生来学惊叹图书馆”，照这个报道我们知道四月九日他们参观帝国大学（现东京大学）。

〇円から五〇〇円の間をフラクチエイトし平均一日四〇〇円の好成績を示した

本年度一般方針の具體的發現である各大學との提携は新學期と共に愈々その第一步を印し十日には京大學消代表との間に洋服地五一米販賣契約が成立、十三

清華大學生 來學
圖書館に驚く

近來北支那の知識階級の間には親日的な空氣が非常に濃く、日本見學に來朝する團體が春と共に多くなつて來たが九日北京の清華大學生の一行が本學を見學、この三月北支方面を視察して歸つた石井學生主事の案内で大講堂圖書館などをみたが、ととのつた設備と大きな規模に全く感心して歸つた

（寫眞は圖書館前に於ける一行）

图 3 《帝国大学新闻》

近来北支那的知识分子之间亲日气氛非常浓，参观日本的来访团体一到春天就多了。九日北京清华大学生一行参观本校，今年三月去北支方面考察的石井学生主事陪同参观大讲堂图书馆等，看完整的设备、规模很大，实在佩服回去了。

从上面的三种报道来看，曹禺的首次来访并不是1933年春天，判明了他的来访期间从1934年4月8日至20日。1934年春天来到日本的曹禺，这年夏天清华大学毕业，7月份把《雷雨》登载于《文学季刊》。在日本的看戏经验，对《雷雨》的作品创作有没有直接关系，我现在不能说，但当时很狂热的筑地小剧场和日本传统戏曲歌舞伎的看戏经验一定给曹禺新鲜的影响。尤其《天佑丸》即《好望号》当时的剧评对于剧本和演员的表演给予很高的评价[①]，对于曹禺是了解日本新剧的难得的机会。

在日本演出的曹禺作品

关于在日本演出的曹禺作品，已经有了研究成果，比如说濑户宏老师的《中国戏剧的二十世纪》、饭冢容老师的调查《曹禺作品演出史》(2009年第15届中国戏剧视觉讲座资料)等等。后者的饭冢老师把曹禺的四部代表作《雷雨》《日出》《北京人》《原野》的中日两国的演出进行了整理。我参考这些研究成果，加上从早稻田大学演剧博物馆收藏的演出资料来再整理在日本的曹禺作品的演出。

最初在日本演出的，为一般所知，是曹禺的第一部作品《雷雨》。这部作品刊载于1934年7月的《文学季刊》第一卷三期，次年1935年4月份在东京神田一桥讲堂演出了。这次演出以中国留学生为中心，作为中华话剧同好会的第一届演出，“以东京横滨地区的中国人为对象”[②]的。对象是中国人，可是当时帝国大学戏剧研究会会员的大学生影山三郎也去看了这次演出，所以过了几天后在《帝国大学新闻》上有影山的剧评[③]。影山到了1936年与留学生邢振铎合译由东京汽笛社出版了《雷雨》日文版。1953年影山又出版了改译版的《雷雨》。

1935年之后，《雷雨》1957年2月由剧团稻之会演出于神田一桥讲堂。剧团稻之会是1954年成立的业余剧团，这次的《雷雨》作为他们的第六届演出从2月5日至10日只演第三幕。是关口润导演、影山三郎翻译的。剧团稻之会1958年10月演出《日出》(第八届演出，翻译者梁梦迴)，1959年10月演出《原野》(第十届演出，翻译者梁梦迴)，1963年10月再演出《雷雨》(第十四届演出，翻译者波多野宪)，导演每次都由关口润担当。演剧博物馆收藏了这四次的演出说明书。

除了稻之会以外，其他两个剧团也演出过曹禺作品。一个剧团叫做新协剧团，另一个剧团是剧团民艺。新协剧团成立于1934年，1950年代演出过曹禺作品。文艺导演部的团员有村山知义、久保荣等，在表演部有细川ちか子、赤木兰子、泷泽修等，顾问有秋田雨雀等。1935

① 《天佑丸》的剧评有《东京朝日新闻》(1934年4月13日)长谷川时雨《母亲的叹息——〈帆船天佑丸〉…筑地小剧场》、《帝国大学新闻》(第524号1934年4月16日)染谷格《力演〈帆船天佑丸〉新筑地剧团公演》。长谷川、染谷都赞赏海耶曼的原作和主演细川ちか子的表演，染谷加上赞扬八田元夫的导演。

② 日文版《雷雨》(未来社1953年)的翻译者影山三郎的后记参照(316页)。

③ 《帝国大学新闻》第576号《理解吧中国戏剧》。

年以后杉本良吉、北林谷荣、山本安英等都参加的。是村山知义为了新剧的大同团结合并中央剧场、美术座、新筑地剧团的一部分组成的。1940年被解散暂停活动，团员加入日本移动戏剧联盟进行戏剧活动。1946年1月重新开始了第二次新协剧团的活动，除了村山知义以外，还有土方与士、八田元夫、宇野重吉（1947年他创办民众艺术剧场，退出新协剧团）、井山正夫等著名的戏剧家都参加了。1951年与蒲田研二创办的中央艺术剧场合并，作为东京艺术座继续活动。

跟其他剧团不一样，1955年新协剧团选择《蜕变》《明朗的天》，这些作品是在1940年代写成的曹禺的新的作品。《蜕变》从1955年5月23日至6月3日演出（第65届演出），中国文学研究家松枝茂夫和吉田幸夫翻译，村山知义做导演。他们在战争结束后中国话剧的作品当中敢选择曹禺的四十年代的作品。因为那时正在北京演出的《明朗的天》博得好评，所以剧团那年7月份演出《明朗的天》。导演还是村山知义，剧团请黎波委托翻译，黎波也参照神户外语大学的大芝孝的译本写成剧本了①。

剧团民艺是以民众艺术剧场为前身于1950年创立的。1947年泷泽修、宇野重吉、北林谷荣等创办的民众艺术剧场曾与新协剧团合作演出，但1949年解散了，1950年重新开始了作为剧团民艺的活动，继续到现在。曹禺的《雷雨》1981年11月演出，是民艺首次演出中国的戏剧作品。这时翻译和导演由内山鹑担当。

【在日本演出的曹禺作品】

1935.4.27～29,5.11,5.12	《雷雨》	（东京神田一桥讲堂）	
1955.5.23～6.3	《蜕变》		新协剧团第65届演出＊
1955.7.6～17	《明朗的天》	（东京神田一桥讲堂）	新协剧团第66届演出＊
1957.2.5～10	《雷雨》	（东京神田一桥讲堂）	剧团稻之会第6届演出＊
1958.10.28～11.3	《日出》	（东京本乡公开堂、千叶船桥中央公民馆、埼玉浦和埼玉公馆、国铁大堂）	剧团稻之会第8届演出＊
1959.11	《原野》		剧团稻之会第10届演出＊
1961.9	《雷雨》	（名古屋 剧团圆集）	
10	《日出》		剧团稻之会第？届演出
1962.9	《雷雨》		（岐阜はぐるま剧团）
1963.10.3～6	《雷雨》		剧团稻之会第14届演出＊
1981.11～1982.3	《日出》		剧团民艺
1981.11.19	岐阜 产业文化会馆		
11.20～21	大垣 市文化会馆		
11.30	名古屋 名铁大厅		
12.2	福井 市文化会馆		
12.3	小浜 市文化会馆		
12.5	中津川 市文化会馆		
12.9～27	东京 三越皇家剧场＊		

① 村山知义：《导演的发言》（《明朗的天》说明书4页）参照。

1982.3.5～10	神户 市文化厅	
3.11～14	京都 京都会馆第二厅	
3.15	京都 府立文化艺术会馆	
3.16～20	大阪 厚生年金会馆中厅	
2003.11	《日出》	剧团天地

注：* 演剧博物馆有说明书

中日戏剧交流

上述的曹禺作品在日本的演出历史，与中日文化交流的历史应该有关系。

战争以前在日本演出的中国话剧，主要人员就是中国留学生，以留学生为中心做过演出活动。从1907年开始的中国首次的新剧团体春柳社的团员也是留学生。曹禺来访的1934年左右，在日本已经存在几个戏剧团体。秋田雨雀在1935年写的一篇文章《于日本的支那现代戏》[①]里提到当时在东京活跃的中国戏剧团体。

> 于东京作为移民艺术的中国戏剧运动，那么反映什么社会观念呢？从节目、导演方法等来观察，我总觉得完全清算有的时代的政治的机械的反映，把重点放在进步的艺术的创造方面。虽然各个剧团的节目、导演方法有多少特色，但是现在看不出来那样特色有差异完全区别戏剧体系。譬如在东京组成的三个剧团：中华同学新剧、中国国际戏剧协进会以及中华戏剧座谈会，它们反映比较进步的社会观念，我觉得中华国际戏剧协进会即是中间派，立足契柯夫那样的戏剧方法。即东京的中国戏剧团体可以划分为两种体系，一个是契柯夫那样的戏剧体系，一个是进步的戏剧体系。

秋田说的“契柯夫那样的戏剧体系”和“进步的戏剧体系”，也可以理解为“艺术的”、“左翼的”。1930年代的东京的戏剧情况，1934年筑地小剧场分裂渐渐地左翼化了，在戏剧界出现了左翼戏剧潮流。中华国际戏剧协进会以中国旅行剧团的舞美主任吴研声为中心组成于1935年。吴研声1935年5月份来日本学习舞台美术，当时当了日本舞台美术家伊藤熹朔的门生[②]。同年10月中华国际戏剧协进会在神田中华民国青年馆创立[③]，他们多次在筑地小剧场演戏。

1930年代如上所述日本戏剧界收容中国的戏剧人员，还存在中日戏剧方面的交流关系。经过战争后，中国日本之间的新剧交流，到了1950年代才开始。战争后1957年日本新剧团首次访华，那时日本新剧代表团除了团长土方与士以外，还有村山知义、戌井一郎、宇野重吉、真山美保等。在日本新剧代表团之前，1955年千田是也已经访华，进行有关中日文化交流的协议，次年杉村春子等作为亚洲联队文化艺术使节团访华了。因此在战争后的日本，曹禺作品的演出从1955年开始，因为戏剧家的访华带来了两国戏剧家的直接交流的机会。1956年

① 《东京朝日新闻》(1935年12月22日、23日)参照。

② 《日本舞台移到民国新剧》,《东京朝日新闻》(1935年5月2日)。

③ 《诞辰中华新剧团》,《东京朝日新闻》(1935年10月15日)。

曹禺本身也实现了第二次的访日，这时与久保荣会谈了①。同年，梅兰芳团长、欧阳予倩副团长等中国京剧团5月份来到日本，1950年代是战争后恢复中日文化交流的时机成熟的时期。

到了1960年代，开始了日本新剧团的访华演出。1960年第一次访华演出，新剧团有村山知义团长、杉村春子、千田是也、泷泽修、山本安英等70多人去了中国，这对于日本新剧既是首次访华演出，又是首次海外演出。这时演出了《女人的一生》《夕鹤》等日本新剧的代表戏。1965年第二次访华演出日本新剧团去中国，泷泽修团长、东野英治朗、杉村春子等72个人参加了。之后，经过"文革"时期，第三次访华演出日本新剧团1981年到中国去了。千田是也团长、杉村春子、水上勉、有吉佐和子等51个人参加了。曹禺的第三次访日是他们的次年。

小　结

本论整理了曹禺与日本的关系及在日本演出的曹禺作品、中日戏剧交流。战争以前的1930年代曹禺作品在日本和中国差不多同时翻译演出，这个事实象征中日之间的新剧的同时代性。战争后跟曹禺同时期生活的日本戏剧家互相交流，可是到了80年代以后在日本不用说他的作品，连他的存在也不知道的年轻人越来越多了。值此曹禺诞辰一百周年之际，回顾他与日本的戏剧史，重新了解现在也继续演出的曹禺作品的普遍性和文学价值，又对于曹禺生活的风波的时代有所感。我希望今后曹禺作品不仅在中国，在日本的舞台上也长久演出。

［作者简介：铃木直子，日本早稻田大学演剧博物馆］

① 有关这次的曹禺来访，中国文学家、庆应大学教授奥野信太郎写了曹禺介绍消息。《来访剧作家曹禺》，《东京朝日新闻》1956年8月5日。与久保会谈刊载于《东京朝日新闻》8月27日。

《雷雨》的首演地在济南

——关于《雷雨》首演的问题

任丁安

关于曹禺的《雷雨》首演地问题，众说纷纭：

一、在国外首演：1935 年 4 月 27 日在日本东京神田一桥讲堂由中华话剧同好会演出。导演杜宣、吴天、刘汝醴。(《〈雷雨〉在东京公演》，《杂文(质文)月刊》创刊号，1935 年 5 月 15 日)一时被人们认为是《雷雨》的首演。

二、在国内首演：1935 年 8 月 17 日在天津市立师范学校礼堂，由该校孤松剧团演出。南开新剧团导演吕仰平任导演。(见当月天津《大公报》《益世报》连续报道)

这是演出当时就有报道文字记载的。但是，现在看来作为首演还不能作为定论。

三、曹树钧教授在《曹禺剧作演出史》中第一章第一节，开宗明义认为："《雷雨》首演在上虞"，由春晖中学高二同学为主的八位同学主演，景金城同学总负责，演出时间是"1934 年 12 月 2 日"……

这一条材料，就否定了上述两条文字记载的首演的定论。不过，曹树钧教授引述的材料，不是当时的记述，尽管是现今健在者的追记，尽管有 14 年后 1948 年 3 月 31 日《上虞报》上《关于〈雷雨〉》一文作为佐证，还是缺乏当年的佐证材料，由于年代的久远，其事实的准确性有待进一步求证。

同时，需要指出的是，就在《曹禺剧作演出史》同一章的第四节"《雷雨》、《日出》在各地的广泛演出"又记述了"山东'六一'剧社演出的《雷雨》"一段，写道："1934 年秋冬，济南女子师范学校'六一剧社'的学生，看到《雷雨》剧本，争相阅读。经过排练，于秋冬季节曾一度在本校公演，校内外反映良好。经过改进后，于 1935 年 1 月 19、20 日两个晚上借山东省立剧院剧场(原济南城内贡院墙根)公开演出。这次演出演员阵容不详。但戏剧评论家刘念渠曾撰有《一九三五年国内剧坛》一文，发表在 1935 年出版的《山东省立剧院第一周年纪念年刊》上，曾简要记述了这件史实。"值得研究的是：如果这份史料可信的话，那么济南女师"六一剧社"的演出，不是就早于上虞"春晖中学"了吗？

不过，曹树钧教授上述这一段史实不是出在刘念渠的《1935 年国内剧坛》一文，而似乎是转引自《当代中国文化名人传记画册·曹禺》第 587 幅文献资料图片《〈雷雨〉最早在济南演出》(见附件一)，该文是 1987 年 1 月 10 日王健所撰写的同名文章(见附件二)的摘录。刘念渠的《一九三五年国内剧坛》(见附件三)这段文字原文摘录如下：

> 现在平津流行的《雷雨》一剧国内外最初上演的，是济南的六一剧社。六一剧社是济南女子师范学校学生组织的。她们先于去年排了这个戏，一度在校内公演，当局认为还

不坏，就于一月十九日、二十日两晚假用省立剧院的剧场公开演出了。因为六一剧社没有男人参加，不得不女扮男，而且演员的方言多半是山东土语，以致演出的效果，虽未言糟蹋了剧本，也不免有较多的缺陷。

显然，刘念渠的这段文字是为了明确叙述1935年演出的，准确时间是“一月十九日、二十日”的史实，而不是专门为了记述1934年演出的，因而只写为“一度”，却没有给出确切日期。王健的文章中，则添加了1934年演出的较为明确的时段是“于秋冬季节”。而这个“秋冬季节”，究竟是哪一天？我们反复调查，现在找到80多岁的老人王恒，曾先后任职山东省歌舞团、山东省戏曲研究室、山东省艺术研究院(所?)。他曾问女师学生“李淑娴”，李解放初到王恒家多次求其父著名教育家王祝晨帮助找工作时说的。李淑娴说：“当初女子师范的学生(多为二年级的)为庆祝双十节赶排《雷雨》。10月1日彩排，果然在双十节日正式演出了。”王恒还发电子邮件进一步提供崔嵬、魏鹤龄、马彦祥1957年2月介绍的情况，他写道：“1934年秋季开学后，济南女师‘六一剧社’开始活跃了。她们要排《雷雨》，说干就干，8月中旬就连排了，不到一个星期，服装道具全备，大难题：布景没有，她们去了省立剧院，找到了刚成立剧院不久来济南的崔嵬。他笑着答应了。于是，他(指崔嵬)拉着魏鹤龄去看了演出。他俩笑了好几天。这不是笑话她们，而是太有趣了。南腔北调，什么怪象都有。但，她们太大胆啦！竟然一字不错地演了下来。这勇气我们得学习。就这样，老魏去指导几次。有时星期天就到文庙来排练，10月1日在她学校演出看的人太多，大概演了二场或三场，我记不得了。我就与院长王泊生说了声，来剧院演出三场。以上是我在崔嵬家春节后的谈话。”(王恒当时是中央戏剧学院的学生，崔嵬的夫人何延是王恒的班主任——笔者注)崔嵬又说：“演出后很震动。先是教育界来看，后是全市人民要看。这才有了在省立剧院演出，还满足不了，又定下在‘进德会’(旧址在机床一厂内)演出，后来校方怕她们影响功课过多，商量后取消了。”崔嵬还说：“马彦祥同志来齐鲁大学教学，我们共同看了演出。他还特意表扬了她们，对她们勇气大加鼓励。”(以上均是王恒2010年9月10、12日的两次邮件摘录)

当然，这个“十月一日”(十月一日是星期日——引者注)也是回忆的，也有待于佐证。但都是回忆的材料，那么，“10月1日”或者是“双十节”都应该是早于“12月2日”了，所以《雷雨》首演应该在济南。

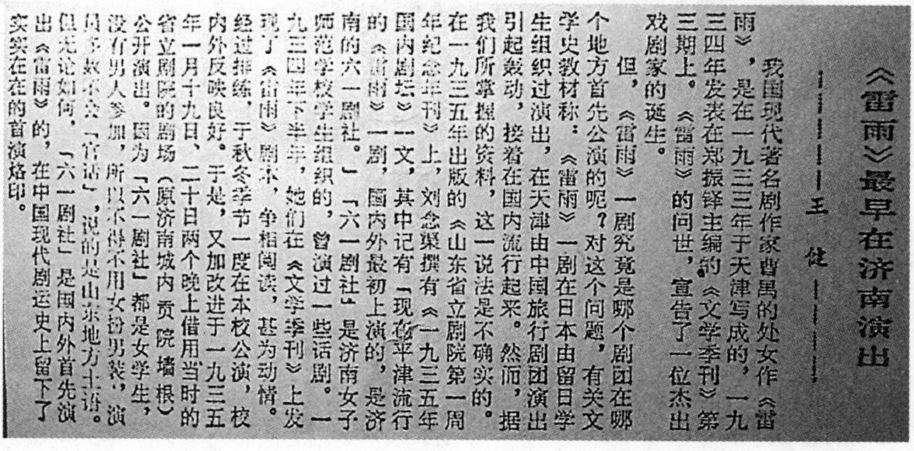

《雷雨》最早在济南演出

——王 健——

我国现代著名剧作家曹禺的处女作《雷雨》，是在一九三三年于天津写成的，一九三四年发表在郑振铎主编的《文学季刊》第三期上。《雷雨》的问世，宣告了一位杰出戏剧家的诞生。

但，《雷雨》一剧究竟是哪个剧团在哪个地方首先公演的呢？对这个问题，有关文学史教材称：《雷雨》一剧在日本由留日学生组织过演出，在天津由中国旅行剧团演出引起轰动，接着在国内流行起来。然而，据我们所掌握的资料，这一说法是不确实的。

在一九三五年出版的《山东省立剧院第一周年纪念年刊》上，刘念渠撰有《一九三五年国内剧坛》一文，其中记有「现在平津流行的《雷雨》一剧，国内外最初上演的，是济南的六一剧社。」「六一剧社」是济南女子师范学校学生组织的，曾演过一些话剧。一九三四年下半年，她们在《文学季刊》上发现了《雷雨》剧本，争相阅读，甚为动情。经过排练，于秋冬季节一度在本校公演，校内外反映良好。于是，又加改进于一九三五年一月十九日、二十日两个晚上借用当时的省立剧院的剧场（原济南城内贡院墙根）公开演出。因为「六一剧社」都是女学生，没有男人参加，所以不得不用女扮男装；演员多数不会「官话」，说的是山东地方土语。但无论如何，「六一剧社」是国内外首先演出《雷雨》的，在中国现代剧运史上留下了实实在在的首演烙印。

《雷雨》最早在濟南演出

我國現代著名劇作家曹禺的處女作《雷雨》，是在一九三三年於天津寫成的，一九三四年發表在鄭振鐸主編的《文學季刊》第三期上。

但，《雷雨》一劇究竟是哪個劇團在哪個地方首先公演的呢？對這個問題，有關文學史教材稱，《雷雨》一劇在日本由留日學生組織過演出，在天津由中國旅行劇團演出引起轟動，接着在國內流行起來。然而，據我們所掌握的資料，這一說法是不確實的。在一九三五年出版的《山東省立劇院第一周年紀念年刊》上，劉念渠撰有《一九三五年國內劇壇》一文，其中說道：「現在平津流行的《雷雨》一劇，國內外最初上演的，是濟南的六一劇社」。「六一劇社」是濟南女子師範學校學生組織的，曾演過一些話劇。一九三四年下半年，她們在《文學季刊》上發現了《雷雨》劇本，爭相閱讀，甚為動情。經過排練，於秋冬季節一度在本校公演，校內外反映良好。於是，又加改進，於一九三五年一月十九日、二十日兩個晚上借用當時的省立劇院的劇場（原濟南城內貢院牆根）公開演出。「六一劇社」是國內外首先演出《雷雨》的，在中國現代劇運史上留下了實實在在的首演烙印。

（王雄）

（祁毅摘自《大衆日報》）

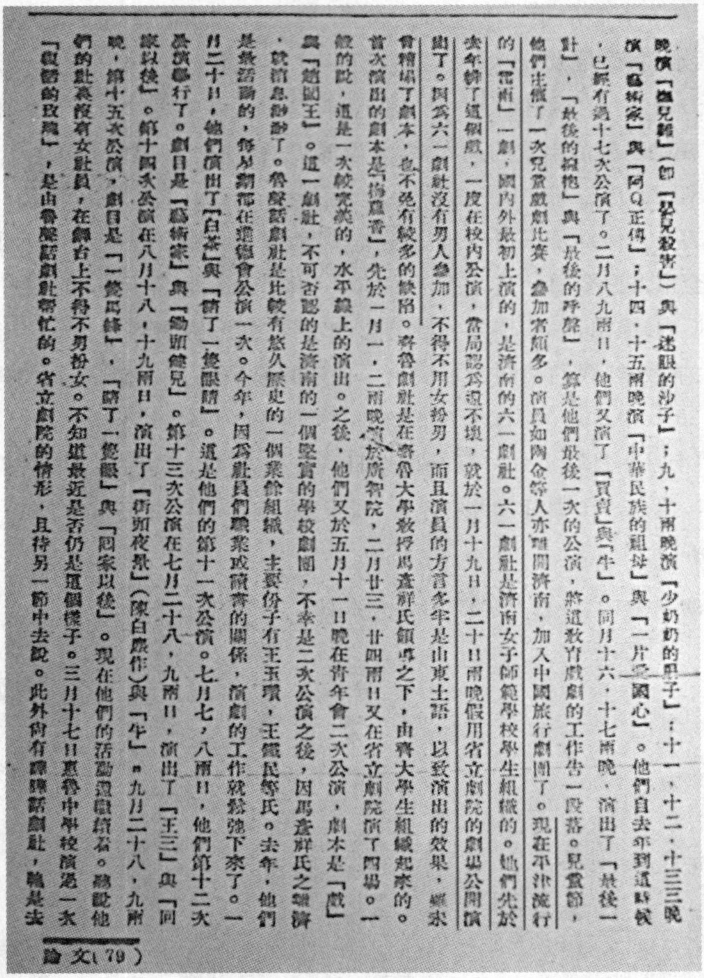

晚演「嬰兒殺害」（即「嬰兒殺害」）與「迷眼的沙子」；九、十兩晚演「少奶奶的扇子」；十一、十二、十三三晚演「藝術家」與「阿Q正傳」；十四、十五兩晚演「中華民族的祖母」與「一片愛國心」。他們自去年到這時候，已經有過十七次公演了。二月八九兩日，他們又演了「買賣」與「牛」。同月十六、十七兩晚，演出了「最後一計」、「最後的擁抱」與「最後的呼聲」，算是他們最後一次的公演，將這教育戲劇的工作告一段落。兒童節，他們主催了一次兒童戲劇比賽，參加者頗多。演員如陶金等人亦離開濟南，加入中國旅行劇團了。現在平津流行的「雷雨」一劇，國內外最初上演的，是濟南的六一劇社。六一劇社是濟南女子師範學校學生組織的。她們先於去年排了這個戲，一度在校內公演，當局認為還不壞，就於一月十九日、二十日兩晚假用省立劇院的劇場公開演出了。因為六一劇社沒有男人參加，不得不用女扮男，而且演員的方言多半是山東土語，以致演出的效果，雖然曾精編了劇本，也不免有較多的缺陷。齊魯劇社是在齊魯大學教授馬彥祥氏領導之下，由齊大學生組織起來的。首次演出的劇本是「揚貴香」，先於一月一、二兩晚公演於廣智院，二月廿三、廿四兩日又在省立劇院演了四場。一般的說，這是一次較完美的，水平線上的演出。之後，他們又於五月十一日晚在青年會二次公演，劇本是「戲」與「趙閻王」。這一劇社，不可否認的是濟南的一個堅實的學校劇團，不幸是二次公演之後，因馬彥祥氏之離濟，就消息靜靜了。魯聲話劇社是比較有悠久歷史的一個業餘組織，主要份子有王玉環，王鐵民等氏。去年，他們是最活動的，每月都在道德會公演一次。今年，因為社員們職業或讀書的關係，演劇的工作就鬆弛下來了。一月二十日，他們演出了「白茶」與「瞎了一隻眼睛」。這是他們的第十一次公演。七月七，八兩日，他們第十二次公演舉行了。劇目是「藝術家」與「鋤頭健兒」。第十三次公演在七月二十八、九兩日，演出了「王三」與「回家以後」。第十四次公演在八月十八、十九兩日，演出了「街頭夜景」（陳白塵作）與「牛」。九月二十八、九兩晚，第十五次公演，劇目是「一隻馬蜂」、「瞎了一隻眼」與「回家以後」。現在他們的活動還繼續着。聽說他們的社裏沒有女社員，在舞台上不得不男扮女。不知道最近是否仍是這個樣子。三月十七日惠魯中學校演過一次「復活的玫瑰」，是由魯聲話劇社帮忙的。省立劇院的情形，且待另一節中去說。此外尚有鐸聲話劇社，聽是去

論文（79）

追思篇

重读曹禺

郭启宏

我与先生的交往其实不算多，一个重要的原因是地位悬殊，宛若云泥。先生于我，向来“危乎高哉”，我始终仰望着先生，我没有瑞士人迪伦马特的勇气，把前辈权威只当做“对话者”和“激发者”，尽管我心里明白，迪伦马特的说法不无道理。

交往的多寡究竟也有限量，而影响的深浅则属无形。就我个人对戏剧的认识，更把话往绝对上说，中国剧作家堪称大手笔者，曹禺一人而已！人艺被称作“郭（沫若）老（舍）曹（禺）”剧院，“郭、老、曹”并提，且置曹于末位，妥否？当然，学术上的排序不必过于认真，初唐四杰“王、杨、卢、骆”，当年当事人就有异议，后代后来人更多歧见。倘若论及真正对戏剧艺术规律有精准把握，则非曹莫属，郭与舒，不及也！更有高风亮节，先生作为人艺一院之长，全力揖让郭与舒的作品在人艺舞台上占尽春光，这是何等博大的胸怀！

我每每感到先生对人对事常有一种伟大的宽容。近些年来，人们对先生则多有批评，这种批评包括为人和作品。

先说作品，尖锐的批评集中在他于中国大陆政权易手后写的几个剧本上；而对早年间的名著，批评者尽管肯定，却无意捍卫，面对演艺界那些肆意劫掠的行为，始终未置一词。我的惊诧更在先生的涵养！他的作品被后来者“改编”的次数几乎不可胜数，他似乎没有反对过，他宽容后来者施行各种各样的“尝试”，他容许后来者站在他的肩膀上眺望，啊，那是向茫昧眺望！该怎样解释呢？与其说他不计较，莫如说他有一种巨人的自信。尊家听说过曹禺先生明白表示过他支持哪一种“改编”或曰“解构”、“颠覆”吗？换个角度，尊家无妨想想，《诗经》《楚辞》需要“改编”吗？莎士比亚需要“改编”吗？在下说得再直白点，不朽的杰作是不可以“改编”的！许多“改编”者无非借助曹禺先生的大作“沽”、“钓”时下的蜗角虚名、蝇头微利。当此际，我相信先生在九天之上当“颔之而已”。

中国研究曹禺的专家田本相君，写了一本《曹禺访谈录》，书中披露了曹禺先生的内心世界，他几经斟酌，以“苦闷的灵魂”为正题。我赞同这个正题，并应田兄之邀，写了一篇文论，题目由兹而来——《惟其苦闷，所以伟大》。我认可一个道理，天才原本都是苦闷的灵魂！文章寄到《中国戏剧》，当时的编辑部主任很赞赏，而主编却压制，说现在是太平盛世，有什么“苦闷”！主任为难了，真有点“苦闷”了，问我可否转给《文艺报》？我说，哪棵树不能吊死？文章便在《文艺报》上发表了，似也未有诽谤盛世的不良效应。今日重提这桩往事，遑论如烟如铅，鄙人已经出离愤怒了；当下的意图正是着眼于“苦闷”二字，重新解读曹禺先生。

曾听万方说过，好多年前，曹禺先生时常在夜间独坐阳台，问他想什么，他说想跳下去……乍一听，脑袋瓜儿嗡然震荡，似要开裂，如我这般快意朵颐、贪恋残生的主儿简直不可思议！渐渐地，万方的话被我演绎成一个场面，定格了，我也渐渐悟出些什么。

我更想起不少人对曹禺先生人格的批评，自然都是善意的批评，尤其是著名画家黄永玉先生那封出了名的信，最具代表性。

黄先生在信里首先表示“你是我极尊敬的前辈，所以我对你要严”，然后指出曹禺先生“你心不在戏里，你失去伟大的通灵宝玉，你为势位所误，从一个海洋萎缩为一条溪流”，语气相当率直，“你泥溷在不情愿的艺术创作中，像晚上喝了浓茶清醒于混沌之中。命题不巩固、不缜密，演绎、分析得也不透彻。过去数不尽的精妙的休止符、节拍、冷热、快慢的安排，那广箩一筐的隽语都消失了。”

听说黄先生是个很有才气且极具个性的人，他的批评似也有理有据；然而，在我看来，诚然值得商榷。从表面看，华赡的文采难掩偏激的立论。所谓“为势位所误”，是不了解曹禺先生人格的一种误读！先生的内心并不追逐“势位”，果有“势位”，他也是“应该应分”的，中国戏剧界的领袖人物（从前叫“排头兵”，当下时髦语叫“领军人物”），除却田汉、曹禺，还能有谁？事实上，“势位”问题恰恰是他的无奈和痛苦。比如，与“势位”偕行的不止是名利，更有永不消停的表态（包括言论和行动），甚至“作秀”。所谓“萎缩”，同样似是而实非。天才的海洋永远澎湃着波涛，只不过为更广大的穹庐所覆盖，我们只能偶尔看见海洋的一抹浪花。比如，上述田本相君的访谈录中所记述的曹禺先生的真知灼见，又如，那出有“主题先行”之嫌的《王昭君》，其中的孙美人的艺术形象，我可以借用普希金的《致大海》为之一赞，这是“最后一次在我的眼前/滚动着蔚蓝色的波涛/和闪耀着骄傲的美色”。人们见过鲁迅先生所说“奔突”的“地火”吗？或者地表下注而不满、酌而不竭，静静流淌着的江河？

黄先生因为“尊敬”所以要求要“严”，是个很奇怪的逻辑，或许是“站着说话”的逻辑？语云“疏者宽而亲者严”，“尊敬”未必便是亲者，凭什么这般“严”要求前辈？奇怪的逻辑暂放一边，更应该指出的失误是黄先生这封信的矛头指向。如果说，曹禺先生“解放后”的“不作为”是一种文化现象，那么，造成这种文化现象的因由绝不仅仅是曹禺先生们自身的弱点，或者发轫于奴性文化传统的“集体责任”，归根结底是曹禺先生们的生存环境使之然。钱钟书在《管锥编》里从罗列古代真言引祸、文网飞灾入手，论及中国人生存环境：“……诸如此类，皆斤斤严口舌之戒而弛口腹之防，亦见人之惧祸过于畏病，而处世难于摄生矣。”倘说钱钟书是在谈论历史教训，未必定与现实挂钩；可巧，毛泽东答罗稷南问谈及鲁迅的今生来世，却是实实在在的现实问题。据黄宗英回忆，1957年在上海的一次座谈会上，罗稷南问：“主席，我常常琢磨一个问题，要是鲁迅今天还活着，他会怎么样？”主席说，“鲁迅么——要么被关在牢里继续写他的，要么一句话也不说。”（《南方周末》2002.12.5）中国伟大的文化旗手鲁迅先生尚且如此，更何况曹禺先生们！真个是“惧祸过于畏病，处世难于摄生”。

生存环境的安危缘自社会制度的优劣，我们都从“文革”中走过来，我们不能“严”要求谁，既无资格，也难实现，我们甚至不能要求那些叱咤风云的人物，他们也是被一种远非完美的制度的巨轮推着走的。

听说曹禺先生把黄永玉的信郑重其事地裱挂起来，我蓦然想起司马光的“警枕”，司马光

“以圆木为警枕，少睡则枕转而觉，乃起读书”（王应麟《困学纪闻》）。莫非曹禺先生以此信为警示，一日三省吾身？我回想这些年来所见所闻曹禺先生行状，不由得深深叹服先生面对命运不能自主的生存环境，竟能养成如斯自觉的自我保护意识，而又不失大海的胸臆、赤子之心！

试想，先生没有被打成右派，没有被关在牢里，难道不是“奇迹”？他甚至比毛泽东眼里的鲁迅更多了一种选择，除了缄口和坐牢，他尽可以“不作为”！听说他逝世前还被内定“文联主席”的“势位”，这是多么了得的生存智慧！人们无妨想想，怀沙自沉的老舍，含恨离世的田汉，还有生前身后备受非议的郭沫若，以及练得“屠夫”“寡妇”两副面孔、最终犹然“入彀”的周扬们，面对村上春树所称“体制的高墙”，什么“鸡蛋”能得幸免？即或旗手鲁迅，他的重生再世不是也被毛泽东点破了吗？曹禺先生是罕见的例外，他的存活本身，便足以说明人间世蕴藏着大智慧！我们不过庸众而已，我们理解不了，我们自困沙漠，却在浩叹细流，还觉着林下高士般置身局外，我们究竟苛求先生什么？

重读曹禺，我渐渐认识到一种胸襟、一种精神、一种境界，叫宽容。

永久的曹禺

郑榕

别林斯基:艺术是美的……能够培养人的优美感情。

叔本华:人性的揭露是艺术的最高目的。

托尔斯泰:区分真正的艺术与虚假的艺术的标志是艺术的感染性。伟大的艺术家之所以伟大,正因为它们是所有的人都能理解的。我们经常把“给人深刻印象”这种生理上的效果当做艺术——相反的,由于追求效果,它变得极粗劣了!……

以上这些话引人深思——话剧的特点和作用究竟是什么?

以前曾经有人批评曹禺只“突出了现象”而忘了应该突出的“现实”……

也有人说:“曹禺的剧本中有许多的易卜生和奥尼尔……”

1954年开放“五四”以来剧目,北京人艺首选《雷雨》。当时我最大的顾虑,就是怕犯“人性论”的错误……

前些时候又有人说:“曹禺的现实主义已经过时了!”

这些误解和迷惑,经过历史的长河,今天在我们的头脑里是否已经得到澄清了呢?

在我小时候,《雷雨》和《日出》第三幕都遭到过弃演,现在却成了生命力最长的两出中国话剧——为什么?

周总理说:“合乎那个时代,这样的作品保留了下来了!这样的戏,现在站得住,将来也站得住。”这也许是最好的解答了。

曹禺充分考虑到如何使外来的话剧适应中国的社会现实,如何适应中国观众的审美习惯和精神需要。他的成就只要在于他走了一条民族化群众化的道路。

《雷雨》中的“乱伦”情节,《日出》中有妓院的描绘。但他丝毫没有迎合观众的低级趣味,和刺激观众感官的做法.而是着重揭示人物的心灵和社会的黑暗。他走的是一条“人性开掘”的路子,反映了人与人的冲突,人与环境的冲突,人的内心世界中两个不同自我的冲突。

曹禺说:“蘩漪的生命交织着最残酷的爱和最不忍的恨,她拥有行为上许多的矛盾,但没有一个矛盾不是极端的。‘极端’和‘矛盾’均成了《雷雨》的基调。”

北京人艺的龚丽君和王斑扮演的蘩漪和周萍赢得了观众的同情,这是极不容易的。以前蘩漪曾是赵慧琛的代表作,可以从影片《马路天使》中看到她的人物造型——在旧社会像蘩漪这样的人是为旧道德所不容的,她们的心灵在周围环境的重压下往往变为阴暗、乖戾……龚丽君在新社会的感召下,突破了这种枷锁,她认定:“我不能把蘩漪演得使人觉得她阴鸷可怖,甚至把她演成一个疯疯癫癫神经失常的女人……”她成功了!导演顾威明确了《雷雨》的最高任务是“人性的挣扎与呼嚎”，确定了蘩漪是《雷雨》的第一主角。这就恢复了曹禺的本意。

我在《雷雨》中扮演过周朴园，开始想以“阶级分析”代替“人性论”，用表演情绪代替人物性格的“多面性”，结果走了很大的弯路……“文革”以后才逐步获得清醒认识。首先我读了胡乔木的《关于人道主义的异化问题》。文中提到：“五十年代后期以来，在我国多次批判过人道主义。这些批判的错误之一，是没有区别人道主义作为世界观历史观和作为伦理原则这两个方面(的不同)……”“历史上一些真诚的人道主义者所幻想而无法在全社会范围内实现的某些人道主义伦理原则，只有在社会主义制度下才能变为现实。”最近温家宝总理提出：“公平正义比太阳还要有光辉。”

国外有人认为：现在在我国崛起的一种新文化是人本主义文化，无意在约束和修正原始资本主义文化，修正毫无约束的商业文化的畸形发展。纠正片面经济增长所带来的消极后果，营造一个和谐社会，达到可持续发展。看来在今天提倡革命的人道主义还是非常必要的。

艺术创作的动力来自艺术家的愿望。激发艺术家幻想的愿望也有高低之分。有的是为了个人名利，或追逐时尚；有的则是出于对社会的不公平、社会黑暗现象、社会弊端的愤怒，对劳动人民深切的同情，还有对爱情的渴望等等。曹禺属于后一种，1981 年他对《日出》剧组谈话时明确提出：“如果演《日出》，把某种人演得很像，使人去欣赏甚至去学习那种坏东西，而不去想过去的残酷与黑暗，这个戏就大可不演，不要让青年看完戏后，受那些恶毒、庸俗、残暴的影响。这个戏不是教人学坏的，而是要人懂得憎恶黑暗和邪恶，追求光明和美好。”

他赞赏王馥荔扮演的翠喜，因为她演出了人物活的灵魂。

他赞美一个扮演顾八奶奶的美国演员，因为她并不是“怎么恶心就怎么演”。

在《北京人》创作过程中，他曾向剧专学生读了《北京人》的片段，然后问：“你们听得出来这个剧本写的是什么吗?”学生方瑄德回答：“我觉得您写出了善良的人们在一片无涯的痛苦中，以抚慰别人为自己快乐的高洁的心灵，尤其是愫方，她简直是美的化身。”曹禺说：“你理解得不错。”

上世纪 50 年代，中央广播剧团演出的《北京人》深得周总理的好评。29 岁的年轻演员李小兰体现了愫方总能忍耐、一心为人的纯洁心灵。可惜这一点渐渐被人们淡忘了，“文革”后导演想突出瑞贞的出走，以后的演出突出了棺木和死亡，传统的中国妇女美德似乎已成为过去了……其实曹禺在改编巴金的《家》时，把重点从觉慧的出走转移到瑞珏和梅表姐身上，就显示了他对人性的重视。和眼下流行的把人性抽象化的表现有极大的不同，抽象化处理人性大大减弱了民族性的特色。

曹禺自己也承认《原野》受了奥尼尔《琼斯皇帝》的某些影响，但他写作的动机则是源于听保姆讲的悲惨家史，农民的暗无天日的生活环境，听到了附近监狱中被狱警毒打发出的惨叫声……而不是从摹效象征主义的形式出发的。剧中狭隘的复仇观念是受到批判的，曹禺不同意演出时删掉黑林子中各种幻相，那是仇虎害死小黑子受到的精神上的谴责。

最可贵的是曹禺在剧中写出了对光明的理想和希望。当年我 19 岁离家出走，就是受了《原野》中火车笛声，向往着那个“黄金子铺地的地方”，和《日出》中打夯歌展示的窗帘后面的“有太阳的世界”的影响……

曹禺的剧中暴露了黑暗，但给予人们的是光明和爱。抗战时期贺孟斧在重庆导演的《家》，梅表姐是这样出场的……有人喊："梅表姐来了！"台上人跪下。一个静场，从后台方寂静的长廊上，穿过梅林，走过来一个身穿灰绸衣裙的少妇，她上半身被一把灰绸伞遮住了，来到长廊中部，缓缓收伞，俯首回身。随着转身，慢慢抬头，观众这才看到她的脸，苍白的面孔，发簪上簪着一朵小白花……真个是：别有忧愁暗恨生，此时无声胜有声……

贺孟斧导演的《风雪夜归人》周总理曾看过七次，在重庆第二轮上演时也曾打动过我的心。后来又在焦菊隐导演的《蔡文姬》中得到了类似的感受：焦先生紧紧抓住了作者郭老的真挚深情，充分运用了各种舞台技巧，展现出诗一般的意境，使观众如痴如醉，取得很大成功。

焦先生说："我们发展戏曲传统的表演艺术，主要就是要刻画人物，而不是表现许多技巧。"可见在话剧舞台上展现现实主义的人性的美还是大有广阔前途的。在这一点上，我们应当永久向曹禺老院长学习。

感悟曹禺

蓝天野

一

在中国话剧史上，曹禺的剧作是最具永恒生命力的。几部代表作成为永久的保留剧目。

我没做过统计，但我想，曹禺的戏在中国话剧史上，演出场次该是最多的。过去，一些职业剧团每当遭遇经营冷淡时，就拿出对策，演曹禺的戏，演《雷雨》。如今，曹禺的戏 一直还是热门保留剧目。将来，仍将盛演不衰，直至永久。中国话剧人、观众都相信这一点。

自曹禺第一部剧本《雷雨》问世以来，培育了中国一代又一代话剧演员，很难数得出有哪一个中国话剧演员没演过曹禺的戏。

我平生第一次看话剧，是曹禺的戏，1942年，我十五岁读高中一年级时，在学校小礼堂看一个学生剧团演《北京人》。两年后，1944年，我十七岁时第一次上台演话剧，曹禺的《日出》，是我的同学苏民拉我去演戏，也是学生演剧，只是凭着极浓的兴趣。谁料想自此下水，毕生以此为业。

几十年，我演出六部曹禺剧作里的大大小小角色。还导演了一部《家》。

对曹禺的剧本，有人说："深刻！"有人说："生动！"还有："感人！""好看！"……很多人觉得看过难忘，引发不止的思索。也有人觉得看了他的戏，受到启迪和教育。

曹禺现象，戏剧评论家们一直在研究、发表论述，一些后来的剧作者们热衷于学他，以期创作出特色和韵味。

曹禺是天才。他在艺术创作上绝对忍受不得"一般"和"平庸"。他笔下的故事和人物都是独具魅力的。

中国话剧百余年，主流始终与社会现实紧密结合，这没错，所以它主流是进步的、积极的。但这不能用来笼统替代艺术创作方法。

曹禺说："我总觉得现实主义的东西，不可能那么现实。""我写剧本总不愿意写得那么现实。"

熟悉生活，这是我们所有文艺家，尤其剧作家、演员们都重视的，曹禺也说写的戏，笔下人物都是"有生活依据的"，但他的妙语是："生活的感受终于化为舞台形象，或者写到剧本里，是要经过许许多多的过滤、透视、经过蒸腾，或是说发酵才能实现的。"

这比近不少年人云亦云的"源于生活，高于生活"透彻多了。更似齐白石老人的"外师造化，中得心源。"直如吴道子的"胸中自有丘壑。"

曹禺贵在情真，爱憎分明，都注入他剧作中许多人物的血液中了。曹禺很天真。

我第一次见到曹禺是1949年，我当时22岁，是华大文工二团演员。九月，听到一个振奋人心的消息，中华人民共和国开国大典将于十月一日在北京举行。苏联派出阵容强大的文化代表团，来京祝贺新中国成立，文化代表团团长是法捷耶夫，副团长是西蒙诺夫，两位都是苏联的著名作家，随团来的还有一个苏联红军歌舞团。中国文艺界要组成一个接待组，我被告知，马上去参加这个接待组的工作，记得我们团的田冲和方琯德也参加了。这个接待组的组长正是曹禺先生。

当时曹禺39岁，风华正茂。他像所有中国人一样，沉浸在无比喜悦中。那时很多各界名家、民主人士都来到刚刚解放的北平。曹禺除领导接待组工作外，有时还与这些人参加各种活动，他们的衣服很显眼，当时像文工团、机关干部都是清一色的灰土布制服，组织上特别为这些名流专家量身做了米黄色卡其布中山装，他们去各处参加活动也比较随便，但曹禺提议他们向解放军战士学习，排队走路，他还不时喊着"一二一"，神情极为认真，充分显示他的天真和对新中国成立的由衷喜悦。

开国大典在万众瞩目中举行了，时间在十月一日下午。曹禺可能是在观礼台上，我站在天安门广场，亲眼见到毛主席、朱总司令在天安门城楼检阅游行队伍，听到毛主席宣布："中华人民共和国中央人民政府成立了！"整个中国沸腾了。

当晚，在中南海怀仁堂举行庆祝新中国成立的晚会。由苏联红军歌舞团演出，曹禺带领接待组忙前忙后。毛主席、周总理、朱老总……所有中央领导人都参加了。我有机会那么近距离见到伟大领袖，作为一个20岁出头的年轻人，激动之情可以想象。

后来，苏联红军歌舞团继续演出，有时还在条件很差，甚至临演时用木板搭建的舞台上演出，地点经常更换。有时曹禺还要发表即兴讲话，他没有一句套话，总是饱含激情，很有感染力。

开国大典之际，中央戏剧学院成立了，毛主席应院长欧阳予倩之请，为学院亲笔题写了校名。曹禺被任命为副院长。我们华大文工二团改为中戏话剧团。1952年，北京人民艺术剧院成立，曹禺成为我们北京人艺院长。自此，接触就更多了。

二

1954年，北京人艺做出一个大胆的决定：要排"五四以来的优秀剧目"！那时所有文艺作品，包括话剧，写的演的都是现代题材，以反映工农兵为主，北京人艺的方针规划也明确规定"以现代剧目为主"。"五四"是新文化运动，是进步的，但当时谁能设想还在舞台上呈现旧社会的封建制度和资产阶级生活呢。北京人艺果断作了决定，并认为"'五四'以来的优秀剧目是属于现代剧目"。

决定了，那么首先选什么剧本？毫无争议，演曹禺的戏，演《雷雨》。自此，一座巨大闸门打开了。《雷雨》轰动了，"五四"以来优秀剧目被认可，这是一次划时代意义的大事。

以后又演出了《日出》、《北京人》、《原野》、《家》。还有其他老作家郭沫若的《虎符》、田汉的《名优之死》，以及丁西林的喜剧……由此还有了老作家的新剧本，如田汉的《关汉卿》、老舍的《茶馆》、郭沫若的《蔡文姬》等。北京人艺在曹禺的带动下，在众多老中青剧作家剧作的影响下，逐步形成自己的北京人艺风格。

整个中国话剧题材多样，百花齐放，在上世纪五十年代呈现了又一次繁荣。

“文革”后，1984年我导演了曹禺据巴金同名小说改编的《家》。我选这个剧本是为了剧院81级刚毕业的一班青年演员。从导演角度，这个“老”剧本似乎有些费力不讨好，但我想两位顶级作家共同打造的作品正好可以培养又一代青年演员。剧中写了三代人，时代感极强，于是，我请剧院优秀的老演员、中年演员参加这个戏，让刚刚进入剧院的年轻人和他们同台。排演气氛良好，青年人获益良多。

《家》的演出效果不错，剧院和剧协都召开了专家座谈会，十分肯定剧院老中青三代演员一起排戏，培养年轻演员的做法。几位青年演员在表演上都取得了很好的成绩，扮演瑞珏的罗历歌获得当年的戏剧梅花奖，那年她才20岁。

《家》建组之初，我请曹禺院长来讲剧本和朝代背景，戏演出了，我请他来看戏，但他因病正在上海住院，医生不同意他出院，他写信给我说：“《家》在北京人艺上演，你费了不少精力。培养年轻演员，让成熟的老中艺术家领他们上路。北京人艺的前途便大有希望。剧院、观众，尤其是我们的党盼望有更好的出色的青年演员早些露出光彩……在巴老(巴金)处看见《家》的节目单，如在报上有评论，希望能剪下一阅……”

我把剧协、北京人艺的专家座谈会，饰演瑞珏的青年演员获梅花奖，连同《戏剧报》封面瑞珏剧照，所有报刊的评论等都寄给了他。

《家》的排练过程中，我始终是被作品感动着，直到全剧彩排，一直萦绕在心的是，为什么这么美好善良的人活不下去，死去了，这部戏有四位女性死了，瑞珏、鸣凤、梅、婉儿，她们那么好的人，为什么在这个社会、这样的家庭中不能活下来，彩排完了，该排谢幕了，我请这四位女性站在舞台中央，我想看看这几位本不该死去的年轻女子，就这样，我想，也该让观众再看看这几位美好的生命。戏结束了，谢幕就从这样开始，同时，大幕再启，四位年轻女性站在台中央，也可以说是这个戏剧的延续。

而且，这四位青年女演员演得那么好。巴金的小说《家》，是以觉慧为主角，我们这一代人青年的时代，受这部书的影响走向进步、走向革命者众多。读了曹禺谈改编《家》，他的剧本是以瑞珏、觉新为主角的。因为曹禺是“得写我感受最深的东西”。他写成的一部女人的戏。戏剧直接深刻地揭露封建社会的腐朽、残酷、吃人的本质。一部“老”剧作生命力长久。这就是曹禺的艺术感悟，我庆兴自己当时还是感悟到了曹禺先生。

三

我特别想说的还有一个问题，是关于曹禺在新中国成立后的创作。长期以来，大多以为他晚期创作思想拘谨束缚太重，少了他早年的灵性。这也可以说是确实的现象。客观上有文艺政策的紧箍咒，而人们尤其觉得曹禺的性格弱点，使其不敢去冲破这束缚。我的好朋友画家黄永玉就曾坦诚直书及此，这很好，是文艺大家之间的心灵交流。

我个人觉得，还是应该对曹禺晚期创作给予一个公正的评价。

这后几十年，曹禺太想再写出好剧本了，他也写了，但他写得很苦。他在酝酿写什么的时候，在提笔写作的时候，大概都时时有苦。他太想写好了，就像《雷雨》、《日出》、《北京人》那样好，甚至更好。他应该是有这个能力的。

凭良心说，五十年代初的《明朗的天》，他塑造出多少鲜活的知识分子形象啊！凌士湘，还有尤晓峰。尤其那个"阴间秀才"江道宗，而且他的创作还都是"有现实生活依据的"。都是他极为熟悉的人物。

第一届全国话剧会演中，《明朗的天》绝对是一部很高水平的戏。但《明朗的天》成不了保留剧目，这部戏在配合当时的知识分子改造政策，为一时服务的东西只能具有一时生命。可那时候，哪位文艺家不以自己的创作去配合一时的政策呢？

《胆剑篇》我就不说了，我认为那是北京人艺的一个错误，那些年人艺集体创作不少，但他是曹禺！曹禺是不能被安排为"集体创作"的！是觉得曹禺不行吗？是想告诉人们曹禺自己写不了了吗？（尽管我们还能发现这部剧本里还有曹禺的华彩，一些语言，甚或一个人物的名字……）

1961年，曹禺开始写《王昭君》了。为此他去过内蒙古，搜寻匈奴史迹、昭君传说，经过构思，已经动笔创作了。1962年秋天渐凉时，一道命令下来，让他停止写《王昭君》，去体验生活，改写现代题材的剧本。因为当时派我去陪他体验生活、收集创作素材，所以我见证了这一时刻。

去哪儿呢？写什么呢？一级级领导决定，要我陪他去河北省农村，那年河北省暴发洪水，当然就涌现许多抗洪英雄人物和事迹，曹禺，你去写抗洪的戏吧！马上去！

行期已定，那天曹禺犹豫着，但也有些动情地对我说："天野，咱们能不能晚走两天？《王昭君》我正写在兴味上，我想把第二幕结一下，把它封存起来，再走？"这么多年略略感到他此刻在写作中不苦，在感受着创作乐趣。

但派下来的是硬任务，我能做的只是对他说："好，咱们就晚几天走。"

我们一行先到了天津，住在河北宾馆，偌大一个高级宾馆只住着我三个人，恰巧还有老舍先生，他是为天津修改新编京剧《王宝钏》剧本去的。曹禺在这里像是还快乐了几天，晚上到我们房间里，看到我和于民在画画儿，他颇感兴趣，聊起徐悲鸿、李苦禅……还拉我们去看厉慧良的《水淹三军》，戏很精彩。老舍先生也兴致勃勃地请我们去吃真正的狗不理包子。

领导们安排好接待方案和日程，我们就在专人陪同下出发了。那叫什么体验生活呀，一天一个地儿，各级干部陪同，坐在大队办公室，然后传唤一位村支书或民兵大队长，进门照例："报告首长……"。然后一律如何抢修大堤，炸堤、放水、淹自己村的房屋和土地，保城市、保别处、发扬共产主义风格，淹地的数字，村民伤亡的数字……为什么要向首长汇报呢？因为早介绍了，曹禺是全国人大代表。没人理会他是位大作家，也根本不知道写剧本是怎么回事。

每日如是，千篇一律，曹禺也就烦了。有一天吃过晚饭后，他对我说："咱们去村口，到大堤上溜达溜达吧。"我自然同意，天还不黑，就出去了。后面一群干部陪着、跟着，我说："你们别跟着了，让曹禺同志自己活动活动吧！"干部们也不敢说不，只是放慢脚步，稍拉开些距离，不远不近地跟在后面，这能理解，他们都背着上级指示，担着责任呢。

刚走了不远，我就对曹禺说：“别遛了，咱们回去吧。”曹禺没明白：“怎么了……”我说：“您看看两边房顶上……”原来路边房顶上，隔几米远就站着一个持枪的民兵，在房脊上站岗放哨，那是保卫首长呢。曹禺马上转身回去了，心里着实不自在。后来明白了，为什么《王昭君》叫停，因为文艺界又有了政策，是柯庆施提出：“大写大演十三年。”也就是说，文艺创作主要反映建国后到现在这十三年，连抗日战争、解放战争都不能提倡，别说《王昭君》这样千年古史了。回京不久，就听了“两个批示”的传达。

再续写《王昭君》是时隔十六年的1978年了。曹禺当然太想写了，再三考虑选择，决心继续写《王昭君》，为此他又去了新疆等地采风。我不了解他这期间创作心态怎样，只是见有一阵子他每晚都来剧场，在侧幕边上看我们重演的《蔡文姬》，也说过看看郭老怎么写民族和亲之类的话。

年末，《王昭君》写成了。给全院听了曹禺亲自念剧本的录音，其中夹着不少他对场景人物风情等诗一般的描述。剧院决定立即排演《王昭君》。

1979年，北京人艺演出《王昭君》是件大事，演出热烈，应该说也是成功的，在首都剧场就连演了上百场。各方面开了不少座谈会，主要是谈曹禺的新剧本，不吝赞美之词，民委大赞其为民族团结做了大贡献，文学戏剧界连称好戏。

也有不同的议论，其中一条是贬曹禺写这个戏是奉命文学。对这个论点我一直觉得没什么劲，奉命有什么不好？

我在建组之际，阴错阳差被拉到剧中演呼韩邪大单于，这是我最后一次舞台上的角色，还是曹禺的戏。因此我经历了整个排练演出过程，有我个人的实际体会。

《王昭君》是一部好剧本，曹禺是花了心血的。但整部戏不够统一。前两幕，应该就是曹禺1962年被迫停笔前，惋惜地争取“结一下封起来”的那两幕戏，称得上美轮美奂，精彩！一个白发宫女孙美人，还有一个玉人石像，都那么魅力动人，天趣自然地托出昭君和亲的主题，令人得到艺术欣赏的享受。

十六年前，曹禺正写在兴味上，有感悟，不写不快，于是“生活（包括对历史、传说——笔者注）的感受终于化为舞台形象，或者写到剧本里，经过许许多多过滤、透视，经过蒸腾，或是说是发酵”写出了前两幕。

遗憾的是，十六年后，曹禺继续完成全剧创作时，虽依然投入心血，但后半部难以统一笔墨，缺失些“蒸腾”和“发酵”。他的心有些太重了，不那么轻松。在一次座谈会上，我最敬佩的表演艺术家金山，他是曹禺的好友，时任中央戏剧学院院长，他说：“看了《王昭君》，一夜没睡，剧本好，前两幕好……后几幕，更好！”我一直没明白他的意思。

我说要公正评论曹禺建国后的创作，《王昭君》就肯定是一部好剧本。不排除演出风格的把握上尚有可斟酌处，但如果能对后半部戏做些认真思索，做些巧妙的删改，有可能更成功，更具长远生命力。

我其实最想说的是，建国以来几十年，有哪一位文学艺术家躲过桎梏和束缚，曹禺又因其自身的弱点，加上他太想追随时代了，所以发生曹禺晚期创作现象。

不能责备曹禺。要破除那些给艺术家强加上的紧箍咒。

前几日又看《日出》演出，幕间我问万方："《日出》是曹禺院长哪年写的？"她告诉我，是《雷雨》以后三年，那么就是二十六岁，二十多岁的曹禺把一个社会描绘得那么入骨三分，戏写得太好了！

时光已逝，无法还给人们一个曹禺。人们热烈地研究曹禺，是企望再出现曹禺。

感恩

——为曹禺师百岁诞辰

顾威

1956 年，我上初三，偶然从家长处得到一张话剧票，是北京人艺演出的《雷雨》。《雷雨》深深地震撼了我，彻底征服了我这个少年的心，有时甚至激动得后脊梁阵阵发麻，难以自持。这种艺术的神奇乃至神圣的心灵冲击，是真正的振聋发聩。手里的《雷雨》演出说明书视为神明，不舍得折叠，不舍得卷起，小心翼翼地轻捏手托地走回家。由此，开始了对话剧艺术的憧憬。先是发动同班同学去给青艺演出的《红色风暴》去跑群众，不为挣那一场三角钱，为在台上演戏看戏过戏瘾；后又组织二十四中、女十三中联合话剧团排演《红色风暴》；再后来干脆要报考青艺学员班，乃至 1959 年考进中戏表演系，走上专业话剧道路，根在曹禺大师的神召。

1963 年我们 59 班毕业了，大家绻绻地要走出学校去大干一场，充满切实际与不切实际的憧憬。曹禺院长在毕业典礼上告诫我们："毕业出去到了剧团，要准备踏踏实实跑五年龙套，把心气养正，才会有未来的发展，同学们好自为之，清白做人，认真演戏。"四十七年了，这个忠告，始终牢记，或曰不敢忘却，"实在和踏实"，是我从事戏剧艺术的座右铭。

1969 年，在"史无前例"中，曹禺已经不是人艺院长，改看传达室了。看见曹禺坐在传达室里值班，头上还贴着块纱布，虽说在当时文化名人遭厄运不足为奇，但还是令人隐隐惊愕酸楚，每每经过传达室，不好多往里看，更不便打招呼，匆匆而过。偷偷问人曹老爷子头上的伤是不是被人打的？无人回答。日本报纸曾报道"东方莎士比亚看传达室"，眼下时兴形象代言，世界戏剧大师给剧场看传达室，大约是大千世界绝无仅有的形象代言了！但不知代言的是怎样一个形象！

"四人帮"打倒以后，被迫害的诸多文化名人得以恢复名誉，曹禺的名字也开始出现在报纸上了。据当时他身边的人说，老爷子把那张印有自己名字的报纸没完没了地反复看了不知多少遍，中午睡觉时，还把报纸盖在脸上。

1978 年，为创作《巴黎人》，我从剧院图书馆借阅一批有关巴黎公社的书。发现在多部书的重要字句处，都有用指甲划过的印痕，从这些印痕的关注处的不一般，让我觉得划痕人的不一般。翻查了借阅卡片，发现在我之前唯一借过这些书的是院长曹禺。后来从于是之老师处得知，曹禺院长曾筹划写巴黎公社，做过相当的准备，不知何故没有动笔，恍然才知这些印痕都是曹老爷子划的。《巴黎人》的创作有着曹老爷子印痕的指引，是我的大幸。

1979 年剧院排演曹禺新作《王昭君》，我演剧中的休勒。剧中成功塑造的孙美人，为中国话剧画廊增添了一个全新的、深刻的、凄婉的光彩人物。玉人，一个逝去的人的雕像，不但活起来，动起来，并蕴含诗意地参与到戏剧情节之中，这是曹禺对话剧创作的成功探索创新。近若干年有些“新锐”们对《王昭君》颇有微词，说是遵命之作，似乎只有不遵命之作才“时髦”。所谓“遵命”，是指《王昭君》是曹禺遵周恩来总理写一出民族团结的戏的建议而为。多民族国家的团结乃人民之大幸，遵人民之命创作，何错之有？“为人民服务”何错之有？难道非得反人民之命，不为人民服务就是有“个性”，就“开放”，就“改革”，就“现代化”了？同样，近若干年来否定鲁迅之风甚盛，攻击点之一就是“遵命文学”，更有直截了当否定《在延安文艺座谈会上的讲话》的，焦点还是“为什么人”。

1981年，刁光覃老师导演全部由青年演员演出的《日出》。曹禺亲自为剧组讲授，他特别强调不能把陈白露简单地演成一个交际花，应该是陈白露—竹筠的矛盾综合体，本质是知识分子的竹筠。他并回忆说，早年在上海，一个大电影明星要演话剧的陈白露了，兴奋地对他说：“万先生，我就要演你的陈白露了，我真是如鱼得水呀！”而他心里却说：“这下糟了！”心里说，但嘴上并没说出，这也许就是他的“世故”。

听说，只是听说，周恩来总理一次在饭桌上笑称曹禺“董事(懂事)长”，不知确否，我以为沾边。“文化大革命”结束不久，出了一个轰动全国的话剧，甚至被誉为新时代的《雷雨》，要曹老爷子表态，老爷子说比《雷雨》好，《雷雨》太旧，那能是心里话吗？老爷子和女儿应约合作把《日出》改编为电影，但事后他在给友人的信中说：“……我仍以为话剧本《日出》(尤其是陈白露)是准确的，是比较站得住的……更多人说电影本《日出》，改得好，但我仍以为《日出》的话剧本是比较站得住，甚至于比较深些。……”信里说，嘴上没公开说，某剧院演《雷雨》，把鲁大海删去了，征求老爷子意见，据说答复是删得好。事后有人面询此事，老爷子良久未语，随即顾左右而言他。人在社会屋檐下，一个敏感聪慧人，哪能事事说真话，挤出些场面话、敷衍话乃至违心话不足为奇，但终究是热情、真挚、天真之人，不能将虚假进行到底，总要在适当时候拐弯抹角地把真话真意闪烁出来。老爷子真是可爱，“懂事”得可爱。

1983年，我参加了《推销员之死》的排演，演主人公威利·洛曼的B角。导演阿瑟·米勒决定公演第八场B组就上戏。这对我是个意外，但更大的意外还在后面。我的首场演出结束后，忐忑地走回后台，万没想到剧组同志们夹道鼓掌祝贺，更万没想到的是，在人群的末尾，竟然是曹禺院长手拄拐杖站在那里在对我笑，我忙过去深鞠一躬，院长轻说：“祝贺，接过来了。”

在化妆室，我流泪了，百感交集，说不清为什么，那年我四十三岁。

黄永玉曾写过一封怀着挚爱批评曹禺的信，老爷子甚为看重，装裱挂起。阿瑟·米勒由英若诚陪同到家里拜访曹禺，曹禺请英若诚逐字逐句把那封信翻译给阿瑟·米勒。足见大师的真诚、坦荡和勇气，“世故”吗？非也！

1987年，方琯德老师导演《蜕变》，我演梁公仰。《蜕变》又是一出遵命之戏，遵抗日救亡的人民之命，人物众多，个性鲜明，爱憎分明，极准确地反映了抗战时期大后方的时代特色。有人将其列入所谓“国防戏剧”，备受冷落。“国防”何罪之有？难道不防，逃避，投降，才是艺术家的所谓“良心”？更何况，方琯德导演说，当时曹禺先生对董必武董老极为钦敬仰慕，梁公仰人物的原型就是董老，要求我照董老演。

1988年，夏淳老师约我一起导演何冀平的《天下第一楼》，建组前夏淳带领何冀平和我登门听取曹禺院长对剧本的意见。我们进门时,座位已摆好,茶都沏好了,老人家手拿剧本坐在那里笑迎我们,当小何上前跟他握手时,他说:"年轻,这么年轻,没想到。"

院长首先肯定了剧本的大结构,说剧本结构不是主观决定的,要考虑题材内容的匹配,形式不是外加的,是自在的。他夸赞小何人很年轻,写得却很老到,甚至可说老辣。他还对小何为写这个戏,花钱进烹饪学校,并取得厨师证书惊讶且钦佩。他尤其对剧终的对联"好一座危楼谁是主人谁是客""只三间老屋,时宜明月时宜风"感兴趣,关注其来龙去脉、作者的用意、对全剧的深刻含意,对此极为欣赏,说着说着还激动地站了起来。注视着见到好东西竟如孩子般喜形于色的大师,后辈学生被深深感染深深感动。

1989年夏淳导演新排一版中青年演员的《雷雨》,派我演周朴园。能够主演曹禺的经典名著,梦寐以求,受宠若惊,但喜事临门我却犹豫了,剧院的《雷雨》在我还是少年时对我的无比震撼是永生难忘的,随着走上话剧道路,更加仰视郑榕、朱琳等表演艺术家和他们创造的人物形象,要接班,我辈行吗?夏淳阐述了他剔除老版受阶级论影响的新构思,使我的负担得以解脱。他还着重对我说:"派你演周朴园,是经曹禺同志首肯的,你应该有信心。"使我信心大增,端正思路,轻装上阵。

这版《雷雨》的演出获得成功,广受好评。有一天曹禺老院长来看戏了,散戏后,在贵宾室等着见剧组全体演员,老院长高兴地和每位演员都一一握手,让大家坐。他说:感谢大家很好地接过了班,演得很好,没走样,魂儿保住了,味道也对,这对你们来说非常不易,你们出色地延续了北京人艺《雷雨》的生命。谢谢诸位,然后招呼大家一起合影,他坐在沙发上说:"我就不起来了,大家随便坐,地毯上也可以。"

1991年,家里装修,望着客厅空空的四壁,我和严敏求不约而同想到向曹禺老院长求一幅墨宝,犹豫再三,找到老院长的司机老史,请他赶上老人家精神好的时候,帮我们转达一下这个意思。没想到,一个星期后,老史就把老院长给我们写的一幅字带给了我们。书录的是李白的《送孟浩然之广陵》:"故人西辞黄鹤楼,烟花三月下扬州;孤帆远影碧空尽,惟见长江天际流。顾威敏求同志雅嘱,曹禺一九九一时八十一(用印)"。

托裱了挂起来,静下心端详琢磨,老人家书录这首诗给我们想必不会随意为之。首先,是把我们小他三十多岁的后辈学生视为"友",祝望未来顺风扬帆远航;又,老人家当时病得不轻,已住院有年,身心俱疲,一个性情中人,难免苍凉失落,一个对生活那么热衷、对艺术那般钟情的人,面对老之已至,孤帆无风,碧空远影,其心境会否寄寓在这首送别诗中?猛然,脑中冒出两个字:"告别"!一股酸酸的歉疚之情撞上心头,真不该在这时候去打扰老人家,求什么墨宝。这幅字悬于客厅南墙,位置从未动过,十九年。

北京人艺二版《雷雨》,从1989年演到2002年,演出111场,算是跨世纪的演出了。我演了十五年周朴园,今生足矣。

2004年,适逢《雷雨》诞生70年,北京人艺首演《雷雨》50年,恭迎盛事,剧院决定启用新一代演员重排第三版《雷雨》,由我导演。

这一版《雷雨》排练用时四个多月,目的是保证质量。建组不开什么娱记招待会,而是请前两版《雷雨》的老艺术家们和新版演员见面,建立、沟通承继关系,认真研读剧本,请专家讲时代背景，讲曹禺，讲《雷雨》，写人物小传，交流、讨论人物小传。

基础功夫首在台词，其原因多多：如今的话剧，“话”早就不讲究了，滑坡得厉害，就是乞灵于小麦克，也难掩台词基本功的缺位，我们要力争做到曹禺老院长对台词的要求：“听得见，听得清楚，听得明白，好听”。如今的话剧，对于剧作文本蔑视戕害到了令人发指的程度，经典同样不能幸免。经典之为经典，要义之一是其时代感，遣词用句有鲜明深刻的时代色彩，经典作家的台词更有其独有的韵味，这都需要我们严肃认真对待。

传统风格是一个剧院的生命，传统的继承不是虚的，不是口头说的，更不容阳奉阴违。前人的创造是财富，我们理应踏在前人肩上更上层楼，不应历史虚无地为新而新地一切推倒重来。

曹禺曾明确说过《雷雨》不是社会问题剧，还有一个被人有意无意忽视了的作者说法：蘩漪是我最钟爱的。蘩漪是一个“最雷雨”的性格。于是，我们明确了这次重排《雷雨》的最高任务：人性的挣扎与呼号。而这种挣扎与呼号的最有力体现者当然就是蘩漪，细考量，她还是全剧几乎所有矛盾冲突的始作俑者和推动者，我们确定了第一主角应是蘩漪。有人用“严肃而富有激情”来评价新版《雷雨》，认为它是尊重曹禺原著和北京人艺的现实主义的，有些处理上有新的创造，给人既熟悉又陌生的感觉，达到了传承传统、推出新人的目的。徐晓钟说，继承传统不是死守传统，一点不能变，而是说不能抛弃表演的基本的美学原则。当前有些理论被某些人弄得形迹可疑，混乱不堪，使演员莫衷一是、无所适从，因此青年演员尤其需要演经典作品。还有评论家认为，“新版《雷雨》突出蘩漪这一人物，淡化过去那种过分强调阶级斗争的处理，实际上是对曹禺原著的回归……”

这版《雷雨》成功公演不久，便应邀赴曹禺故乡湖北潜江演出。在那个极少接触话剧的小城市，演出盛况空前，座位不够，剧场内见缝插针加了百多个塑料凳，观众深深沉入剧情，或鸦雀无声，或反应强烈，再次雄辩地证明了大师的经典剧作广泛的人民性。第三版《雷雨》至今演出 84 场，其间赴各地包括台湾巡演，应邀赴日本中国文化年演出，参加第 31 届世界戏剧节等，这里不再赘述。

原定《雷雨》将于 2010 年 7 月赴俄罗斯参加中国语言文化年演出，但不知何故未能成行，令人遗憾。

曹禺老院长说过，北京人艺是他的“情人”。好一个“情”字，如此那般的一个“情”，容我们晚生后辈细细咀嚼，慢慢体会吧。

老院长曹禺和我

何冀平

我在北京人艺的时候，是曹禺先生做院长。我那时年轻，不懂事，是个一向回避领导和权威的“杵窝子”，因此丧失了不少结识优秀杰出人士和向他们讨教的机会。因为写《天下第一楼》，我第一次来到老院长的家，想不到也是最后一次。

那是一九八八年的春天，我和导演夏淳、顾威一行三人来到老院长的家，记得好像是前三门的那些高楼，家里陈设很朴素，有些家具应是国家配给的，我对那些清一色浅驼色的沙发椅套很熟悉。沏上茶，我们就开始聆听老院长对本子的意见。他已经把送去的剧本认真读过，那会儿他身体已经不太好，他坐在一张旧藤椅上，有些疲惫.但一提到剧本，就抑制不住地兴奋起来。他先翻到结尾，问我那副对联，他说：“最后这副对联用得真好，上联是康熙的，下联好像是……”我忙回答，“是纪晓岚的，我稍微变动了一下”。老院长点点头，接着说：“好一座危楼，这个‘危’是两个意思，一是形容这楼高，一是说这楼已经危险，正切合这戏的主旨。我最喜欢的是这个横批：‘没有不散的宴席！这是这个戏里最宝贵的一句话，画龙点睛之笔。看剧本时，我就想，写了这么多，可怎么结尾呀？没想到会有这么个漂亮的结尾，一副对联，一个绝妙的横批，就把戏完满地结住了。”

听到这些话，我紧张的心放松下来，老院长喜欢我的本子。对剧中的人物，他认为卢孟实写得好，干了一辈子落得个这样的下场，让人心酸。这个人物前面够威风，后面才更让人同情，他的走，不是因为没有办法，而是伤透了心；常贵这个人物不一般，他不要卑躬屈膝，但要和颜悦色，诚恳待人，他有他的风度他的自尊；罗大头这种人是勤行里有来头、有威望的捣蛋人物，他和厨子头李小辫之间的矛盾，在那个行当中很常见；玉雏儿这个女人很有味道，要干脆、利落，她是个会往后想的人，她的结局不会太坏；两个少爷，一个好唱，一个好武，完全两码事，格格不入，舞台上会很好看……老院长一一分析了剧中每一个人物，他看得那么仔细，那么深入，连人物的结果都看出来了。后来，改写《天下第一楼》电视剧，因有了篇幅，人物出现结局，玉雏儿和相好修鼎新开了私房“船菜”，荡舟太湖之上。写电视剧的时候，已是二零零四年，我已不太记得当初老院长讲的话，但不由自主就为玉雏设置了这样的结局，可见老院长对《下下第一楼》中的人物感悟得多么透彻。

常贵，是老院长体悟最深的一个人物，他说：“我就是常贵。”老院长提到常贵“不卑躬屈膝，但和颜悦色，自有他的自尊和风度”，完全是这个人物的核心。这个分寸和魂灵，只有表演大师林连昆老师恰当地把握到了。

分析完剧本，老院长看着两位导演说，“这是个好本子，会是一出好戏，戏里有很多好玩有趣儿的地方，叫人看着就能笑出来。这个戏和《茶馆》不一样，《茶馆》是越来越衰败，是下坡路，这个戏是越来越兴旺，事业越来越发达，可干事的人的命运是悲哀的。”他又对两位导演说：“这个戏不要排得太严肃、太沉闷，要明朗、活跃。”那天老院长兴致很浓，我们三代人谈了很久，不觉天色已暗，室中掌灯。

两个月后，《天下第一楼》在排练场第一次连排第一幕，看了之后我不太满意，我觉得太正了。最对路子的是一个小人物，大少爷的跟班福子，在票友戏痴大少爷唱了几句不着调的髯口后，那一声过分夸张的叫“好”，恰如其分，正是这个戏活跃的风格。可那个时候的舞台，还是以正经八百为主流。台上都是人艺一流的演员，非常认真地塑造人物，我不好意思深说，但还是赞扬了“福子”，表明我的倾向。我暗暗着急的样子，被也在现场排戏的濮存昕看出来。他给我写了个条子，叫我先不要着急，排下去慢慢会好的。我不敢找夏淳，悄悄找顾威说了我的担心，顾导表示他明白。人艺就是人艺，个个都是聪明透顶的人物。不久，排练场就活跃起来：有门不走，专门跳墙的二少爷；学戏魔怔了的大少爷；刁蛮的厨子罗大头；干梗倔强的李小辫儿；商人本色的卢孟实；风流妩媚的玉雏儿；冷傲酸楚的修鼎新……五行八作，三教九流，人物鲜明了，趣味浓烈了，风格出来了，排着戏，现场都笑了出来。这不正是那天老院长说的“明朗活跃”吗，他一早料到，早有提醒。

《天下第一楼》演出前，老院长来排练场看了几次连排，他说过最喜欢看连排。后来他先后看过五遍，也曾为之落泪。有一次看完戏，他走到我面前，认真地问我，“你这么年轻，怎么会有这样的沧桑？”因为说来话长，我一时无言以对，但我知道老院长明白我要说什么。

《天下第一楼》公演一年后，我移居香港，在我递交辞职报告之后，人艺马上向我发出“特聘院外编剧”的聘书——零零一号，上面是老院长的签名。可是，按照我一向的人性，走前没有再去看望老院长。

到香港几年后，有一次回北京参加话剧界的一个活动，此时老院长已经辞世。在会场上，李玉茹夫人特别走到我面前，我只是从照片上见过她，从来没过过话。她拉着我的手，看着我的眼睛跟我说：“曹禺先生对没有能在《天下第一楼》被诬陷的事件上，帮上你的忙，他一直觉得对你抱歉。”我握着夫人的手，一个劲地摇头，说不出话来。

八八年在老院长家，当他知道我一直坚持写戏，对我说：“搞戏是清苦的，你的戏不是写了敬业的人嘛，写戏也得敬业，现在各方面太缺乏这样的精神了！”曹禺老院长对一个认真写戏的年青人，付出了他最大的热忱。他亲笔为《天下第一楼》题写剧名，还写了一首长长的散文诗。这首诗的原文，至今挂在人艺的会客室里。节录于下。

你是泪水流下的水晶，
弯曲曲的，长长的，尖尖的，圆圆的。
想不出你是怎样形象，却又像夏晨的露珠，
那透亮、水灵灵的，满含无限的光明。
水晶中神仙给你刻出
一朵玫瑰，红得像火，
你又是一只青玉的笔：

你画出多少人物
画不尽的人性……
我羡慕你们，你们用玉笔
道尽人间的悲欢离合，
道尽世界的不平……
你们将是宇宙中永远闪光的星星。

老院长，曹禺先生，你是天上那颗最亮的星星！

曹禺的智慧

童道明

曹禺是个智者，他的智慧是从情感渗透到理智之后迸发出来的智慧。他的思想往往具有贯通中西与古今的穿透力，从而对艺术的哲学辩证法有创造性的发现。

于是之六十岁的时候，曹禺写了条幅送他。于先生一直把这条幅挂在书房里当做座右铭。条幅上是这样写的：

> 初登殿堂，但求平正。既知平正，务追险绝。既能险绝，复归平正。往复追寻，渐悟妙境。思虑通审，态气和平。风规自远，才见天心。求艺无垠，可胜言哉。

那天是之同志心绪很好，他向我解释条幅的妙处。他告诉我，曹禺是在化用唐人孙过庭的《书谱》，《书谱》首句是“初学分布，但求平正”。“分布”是书法术语，“殿堂”就是一切艺术创作者的活动空间了。把“初学分布”改为“初登殿堂”，足见曹禺智慧，他把古人的书法格言，信手拈来，加以发挥，成了绝妙的带有普遍性的艺术格言。条幅的最后两句——“求艺无垠，可胜言哉”也是《书谱》里没有的。曹禺似乎是在暗示，求艺的无涯之路，就是“险绝”与“平正”之间没有止息的往复追寻。他把我们常常挂在嘴边的“艺无止境”这句话生动地具象化了，而且还好像让攀登艺术高峰这句口号变得不再空泛。我把条幅抄了下来带回家去，我朦朦胧胧地感到，它应该对我的文章写作也有启发。后来又想，这是否也是曹禺本人的在上世纪三、四十年代获得巨大成功的创作经验的总结？曹禺不也是在“险绝”与“平正”间“往复追寻”的吗？

从整体情调看，《雷雨》大致可以归为“险绝”，《北京人》就可以算作“平正”。曹禺说：“在《雷雨》里，宇宙正像一口残酷的井。落在里面，怎样呼号也难逃脱这黑暗的坑。”这还不“险绝”?！但天真烂漫的阳光少年周冲出场了，曹禺说：“周冲是这烦躁多事的夏天里的一个春梦。”这还不“平正”?！

《北京人》是所有曹禺戏剧经典中节奏最平缓、气氛最平和的一部。但凡是读了这个剧本的读者，尤其看了这出戏的观众，看到北京猿人在舞台背景上蓦地现出一个硕大黑影，再看到小柱儿吓得大呼“奶奶”，同时传来袁任敢的声音：“你看，这就是当初的北京人……”心里都会一惊。“平正”里也有“险绝”之处。

曹禺的智慧表现在他的艺术思维的辩证上。他认为契诃夫的剧本《三姐妹》是一大艺术奇观，因为据他所说，在这出戏里，虽然“不见一段惊心动魄的场面，结构很平淡，剧情人物也没有什么起伏发展，却那样抓牢了我的魂魄。我几乎停住了气息，一直昏迷在那悲哀的氛围里。”

据说，曹禺若是见到一个他以为艺术水平不高的剧本或戏，他就说这个本子“普通”。我曾经揣想，“普通”是否就意味着剧本里一点没有“险绝”的元素。

“险绝”不一定存在于戏剧场面里，而是蕴含在剧作家的艺术构思里。曹禺的《〈日出〉跋》里有这样一段话：“在这堆‘人类的渣滓’里，我怀着无限的惊异，发现一颗金子般的心，那就是叫做翠喜的妇人。”

读者也会惊异，怎么曹禺是在一个羁留在下等妓院的翠喜身上发现了“一颗金子般的心”？但小说《复活》里，托尔斯泰不也是在妓女玛斯洛娃身上发现了“一颗金子般的心”吗？在经典作家的智慧里总是有人道主义在闪光的。

在《〈日出〉跋》里，还有一段话也许能引起读者的诧异：“《日出》里这些坏蛋，我深深地憎恶他们，却又不自主原谅他们（如李石清、潘月亭之类）。奇怪的是，这两种情绪并行不悖。”除了对于人的复杂性与丰富性的深刻理解之外，这里是否也有斯坦尼斯拉夫斯基式的智慧？这位戏剧大师曾经说过：“演坏人的时候，应该想到他好的地方。”

文化上的大家都是智者，因此我们很容易从这位大家联想到那位大家。面对大师，我们高山仰止，因为高山通联着高山。

是非自在心中　爱憎出于性情

——永远怀念可敬可爱的曹禺先生

黄维钧

曹禺先生百年诞辰即将来临，我心中涌动着无限的思念之情，回忆着过往珍贵的求教、交往的情景，连种种细节都一一浮现出来，他老人家的神情、谈吐、机趣、大智慧、魅力，让我一次又一次地心驰神往。

有的事情曹禺先生生前常遭误会，甚至成为笑柄，我却深不以为然。譬如说，他谈戏，发言，总是鼓励当先，特别对来自基层剧团，对年轻人的作品更是如此。人们常会听到他用“剧本好，导演好，演员更好！”的言辞进行褒赞，这也许全部或部分符合实情，但更多的是溢美之词。为此背后常被人们当成笑话说。我心中颇为不平。一个二十出头就写出《雷雨》，继而有《北京人》《日出》《原野》等杰作的真正的戏剧大师，竟然会不能判别一个剧本、一台演出的优长短缺？只会一味说好话？事情决非如此，他不是不负责任的忽悠，也不是糊弄。从他一则日记中我们可以看出他这样做的心理轨迹。一九八〇年三月二十一日，曹禺先生在美国哥伦比亚大学梯彻学院小剧场看《北京人》。他在日记上这样写：“……我呢，就看戏，也谈了不少的话。演完第一幕以后，我就到台上跟演员们见面，我大大地鼓励了他们，但说的话，也有说得夸张得太过了，但是已经说了就说了。确实有时候我觉得夸他们夸得太多了一点，不过，为着鼓励他们的信心呢，我说了。这个戏，他们确实很严肃地对待，同时，又很有点新，也带了一种很强烈的感情要把这个戏演好。”他的心理逻辑很清楚：戏无论从创作态度、艺术处理，确有值得肯定之处，但夸赞得过头了，那是为着鼓励他们的信心。因此，并不后悔，说了也就说了。这就是曹禺先生的宽厚、与人为善和奖掖后进的长者胸怀。

对于外国同行尚且如此，对待国内的剧人、剧团就更不用说了。接近曹禺先生的人都知道他老人家还有一句口头禅：“真不易”。这是他对别人难处的理解和体谅，也是对别人努力的肯定和支持的委婉表达。曹禺先生不仅是北京人艺院长，他还是全国人大常委、中国文联副主席、中国剧协主席、北京市文联、剧协主席，还有其他社会职务。他对八十年代以来，戏剧不景气之下剧团的生存和创作困境是十分了解的。一个剧团弄一出戏到北京来演出，其背后的艰辛和尴尬，有的简直令人不能卒听；剧团在很困难的情况下，有的简直是砸锅卖铁弄出一台戏到北京来，如果收获的是一片批评、责备（特别是他的看法），他们怎么回去，回去以后怎么样，……有时真关乎一个剧团的生存。作为中国剧协主席，戏剧的先驱者，曹禺先生对这般在困境中奋斗的同仁，其尊敬、同情、体恤、关爱，在情感上有时胜过学术意义上的艺术批评。对于出自鼓励而过誉，后来曹禺先生也有自省。他在一篇日记中写道：“……看昆曲《××

×》，写、排、演都很好（这是曹禺先生真心诚意的见解。本文作者附言），但作者有些自负。我赞誉了他，他更有些自负了。今后，不可乱赞誉人。孩子与玉茹说我在外面易夸奖，人们往往以此为荣，其易生误解。”如果有的人缺乏自知之明，把曹禺先生出于鼓励所作的夸赞，当作炫耀的资本，那就大大违背他的初衷了。曹禺先生是性情中人，他有时也会当面批评别人。一次在上海看《家》，他甚不满，当着众人和领导指责导演，事后他自责“又犯急躁病，感情用事”。后来看正式演出，他确实觉得戏导得很好了，便着实表扬了导演和所有演员。事后他自省：“我说了真话，却说得太过，不讲究词句，还是不好！”

曹禺先生作为写出多部几十年来久演不衰的经典剧作的戏剧大师，八十年代还能在美国用英语发表演讲的学养深厚的学者，他对戏剧创作门径的探索博大精深，无论对自己或别人的戏的优长短缺自是了然于胸，但对写文章则持严谨慎重态度，决不轻易捧场。这方面，我与他老人家有过一次令我印象深刻的交往。

一九八一年，茅盾先生逝世。他是文学大师，文化界的高层领导，按老规矩，相关的各行各业都会从各自的角度发表悼念、纪念文章。我当时任职于《中国戏剧》，知道茅盾先生也很关注戏剧，倡导民众戏剧，发表过戏剧理论文章，并且在解放前写过一出涉及劳资冲突、反映工厂生活的话剧，这在当时是不多的。想到曹禺先生是剧协主席，我便造访他老人家，请他为该剧写一篇文章，作为对茅盾先生的纪念。他对茅盾先生十分尊重，况且又是老朋友，热诚地一口答应，口称这件事是该做的。但是他对此剧已经印象不深，要我替他找剧本，并与当年曾导过此剧的王苹同志联系（她是八一电影制片厂的导演，是解放初过世的著名剧作家宋之的的夫人，也是曹禺先生的老朋友），他要与她见面谈这个戏。我运气不错，在剧协资料室有限的几本解放前的杂志上找到了这个剧本，又好不容易联系到王苹同志，约定时间到复兴路22号（当时的高干公寓楼）曹禺府上见面晤谈。看上去他们已多年不见，相见甚欢，谈兴颇浓，从宋之的的病谈到在重庆的抗战剧运和老朋友们的景况。两个来钟头过去了，未谈正题一句，我晚辈不敢干预。王苹要告辞了，临走留下一句话：“戏的事情下次再说，具体时间我会跟你秘书联系的。”她把我当成了曹禺先生的秘书。后来果然又约谈过一次，依然没有谈茅盾先生的那个戏。曹禺先生说不用谈了，等我看完剧本再说。他看过剧本，把我找去，对我直言相告：“这戏不成，文章我不写了。”我并没有多少懊丧，也痛快地说：“那好吧！”这好几天我便白忙活了。说老实话，我心里拥护曹禺先生的评价。这戏在那个年代的语境中创作，意在政治宣传，概念化痕迹很重，艺术上没有多少特长，所以这出戏在中国话剧历史上，并无多大影响。为了纪念，硬要说些好话，也没多大意思。曹禺先生在这样严肃的事情上，持非常实事求是的严谨态度，对我有极大教益。此后，我知道曹禺先生不辞辛劳，从不同角度写了三篇满怀深情和尊敬纪念茅盾先生的文章，发表于不同报刊。

这桩未完成的选题事，还没有就此了结。因为我打借条从剧协资料室借来的解放前的杂志合订本还在曹禺先生那里，我没法销账。过了好些天，我也没预约，径直向曹禺先生府上奔去。敲开门，家中静悄悄，保姆轻声对我说：先生病了，家里别的人都不在。我赶紧诺诺而退。谁知最里面一间卧室里传出曹禺先生的问话：谁呀？我赶紧回答。曹禺先生对保姆说：让他进来。我第一次进入曹禺先生并不起眼的小小的卧室，只见他疲惫地躺卧在床。我赶忙请安问病，但不敢久留，随即告辞。曹禺先生要我搬个凳子，坐下说说话。我搬张椅子坐在他床边，他深深叹了一口气，对我说：黄维钧，我感到很孤独。这话使我感到意外而突然。两人并无既定目标地闲聊起来。他问我些剧坛近况，我提了个建议：长久以来对您的作品的分析、解读众说纷纭，莫衷一是，您是否可以出一本书解析自己的作品。对此，曹禺先生似乎不置可否。我还提了个幼稚的问题：为什么您作品中的妇女的戏那样突出，而且女性形象写得特别好。曹禺先生说，因为(解放前)妇女的苦难最深重。聊了一阵，我告辞了。临走，没忘要回那本杂志合订本，曹禺先生指了指书架上的一册合订本，我拿了就走。后来归还时，才发现那是别的什么合订本。我一直在思考曹禺先生的“我很孤独”是什么意思。我知道伟人多孤独，当然孤独者并非皆伟人，但伟人的孤独可能深不见底，莫可名状。曹禺先生的孤独究竟有什么内涵，我一直在思考。

敬爱的曹禺先生，我一直在思念您！

百年诞辰更思君

——与曹禺交往的两三件事兼谈“向曹禺前进”的口号

王育生

文艺界有句常挂在嘴边的话，叫做“说不尽的莎士比亚”。

在我国戏剧界，曹禺先生同样是一个“说不尽”的人物。如今曹禺先生虽已仙逝多年，但人们对他的研究、议论，以及思念、缅怀之情，不减反增。

道理很明显，就是因为曹禺先生是话剧中国化的功勋卓著的奠基者之一，是我国话剧艺术从萌芽状态走向全面成熟的明显标志，是我国话剧历史上文学创造成就最高的艺术大师之一，是《雷雨》、《日出》、《北京人》、《原野》、《家》等诸多永垂史册的话剧经典名著的作者。

高山仰止，人们对他的认识，远未终止，而是随着时代的进展不断深化，不断发展、更新。今年适逢先生百年诞辰纪念日，人们自然又要热烈庆贺、认真研讨一番了。我与曹禺先生直接交往并不太多，回想起来，重要的不过两三件事。

其一是粉碎“四人帮”不久，先生身体还非常虚弱，电台邀请先生写一篇抒怀文章，先生虽欣然应允，但因体力不支，难以命笔，于是便与中国戏剧家协会商量，由《戏剧报》编辑部派我协助先生完成这个任务。我到家中协助先生把文章写好了，先生首肯了，电台播出了，事情也就完结了。此事我在《初识曹禺》一文中已有记述，此处不赘。

其二，1978 年北京人艺刚刚恢复上演《雷雨》，王朝闻先生看了演出后激赏不已，非常激动，一再托我向曹禺先生致意，并提出来要同先生会面，以便做一次更好的沟通和交流。

在编辑部看来，二位名家的会见是获得重大选题的大好机遇，便由我安排他们在三里屯曹禺先生的寓所见了面。整整一个上午，两人相谈甚欢，我一个人在旁录音、记录。事后，曹禺先生那天的谈话，便由我整理、加工成了《曹禺谈〈雷雨〉》一文，在《戏剧报》上全文发表。

曹禺先生的这篇文章如今已经是研究者必读的资料，本来也没什么可以多说的了。如要赘上一句什么非说不可的话，那就是，《曹禺谈〈雷雨〉》这篇文章除了自身的价值和分量之外，不可避免地还带有时代的局限性。人们只要稍加注意就会看出，由于长时期以来意识形态的影响，在曹禺研究工作中的庸俗社会学的负累以及阶级斗争观念的沉重压力，使得曹禺先生在与王朝闻先生会面谈话时，思想上依然有着很大程度的保留，有许多言不尽意、言不由衷处。一句话，曹禺此时还未能畅所欲言地发挥自己的艺术见解，全面地、如实地谈出《雷雨》真实的创作意图。

相比较而言，曹禺的研究者们，肯定还是会更加重视 30 年代曹禺自己写的那篇反映《雷雨》创作过程的《雷雨（序）》，更加珍视那篇文章反映出来的青年曹禺蓬勃、鲜活的创作理念，他对人性奥秘的探求，对时代独到的感知，以及他那深厚的人文思想、悲悯情怀；同时也会更加重视解放后出版《曹禺剧作选》时被删掉了的原著中“序幕”和“尾声”那两场戏。

大部分曹禺研究专家认为，没有了曹禺自己所写的《雷雨(序)》这篇文章，没有了“序幕”和“尾声”这两场戏，《雷雨》就已经不再是美学上具有完整价值和意义的曹禺的《雷雨》了。事实上，解放后的出版物里，它们恰恰全都消失了。

我们几十年来对曹禺创作的认知，对他的作品的研究，就是这么“瘸着腿”走过来的，是存在着重大偏颇的。直到进入新时期以来，这种状况才开始有所改观，逐渐恢复了应有的真实样貌。

其三，1979 年适逢国庆 30 周年纪念活动，曹禺的新作《王昭君》被搬上北京人民艺术剧院的舞台。中国剧协和《戏剧报》编辑部倾力配合，为曹禺先生这部收关之作的演出，组织了系列选题，进行了大规模的宣传报道。

国家民委和中国剧协联合主办，在民族宫召开了《王昭君》演出的专题研讨会。会上，曹禺先生喜极而泣，表达了在有生之年，终于完成了周恩来的嘱托，实现了总理遗愿的兴奋喜悦的心情。

各路顶尖级的戏剧专家对演出纷纷表示衷心祝贺，对一个表现民族团结、“笑嘻嘻的王昭君”的诞生，给予高度评价。这一盛况，均反映在了《文苑春浓话昭君》这篇以“本刊编辑部”名义写的综合报道之中。而这篇文章，就是由我执笔撰写的。

除北京之外，《王昭君》还到香港、上海等外地献演。

《王昭君》作为曹禺先生最后一部著作，北京人艺为它的上演配备了最强大的舞台阵容。不论从哪方面说，此戏的隆重推出，在当时都可谓极一时之盛。

然而使很多人深感意外的是，外界对《王昭君》的反响并不如预想的那么持久和热烈。人们所企盼的曹禺先生晚年在创作上再攀一个高峰的期待，多少有点落空。

其实这也并非完全没有道理。时间老人还是公正的。到今天，已然又是一个 30 年过去了。如果拿《王昭君》和前面提到的曹禺先生原先创作的无论哪一部剧作相比较，只要是站在时代的立足点上，只要是把握住同一个客观的标准和尺度，它们之间的高下都是立马可见的，在判断上本来并不存在多么大的困难。

相提并论都不易，遑论超越？时代造就人，时代有时也亏负人。

先生逝世之前一直任中国戏剧家协会主席，我仅是剧协编辑部的一名工作人员。我对先生一直崇敬有加，执弟子礼。

下面，我想改换一个角度，依然谈几件亲经亲历的事情，以及我所积累下来的感悟。这几件事都与童道明在北京人艺 40 周年院庆时提出的“向曹禺前进”这一口号有关，因此不妨统统纳入“曹禺剧作巨大生命力”这个总的题旨之下。

第一件事，中国剧协“优秀剧本奖”更名为“曹禺戏剧文学奖”之举所蕴含的意义。

中国戏剧家协会有几项重大的艺术评奖活动，其中“优秀剧本奖”，是历史最悠久、社会影响最大的一个。

人们至今普遍认为，优秀剧本奖的评选，公开、公平、公正，含金量高，未受污染，是我国艺术评奖中最为“干净”的一个。剧作家们在各种奖项当中，最在乎、最看重的，也就是这个优秀剧本奖。曹禺主席在世时对剧本奖评奖工作很重视。包括中国剧协举办的剧作家采风和作家读书班的活动，先生都不辞劳苦，莅临讲课。曹禺主席为培养青年剧作家，为推动我国戏剧创作一直倾尽心力。

1993年我从《中国戏剧》编辑部调到《剧本》编辑部任副主编。1995年在主编魏敏同志的力主下，在所有同仁的衷心拥护下，《剧本》编辑部向剧协党组打了报告，并获得了上级批准，将中国剧协“优秀剧本奖”更名为“曹禺戏剧文学奖”。

我认为，这一更改奖项名称、把我国优秀剧本奖的评选和曹禺的名字直接挂起钩来的举措，意义非常重大。

简而言之，我认为这说明自从进入新时期以来，特别是经历了80年代戏剧创新浪潮的洗礼之后，戏剧界经过多种艺术实践活动以及理论上的反思之后，人们开始沉潜下来，洗去了浮嚣，更新了观念，大部分人的认识深化了，真正有价值的东西也就更显现出了本来的光芒，更受到了人们的珍视。

“曹禺戏剧文学奖”的名称的确立，既是对曹禺个人对中国戏剧所作巨大贡献的肯定，同时也是对中国剧协剧本评奖工作价值和声望的一种提升。这二者是完全一致的，相辅相成的。

多年来，我一直担任以曹禺主席名字命名的剧本评选评委的工作，至今仍然保留着这个社会职务。我深深以此为荣，当做是对自己的一种激励。

其二，在参加《话剧百年剧作选》编选工作中所获得的感悟。

2007年，我应邀参加了为纪念话剧百年编选《话剧百年剧作选》的工作，担任分卷主编。事后我写过一篇《话剧百年断想》的文章在《剧本》发表。为了说明问题，现将该文的一小部分摘引于下：

> 有人说历史无情。俱往矣，浪淘尽千古风流人物。有人说历史有情。大浪淘沙砾真金，尘灰拭去现真容。只有经过自然的选择、历史的淘洗，才能实现物竞天择、优胜劣汰，使社会进步、生活美好。

此次《中国话剧百年剧作选》这套书共20卷，1000万字，选入作品180部。看似卷帙浩繁，其实把它放到“话剧百年”的历史长度下来看，反而显得较为局促和拥挤了。在书名的确定上，编者并没有冠以“百年优秀剧本选”的字样。这是因为本书并没有完全采用“优选”的原则。为了反映出历史固有的面貌，在编选时还得顾及到作品在当时产生的社会影响和所具有的代表性。采稿、发稿时间并不太久，可是仅确定书的选目就历时两年，逐渐由多到少，从繁入简，一再斟酌，反复论证，难度确实不小。

由于受到20卷的篇幅所限，编委会做出了硬性规定：所有被遴选的剧作家，原则上只能选一部最具代表性的作品。即使是个别大师级的人物，最多也只能以二至三部为限。规定得相当严苛。

当最终入选的剧目名单确定下来、摆放在面前时，我被历史淘洗的严酷性震撼了。对解放前的作家作品不是很熟悉，不必去说它了。仅就我亲眼目睹过其舞台演出，解放后在全国范围内有过一定成就和影响的话剧作家作品，未能在此书中占有一席位置的，并不在少数。使我触动更深的是，某些曾经红极一时、演遍全国、确实产生过轰动效应的话剧，主要是因为事过境迁，再发表出来已经很不合时宜而未能入选者，亦大有人在。凡从那个年代走过来的人，大都能说出几部这样的戏来。

应该设身处地替这些剧作家们想一想——话剧曾经是他们固守的精神家园，是他们干了一辈子的安身立命之地啊！我觉得这算得上是最值得深长思之、应从中汲取经验教训，带有悲剧意味的事情了。

在编发书籍的过程中，也遇到过欢欣鼓舞、令我深受感动的事。

最后一次编委会上，要处理几个重要的遗留问题。其中之一便是，曹禺先生的“三部曲”《雷雨》、《日出》、《北京人》均已按年代先后编入书内，而《原野》却依然“飘”着，未能落实。因为按照最多不得超过二至三部作品的原则，曹禺的收录数额已满。

横向比较起来，田汉、郭沫若、老舍、欧阳予倩、阳翰笙诸位大家，均是按此原则处理的。

那么，曹禺先生已经初选出来的这四部戏，究竟砍掉哪一部呢？是把“三部曲”硬弄成“两部曲”，还是把《原野》舍弃，不入选了？分卷主编不忍操刀，不敢造次，把问题上交给了编委会。

最后，还是在编委会全体会议上作出了一个令人振奋的决断——

人的规定，是冷冰冰、硬邦邦的，而“实事求是”历来是我们所应遵循的准则。无论从曹禺对中国话剧乃至世界话剧所作的杰出贡献来衡量，还是以作品本身所达到的艺术高度、所具有的含金量来定取舍，《雷雨》、《日出》、《原野》、《北京人》四部戏，均是中国话剧的最高成就，都是经典之作，理应全部进入《中国话剧百年剧作选》，一个都不能少！

看来历史还是公允的。

历史无情？历史有情！

中国只有一个曹禺。

我们的话剧创作，确实应该“向曹禺前进”。

其三，从今年苏州评弹团改编《雷雨》事件中所获得的启示。

从曹禺的《雷雨》问世至今，已经近八十年了。这七八十年光景，曹禺的作品一直在我国话剧舞台上热演。因为，搬演曹禺剧作可以提升剧团的声望和档次，可以培养和锻炼演员，可以获取好的票房收益。

影视作品、戏曲剧团争相改编上演曹禺的作品，大部分是从新时期开始的。本文因篇幅所限，不想在此列举剧种、剧目的名称了。

让人想象不到的是，我国的评弹艺术也瞄准了曹禺先生的作品。苏州评弹团盛小云团长，居然花费了近两年的时间，投入巨大人力物力，认认真真、像模像样、富有创造性地把话剧《雷雨》搬上了曲艺舞台。我一听到这个消息就抑制不住兴奋，触发了想一探究竟的兴味。

向我提供信息的，是北京人艺话剧《雷雨》里周萍第三代扮演者濮存昕。今年三月，濮存昕和苏州评弹团团长盛小云都在北京开政协会议。会间他们多次热议过有关《雷雨》的话题，小濮还把我推荐给盛小云，让她在京其间听听我对《雷雨》改编评弹的意见。于是我的电子邮箱里就有了中篇评弹《雷雨》的改编脚本，DVD 机里就播放了评弹《雷雨》的演出录像。

今年 5 月，苏州评弹团来到北京，在长安大戏院，在清华和北京大学，成功地演出了中篇评弹《雷雨》。

在长安剧院首演的那天，北京人民艺术剧院郑榕、苏民、朱旭、金雅琴等七八位表演艺术家，都专程前来观摩，并对其颇具特色的演出给予赞扬。

据说，今年曹禺诞辰百年纪念活动举行时，苏州评弹团还要再次晋京，演出这台别开生面的中篇评弹《雷雨》，以助声威。

千万别小看了评弹改编《雷雨》这件事，这可是话剧文学和评弹艺术结缘的创新之举，是曹禺先生剧作拥有强大的生命力的突出体现。

我是中篇评弹《雷雨》的拥趸和粉丝。我由衷地向苏州评弹团的艺术家们致敬！

由于苏州评弹团艺术家的美好创意、辛勤劳作和出色演绎，话剧经典之作和历史悠久、优美动听的评弹艺术，得到了一次“携子之手”的机会，广大曲艺观众和曹禺大师得以会见，也使今年曹禺诞辰百年的盛典活动，平添了一抹特殊的色彩！

曹禺，看来还真是“说不尽”的！

向青春致敬

解玺璋

在话剧百年之后不久，我们又迎来了曹禺先生的百年。前些天，北京青年戏剧工作者协会策划的“剧本创意工作坊”开幕，其中有个环节，是向大师致敬，几个年轻人就朗读了曹禺《王昭君》中的一幕。

曹禺一生创作了《雷雨》、《日出》、《原野》、《蜕变》、《北京人》、《家》、《明朗的天》、《胆剑篇》、《王昭君》等十数出话剧。这些戏的绝大部分我都看过，有的看了甚至不止一遍两遍，像《雷雨》、《日出》、《原野》、《北京人》，就看过人艺几代演员、几代导演处理的不同版本。就像通常我们是通过阅读小说来认识一位小说家一样，我们认识和了解一位剧作家也只能是在剧场里，在他的剧作被导演和演员呈现在舞台上的时候。有很多剧作家，时间一长，就被人们淡忘了，原因就在于，他的戏先已从舞台上消失了；而我们仍然记得曹禺，怀念曹禺，就因为他的戏不仅仍然活在舞台上，而且，活在观众的心里。

曹禺的戏剧创作活动开始得很早。《雷雨》是他的第一部作品，创作于 1933 年，那一年他 24 岁，是个将要从清华大学毕业的学生。如果从他翻译外国剧本算起，那就更早了，大约只有 20 岁左右。但是，他的创作一旦开始，便如油井喷发一样，不仅强劲有力，而且源源不断。继《雷雨》之后，1936 年，创作《日出》；1937 年，创作《原野》；1939 年，创作《蜕变》；1940 年，创作《北京人》。至此，他一生中最重要的作品已全部完成，他在中国戏剧史上的不可替代性已经确立，他已经像一座丰碑矗立起来，而且，至今也还没有人能够超越。而那时，他只有 31 岁，刚过了而立之年；中国话剧也只有 33 岁，正是青春的生命在身体里搏动的时刻。

思考曹禺的戏剧人生很有意思。事实上，长久以来我们所看到，所认识，所了解的，只是曹禺的青春或青春的曹禺，他的一生都被青春的光芒照耀着。他使我想起有人说过的一句话：戏剧是青春的艺术。说起来，曹禺笔下的人物全都生活在旧时代，与我们相隔已经很远了，为什么还能使我们感动、激动、震动，或者沉醉和共鸣呢？很重要的一点就在于，他让我们感受到青春的敏感和不安，尽管也有伤感、迷茫、惶惑和恐惧，但没有麻木不仁，没有心静如水，没有如老僧入定般的逃离，没有一锥子扎不出血来。也许，今天这个时代，在很多方面都已经取得了长足的进步，但是作为人，我们仍被同样的问题所困扰。有时候，这种困扰甚至不是减轻了，而是更加严重了。我们平日浑浑噩噩地活着，神经也早已麻木，很多事情见怪不怪。只有当我们坐在剧场里观看曹禺戏剧的时候，舞台上所呈现出来的人生的某个情景或场面，也许才有可能使我们麻木的神经得到一点刺激，从而使我们有所觉悟，有所惊醒，至少也是“于我心有戚戚焉”。这有点像禅宗的一棒一喝，“皆利用此刺激力以度人者也”。

前几天我们看《日出》，再一次得到了很生动、很具体的感受。很多人都说，今天的某些社会现象，甚于陈白露生活的那个时代。但我们所看到的依然只有曹禺。我不知道，这是曹禺的荣幸还是我们的悲哀！很多年前曾有过关于“普遍的人性”的争论，有人认为，“普遍的人性是一切伟大的作品之基础”，只有写了普遍人性的作品，才有可能流传得久远；但也有人反对这种看法，他以“出汗”为譬喻，来说明普遍人性的虚妄，就像现在有人不承认普世价值，而一再强调其特殊性一样。其实，这样的争论早就有了，早在启蒙时代，即文化普遍主义生成的时候，作为其对立面的文化相对主义就已经出现了。而20世纪以来，文化相对主义与文化普遍主义的对抗，恰恰来源于西方对文化普遍主义的怀疑。事实上，西方很多汉学家都选择相对主义的态度和立场。话题似乎扯远了，但也不是没有关系.显然，主张相对主义的，倒是往往想把自己的相对性变成普遍性。但是，历史的发展有时并不以人的意志为转移，也许，关于蘩漪流的是香汗还是臭汗，陈白露流的是香汗还是臭汗，今后的日子里还会有争论，但她们的身体里都贯注了曹禺青春的热血，却是毫无疑义的。他把他的年轻的生命给了她们，使她们的形象能在话剧舞台上成长，常演常新，成为中国话剧百年人物画廊中不可缺少的一部分。

这些年来，曹禺的戏演得比较多的是《雷雨》、《日出》、《原野》和《北京人》，不仅北京人艺可以演，其他剧院也可以演，有的戏还拍了电影，或改编为别的剧种，不像老舍先生的戏，几乎成了北京人艺的专利，别的剧院很少染指。而且，他的这几出戏，都是31岁以前的作品，31岁以后的作品，虽然离我们更近些，却很少有机会在舞台上看到它们，即使看到，也有很强烈的陌生感。“剧本创意工作坊”开幕那天，有人朗读《王昭君》，台词写得美轮美奂，经过几个年轻声音的精心处理，更显得优美动听，但是，却并不能让人动心或者心动。这是曹禺的悲剧，而这个悲剧可能比他的戏剧本身更让我们感到震撼。固然，我们说，曹禺是中国戏剧发展史上的一座高峰，但那是他31岁以前，甚至是24岁时所达到的高度。这个高度后来很少有人可以企及，包括他自己。难道中国戏剧很老了吗？如果真是这样的话，还有没有返老还童的可能？那天，在青戏节的开幕式上，几十个青年戏剧创作者发出豪言壮语，要拿出无愧于话剧第二个百年的作品，倒是很让人感到鼓舞。所以，在曹禺百年之际，我们除了向曹禺致敬，向大师致敬，更要向青春致敬。有青春才有戏剧！

怀念篇

爸爸爱人艺

万黛　万昭

感谢北京人艺这样隆重地纪念爸爸百年诞辰。我们知道，这不仅仅是为了爸爸一个人，而是为了发扬我们中国的戏剧艺术。我更知道，这是出于人艺的艺术家和员工们对爸爸戏剧的热爱，同时，也是出于对爸爸的理解。半个多世纪以来，你们为传扬爸爸的戏剧艺术，付出了巨大的劳动、心血和智慧，你们与爸爸共同工作和生活数十年，你们对爸爸和他的剧作，无论是它的力量，还是它的弱点的认识和理解，远远超过我们，你们是他胜似亲人的知音。

大家知道，爸爸所以选择戏剧，是出于对戏剧的真爱和痴迷。他从小就对看戏、演戏、读书爱得入了迷，后来对写戏更是如醉如痴。爸爸说自己这个人就是一团感情，他写作是动真感情的真情投入，他是一个流着心血倾心创作的作家。

爸爸就像爱戏剧这样，爱北京人艺这个剧院。他的后半生只写了三个剧本，他说他的"一半的生命(都是)与这个剧院紧紧连在一起"的。从这个意义上说，人艺就像一部大戏，爸爸就像写戏时那样，用自己满腔热血，与全体员工一道，投入到北京人艺这个大创作中去了。

北京人艺戏剧博物馆一进门挂着的油画中那个讨论人艺建院蓝图的会议室，爸爸曾带我们去过，见过他和赵起扬、焦菊隐、欧阳山尊三位伯伯兴高采烈谈话的情景。1952 年，当时，他们正在讨论如何创建北京人艺的重大问题。爸爸和其他三位伯伯把自己对中国戏剧的理想全都寄托在了人艺身上了，这就是，创建一个像莫斯科剧院那样世界一流的中国自己的话剧院，建立具有世界水平和中国气派，又独具人艺风格的演剧学派。

从那时起，数十年来，为了实现这个理想，爸爸和大家在一起努力工作。我们经常看见他在家中准备各种讲话、意见和资料，匆匆出门，去参与人艺的各种会议、活动和工作事务，并与上上下下各个部门的艺术家和员工交往谈话；有时，人艺的干部到家里来与"曹头"讨论工作。难忘的是，我们曾多次跟随爸爸到排练厅观看剧组排戏，看见他认真地与导演低声交谈，观后又兴致勃勃地对演员发表意见。我们还跟爸爸去过首都剧场后排的导演间，新剧目上演后，爸爸总要一遍又一遍地到导演间检查演出，"挑毛病"。看见他有时通过话筒，向后台传递马上需要纠正的问题；有时，又在小本子上写点什么，演出结束后，到后台向剧组谈意见。爸爸为把握人艺的艺术创作大局，提高剧院的艺术水平，做了不少工作。

这其中最宝贵的是，爸爸在人艺各级会议、剧组排练和演出以及演员培训班等各种工作场合中所发表的有关艺术创造的谈话，他从如何选择、认定一个好剧本？一直谈到如何写戏、演戏，谈出他一生的创作经验、艺术体会，对艺术规律、精髓和灵魂的探知与领悟。

谈话中，爸爸谈得最多的是，关于艺术的完美和真知。追求完美和真知，是爸爸终身坚持的艺术标准和创作特点。

在艺术上，他总是追求完美，追求艺术的最高境界。他向来主张艺术家要眼高，认为只有眼高，才能手高；他讲究艺术的创造性和个性，最不喜欢陈词滥调和“现成”的东西；不喜欢平庸普通，没有创造性的东西。

同时，他在创作上又追求真知，写“人”是爸爸创作的中心。对“人”，他总是努力做到“真知道”，不愿意只写故事，写事迹，写问题，而是要写人，写活生生、真实可信的人，多面、复杂的人，要写他真懂了的，“真知道”的人。

爸爸对人艺的作用，还有一个重要方面，就是他在与其他三位伯伯所组成的领导集体中的作用。我们看到过他们工作的身影，感到他们是多么团结而强有力的班子啊！爸爸很喜欢赵起扬伯伯，他们在一起，不像是党委书记和艺术家的工作关系，更像是一对知心的朋友。我们经常看见他们坐得很近，倾心交谈，商量工作，两个人谈得特别投机，特别亲近。爸爸佩服、信任赵伯伯，说他作为人艺的领头人，“精明强干”，“有德行，有胸襟”，又是“真正的戏剧内行”。爸爸特别赞赏赵伯伯善于团结群众、善于统一群众意志的办事能力，说他常常在休息时和演员们一起打牌，就在不经意中，自自然然地就把工作做了。而遇到问题和指责时，爸爸说赵伯伯又能耐下性子听取意见，说服群众，使人心服口服，把矛盾化解，是一个“顶得住”的人。爸爸说，“没有（赵伯伯）这样一个组织者，一个好剧院是办不成的”。爸爸与赵伯伯是默契的工作伙伴，思想和艺术上的知音，他对赵伯伯的深刻理解和支持，与他的合作和团结，是人艺领导班子的工作保证。

当时的领导班子在剧院推行以焦菊隐为总导演的总导演体制。爸爸作为院长，赵起扬伯伯作为党委书记，特别维护焦菊隐伯伯在艺术创作中的领导地位。爸爸由衷地钦佩焦菊隐，经常谈起焦伯伯对中国戏剧艺术的贡献，说他“有大学问”，是“真正的了不起”。说“他不但是一位博学多识的导演，而且是一位学者”，“是学贯中西的大艺术家”。“对北京人艺演剧学派的创立，作出了卓越的贡献”。

但是，焦伯伯也是有缺点的。听说，排戏时他对演员要求极其严格，可以说特别厉害，厉害得近乎挑剔，谁做得不好，他就要发脾气，而且很大，为此得罪了不少人。而爸爸，对焦伯伯特别赞美，主张看大节。他认为焦伯伯的艺术风格和才能是独特的，不可替代的，北京人艺受益于他近半个世纪。爸爸以及赵起扬、欧阳山尊伯伯理解、支持焦伯伯，与他心心相印，因而保证和促进了人艺艺术核心的稳定，而这种稳定和团结对北京人艺的发展极其重要。

爸爸在人艺工作，有一点还要特别提及，就是他对演员敬业精神和读书学习风气的倡导。爸爸酷爱戏剧艺术，他也以这种态度要求剧院的全体艺术家。他多次在剧院的讲话中谈到艺术家的治艺精神，对戏剧的真爱，强调“要办出高水平的剧院”，“重要的是艺术家们对戏剧艺术的痴迷热爱，对戏剧艺术锲而不舍、精益求精的”，“终生为戏剧艺术效命”的高尚艺术精神。因而，他特别赞赏那些“既有德行又有才能的好演员”，曾多次向我们流露对他们的喜爱。

记得一次，《雷雨》演出之前，爸爸带我们到后台看望演员。一进门，马上被这儿的气氛镇住了，整个后台静悄悄的，没有一点声音，演员们都在“进入角色”。看见爸爸，大家只与他点点头或简单寒暄。这时，扮演周朴园的郑榕叔叔从化妆室出来，他完全沉浸在角色中，一言不发，旁若无人地迎面走过，他根本没有理睬身边的爸爸，爸爸不但没有生气，反而以称赞的口气低声对我们说："不论谁来，这个时候，他都这个劲，凡人不理。"爸爸真的为有这样优秀的艺术家，为有这样敬业、严谨的创作态度而感到骄傲。

还有一次，和爸爸一起观看宋丹丹的电视小品，他开怀大笑，一边对我们说，这么漂亮的小姑娘，演个老太太，不怕丑，不怕破坏自己的形象，真了不起，为了艺术这样做，很难得。爸爸为人艺上上下下一致的爱业的演剧作风而感到高兴，认为这是北京人艺取得成功的重要原因。

爸爸最喜欢的还是演员于是之，认为他品德高尚，既有艺术才华又具有虔诚的敬业精神，更称赞他是学者型的演员，说他特别用功，酷爱读书，勤于钻研。

早在50年代中期，爸爸就明确提出"人艺的演员应该是学者型的演员"。在人艺的工作中，爸爸特别倡导演员、艺术家读书、钻研艺术的学习空气。这其中的道理，其中关于读书学习与取得成就两者之间的关系，是他从长期艺术生活中悟出来的。

爸爸自己的成就，就很得益于对人类优秀艺术遗产不倦的学习。他绝不是只靠个人经验和小聪明写作的作家，他既是"写出来"，又是"学出来"的作家。学习人类优秀的艺术遗产，读书学习在爸爸的创作生涯中占有非常重要的地位，是他成功的重要原因。就拿《雷雨》来说，它是一部好作品，但绝不是凭空而来的，而是在漫长、艰苦的学习的基础上创造出来的。

爸爸在12岁之前的童年时代，就从读书和看戏中，广泛接触中国文学、戏曲、诗歌、散文、曲艺和最初的外国文学。

12岁考入南开中学之后，爸爸在接触"五四"新文化的同时，开始涉猎和学习真正的西方话剧，并用英文阅读了易卜生和奥尼尔等人的作品。15岁时爸爸参加了南开中学的南开新剧团，在恩师张彭春先生的指导下，开始演戏，并翻译、改编外国剧本，同时开始最初的创作活动。

重要的是，20岁时爸爸考入清华大学西洋文学系。创作《雷雨》之前，爸爸在图书馆里系统地钻研了西洋戏剧理论和戏剧作品，远溯古希腊、文艺复兴、古典主义、浪漫主义和现实主义时期，直至近现代的西方戏剧作品。清华图书馆浩如烟海的戏剧藏书，包括欧洲二三流作家的作品，他几乎一一读过，特别是古希腊悲剧，莎士比亚到易卜生、契诃夫和奥尼尔的戏剧，他读得很透，而且外文书尽量读原文。在清华园中的读书学习，使爸爸的戏剧人生得到真正的升华。爸爸正是经过了这样一个漫长而艰苦的学习历程，并在长期生活积累和思想觉醒的基础上，写出了高水平的好作品《雷雨》。

因而，爸爸对人艺的艺术家，特别强调读书、钻研，强调学习的创造性、个性，对于一个人成长成才的作用；强调艺术家的认知力、判断力和创造力，对于培育一个好演员的重要性；特别指出，艺术家勤于读书学习和钻研，见的作品，尤其是好作品多了，才可能眼界高，而只有眼高，手才能高起来，才会去追求艺术的高标准和高境界，才会出好作品。这是因为爸爸自己不仅读书多，把书真正读懂，做到"真知道"，而且会读书，具有敏锐的艺术感受力，能一下子抓住书海里面的好东西，因而使得他眼界高，见识广。对戏剧艺术具有高度的认知力、判断力，面对一部作品，什么是好东西，好在哪儿，哪儿不行？自己该怎么用，怎么好，怎么不好？名家是怎么用的，哪些名家已经用过，不能再用了？他都烂熟于心，这使他对戏剧艺术又具有很高的动手写作能力和创造力。他总是要把学到的好东西融化在自己的血液里，与表现中国的现实生活和自己的艺术个性结合起来，引出自己的新创造。

当今，像爸爸这样读过那么多书、那么强调读书的艺术家，大概不多了。在目前浮躁多变的时潮中，回顾爸爸在人艺提出的这些要求和艺术精神，更觉得可贵，更感受到他对人艺艺术家的期望和爱，因为这些要求都是他一生艺术活动的真切体会。巴金伯伯说爸爸有“心灵中的宝贝”，是啊，这些用创作心血凝聚成的艺术经验，正是他心灵中的宝贝，爸爸把他的宝贝，肚子里的真东西，对艺术的这些真知灼见献给了人艺。

爸爸是多么爱北京人艺啊！谈到这儿，不由得使我想起蓝天野同志的一篇回忆，说爸爸曾恳请人艺的每一个成员，在纪念册上为他留下几笔。爸爸从演员、舞美到后台、剧场、票房的每位工作人员，从办公室、总务科到食堂、司机班、锅炉房的每位朋友，都一一点名，再三叮嘱“所有同志们”，“一位也不要漏”，“都不可不请”，为他写几个字，他说“我想在我更老时，刻刻看见北京人艺的老朋友们的笔迹”。我完全能体会爸爸当时的感情，他是多么依恋北京人艺啊，他老了，不能工作了，但是他爱戏剧，爱人艺的心仍在怦怦跳动。在空寂和苦闷中，他是多么思念他心爱的，但是已经远离他的沸腾的戏剧创造生活啊，是多么思念与他共同工作几十年的朋友啊！尤其，对于酷爱写作，但后半生几乎没有写出什么好作品的爸爸来说，人艺的工作在他心中的地位和分量变得更为贵重，人艺的每位朋友变得更为亲近，可爱了。因为他说过，人艺“是和我的生命相连在一起的”，“我是永远怀着敬重，抱着深深的情感想念你们的”啊！

爸爸爱人艺，他把这种感情也传给了我们。平日，不管他多忙，多累，但从不拒绝给我们买票，看人艺的戏。从《赵小兰》等建院初期的四个小戏开始，直到“文革”，人艺演的主要剧目，我们几乎都看过，我们是看人艺的戏长大的。到人艺看戏，对于我们来说，如同过节一样，是那么快乐，那么幸福，那么地感到情感上的满足和升华，北京人艺真真是我们精神的家园，她对于我们来说，无比亲近，无比温暖。让我们也怀着爸爸那样的情感，爱人艺，祝愿北京人艺再创世纪辉煌，永远矗立于世界民族之林！

清明的想象

万方

三月二十六号，星期五，还要再过十天才是清明节。但是没关系，我愿意在安静的环境里和爸爸待一会儿，临近清明节的时候就不可能了。果然，万安公墓前的停车场只有两三辆车。我买了四盆花，其中两盆是松树，或者是一种像松树的小型植物。卖花人好意地借给我手推车和扫帚，我自己带了水和抹布，好了。

春节时我妹妹从国外回来，来墓地看过，那次我忙，没有来。我爸爸的忌日是12月13号，所以我冬天也来过，郊外的墓地格外天寒地冻，但三月末的这天阳光很好，四周发散着一股春天的气息，使我的心情也染上了自在温柔的颜色。打扫干净之后，放好花，我退后两步，站在墓前，每次都是这样，我告诉他一些事情。

我先告诉他，我写的话剧《有一种毒药》，就要上演，这次是苏蓬导演的。啊，是小蓬蓬吗?！他惊异地笑了，这是个让他高兴的消息，甚至有点不可思议。在他眼里我的儿子苏蓬是个懵懂可爱的小男孩儿，也许永远都是。我又告诉他，蓬蓬把他用过的轮椅拿到排练场去了，因为戏里的一个角色需要坐轮椅。演出时他的轮椅将和演员一起上场，那么爸爸，你也参与了我们的创作，你又回到了舞台上，怎么样，你是不是快活极了。

多么奇妙啊，这一刻！我觉得我真的能和他交流，进入生命的另一种维度。我们年岁越长，死者和生者的模式就越发奇妙，似乎有那样的一处，没有前面也没有后面，这里和那里没有什么关系，我们是静止的，我们在一起。可惜，太短的一瞬，转瞬即逝。

我站在墓前，这次要和他说的事情比以往多。今年是我爸爸的百年诞辰，要举行一些纪念活动，北京人艺要演他的四个戏，老家潜江要举办曹禺文化周，天津要开学术研讨会，肯定还有别的我还不知道的活动等等，哪四出戏?

我听见了他在问我。

《雷雨》《日出》《北京人》《原野》。我告诉他。

寂静中，阳光在枝杈间无声地摇曳，我知道一切皆源于想象。于是我展开想象，试图揣摩他的反应，他的心情。我感到自己在被人注视，灼灼发亮的目光穿透泥土，穿透花岗岩的基座，穿透黑色大理石，继续穿透，穿透我的身体，带给我一股灼热的感觉，然后穿过我，穿过死亡和时间，彗星一般……

爸爸，我明白你，其实我早就明白，一直明白，这才是你最想知道的。戏，演出，剧院，舞台……

每次你迈上首都剧场的台阶，一定有人迎上前搀扶你，因为你总是那么急匆匆，几乎要摔倒的架势。当初只有你自己知道匆忙的缘由，现在我也知道了，因为你来到你真心热爱的地方，心中充满期待和关切。从这里回望的话，路途很遥远，很难望到头，从天津的小白楼，一个愤懑的少年……不，我不想说得太远，我没有能力连贯起你的一生，你是那么复杂，又那么纯粹。不说这些吧，在开演的钟声响起之前，你已经走进剧场，坐到观众席里，等待着，等待着大幕拉开……

这时在剧场外面，售票处，有一个场景不知道你是不是看到了，我相信这是你非常关切的，所以我必须告诉你。一个青年站在柜台前，察看着电脑显示的坐席位置，挑选了片刻，做出决定，“就要这两张吧”。他摸出钱包，拿出现金或是卡，买了两张《雷雨》的戏票。

从你二十三岁写出《雷雨》，到现在已经七十多年了，我认为这正是衡量一个戏好坏的标准，看它生命的长短。这也是我，作为一个编剧努力想做到的，让自己写的戏生命更长一些。我难以想象大幕一关或灯光一熄灭就迅速从观众心中消失的东西，也许这就是你教给我的标准。我接受，不管多难。否则我就不去写话剧。

这些话我没有和你说，因为这是我要面对的，不是你的事。我很想感谢你，作为你的女儿我没有太多的困扰，因为你的作品完全能够替你说话，无须其他。

在我爸爸的晚年，我亲眼看到一种痛苦持续不断地困扰着他。那痛苦不像“文革”时期的恐惧那样咄咄逼人，人人不可幸免。那痛苦是只属于他自己的。我曾经反复琢磨那份痛苦的含义，我猜想：痛苦大约像是一把钥匙，唯有这把钥匙能打开他的心灵之门。他知道这一点，他感到放心，甚至感到某种欣慰。然而他并不去打开那扇门，他只是经常地抚摸着这把钥匙，感受钥匙在手中的那份沉甸甸冷冰冰的分量。从某种意义上说，这甚至成为一种独特的游戏。真正的他则永远被锁在门的里面。而站在他的墓前，我的心渐渐变得轻快，阴影尽消，因为我知道，他已经自由了。

小路上走过来两个人，我想她们也和我一样，喜欢安安静静地扫墓。我微微迟疑了一下，叫住了她们：“对不起，能请你们帮我照张相吗？”

她们没有二话，答应了我的请求。从眼神里我看出她们知道曹禺是何许人，她们很高兴帮我和我的爸爸拍照留念。但她们没有说一句多余的话，微笑，认真地拍照，礼貌地接受我的道谢，然后离开。是的，就是这样，你们的爸爸也许是妈妈，和我爸爸在一起。我们爱他们，想念他们，来为他们扫墓。

这篇文章不是在扫墓之后写的，当时我丝毫没有写文章的想法。7月里“人艺之友”的编辑给我打电话，约我写一篇纪念我爸爸的文章。别的约稿可以拒绝，但北京人艺不同。我坐到电脑前，扫墓的情景自然而然出现，我想没有别的原因，因为那天我和爸爸离得最近。

父亲的爱

——写在爸爸曹禺百年诞辰之际

万欢

今年9月24日是爸爸100岁生日。我多么希望他还活着，到我在美国的家来住一住，坐坐我开的车。或者到我现在工作的地方，泰国，尝尝泰国的“冬荫功”，享享女儿的福。一闭上眼睛我就能看见他拄着拐杖兴致勃勃地快步走来，亮闪闪的眼睛像孩子似的四处张望。

不错，我爸爸是一位伟大的戏剧家。但对我来说他首先是知己，是朋友。他是一位充满感情又有责任感的爸爸，在我们的成长中，他给了我们最大的自由，用他对我们的深切地爱感染、鼓励我们好好生活。而这一切又都是在不知不觉之中。

我是爸爸最小的女儿，他在四十五岁上得了我这么个幺女自然是宝贝得很，在我儿时模糊的印象里，他坐在柜子旁的沙发上看书，我和姐姐把他的肩膀、脑袋当成大山，攀来爬去，一直爬到柜子上，感觉自己高大极了。我们还在他的脑袋上玩锄“草”种“庄稼”，把他的头发揪得乱七八糟。我记得爸爸很忙，不是关在小书房里写作，就是出门开会看戏。有时候很晚回来时我们已经睡了，他会兴冲冲把我们弄醒，在床上和他疯玩一通。在我小时候的记忆里，爸爸对我很少管教，但也绝不娇惯，让我和平常人家的孩子一样朴素，小小年纪就教我游泳，围绕我的始终是一种自由自在的气氛。

七岁时我该上学了，妈妈的意见是让我上离家比较近的府学胡同小学，我姐姐就在那里上学。可爸爸却坚持把我送到景山学校念书。景山学校离我家很远，中间还要倒车，我从七岁起就脖子上挂着月票挤公共汽车。因为每天总是在同一时间坐车，售票员叔叔都认识我这个小家伙了。为了见到那位亲切和蔼的售票员叔叔，爸爸还和我一起坐车，向他表示感谢。这样的经历对培养我的独立精神十分有益。而景山学校从小学一年级就开始的英语课也使我日后受益匪浅。

1968年底，“文化大革命”闹得如火如荼，那时我还是个小学三年级的孩子。我爸爸被打倒，戴着高帽子站在台上被斗争。我家的大门口刷满了打倒我爸爸的大标语。姐姐在学校里参加运动，我只能整天待在家里与父母分担他们的痛苦。红卫兵多次到家中抄家。北京人民艺术剧院的革命群众分成两派，一派是保皇派，对我爸爸这类所谓黑帮怀有同情；另一派是造反派，则恨不得对他们置于死地。当今中国话剧舞台上的大导演林兆华当时就是北京人艺的保皇派。我爸爸原来的司机史叔叔也是保皇派，他和剧院的工人师傅早早来到我家，把我爸爸的书房贴上封条，盖上了他们红卫兵组织的大印，这样我爸爸的书才得以保住，没有被可怕的造反派毁掉。

我记忆最深的是六六年底，一天深夜，我被砸门的响声从梦中吓醒，原来是中央戏剧学院的红卫兵来抓我爸爸。那时我才11岁，吓得不敢动弹也不敢哭，眼看着他们把我爸爸从床上揪起来，厉声呵斥，让他跟他们走。我爸爸只来得及穿上一件棉袄就被他们推推搡搡地带走了。我妈妈问他们要把爸爸带到哪儿去，他们理也不理。那次深夜抓人就是后来惊动了周总理的“揪斗彭罗陆杨”事件。他们突袭抓了彭真、罗瑞卿、陆定一、杨尚昆，还有一批所谓的走资派、黑帮和我爸爸这样的反动文人。周总理过问后，听说抓的人里还有曹禺，就说：你们抓曹禺干什么，他和他们有什么关系。这样，过了两天，也是在深夜，他们把我爸爸送回家来，对他说：你要是敢和任何人说出你去了哪儿，看到了什么，小心你的狗命。我记得妈妈问爸爸这两天的遭遇，爸爸想说却不敢说。我小小年纪却能深深地感觉到爸爸的可怜，于是跟他说：“快吃药，快睡觉。”爸爸接过妈妈递给他的安眠药，立刻吞下去。爸爸本来就有神经官能症，睡眠不好，“文革”期间严重失眠，只有靠安眠药才能入睡，而且药越吃越多。

爸爸去世后，我姐姐找到一个很薄的练习本，封面上是我爸爸的字迹：十年浩劫回忆录。只写了几页纸，文章的最后一行字是：当时，我整天担心随时被抓进去……

“文革”后期爸爸被“解放”了，从“牛棚”回到家里，我们父女俩有时到附近的饭馆“灶温”去吃夜宵。至今回想起来依然觉得，八分钱一碗馄饨的美味是世上所有的精美佳肴都无法比拟的。爸爸还和“灶温”的老厨师成了好朋友，每次去都和他聊上很久。我的小学同学到家里来玩，爸爸就带上我们一块去吃顿好的，姐姐的朋友也是一样待遇。凡是到我家来玩的年轻人，爸爸都爱和他们聊天，天南地北，想到什么说什么，没有一点长辈的架子，看到年轻人他从心眼里感到快活，并用他真诚的快活感染着对方。大家都喜欢他，和他像朋友一样。后来我和姐姐都去外地当兵，我们的朋友时常到家里来看爸爸，有的成了他的忘年交，直到晚年他生病住院还来看望他。

有一段家里只有我和爸爸两个人过日子。那时候爸爸在北京人艺看传达室，收发报纸信件，每天早出晚归，不是我就是他从单位食堂打饭回来，我们父女二人粗茶淡饭，但心心相印。爸爸还给我做过烧茄子，做得还挺好吃。我这个小女儿大概是唯一吃过他做过的饭的人。记得有一次爸爸看错了钟，早上四点就起来给我做早点，把我从睡梦里吵醒，我懵里懵懂对他发脾气，爸爸生气了，从此早上再也不起来给我做早饭了。

1976年“四五”运动，北京的群众在天安门广场纪念周总理，我和姐姐还有朋友们天天往天安门跑，爸爸在家里急切地等着我们回来，告诉他发生的事情。他又兴奋又害怕，不知人民和自己未来的命运会怎么样。

十月份的一天，我去朋友家玩，他的父亲从外面回家，偷偷告诉我“四人帮”粉碎了的消息，我赶紧跑回家去。那时我爸爸天天吃很多安眠药，几乎和废人一样，我推开家门，冲进他的屋子，他躺在床上，我兴奋地告诉他：爸，咱们得救了。

爸爸不信，不敢信。怕，怕不是真的。他跑到大街上，那会儿已经是夜里了，他走呀走呀，看到多少家的窗口里亮着灯光，整座楼都是亮的。爸爸后来告诉我，他忽然感到难以支持，靠在一棵树上，觉得自己的心脏的承受力已经到了极限。没有经历过的人不可能明白，那种深重的绝望把人箍得有多么紧！我们终于从大地狱里逃出来啦！

1977年恢复高考,我一心想上大学,爸爸特别支持我。他希望我学医,学自然科学。第一年高考我落选了,很沮丧。爸爸没有说一句批评的话,一个劲鼓励我,让我第二年接着再考,还去书店给我买来好多医学方面的工具书,为我包好书皮。我几次想打退堂鼓,他语重心长地劝说,督促我坚持下去。第二年我终于考上了医学院,报到那天,爸爸手里提着新买的暖水瓶,把我送到公共汽车站,看着我上车,看着汽车远去。车站上,爸爸的身影越来越小,我至今闭上眼睛还能看到他。

我上大学后,爸爸和继母李玉茹结婚,老两口时常在上海居住。那些年爸爸给我写了多少信啊!甚至比平日里的谈话还要多。每一封信都充满深深的父爱。爸爸对我说:我爱你,小欢子,只有说真话,才是真爱你。

他要我"耐住寂寞,耐住孤独,在寂寞中多读书,不要皱眉头把读书当成苦差事,要创造对学问的兴趣。"他还说:"你要有兴趣,真有兴趣,而有兴趣要先从自己肯下功夫才行。兴趣是从实际出来,如只图个人的快乐便事事苦恼,因为个人的快乐与享受是无止境的。我不是说你要做个苦行僧,但必须自己有志气,再有,你的打算要符合自己的基石,不要拿别人的环境,尤其是自己认为比自己优越的环境来比,那就越比越苦恼。你喜欢干的事情看准了,就要坚持下去,任何事情总有好与坏两面,看你从哪方面看。"

"有了决心,有了自己的选择,才能找到机会。但'机会'多少有些碰大运的意思。主要在于自己下决心,为自己选择的道路去奋斗。整日在盘算而不能下决心,多半为看不远;怕困难,怕吃苦,自己有了这山望着那山高的各种思虑,那就永无宁日。"

爸爸还对我说:"你们思虑的,经常是自己,这是致命的弱点!一个人短短百年稍纵即逝。不要到老年,后悔万状,那才不值得。"

从小到大,爸爸从来没打过我,有时批评的言辞激烈一些,我都会哭。长大以后,每当在生活中遇到什么事我都要和爸爸说,包括个人情感的问题,他的基本态度是要我自立,他告诫我:"一个温柔敦厚的女子,应同时是自食其力的强者。""不要把自己的幸福放在丈夫身上。"还对我说:"凡是逆于常情的事与人,必然有一定的道理,你要认真想想。""凡是一厢情愿的事,都不会有好结果的。"

我保留着爸爸给我写的每一封信,有一段时期,他写给我和姐姐的信都是用复写纸写的,一式两份,每一封都有五六张纸之多,最长的一封信是十一张信纸。

在生活中,每当我在学习时有不明白不清楚的问题问他的时候,他从来不是立刻回答我,而是说:来,咱们一块查查。父女二人或查字典或查百科全书,一定把问题的答案弄得确确凿凿才罢休。他给我买了各种字典和工具书,很多书我至今还在手边使用。

终于有一天,我要出国留学了,爸爸是多么为我高兴,又是多么留恋我啊!他拉着我的手,轻轻地一下一下地拍着,嘴上念叨着:"我的小幺女,我的血,我的小骨头……"他还用电影《上甘岭》的插曲唱起他即兴编的歌词,"一条大河长又宽,我和女儿站在河两边,我想我的女儿,女儿也想我呀,父女二人脸上珠泪涟涟,珠泪涟涟……"爸爸高兴起来也很爱唱歌,但他五音不全,是个左嗓子,唱歌跑调,然而他声音洪亮,充满热情。躺在病床上,他给我大唱"九一八"和国歌,还唱意大利的民歌"我的太阳",直唱得我哈哈大笑。现在我一闭上眼睛,就能看见他目光里闪着欢乐的光芒，跑着调，大唱特唱的样子。

出国后的那段日子对我是很艰难的，孤伶伶的心沉到谷底。那时没有电子邮件，又打不起国际长途电话，我是多么盼望收到爸爸的信啊。爸爸从来没让我失望过，几乎每星期写来一封长信。是爸爸的信，安慰我、鼓励我、支持我，给予我无条件的爱，那些信是我在那段孤寂日子里最大的感情寄托。最近我又拿出爸爸的信，看着那一页页密密麻麻的字迹，我觉得我在人生道路上遇到的问题几乎都被爸爸言中，而且他都给了我最中肯的建议。直到今日，我遇事要作决定时还常常问自己，爸爸会怎么想，他会赞成我的决定吗？

爸爸老了，患了肾功能衰竭，住进医院。我从国外回来看他，只是和他聊一些闲话。其实我心里仍然有很多对人生的疑问想向他倾吐，问他该怎么办好。可看着他衰老的样子，我不忍心再用自己的问题去苦恼他，让他为我操心。可是我觉得爸爸其实完全了解我的心，对我的思虑心领神会，但他不愿点破。在医院的病房里，我坐在爸爸身边，他的手疼，我给他捏着手，他看看我，又看看我，说："儿啊，不如意事常八九，可与人言无二三。"他还给我写过一张条幅："牢骚太盛防肠断"，我把它裱起来，放在镜框里，一直摆在我的桌前。

随着年龄的增长，我越来越感到爸爸对我的爱有多深，他是多么小心地爱护着我，看着我的成长。

爸爸离开我们十四年了，但我觉得他的生命在我的身上延续着。在我的工作做出一些成绩的时候，我相信他能知道。我也相信总有一天，我还能在天国见到爸爸。

后 记

2010年9月，由南开大学、北京人民艺术剧院、中国话剧理论与历史研究会联合主办了“纪念曹禺诞辰一百周年国际学术研讨会”。

本来，应该及时出版的论文集，由于种种原因，拖延下来。学会不断收到港台澳和内地与会代表的催问，于是，我们决定尽快赶印出来，并向各位与会代表致歉。

出版中，承蒙中国传媒大学出版社鼎力协助，谢谢总编辑惠泉先生，以及责编黄松毅女士。

中国话剧理论与历史研究会

2012年2月8日

图书在版编目(CIP)数据

伟大的人文主义戏剧家——曹禺/田本相主编. —北京:中国传媒大学出版社,2012.9

ISBN 978-7-5657-0585-4

Ⅰ.①伟… Ⅱ.①田… Ⅲ.①曹禺(1910～1996)—纪念文集

Ⅳ.①K825.6-53

中国版本图书馆 CIP 数据核字（2012）第 219666 号

伟大的人文主义戏剧家——曹禺

主　　编　田本相
责任编辑　黄松毅
责任印制　曹　辉
封面制作　郭　琳
出 版 人　蔡　翔

出版发行　中国传媒大学出版社
社　　址　北京市朝阳区定福庄东街 1 号　邮编:100024
电　　话　86—10—65450528　65450532　传真:65779405
网　　址　http://www.cucp.com.cn
经　　销　全国新华书店

印　　刷　北京市梦宇印务有限公司
开　　本　787×1092mm　1/16
印　　张　21.5
版　　次　2012 年 10 月第 1 版　2012 年 10 月第 1 次印刷

书　　号　978-7-5657-0585-4/K・0585　**定　　价**　68.00 元